Unterwegs an der Mosel

Inhalt

Auf Entdeckungstour

Karten und Pläne

s. hintere Umschlagklappe

▶ Dieses Symbol im Buch verweist auf die Extra-Reisekarte Mosel

Liebe Leserin,
lieber Leser,

als ich zu einem ersten längeren Mosel-Aufenthalt aufbrach, hatte ich viele Erwartungen im Gepäck: gutes Essen und Trinken, entspannte Wanderungen, schöne Orte besuchen, in die 2000 Jahre alte Geschichte der Region eintauchen. All das wurde erfüllt – dass in der Liste aber noch etwas Entscheidendes fehlte, was die Mosel ausmacht, erfuhr ich schon am ersten Abend. Fünf Minuten, nachdem ich mein Gepäck in der Ferienwohnung eines Weinguts an der wunderhübschen Terrassenmosel abgestellt hatte, saß ich mit dem Winzer, einem reizenden älteren Herrn, und zwei Flaschen Riesling in der Probierstube. Zwei Flaschen? Ein trockener für mich, ein lieblicher für ihn. Als Pfälzerin, an der Deutschen Weinstraße lebend, weiß ich über Wein ganz gut Bescheid. Aber an diesem Abend lernte ich viel Neues: über Schieferböden und Steilhanglagen, über die ersten Experimente mit Rotwein vor gar nicht so vielen Jahren. Vor allem aber bekam das Schlagwort »Strukturwandel im Weinbau« an diesem Abend ein Gesicht. Ich erfuhr, wie schwer es die kleinen Betriebe mit geringen Anbauflächen haben, wie hoch der Aufwand im Vergleich zum Ertrag ist, wie viele ›Wingerte‹ deshalb brachliegen.

Es war eine Erfahrung, die ich bei meinen weiteren Besuchen an der Mosel immer wieder gemacht habe: dass die Menschen zwischen Perl und Koblenz sich gerne Zeit nehmen, um dem Besucher nicht nur schöne Urlaubstage zu bereiten, sondern ihm einen echten Einblick in ihr Leben zu gewähren. Und dass sie sich freuen, dem Fremden erzählen und zeigen zu können, wie wunderschön es in ihrem Flusstal ist und welche tollen Dinge man dort erleben kann: die Landschaft auf Wanderungen und Radtouren genießen, den Blick vom Schiff auf die beeindruckenden Steilhänge richten, alte Burgen und Schlösser besichtigen, in tollen Museen auf den Spuren unserer Vorfahren unterwegs sein, in malerischen Orten und lebhaften Universitätsstädten einfach das Leben genießen.

Ich wünsche Ihnen viele schöne Erlebnisse und Begegnungen an der Mosel.

Ihre

Nicole Spark

Blick von Ediger-Eller auf den Bremmer Calmont im Herbst

Mosel persönlich – meine Tipps

Nur wenig Zeit? – Die Mosel zum Kennenlernen

Rein theoretisch schafft man die Strecke von Trier nach Koblenz oder von Koblenz nach Trier an der Mosel entlang in zweieinhalb Autostunden. Praktisch wird es etwas länger dauern, weil es auf den Straßen am Ufer doch manchmal etwas schleppend vorangeht. Und natürlich wäre es sehr schade, auf all die reizenden Orte und lieblichen Landschaften, die mittelalterlichen Burgen und romantischen Schlösser nur einen Blick im Vorbeifahren zu erhaschen. Aber wenn man in den beiden großen Städten jeweils einen Tag verbringt und sich für den Weg dazwischen eine Woche Zeit nimmt, kann man schon einiges sehen. Und wenn noch Zeit bleibt, kann man auch die Gegend links und rechts des Flusses kennenlernen: die Schmuck- und Edelsteinstadt Idar-Oberstein im Hunsrück zum Beispiel oder Daun, das Zentrum der Vulkaneifel.

Was gibt es Neues an der Mosel?

Vor allem Koblenz hat sich in den vergangenen Jahren sehr stark verändert. Die Bundesgartenschau 2011 hat der Stadt den Impuls und die (finanziellen) Möglichkeiten gegeben, vieles zu modernisieren und attraktiver zu gestalten. Wer in der Stadt unterwegs ist, spürt einen Aufbruchgeist. Nicht wiederzuerkennen ist beispielsweise der Zentralplatz mit dem neuen, geradezu spektakulär zu nennenden Forum Confluentes. Dort residieren inzwischen das Mittelrhein-Museum und das »Romanticum«, eine interaktive Erlebnisausstellung. Wie sehr die Koblenzer selbst sich mit den Veränderungen in ihrer Stadt identifizieren, zeigte nicht zuletzt der Kampf um den Erhalt der Buga-Seilbahn, der im Sommer 2013 zumindest für die nächsten Jahre gewonnen worden ist. Aber auch in anderen Moselorten tut sich einiges: Traben-Trarbach zum Beispiel hat seit 2009 ein Buddha-Museum mit

Buddhistisches in Traben-Trarbach

Konstantinbasilika, den Kaiserthermen, dem Amphitheater und dem Karl-Marx-Haus hat die nach eigenem Bekunden älteste Stadt Deutschlands (eine Einschätzung, der nur hin und wieder ein Bewohner von Worms widerspricht) so viele weitere Sehenswürdigkeiten zu bieten, dass es für einen eigenen Urlaub reichen würde.

Das nur unwesentlich größere Koblenz am anderen Ende der Mosel kann mit dem Deutschen Eck samt Reiterstandbild Kaiser Wilhelms II., mit der Festung Ehrenbreitstein und dem Kurfürstlichen Schloss aufwarten – von hier aus lassen sich außerdem Touren auf dem oder am Rhein entlang unternehmen.

Zwischen den beiden großen Städten liegen tolle Burgen – die Reichsburg in Cochem, Burg Eltz oder Burg Pyrmont, um nur drei zu nennen –, malerische Orte wie Beilstein, Zell, Bernkastel-Kues und Ediger-Eller und herrliche Ausblicke auf den Fluss und seine vielen Windungen.

Ist es sinnvoll, mit dem Auto unterwegs zu sein?

Zumindest für die Anreise ist das Auto durchaus sinnvoll. Man erreicht die Orte an der Mosel über die A 1, die A 48 und die A 61 aus allen Richtungen sehr gut. An den öffentlichen Personennahverkehr sind die kleineren Orte dagegen oft nur unzureichend angeschlossen. Busse fahren, aber sie fahren nicht immer überall hin, und einen Bahnbetrieb gibt es nur auf der Eifelseite, also ›links der Mosel‹: Züge fahren von Koblenz über Kobern-Gondorf, Treis-Karden und Cochem bis nach Bullay und von dort weiter über Ürzig und Schweich nach Trier. Wer auf die Hunsrück-Seite der Mosel will, ist auf eine Weiterfahrt mit dem Bus, dem Schiff oder dem Taxi angewiesen.

einer einmaligen Sammlung von mehr als 2000 Exponaten. Auf der luxemburgischen Mosel-Seite ist 2010 das »Centre Européen« dazugekommen, das in Schengen – wo 25 Jahre zuvor das nach dem kleinen Ort benannte Übereinkommen unterzeichnet worden ist – über den europäischen Einigungsprozess informiert.

Welche Sehenswürdigkeiten sollte man nicht verpassen?

Selbst wenn man schon oft davorstand: Die Porta Nigra zu sehen, das Wahrzeichen der Stadt Trier, ist immer wieder ein Erlebnis. Mit dem Dom, der

Wenn man dann an der Mosel ist, sollte man das Auto allerdings so oft wie möglich zugunsten von Fahrrad und Schiff stehen lassen. Die kleinen mittelalterlichen Orte mit ihren engen Stichstraßen sind nicht für die Familienwagen des 21. Jahrhunderts erbaut worden. Komplett den Urlaub auf dem Fahrrad zu verbringen ist eine Möglichkeit, die sich immer größerer Beliebtheit erfreut. Mehrere Anbieter organisieren Touren, bei denen man ohne Gepäck unterwegs sein kann – es wird von Unterkunft zu Unterkunft transportiert, während man selbst in vorher festgelegten Etappen auf dem Moselradweg in die Pedale tritt.

Kann man in der Mosel baden?

Es ist nicht verboten, und es ist auch gesundheitlich nicht bedenklich, wenn man Experten für die Wasserqualität fragt. Zu empfehlen ist es trotzdem nicht. Zu viele Faktoren könnten das Badevergnügen stören oder sogar richtig gefährlich machen: die vielen Schleusen, Strömungen und Strudel, die Boote, Fähren und Schiffe, die auf der Wasserstraße unterwegs sind. Die andere Frage, die sich stellt, ist, warum man in der Mosel baden sollte. Es gibt so viele schöne Schwimmbäder, die ein schönes, sicheres und sauberes Badevergnügen bieten: in Cochem, Zell, Kröv, Alf, Leiwen, Schweich, in Trier und in Koblenz. Die Moseltherme findet man in Traben-Trarbach, und auch ein Ausflug nach Bad Bertrich ist für Badefreunde eine Option: Dort gibt es die einzige Glaubersalztherme Deutschlands.

Welche Seite ist die schönere?

Beide! Und dank ungefähr 50 Brücken zwischen Perl und Koblenz und gut zehn Personen- und Autofähren kann man in einem Urlaub ständig die Seite wechseln. Die Großstädte Trier und Koblenz haben sich an beiden Seiten des Flusses ausgebreitet, und bei den Doppelorten Bernkastel-Kues, Treis-Karden und Traben-Trarbach liegt jeweils auf jeder Seite des Flusses einer der beiden namensgebenden Stadtteile (was für Ellenz-Poltersdorf, Bruttig-Fankel und Neumagen-Dhron nicht gilt). Ediger-Eller haben unsere Vorfahren auf der Eifelseite gegründet, Beilstein elf Kilometer weiter auf der Hunsrückseite – und beide Orte sind traumhaft schön.

Zu welcher Jahreszeit lässt sich die Mosel am besten bereisen?

Es mag reizvoll erscheinen, auf schneebedeckten Wegen unterwegs zu sein, vom Ufer aus den Novembernebel

Diese Orte auf keinen Fall verpassen!

Mosel persönlich – meine Tipps

über dem Fluss aufsteigen zu sehen und im Restaurant immer einen freien Tisch zu bekommen, weil sonst niemand unterwegs ist. Wer im Winter an der Mosel Urlaub machen möchte, sollte allerdings eines bedenken: Viele Sehenswürdigkeiten sind geschlossen, die Fähren haben ihren Betrieb eingestellt, und ein Quartier mag man vielleicht noch finden, einen Tisch im Restaurant vielleicht aber schon nicht mehr, weil gerade alle gleichzeitig Betriebsferien haben und Straußwirtschaften ohnehin nur eine begrenzte Zeit im Jahr öffnen dürfen. Nein, die Zeit zwischen »O und O«, zwischen Ostern und Oktober, ist tatsächlich die schönste Reisezeit. Im Frühjahr kann man miterleben, wie die Natur und das Leben in den Orten langsam zu neuem Leben erwachen. Und der Herbst bietet mit seinen prächtigen Farben Genuss für alle Sinne, viele Weinfeste locken dann. Wer zur Zeit der Weinlese anreisen möchte, sollte rechtzeitig sein Hotelzimmer, seine Ferienwohnung oder seinen Stellplatz reservieren – und bereit sein, etwas höhere Preise zu bezahlen: Von August bis Oktober ist Hochsaison an der Mosel.

Was tut sich an der Mosel?

Die Mosel mag die älteste Weinregion Deutschlands sein und mit Trier die älteste Stadt besitzen – aber man kann überall feststellen, dass man sich auf den historischen Reizen allein nicht ausruhen möchte. Junge Winzer und Gastronomen probieren Dinge aus, gehen neue Wege im Marketing, und überall an der Mosel versucht man jüngere Menschen für die Reize der Region zu begeistern. Dass Veganer und Vegetarier eine wachsende Zielgruppe sind, beginnt sich allerdings, abgesehen von den Großstädten, gerade erst herumzusprechen. Der Moselsteig, der als neuer Premium-Fernwanderweg seit 2014 anspruchsvolle Wanderer dazu bringen möchte, in Wäldern und

Die Ruinen der Burg Metternich thronen umgeben von Weinranken über der Mosel

Das Kurfürstliche Palais in Trier mit der Konstantinbasilika im Hintergrund

zwischen Weinbergen unterwegs zu sein, ist sicher auch für Kenner der Landschaft ein spannendes neues Angebot.

Noch ein persönlicher Tipp

Wer aus der Pfalz kommt, aus Rheinhessen oder aus dem Frankfurter Raum, mag etwas überrascht reagieren, wenn er zum ersten Mal an der Mosel »einen Schoppen« bestellt. Das Wort, das bei den Pfälzern einen halben Liter Wein oder Weinschorle bezeichnet und in Mainz oder Worms das Synonym für die Maßeinheit 0,4 Liter ist, führt, in einer Kneipe in der hessischen Bankenmetropole ausgesprochen, dazu, dass ein »geripptes« Glas mit 0,3 Litern Apfelwein darin serviert wird. Auch an der Mosel wird das alte deutsche Maß noch oft ver-

wendet: Gemeint ist dann ein Viertelliter, Riesling meistens. Seit 1999 veranstaltet der in Trier residierende Moselwein e.V. den Wettbewerb »Der beste Schoppen«, bei dem jedes Jahr die besten Weine im offenen Ausschank der Gastronomie an der Mosel gekürt werden.

NOCH FRAGEN?

Die können Sie gern per E-Mail stellen, wenn Sie die von Ihnen gesuchten Infos im Buch nicht finden:
sperk@dumontreise.de
info@dumontreise.de
Auch über eine Lesermail von Ihnen nach der Reise mit Hinweisen, was Ihnen gefallen hat oder welche Korrekturen Sie anbringen möchten, würden wir uns freuen.

11

Wie im Weinkontor: die Weinstube
Kesselstatt in Trier, S. 105

Wincheringen – Horizonte der Stille,
S. 120

Lieblingsorte!

Hoch über dem Fluss: die Marienburg
bei Pünderich, S. 205

Mischung aus Macht und Kontemplation:
der Moseldom in Treis-Karden, S. 248

Fünfseenblick: hier sieht man mehrere Moselschleifen zugleich, S. 141

Die berühmteste Moselschleife ist diejenige über Trittenheim, S. 145

Lieblingsorte entdeckt man mitunter durch Zufall. Sie verlocken dann dazu, sie immer wieder aufzusuchen. Das kann ein gemütliches Lokal in Trier oder Koblenz sein, unterwegs an der Mosel mit ihren abwechslungsreichen landschaftlichen Facetten, auch ein besonders attraktiver Aussichtspunkt oder eine architektonische Kostbarkeit – Wohlfühlorte, die wir anziehend finden, abseits vom touristischen Mainstream. Etwas ganz Besonderes eben!

Architektur-Juwel: die Matthiaskapelle über Kobern-Gondorf, S. 267

Kaffeehaus-Kultur in Koblenz: die Kaffeewirtschaft, S. 289

Schnellüberblick

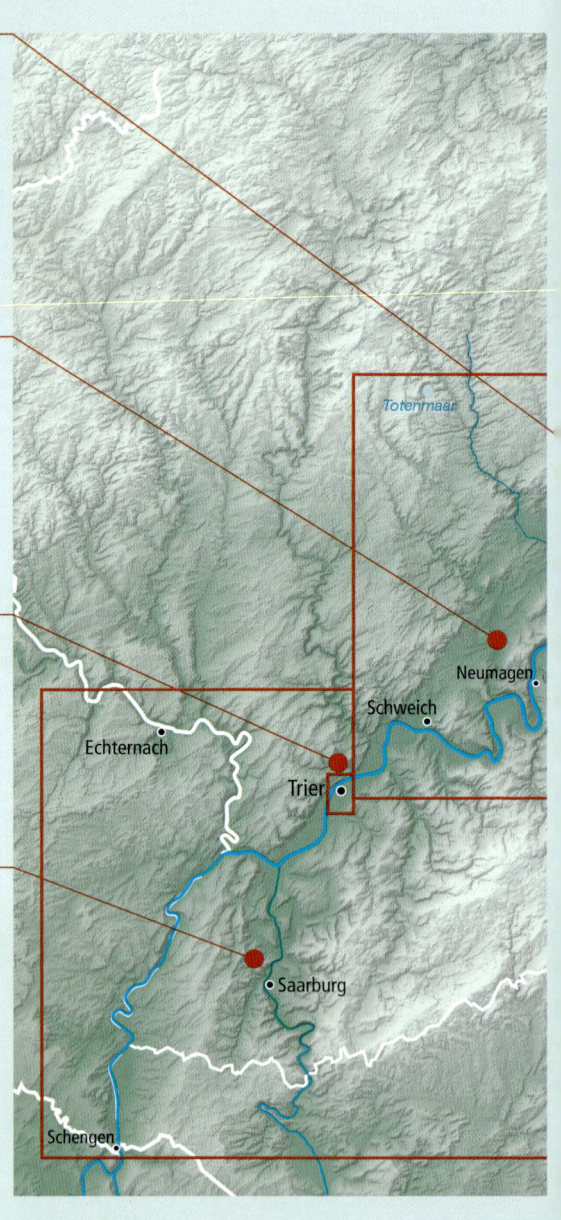

Mittelmosel:
Bernkastel-Kues bis Wolf
Berühmte Weinlagen wie
Bernkasteler Doctor, Zeltin-
ger Himmelreich, Erdener
Prälat, Ürziger Würzgarten
oder Wolfer Kloster zeugen
vom sonnigen Klima dieser
Gegend. S. 160

Mittelmosel:
Schweich bis Veldenz
Spuren römischer Kultur
finden sich hier überall,
da schon die Römer die
geografischen Lagen am
Fluss zu nutzen wussten.
S. 134

Trier
Deutschlands vielleicht
älteste Stadt ist eine
geglückte Mischung aus
attraktiven Altertümern
und urban pulsierender
Lebendigkeit. S. 80

Südliche Wein-Mosel
im Dreiländereck
Europa wächst zusammen
– und das Dreiländereck
im Großraum SaarLorLux
besinnt sich auf sein ge-
meinsames Erbe. S. 110

Totenmaar

Neumagen

Schweich

Echternach

Trier

Saarburg

Schengen

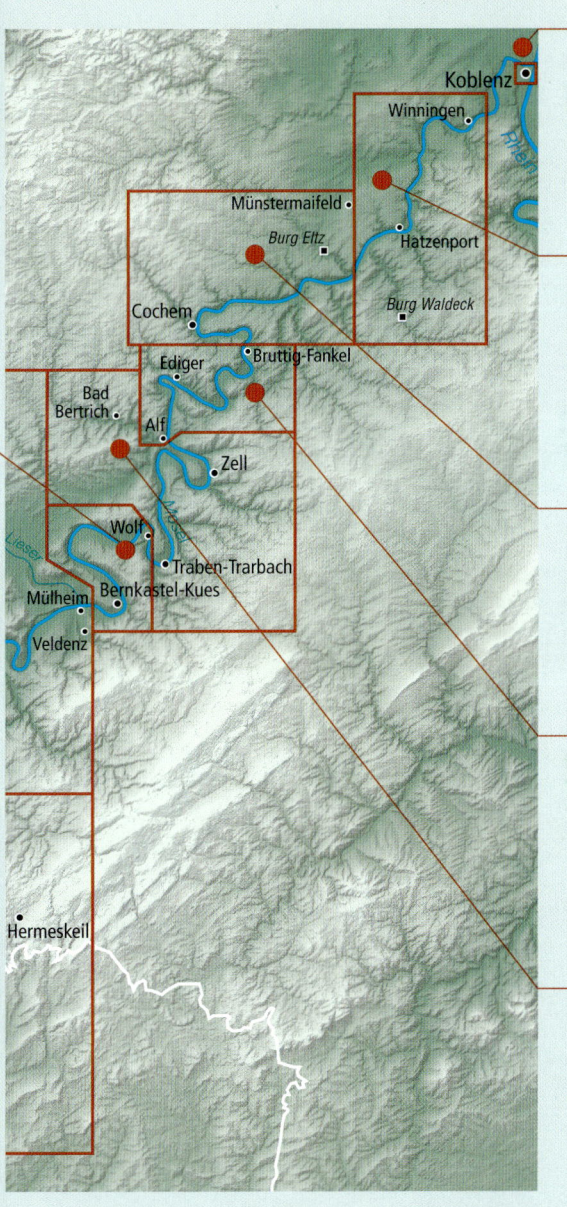

Koblenz
Selbstbewusste und gesellige Stadt an Rhein und Mosel, die am ›Deutschen Eck‹ zusammenfließen.
S. 272

Terrassenmosel:
Hatzenport bis Winningen
Steil ragen auf der Eifelseite die terrassierten ›Chöre‹ auf, mit dem Natur- und Kulturdenkmal Uhlen als Höhepunkt. S. 254

Terrassenmosel:
Cochem bis Burg Eltz
Herrliche Burgen wie aus dem Bilderbuch, die zum Teil noch wenig touristisch entdeckt sind. S. 232

Terrassenmosel:
Alf bis Bruttig-Fankel
Eine großartige Landschaft tut sich auf mit idyllischen Ortschaften, antiken Spuren – und Europas steilstem Weinberg Calmont. S. 212

Mittelmosel:
Traben-Trarbach bis Zell
Malerische Aussichten von den Höhen über der Mosel konkurrieren mit vielfältiger Architektur und historischen Stätten.
S. 188

15

Reiseinfos, Adressen, Websites

Entspannter Naturgenuss auf einem Ausflugsschiff nahe Wehlen

Informationsquellen

Infos im Internet

www.mosellandtouristik.de
Die wichtigste Informationsquelle, wenn man sich über Reisethemen informieren und Veranstaltungen besuchen will oder spezielle Unterkünfte (z. B. barrierefrei) sucht.

www.weinland-mosel.de
Mosel-Wein e. V. deckt ein breites Spektrum ab, von Veranstaltungsterminen über Weingüter bis zur Initiative ›Der Beste Schoppen‹. Außerdem findet man Rezepte typischer Mosel-Gerichte.

www.strasse-der-roemer.eu
Die einzelnen Stationen (Villen, Keltern, Kultplätze usw.) der Touristenroute ›Straße der Römer‹ werden hier optimal dargestellt; außerdem zu finden: Gastronomen römischer Küche.

www.mosel.de
Das Internetportal bringt nicht nur touristische Themen, sondern auch Nachrichten aus der Region. Die Rheinland-Pfalz Tourismus GmbH zeichnete diese Website für ihre Servicequalität aus (www.servicequalitaet-rlp.de).

www.traumpfade.info
Das Projektbüro Traumpfade der Rhein-Mosel-Eifel-Touristik stellt auf der Seite Wanderwege und Unterkünfte vor. Mit Blog.

Fremdenverkehrsämter

In Österreich
Deutsche Zentrale für Tourismus e. V. (DZT): Mariahilfer Str. 54, 1070 Wien, Tel. 01 513 27 92 10, www.deutsch land-tourismus.de.

In der Schweiz
Deutsche Zentrale für Tourismus e. V. (DZT): Freischützgasse 3, 8004 Zürich, Tel. 044 213 22 11, www.deutsch land-tourismus.de.

Infostellen zur Region
Rheinland-Pfalz Tourismus: Löhrstraße 103–105, 56068 Koblenz, Tel. 0261 91 52 00, www.gastlandschaften.de. Infos zum Ferienland Rheinland-Pfalz, mit Verweisen auf Angebote, Anreise und regionale Infostellen.

Mosellandtouristik: Kordelweg 1, 54470 Bernkastel-Kues, Tel. 06531 973 30, www.mosellandtouristik.de. Ergiebig für fast jedes Thema, etwa in der Rubrik ›Moselland von A–Z‹. Broschüren können heruntergeladen werden.

Saar-Obermosel-Touristik: Saarstr. 1, 54329 Konz, Tel. 06501 601 80 40; Graf-Siegfried-Str. 32, 55439 Saarburg, Tel. 06581 99 59 80, www.saar-obermosel. de. Beide Tourist-Infos kümmern sich gut um potenzielle Gäste. Die Seite ist klar gegliedert. Hinweis: Statt ›Obermosel‹ wird in diesem Buch meist ›südliche Wein-Mosel‹ verwendet; den Begriff favorisieren die jungen Winzer, analog zu ›Terrassenmosel‹ statt ›Untermosel‹.

Weitere nützliche Infostellen
Mosel-Gäste-Zentrum: Gestade 6, 54470 Bernkastel-Kues, Tel. 06531 50 01 90, www.bernkastel-kues.de.
Tourist-Info Sonnige Untermosel: Moselstr. 7, 56332 Alken, Tel. 02605 847 27 36, www.sonnige-untermosel.de.
Moseleifel Touristik e.V.: Marktplatz 5, 54516 Wittlich, Tel. 06571 40 86, www.moseleifel.de.

Hunsrück-Touristik: Gebäude 663, Hahn-Flughafen, Tel. 06543 50 77 00, www.hunsruecktouristik.de.

Spezialreiseveranstalter

Bodensee-Radweg Service: www.mosel-radweg.de bietet ausgearbeitete Radreisen in der Moselregion an.
Schneckenhaus: www.mosel-genusserlebnis.de organisiert von Zell aus Ausflüge per Paddel, Pedal und Pedes.
Erlebnistage für Jugend und Familie: Mit Sack und Pack, Tel. 06507 70 33 81, www.mit-sack-und-pack.de. Für alle Altersgruppen: Survival-Erlebnis-Tage, Floßbau, ›Leben wie in der Steinzeit‹ – und das alles nahe Schweich.

Lesetipps

Stefan Andres: Von seinem umfangreichen Werk sind die Romane »Der Knabe im Brunnen« (dtv) sowie »Die Sintflut‹ (Wallstein Verlag) sowie die Novellen »Wir sind Utopia« (dtv) und »El Greco malt den Großinquisitor« (dtv) auf dem Markt. Der Wallstein Verlag publiziert unter dem Titel »Gäste im Paradies. Moselgeschichten« so ergreifende Novellen wie »Die Vermummten«, »Der Menschendieb« oder »Wirtshaus zur weiten Welt«.
Ausonius: »Mosella«. Der römische Schriftsteller, der um 365 in Trier zum Erzieher des Kaisersohns Gratian berufen wurde, preist die Mosel in leuchtenden Farben und Versen (Reclam, 2000).
Jacques Berndorf: Seine Eifel-Krimis sind Kult! Held Siggi Baumeister wird zwar mindestens einmal pro Band verprügelt, brachte Verlag und Autor aber viel Glück. Tipp: Berndorfs »Tatort Eifel«.
Paul Grote: Der bekannteste deutsche Weinkrimi-Autor hat in »Tödlicher Steilhang« (dtv, 2013) den Schauplatz an die Mosel verlegt.

Carsten Klemann: Der Verfasser von Romanen und Sachbüchern debütierte mit »Moselblut« (Rowohlt, 2007) kundig-spannend im Genre »Wein-Krimi«.
Annette Köwerich: Die Agrar-Ingenieurin, die mit ein Weingut in Leiwen betreibt, hat der Mosel ein Denkmal gesetzt, wie »Mosel. Eine Hommage von der Quelle zur Mündung« (Bastian Druck, 2012) und »Briefe von Ophelia und Jan« (2015).
Mischa Martini: Die Mosel-Krimis, von »Akte Mosel« bis zu »Sacre Mosel« (Weyand Verlag), sind auch für Trier-Einsteiger spannend geschrieben und besitzen in Kommissar Walde Bock einen sympathischen Serienhelden.
Hans-Josef Ortheil: In dem Roman »Die Moselreise« (btb, 2012) ist der Autor noch einmal der elfjährige Junge, der mit seinem Vater von Koblenz nach Trier unterwegs ist.
Achim Reis: »Das Glück braucht tiefe Wurzeln. Wie ich durch mein Weingut zum guten Leben fand« (Ullstein, 2014) erzählt von einem Berliner, der das elterliche Weingut an der Mosel übernimmt.
Friedrich Spee: Der Gedichtzyklus »Trutz Nachtigal« (Reclam, 1985) zeigt die poetische, aus Kirchenliedern vertraute Seite des Barockdichters (1591–1635).
Clara Viebig: In dem Roman »Die goldenen Berge« schildert die Dichterin (1860–1952) die Not der Moselwinzer in den 1920er-Jahren. »Unter dem Freiheitsbaum« spielt an Mosel-Schauplätzen zur Zeit der Französischen Revolution. In leidenschaftlich-kraftvoller Sprache schrieb Viebig packende Milieuschilderungen. Ihre Bücher sind im Rhein-Mosel-Verlag erschienen.
Josef Zierden: Organisator des Eifel-Literatur-Festivals verfasste unter anderem den »Eifel Krimi-Reiseführer« (KBV, 2005), eine »Krimi-Tour Rheinland-Pfalz« (emons, 2006).

Wetter und Reisezeit

Klima

Ein mildes, gemäßigtes Klima unter atlantischem Einfluss kennzeichnet das Moseltal. Ohne heftige Schwankungen, bietet es optimale Bedingungen für den Weinbau in einem der weltweit nördlichsten Anbaugebiete. Vorwiegend Westwind, Hangneigung, Bodenbeschaffenheit (Schiefer) und der Fluss wirken sich günstig auf die Qualität des Weins und des Urlaubsgebiets aus. Die Jahrestemperatur liegt im Mittel bei ca. 9° C, fällt auch im kältesten Winter kaum unter 2° C. Längere Frostperioden sind, anders als im benachbarten Hunsrück oder in der Eifel, selten.

Die beste Reisezeit

Im zeitigen Frühjahr darf man nicht allzu enttäuscht sein, wenn Restaurants und Museen nur eingeschränkt geöffnet sind und Fähren Winter-

schlaf halten. Ab April/Mai beginnt die Hauptsaison, alle touristischen Highlights sind zugänglich, Straußwirtschaften öffnen. Erste touristische Spitzenwerte sind ab Juni zu erwarten, wenn ›Happy Mosel‹ an den Fluss lockt und die Quecksilbersäule hochschnellt. Die beste Zeit an der Mosel ist sicher September bis Mitte Oktober zur Weinlese, wenn buntes Weinlaub die Sinne verzaubert, das Licht über dem Fluss seine volle Leuchtkraft entfaltet und die Abende mild, aber nicht mehr so heiß sind.

Kleidung und Ausrüstung

Ein Pullover kann auch im Sommer nie schaden, da es nachts in unseren Breitengraden empfindlich kühl werden kann. Regenkleidung sollten in jedem Fall Leute dabei haben, die im Urlaub grundsätzlich Pech mit dem Wetter haben. Für Klettersteige festes Schuhwerk in den Koffer packen – bitte nicht in Badelatschen aufsteigen.

Klimadaten Trier

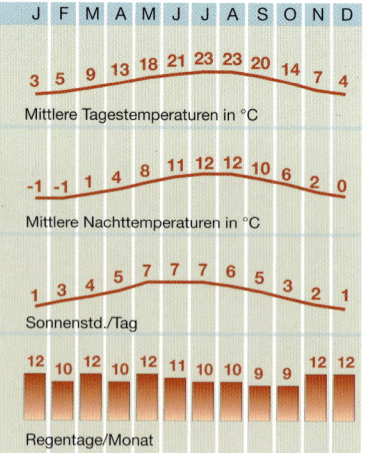

	J	F	M	A	M	J	J	A	S	O	N	D
	3	5	9	13	18	21	23	23	20	14	7	4

Mittlere Tagestemperaturen in °C

| -1 | -1 | 1 | 4 | 8 | 11 | 12 | 12 | 10 | 6 | 2 | 0 |

Mittlere Nachttemperaturen in °C

| 1 | 3 | 4 | 5 | 7 | 7 | 7 | 6 | 5 | 3 | 2 | 1 |

Sonnenstd./Tag

| 12 | 10 | 12 | 10 | 12 | 11 | 10 | 10 | 9 | 9 | 12 | 12 |

Regentage/Monat

Herbstliche Nebelschleier über der Pfarrkirche St. Martin in Ediger-Eller

Anreise und Verkehrsmittel

Einreisebestimmungen

Angehörige der ›Schengen-Staaten‹ brauchen kein Visum (s. S. 72). Für alle anderen Besucher gilt die Visapflicht, sofern sie sich nicht schon innerhalb des Schengen-Gebiets aufhalten.

Anreise

... mit dem Flugzeug

Info: www.hahn-airport.de
Der Flughafen Hahn im Hunsrück hält sich trotz aller Schwierigkeiten. Linien-Shuttles verbinden ihn u. a. mit Trier und Koblenz.

... mit der Bahn

Info: www.bahn.de
Zwischen Koblenz und Bullay verläuft eng am Ufer die Moselstrecke der Deutschen Bahn mit den Bahnhöfen Moselweiß, Güls, Winningen, Kobern-Gondorf, Lehmen, Kattenes, Löf, Hatzenport, Moselkern, Müden, Treis-Karden, Pommern, Klotten, Cochem, Ediger-Eller und Neef. Nach Bullay weicht sie in die Südeifel mit Stationen in Bengel, Ürzig, Wittlich, Föhren, Schweich, Ehrang, Pfalzel bis Trier ab. Von Trier Hbf aus kann man die Reise nach Luxemburg-Stadt verlängern.

Von Bullay fährt die Moselwein-Bahn nach Traben-Trarbach ab. Trier wird über RB- und RE-Züge der Saarstrecke mit Saarbrücken und über die Obermoselstrecke mit Perl verbunden. Von Köln aus kommt man auf der Eifelstrecke nach Trier. Koblenz ist entweder über Trier oder durchs Rheintal erreichbar.

Züge fahren nur noch auf der Eifelseite der Mosel, die Trasse auf der Hunsrückseite ist stillgelegt. Den ICE Trier–Berlin entlang der Mosel, der von 2005 bis 2011 fuhr, existiert nicht mehr. Ende 2014 stellte die Bahn auch die IC-Verbindung Koblenz–Trier ein.

Fahrräder dürfen in Regionalbahnen (RB) und Regionalexpress-Zügen (RE) teilweise kostenlos mitgenommen werden. Der Transregio der Strecke Bullay-Traben ist ebenfalls darauf eingestellt.

... mit dem Bus

Die Busse der Moselbahn verkehren auf der Strecke Trier–Bullay mit Anschluss an die Bahn. Linienbusse fahren außerdem nach Koblenz, in den Raum Bitburg und den Saargau. Die Moselbahn betreibt auch die Radelbusse (www.regio-radler.de). Auskunft geben der Verkehrsverbund Region Trier (www.vrt-info.de), der Verkehrsverbund Rhein-Mosel (www.vrminfo.de) und die Rhein-Mosel-Verkehrsgesellschaft (www.rmv-bus.de).

... mit dem Auto

Die Moselregion ist gut in das deutsche Autobahnnetz integriert: Stichstraßen führen ins Tal hinab oder aber man überquert es über Brücken wie bei Schweich bzw. Winningen. So kann man von Norden, z. B. von Köln, über die A 61 Koblenz und Umgebung ansteuern, dann auf die A 48 bzw. die A 1 wechseln und durch die Vulkaneifel ins Tal hinabstoßen. Von der aus Belgien kommenden A 60 wechselt man am Kreuz Wittlich auf die A 1 oder schon vorher auf die B 51. Von Luxemburg führt die A 1 auf die A 64 und nach kurzer Unterbrechung bei Schweich auf die A 1 / A 48. Vom rheinland-pfälzischen Süden bzw. dem Saarland aus bietet sich in Richtung Trier die A 1 an, in Richtung Koblenz die A 61. Die Hunsrückhöhenstraße (B 327) bildet hier das Bindeglied zwischen beiden Städten.

... mit dem Schiff

Mit dem Schiff von Trier bzw. Perl (französische Grenze) oder Koblenz anzureisen, ist fast durchweg nur von Frühjahr bis Herbst möglich. Im Juli und August kreuzen die meisten Linien- und Ausflugsschiffe auf dem Fluss. Stark frequentierte Strecken auf der Mittelmosel ermöglichen die Anreise zu Orten, die nicht mehr per Bahn erreichbar sind.

Verkehrsmittel vor Ort

Öffentliche Verkehrsmittel

Das Moselgebiet teilen sich zwei Verkehrsverbunde: Der Verkehrsverbund Region Trier (VRT, www.vrt-info.de) bedient Trier und die Landkreise Trier-Saarburg, Bernkastel-Wittlich, Bitburg-Prüm und Daun, der Verkehrsverbund Rhein-Mosel (VRM, www.vrminfo.de) verbindet Koblenz mit den Landkreisen Mayen-Koblenz, Cochem-Zell, Ahrweiler, Neuwied, dem Rhein-Hunsrück-Kreis und dem Rhein-Lahn-Kreis.

Bahn

Mit dem Rheinland-Pfalz-Ticket können bis zu fünf Personen bzw. Eltern mit allen Kindern (bis 15 Jahre) einen Tag lang ab 9 Uhr durchs Bundesland und das Saarland mit Nahverkehrszügen fahren (24 € plus je 4 € für bis zu 4 Mitfahrer), an Wochenenden und Feiertagen ab 0 Uhr. Weitere Sonderaktionen findet man unter www.dertakt.de.

Bus

Über die Häufigkeit der Busverbindungen kann man selbst auf dem Land nicht klagen. In Trier versorgen Stadtbusse die entferntesten Stadtteile und das Ruwertal. Koblenz hat ebenfalls ein sehr gutes Verbindungsnetz und als Sonderform des Sightseeings die Linie 1 vom Hauptbahnhof zum Deutschen Eck.

Rad

RegioRadler-Buslinien transportieren Fahrgäste und -räder (im Spezialanhänger) mehrmals tgl. (mit Zwischenstopps) zu attraktiven Zielen: RegioRadler Moseltal (333) fährt von Trier über Bernkastel-Kues und Traben-Trarbach nach Bullay. RegioRadler MaareMosel (300) erschließt den Maare-Mosel-Radweg von Bernkastel-Kues nach Daun, RegioRadler Ruwer-Hochwald (290) den Ruwer-Radweg, RegioRadler Sauertal (441) den deutsch-luxemburgischen Grenzfluss. Regio-Radler Untermosel (630) verbindet Treis-Karden mit Emmelshausen. Fahrplan-Info: www.regioradler.de.

Taxi

deutschlandweit: www.taxi.de. Ein Taxi zu rufen, ist in der Stadt meist kein Problem. In kleinen Orten sollte man die Situation vorher prüfen.

Schiff

Wichtig: Steigende Kraftstoffpreise wirken sich auf die Fahrpläne aus! Im Juni ist die Linienschifffahrt während der Wartung der Schleusen für etwa eine Woche eingeschränkt.

Köln-Düsseldorfer (KD): Zentrale: Tel. 0221 208 83 18, www.k-d.com; an der Mosel: Tel. 0261 310 30, 02671 98 00 23. Mai–Okt. Fr–So Koblenz–Cochem, Koblenz–Winningen, Juli/Aug. auch Mo. Gegen Vorlage der Bahnanreise-Tickets gibt es 20 % Ermäßigung auf die KD-Linienpreise. Weitere Vergünstigungen beispielsweise für Radfahrer am Di und Do.

Personen-Schifffahrt Kolb: Briedern, Tel. 02673 15 15, www.moselrundfahr

ten.de, April–Okt. Linien zwischen Wasserbillig u. Karden, Trier und Saarburg.

Entente Touristique de la Moselle Luxembourgoise: Tel. 00352 75 82 75, www.marie-astrid.lu, Ostern bis Sept. Linienfahrten auf der berühmten ›M.S. Princesse Marie-Astrid‹.

Mosel-Personenschifffahrt: Bernkastel-Kues, Tel. 06531 82 22, www.mosel-personenschifffahrt.de, April bis Okt. Traben-Trarbach–Bernkastel-Kues.

Bonner Personenschifffahrt: Tel. 0228 63 63 63, www.b-p-s.de, Juli bis Aug. Di, Fr, So Bonn–Koblenz–Winningen.

SPS Saar Personen-Schifffahrt: Saarburg, Tel. 06581 991 88, www.saarflotte.de, Mai bis Okt. Merzig–Saarburg und Saarburg–Wasserbillig.

Moselfähren

Autofähren: Oberbillig–Wasserbillig: tgl., Nov.–Mitte März nicht So; Pünderich–Marienburg: Mai–Okt. Mo/Mi/Fr–So; Briedel–andere Moselseite: März–Mitte Nov. Di/Do/Sa; Ellenz–Beilstein: Ostern–Okt. tgl.; Klotten–NSG/Cochem, ab Ostern Fr–So, Juli–Okt. tgl.

Personenfähren: Enkirch–Kövenig: tgl. Ostern–Okt.; Alf–Bullay, März–Mitte Nov.; Cochem-Cond: Ostern-Okt.; Rheinfähre Deutsches Eck–Ehrenbreitstein: tgl.; Koblenz Deutsches Eck–Koblenz Lützel, Mai–Sept.

Autofahren/Verkehrsregeln

Dem Alkoholkonsum sind auch am Weinfluss Mosel Grenzen gesetzt: 0,5 Promille in Deutschland, Luxemburg und Frankreich.

Die Höchstgeschwindigkeit beträgt in Deutschland in Ortschaften 50 km/h, auf Landstraßen 100 km/h, auf Autobahnen streckenweise 130 km/h, ansonsten freie Fahrt. In Luxemburg sind es 50 km/h innerorts, 90 km/h außerorts, 130 km/h auf Autobahnen. Frankreich schreibt 50 km/h innerorts und 90 km/h außerorts vor, 110 km/h auf Schnellstraßen, 130 km/h auf Autobahnen.

Umgehungsstraßen schützen einige Moselorte vor Durchgangsverkehr. Autofahrten durch alte Ortskerne sollte man sich vorher genau überlegen – das kann ungemütlich eng werden.

Die Straßen über Eifel und Hunsrück erinnern häufig an Alpenpässe. Es macht Spaß, durch extrem enge Spitzkehren zu kutschieren und auf abenteuerlich steilen Straßen die Berge zu erklimmen, zumal immer wieder einmalige Ausblicke auf den Fluss geliefert werden.

Voll im Trend – Radwanderern bietet die Mosellandschaft ein ideales Terrain

Übernachten

Ein klassisches Urlaubsland

Die Moselregion verfügt über eine breite Palette an Unterkünften. Hotels in den Zentren gibt es reichlich, in den Dörfern reiht sich eine Privatunterkunft an die andere. In der Hauptreisezeit muss man, wenn überhaupt noch ein Quartier zu finden ist, in der Ortswahl flexibel sein – oder rechtzeitig buchen.

Internetseiten

www.mosellandtouristik.de: Hier kann man online buchen.
www.bettundbike.de: Für Urlaub mit dem Fahrrad listet die ADFC-Broschüre ›Bett & Bike‹ zertifizierte Unterkünfte.
www.motorradhotelguide.de: Der ›BikerHotelGuide‹ hilft Bikern, motorradfreundliche Hotels aufzuspüren.

Hotels & Pensionen

Der Standard ist hoch, die Pension mit ›fließend Wasser‹ und Etagendusche die Ausnahme (hier nicht berücksichtigt). Das Bemühen der Hotels, die gastronomische Seite zu bedienen, ist auch am erstarkten Renommee einheimischer Köche abzulesen, die nach Lehrjahren jenseits des engen Tals bodenständig zurückkehren. Bewertungen im Internet: www.tripadvisor.de. Zur Orientierung dienen auch www.booking.de, www.hotel.de und www.holidaycheck.de.

Ferienwohnungen

Ferienwohnungen bedeuten für immer mehr Winzer ein zweites finanzielles Standbein – und für die Gäste ein Urlaubserlebnis mit Einblick in den Familienalltag. Vor dem Anmieten lieber fragen, ob die Endreinigung im Preis inbegriffen ist, sonst wird manches günstige Angebot doch zur Mittelklasse. Einige Gastgeber vermieten nicht für nur eine Nacht.
Im Internet: www.naturlaub-bei-freunden.de, Ferien auf dem Bauernhof in zertifizierten Betrieben, Freizeitprogramm häufig inklusive, www.fewo-direkt.de: reichhaltiges Angebot an Ferienwohnungen.

Jugendherbergen

Moderne Gästehäuser mit Komfort bei zivilen Preisen und einem guten Freizeitangebot für Familien mit Kindern sind zu finden in Trier, Cochem, Traben-Trarbach, Koblenz-Ehrenbreitstein, Manderscheid und Daun. Die Häuser in Bernkastel-Kues und Saarburg werden derzeit renoviert. Adressen Reiseteil (außer Daun, Manderscheid). Die Jugendherbergen in Rheinland-Pfalz und im Saarland, In der Meielache 1, 55122 Mainz, Tel. 06131 37 44 60, www.diejugendherbergen.de.

Camping & Wohnmobile

Camping- und Wohnmobilplätze gibt es wie Schiefer an der Mosel. Die meisten sind wegen der Hochwassergefahr nicht ganzjährig geöffnet.
Camping- und Reisemobilstellplätze im Moselland: www.mosellandtouristik.de. Die Broschüre (download) listet die Plätze auf.
www.touring24.info: Bei der Stellplatz-Suche hilft diese Website. Die Suche nach ›Mosel‹ ist etwas umständlich, für Details muss man sich registrieren.

Essen und Trinken

Landgasthöfe & Weingüter

Kleine Landgasthöfe und intime Weinstuben erleben derzeit einen unglaublichen Boom – und zahlen das mit hoher Qualität zurück. Eine Besonderheit sind Weingüter mit Beherbergung, die zum Frühstück meist auch spezifische Leckereien anbieten, etwa Weingelee (Rieslinggelee), Weinbergpfirsich-Marmelade, Traubensaft, Sekt, an der südlichen Wein-Mosel (Obermosel) auch hauseigenen Apfelsaft als Nebenprodukt von Viez (Apfelmost).

Alles römisch

Graben Archäologen römische Gebäude aus, so tun Gastronomen das Gleiche mit römischer Küche, z. B. nach dem Kochbuch des Apicius. Das macht Sinn in einer Landschaft, die ein beinah südländisches Lebensgefühl hat.

Moselküche

Die traditionelle moselanische Küche ist deftig und reichlich, als Nationalgericht gilt ›Gräwes‹, ein Sauerkrauteintopf, den die Trierer ›Kappes Teerdisch‹ nennen. Haute Cuisine pflegen eine wachsende Zahl von Landgasthöfen, Weinstuben und Restaurants, die mitunter ein eigenes Weingut begleitet.

Winzervereinigungen

Die jungen Winzer an Mosel, Saar und Ruwer halten offensichtlich nicht mehr allzu viel von der einst charakteristischen Eigenbrötelei der Väter. Traditionsreiche Vereine wie der bundesweite VDP (www.vdp.de, Die Prädikatsweingüter; die historische Bezeichnung des VDP Mosel war ›Der Große Ring‹) und der regionale Bernkasteler Ring (www.bernkasteler-ring. com) werden flankiert von Winzervereinigungen der jungen Generation. In Anspielung auf die Ringweingüter entstand ›Der klitzekleine Ring‹ (www.klitzekleinerring.de). Unter dem Motto ›Die neue Mosel startet durch‹ agieren die ›MoselJünger‹ (www.moseljuenger.de). ›Junger Süden‹ (www.junger-sueden.de) nennt sich eine Jungwinzervereinigung der südlichen Wein-Mosel.

Moselvielfalt

Für Weinliebhaber bedeutet ein Urlaub an der Mosel eine unglaubliche

Weinprobe beim Winzer – für jeden Geschmack den richtigen Tropfen

Vielfalt und zuweilen Ratlosigkeit. Das ist auch ein Dilemma dieses Buches: Stellvertretend Betriebe zu nennen, tut hundert anderen Unrecht. Im Grunde muss jeder ›seinen‹ Winzer finden – eine Sache des Vertrauens. Deshalb sind selbst Winzer, die den Sprung an die Spitze geschafft haben, ›nur‹ vor Ort genannt, werden weitere renommierte Weingüter im Zusammenhang mit Gästehaus oder Ferienwohnung empfohlen.

Straußwirtschaften

Die heimlich heimelige Spezialität weinseliger süddeutscher Länder findet immer mehr Anhänger, denn hier lässt sich bei einheimischen Spezialitäten ein Weingut bestens testen. Durch ausgehängte Kränze, Besen oder Sträuße gekennzeichnet, wird hier ausschließlich von Winzern eigener Wein ausgeschenkt. Maximal vier Monate (erlaubt ist die Aufteilung auf zwei Mal) im Jahr darf geöffnet sein, sagt das Gesetz.

Traditionelle Spezialitäten

Debbekooche (Scholes): überbackener Auflauf aus Kartoffeln, Brötchen, Lauch, Zwiebeln, Eiern, Milch und Dörrfleisch

Flieten: gebratene Hähnchenflügel

Gebroaden Muuselfisch: gebratene kleine Moselfische (Weißfische)

Schwenkbroaden: Spießbraten

Saure Stambes: Pfannkuchen, mit durch Essig gesäuertem Kartoffelpüree gefüllt

Grumberschnietscher: Kartoffelpuffer

Gräwes oder **Kappes Teerdisch:** Sauerkraut mit Kartoffelpüree (u. Speck, gepökeltem Schweinefleisch od. Eisbein)

Tresterfleisch: in Riesling und Trester (Traubenschnaps) mit Gemüse marinierte Schweinefleischwürfel

Moselaal: meist geräuchert

Aktivurlaub und Sport

Angeln

Liegt ein gültiger Bundesfischerei-schein vor, so berechtigt der Erwerb eines Erlaubnisscheins bei einem Berufsfischer, im Fachgeschäft, bei einer Tourist-Information u. Ä. zum Angeln an festgelegten Stauhaltungen. Auf der Luxemburger Seite stellen die Distriktkommissariate Tagesscheine aus.

Einige Anlaufstellen: Lieser (Tel. 06531 32 53), Kröv (Tel. 06541 95 74), Burg (Tel. 06541 29 56), Treis-Karden/Müden (Tel. 02672 71 37), Ürzig (Tel. 06532 26 20).

Weitere Informationen gibt's vor Ort oder bei Mosellandtouristik (www.mosellandtouristik.de). An der Sauer erfreut sich das Fliegenfischen großer Beliebtheit.

Baden

Frei- und Hallenbäder verteilen sich entlang des Flusses: In Cochem-Cond ist das Freizeitzentrum mit Wellenbad und ›Kinderland‹, im Ortsteil Wildstein von Traben-Trarbach die ›Moseltherme‹ attraktiv. Die Trierer verknüpfen gerne das Vergnügen im Freibad von Mertesdorf mit einem Ausflug ins Ruwertal. In Zell-Kaimt

macht das Erlebnisbad Zeller Land Spaß, in Treis-Karden das Spiel- und Spaßbad, in Bernkastel-Kues das Moselbad. In Kröv öffnete 2008 das sanierte Freibad ›Kröver Reich‹ mit neuen Attraktionen, darunter Wasserspiele für Kleinkinder. Frei- und Hallenbäder gibt es unter anderem in Ellenz-Poltersdorf, Schweich, Alf, Winningen, in Saarburg (Erlebnis-Freibad und Hallenbad), Wittlich (sehr schönes Vitelliusbad) und Bad Bertrich (Thermal-, Hallen- und Freibad). Konz hat ein neues Bad bekommen – das Saar-Mosel-Bad.

Baden in der Mosel ist möglich, ob zu empfehlen eine andere Sache, weniger wegen eventueller Unappetitlichkeiten als wegen der vom Schiffsverkehr ausgehenden Gefahr für Schwimmer. Ein Tipp für Eingeweihte: der schnuckelige Strand bei der Klosterruine Stuben, allerdings ohne jede sanitäre Einrichtung und mit Badetuch als Umkleidekabine.

Drachen- und Gleitschirmfliegen

An Mosel und Saar lässt sich mit Drachen- und Gleitschirmfliegen der uralte Menschheitstraum verwirklichen. **Die Moselfalken:** www.moselfalken. de, Gelände Schoden (Saar), Maring-Noviand, Graach, Klüsserath, Rivenich, Zeltingen-Rachtig, Erden/Ürzig, Meerfelder Maar (Eifel), Burgen. Tagesmitgliedschaft ab B-Schein, Registrierung als Gastpilot auf der Homepage. Tandemflüge: www. mittelmoseltandem.de. **Drachenflieger-Club Trier:** www.dfc-trier.com, Gelände Serrig (Saar), Longuich, Riol, Mehring, Neumagen-Dhron, Klüsse-

rath, Maring-Noviand. Tagesmitgliedschaft möglich, auch Tandemfliegen (Moseltandem) mit speziell ausgebildeten Piloten.
Drachen- und Gleitschirmfliegerfreunde Rhein-Mosel-Lahn: Tel. 0171 770 16 76, www.thermik4u.de. Gelände an der Mosel: Kobern-Gondorf, Lasserg/Burgen, Neef, Bremm (Calmont-Region). **Flugschule:** Flugschule Saar-Mosel, Drachen- und Gleitschirmausbildung, Paul Loch, Altheck 18, 54472 Longkamp, Tel. 06531 946 77, www.flugschule-saar-mosel.de, Schnupperkurse, Tandemflug und alle Luftfahrerscheine.

Radfahren

Radeln ist Sport Nummer eins! Die Wege entlang des Flusses sind durchweg gut gepflegt. In der Saison geht hier die Post ab. Mehrere Premiumrouten führen als Bestandteile eines großräumigen Radwegenetzes entlang der Flüsse Mosel, Saar und Lieser. Der Mosel-Radweg ist dank minimaler Steigungen auch für weniger Geübte zu bewältigen. Der schönste Teil verläuft auf der ehem. Bahntrasse des ›Saufbähnchens‹ an der Mittelmosel, der Randstreifen an der Bundesstraße von Cochem nach Kobern fällt dagegen ab. Auch neuere Radwege werden zum Teil auf alten Bahnstrecken geführt, wie der Ruwer-Hochwald-Radweg (www.ruwer-hochwald-radweg.de) und der Maare-Mosel-Radweg (www.maare-moselradweg.de).

Zahlreiche Fachgeschäfte, Hotels, Weingüter usw. verleihen Räder. Einige sind jeweils im Reiseteil vor Ort angegeben oder in der Liste der Mosellandtouristik aufzustöbern (www.mosellandtouristik.de, Stichwort Moselland A–Z).

Bei der Mosellandtouristik findet man auch Radrouten, Tourenplaner und Rad-Erlebnistage als eine gemeinsame Plattform von www.moselland-radtouren.de und der Landes-Website www.radwanderland.de.

Mit der Bahn (www.bahn.de) lassen sich Start- und Zielorte gut kombinieren. Radelbusse bedienen den Mosel-Radweg, den Maare-Mosel-Radweg sowie weitere Eifel- und Hunsrück-Regionen. Weitere Informationen dazu auch die Raderlebniskarte Eifel-Mosel-Hunsrück mit aktuellen Fahrplänen (www.der-takt.de).

Auf den Linienschiffen können Fahrräder ebenfalls mitgeführt werden.

Passionierte Mountainbiker zieht es nach Bekond zu ausgefeilten Routen mit Singletrails. Ein Besuch beim Mountainbike-Club Zell ist ebenfalls zu empfehlen (www.mtbclub-zell.de).

Autofreie Events: ›Happy Mosel‹ (So nach Pfingsten), ›Saar Pedal‹ (3. So im Mai), ›Raderlebnistag Salm‹ (letzter So im Sept.), Schromb macht Spaß (alle 2 Jahre im Schrumpftal/Terrassenmosel).
Karten: Normalerweise reichen die Tourenangaben in diesem Buch aus, evtl. kombiniert mit einer Radwanderkarte (z. B. Top-Stern-Karte 1 : 50 000 oder Kompass-Karte 1 : 125 000). Wer die Gegend ausgiebig und öfters im Sattel erkunden will, fährt gut mit den folgenden Radtourenbüchern/Broschüren:
Moselland-Radwanderführer: www.mosellandtouristik.de.
Bikeline-Radtourenbücher: Mosel-Radweg (1 : 50 000) und Radatlas Eifel (1 : 75 000).
Radwandern an der Mittelmosel: Mittelmoseltouristik mit Karten und Tourenbeschreibungen.

Nützliche Internetadressen
www.radwege-online.de: Informationen zu Themenwegen mit Hinweisen zu Karten, Adressen usw.

www.fahrrad-tour.de:
Die private Seite stellt Routen vor, gibt Kartentipps und veröffentlicht Tourenberichte.

Segeln

Der Landesseglerverband Rheinland-Pfalz vereint Segelvereine an der Mosel unter seinem sportlichen Dach und gibt Auskünfte zu Revieren, Ausbildung, Regeln. Erste Kontakte und aktuelle Veranstaltungstipps z. B. zu Trier, Konz, Traben-Trarbach, Brodenbach, Oberfell und Koblenz vermittelt eine Liste auf der Website (www.lsv-rp.de).

Wandern

Themen-, Kultur- und Erlebniswege gibt es in der eher entspannten Form als Wanderpfade und sportlich anspruchsvoller als Klettersteige bzw. Kletterwanderwege (s. auch den Essay »Klettersteige durch den Mosel-Cañon« S. 57). Die Routen in der von Mosellandtouristik herausgegebenen Broschüre »Mosel.Erlebnis. Route« können auch im Internet unter www.mosel-erlebnis-route.com angesehen werden. 2014 wurde der Moselsteig eröffnet (www.moselsteig.de), bei DuMont erschien dazu der Wanderführer »Moselsteig«, in dem

Gleitschirmflieger finden in den Moselbergen optimale Bedingungen

jede Etappe mit Text, Karte und Höhenprofil präzise beschrieben ist.

Mehrere Kapitel im Reiseteil stellen Wandertipps vor, die Entdeckungstour auf S. 138 schildert den Stefan-Andres-Wanderweg, die auf S. 128 eine Teilstrecke des in Santiago de Compostela endenden Jakobswegs.

Nützlich sind auch topografische Wanderkarten, die das Moselgebiet von der französischen Grenze bis Güls (ohne Koblenz), zum Saargau sowie Teile der Eifel, des Hunsrücks, der Saar und der Sauer (ohne Echternach) auffächern. Beim Eifelverein (Tel. 02421 131 21, www.eifelverein.de) und Hunsrückverein (Tel. 06785 791 52, www.hunsrueckverein.de) kann man sich über Ortsgruppen, Wanderwege, Programme und Karten informieren.

Wanderreiten

In der Eifel und im Hunsrück ein meditatives Erlebnis, zumal man sich auf Stationen verlassen kann, die ›Eifel zu Pferd‹ (www.eifelzupferd.de) und ›Hunsrück zu Pferd‹ (www.hunsrueck-zu-pferd.net) auf Qualität geprüft haben. Auf den beiden Websites finden Sie eine Liste und Karte der Stationen sowie Tipps zur Reisevorbereitung.

Wasserski

Schilder weisen gekennzeichnete Strecken aus. Die Sportart boomt, wie die regelmäßig ausgebuchten Kurse und Camps des Wasserskivereins Schweich-Issel zeigen. Ein Erlebnis, wenn man die Mosel aus anderer Perspektive erleben will!

Wasserwandern und Kanufahren

Bootsschleusen und Bootsgassen sind gratis und müssen von April bis Oktober benutzt werden, außerhalb der Saison die zumeist kostenpflichtigen Schiffsschleusen. Die Mosellandtouristik informiert umfassend zur Wasserwanderroute, www.mosellandtouristik.de. Kanus vermieten: www.moselkanuverleih.de in Reil und www.moselkanutours.de in Ernst. Spezialtipp: Reizvoll für geübte Wildwasserfahrer ist die Prüm in der Eifel, im Unterlauf bei den Irreler Wasserfällen von Oktober bis März ein tolles Trainingsrevier. Hier hat sie ein Gefälle von 80 m auf 800 m Strecke und fordert am ›Treppenhaus‹ mit Schwierigkeitsgrad III–IV das ganze Können.

Feste und Veranstaltungen

Weinfeste

Zwischen Anfang Mai und Ende September wird am Wochenende immer irgendwo gefeiert. Zur schnellen Übersicht empfiehlt sich der **Moselweinfestplaner** im handlichen Format, der an vielen Stellen ausliegt.

Das Straßenfest **Rund um den Lieser Marktplatz** am 2. Septemberwochenende findet dank der anheimelnden Atmosphäre, der guten Weine, der Winzer-Spezialitäten und des Höhenfeuerwerks (Sa, 22 Uhr) große Resonanz (www.strassenfest-lieser.de).

Am ersten Wochenende im September lockt mit dem **Weinfest der Mittelmosel** das populärste Winzerfest der Region nach **Bernkastel-Kues**. Dafür sorgen Weinstände, ein Vergnügungspark, Festzug, Großfeuerwerk von der Burg Landshut und ein Kunsthandwerkermarkt (www.bernkastel.de).

In **Neumagen** wurde das steinerne ›Weinschiff‹ ausgegraben – ein Replikat steht im Ort, das Original ist im Rheinischen Landesmuseum in Trier zu bewundern. Am neuen Weinschiffhafen liegt seit 2007 die originalgetreu nachgebaute, schiffbare ›Stella Noviomagi‹ vor Anker. Immer im Juli wird das **Weinschiff-Fest** gefeiert (www.neumagen-dhron.de).

Während des **Wein- und Heimatfests des Ediger Osterlämmchen** (2. Augustwochenende) ziehen Einheimische und Gäste mit mitgebrachten Stühlen, Essen und Getränken am Montag zum Edschara Stohlgang durch **Edigers** Gassen, setzen sich gemütlich zum Plausch, tanzen, hören unterwegs Live-Bands oder im Festzelt dem Karaoke-Nachwuchs zu. Ein auch bei jungen Leuten beliebtes Fest (www.edschara-stohlgang.de).

Das **Moselfest** ist das älteste Winzerfest Deutschlands; es wird Ende August/Anfang September in **Winningen** zehn Tage lang am Weinhexbrunnen und ringsum in den Gassen und Lokalen gefeiert (www.winningen.de).

Das **Winzerfest Bruttig** wird am zweiten Augustwochenende gefeiert: Am Samstag steigt Gott Bacchus mit Gefolge von der Weinlage Götterlay zum Ufer hinab, setzt in einem Nachen nach Bruttig über und gibt im Festzelt das Signal zum ›Teufelstanz‹. Am Sonntag folgt der Festzug (www.bruttig.de).

Alljährlich Ende August trifft man sich in der Burgstraße bei Live-Musik an Ess- und Weinständen – das **Wein- und Straßenweinfest Kinheim** ist nichts Spektakuläres, aber vielleicht gerade deshalb so gemütlich (www.kinheim.de).

Traben-Trarbachs zweitägiges **Altstadtfest** im Juni lebt von der charmanten Szenerie rund um den sanierten Stadtturm im Ortsteil Trarbach (www.traben-trarbach.de).

Trier feiert sein **Altstadtfest** immer am letzten Juni-Wochenende, das Altstadtfest **Koblenz** folgt eine Woche später.

Kulturelle Veranstaltungen

Von Mai bis Oktober fördert die Landesstiftung unter einem jährlich wechselnden Motto einen bunten Kranz kultureller Veranstaltungen, viele davon an der Mosel. Infos und Programm des **Kultursommers Rheinland-Pfalz** findet man im Internet unter www.kultursommer.de.

Von Juni bis Oktober treffen sich Klassik-Freaks zum **Mosel Musikfes-**

tival (Mosel Festwochen) zwischen Saarburg, Trier und Koblenz an unterschiedlichen Orten – vom Kloster über die Burg bis zum Wingert. Tel. 06531 50 00 95 (www.moselmusikfestival. de).

Unter dem Motto ›Kunst & Kultur, Küche & Keller‹ sichert sich die regionale Kulturförderung bei der **Hatzenporter Sommersonnenwende** auf Wanderungen, Ausstellungen, kulinarischen und musikalischen Weinverkostungen ungewöhnliche Schauplätze wie Mühlen, Weinkeller, Kirchen oder den freien Himmel – mit Wein als kongenialem Begleiter. Hatzenport, Mitte Juni (Infos: Fremdenverkehrs- und Heimatverein, Tel. 02605 95 23 71, www.hatzenport.de).

Die **Koblenzer Nacht der offenen Kirchen**, eine Initiative des Ökumenischen Arbeitskreises City-Pastoral, überzeugt alljährlich kurz vor oder nach Ostern mit Angeboten wie dem Raum der Stille und des Gebets, Klangcollagen, Lichtinstallationen, geistlicher Musik, Gespräch und Information (20–24 Uhr, Eintritt frei, www.koblenzer-nacht-der-offenen-kirchen.de).

Der **Trierer Sommer** in der wunderschönen Atmosphäre des Brunnenhofs an der Porta Nigra bringt von April bis Oktober Musikgenuss mit Sommertreff Specials, Jazz im Brunnenhof, Sonntagsmatineen der Chöre, Sonntagskonzerten der Musikvereine.

Weihnachtsmärkte

Auch die Adventswochenenden nutzen viele Menschen, um der Mosel einen Besuch abzustatten. Viele kleine Orte haben eigene **Weihnachtsmärkte**. Zu den schönsten zählen der Budenzauber vor der mittelalterlichen Fachwerkkulisse in Bernkastel-Kues und der Saarburger Christkindlmarkt rund um den berühmten Wasserfall. Etwas ganz

Besonderes ist der Mosel-Wein-Nachts-Markt in den unterirdischen Weinkellern von Traben-Trarbach. In Trier trinkt man seinen Glühwein vor dem Dom oder am Hauptmarkt, in Koblenz am Jesuitenplatz.

Zu Wasser und zu Land

Mit einem Großfeuerwerk wird alljährlich in **Piesport** Anfang Juli die **Moselloreley in Flammen** gesetzt (www.piesport.de).

Das **Internationale Trachtentreffen** ist ein farbenfrohes Fest am 1. Juliwochenende in **Kröv** mit Folklore-Ensembles aus aller Welt. Am Samstagabend erscheint die Festkönigin Mosella auf der schwimmenden Mosel-Bühne. Am Sonntag lassen sich die Gruppen beim tanzenden Umzug durchs Dorf beklatschen (www.kroev.de).

Ein heißer Tipp auf kühlem Wasser ist die von der Zeltinger Rudergesellschaft und dem Bernkasteler Ruderverein ausgerichtete **Langstreckenregatta** um den **Grünen Moselpokal**. Immer am letzten Samstag im September wird auf einem 4 km langen Rundkurs von Kues aus mit Wende bei Graach gerudert. Die Mischung aus Wettkampf und Fest zieht Zuschauer und Ruderer aus der gesamten Großregion an (www.regatta-gruener-moselpokal.de).

Am 1. So nach Pfingsten erkunden Tausende Radfahrer, Inline-Skater und Wanderer am autofreien Erlebnistag **Happy Mosel** das Moseltal zwischen Schweich und Cochem auf 140 km aus einer entspannten Perspektive (www.happy-mosel.com). Getränke- und Essstände, kulturelle Angebote und Volksfeste sorgen für Stimmung. Das gilt ebenso für Saar-Pedal (Mitte Mai) von Konz bis Merzig (www.saarpedal.de) und Ruwertal Aktiv (Mitte August).

Festkalender

Februar/März/April
Schärensprung: Fasnachtsdienstag in Trier-Biewer
Moosemannfest: Alken, 3. Fastensonntag auf dem Moselvorplatz
Ostermarkt: Cochem, 14 Tage vorher
Eierkibben: Winningen, Ostersonntag am Weinhexbrunnen

Mai
Pfarrfest: Paulskirche in Lieser, 1. Mai
Junger Wein in alter Kelter: Erden, 1. Mai, Jungweinprobe in der Römerkelter
Fest der Roemischen Weinstraße: Schweich, Anfang Mai
Weinhöfefest: (Zeltingen-) Rachtig, Mitte Mai
Tag(e) der offenen Weinkeller: An vielen Orten, häufig an Christi Himmelfahrt
Straßenweinfest: Pünderich, So nach Christi Himmelfahrt
Int. Orgeltage: Dom zu Trier, Mai/Juni

Pfingsten
Mitternachtslauf: Kröv, Sa vorher, Breitensportspektakel
Frühlingsfest: Kinheim, mit internationalem Oldtimertreffen
Springprozession: Echternach, Di danach
Mühlenhof-Fest: Schweich, Molitorsmühle, 2. So danach

Juni
Historisches Schöffenmahl: Briedel
Weinfest Zeller Schwarze Katz: Zell, letztes Wochenende
Altstadtfest: Koblenz, Juni/Juli
Altstadtfest: Trier, letztes Wochenende

Juli
Moselloreley in Flammen: Piesport, Anfang Juli, Großfeuerwerk

Moselfest: Trier, Zurlaubener Ufer, Juli
Weinfest: Brauneberg, Mitte Juli
Weinfest: Hatzenport, Ende Juli
Weinschifffest: Neumagen-Dhron, Mitte Juli
Operettenfestspiele Zeltinger Himmelreich: Zeltingen, alle 2 Jahre, wieder 2017
Internationales Gaukler- und Kleinkunstfestival: Koblenz, Ende Juli/Anfang Aug.
Weltkulturfestival HORIZONTE: Koblenz, Juli/Aug.

August
Weinkirmes: Zeltingen, Anfang Aug.
Weinfest: Zell-Merl, 2. Wochenende
Harley & Wein: Ürzig, mit Panoramafahrt
Weinhöfefest: Piesport, 3. Wochenende
Heimat- und Weinfest: Cochem, letztes Wochenende
Radtouristik-Fahrt ›Im Herzen der Mittelmosel‹: Erden, Ende Aug.

September
Nacht der Museen: Koblenz, Anf. Sept.
Schängelmarkt: Koblenz
Straßenfest in der Nussbaumallee: Brauneberg, Ende Sept.

Oktober
Römisches Kelterfest: Piesport, 2. Wochenende, s. Unser Tipp S. 150.

November
Wein-Nachts-Markt: Traben-Trarbach, Ende Nov.– Anfang Jan.

Dezember
Trierer Silvesterlauf: Rundkurs in der Innenstadt mit internationaler Besetzung

Reiseinfos von A bis Z

Apotheken

In den Städten Trier und Koblenz gibt es mehr als 40 Apotheken, in den Kleinstädten Konz, Bernkastel-Kues, Traben-Trarbach, Zell, Cochem, Saarburg, Wittlich, Bad Bertrich, Daun und Münstermaifeld sind jeweils mindestens zwei zu finden und auch in den kleineren Dörfern sind gewöhnlich Apotheken vorhanden. Die einzelnen Adressen findet man in den Lokalausgaben der Zeitungen und/oder auch in den Broschüren der Verkehrsämter. Apotheken in Luxemburg erkennt man am grünen ›P‹ oder Kreuz.

Ärztliche Versorgung

Krankenhäuser
Trier: Tel. 0651 94 70
Saarburg: Tel. 06581 820
Wittlich: Tel. 06571 150
Daun: Tel. 06592 71 50
Bernkastel-Kues: Tel. 06531 580
Traben-Trarbach: Tel. 06541 70 70
Bad Bertrich: Tel. 02674 18 20
Zell: Tel. 06542 970
Cochem: Tel. 02671 98 50
Koblenz: Tel. 0261 49 90

Diplomatische Vertretungen

Botschaft der Republik Österreich
Stauffenbergstraße 1, 10785 Berlin, Tel. 030 20 28 70, www.bmeia.gv.at/berlin.

Botschaft der Schweiz
Otto-von-Bismarck-Allee 4a, 10557 Berlin, Tel. 030 390 40 00, www.eda.admin.ch/berlin

Im Großherzogtum Luxemburg:

Botschaft der Bundesrepublik Deutschland, 20–22, avenue Emile Reuter, L–2420 Luxemburg, Tel. 00352 453 44 51, www.luxemburg.diplo.de

Botschaft der Republik Österreich, 3, rue des bains, L–1212 Luxemburg, Tel. 00352 47 11 88, www.bmeia.at/luxemburg

Botschaft der Schweiz, Forum Royal, 25A, Boulevard Royal, L–2449 Luxemburg, Tel. 00352 22 74 741, www.eda.admin.ch/luxemburg

Feiertage

1. Januar
Rosenmontag (Luxemburg)
Karfreitag (Deutschland)
Ostern
1. Mai (Tag der Arbeit)
8. Mai (Tag des Waffenstillstands 1945, Frankreich)
Christi Himmelfahrt
Pfingsten (Deutschland, Luxemburg)
Fronleichnam (Rheinland-Pfalz und Saarland)
23. Juni (Nationalfeiertag, Luxemburg)
14. Juli (Nationalfeiertag, Frankreich)
15. August (Mariä Himmelfahrt, Saarland, Frankreich und Luxemburg)
3. Oktober (Tag der Deutschen Einheit, Deutschland)
1. November (Allerheiligen)
11. November (Tag des Waffenstillstands 1918, Frankreich)
25. Dezember (Weihnachten: Deutschland, Luxemburg, Frankreich)
26. Dezember (St. Stephanstag: Deutschland, Luxemburg)

Reiseinfos

Geld

In den Städten stehen Bankautomaten bereit. Kreditkarten werden in den meisten Hotels akzeptiert. In Restaurants sollte man sich jedoch nicht darauf verlassen, ›mit Karte‹ zahlen zu können. Dank des Euros machen im Dreiländereck spontane Grenzwechsel ohne Geldwechsel richtig Spaß.

Gesundheitsvorsorge

Schiefer speichert die Wärme – ausreichende Wasserzufuhr, Sonnenschutz und Pausen sind an heißen Tagen für Aktivurlauber, aber auch auf einer Schiffstour unerlässlich.

Kinder

Kinder werden sich bei einem Urlaub an der Mosel garantiert nicht langweilen. Für jedes Wetter gibt es Möglichkeiten, aktiv zu sein und spannende Dinge zu erleben. Auf Burg Arras, Burg Eltz oder der Reichsburg Cochem wird Geschichte lebendig. Im Freilichtmuseum Roscheider Hof kann man erleben, wie die Menschen früher gearbeitet haben, im Spielzeugmuseum Trier ihre Spielzeuge bestaunen. In Cochem und Koblenz kann man Sessel- und Seilbahn fahren. Minigolfplätze und Schwimmbäder gibt es überall an der Mosel.

Medien

Radio und Fernsehen

Alle deutschen Fernsehsender können an der Mosel empfangen werden. Die Frequenzen der gängigen und lokalen Rundfunksender auf UKW:

Südwestrundfunk (SWR)
SWR 1 (94,9 / 96,1 / 99,2 / 99,5 Mhz), die ›größten Hits aller Zeiten‹
SWR 2 (89,4 / 93,8 / 94,0 / 95,1 Mhz), Kulturradio
SWR 3 (90,6 / 91,6 / 92,6 / 98,2 Mhz), Pop
SWR 4 (97,2 / 98,8 / 101,2 / 107,4 Mhz)
Deutschlandradio Kultur (94,3 / 105,3 / 106,2 Mhz)
Deutschlandfunk (88,7 / 99,8 / 104,6 Mhz), umfassende Informationen aus Politik, Wirtschaft und Kultur
Saarländischer Rundfunk (SR)
SR 1 Europawelle Saar (91,9 Mhz)
SR 2 KulturRadio (88,6 Mhz)
RPR 1 (101,5 / 102,6 / 102,9 Mhz)
RTL Radio (93,3 / 97,0 Mhz)
CityRadio Trier (88,4 Mhz)
Rockland Radio (105,8 Mhz)
Radio Aktiv Echternach (106,5 Mhz)

Zeitungen und Zeitschriften

Die Leserschaft der Moselregion teilen sich zwei Zeitungen: der ›Trierische Volksfreund‹ aus Trier (www.volksfreund.de) und die ›Rhein-Zeitung‹ aus Koblenz (www.rhein-zeitung.de).

Notruf

Die 112 passt in Deutschland, Frankreich und Luxemburg immer!

Deutschland

Polizei: Tel. 110
Notarzt, Feuerwehr: Tel. 112
DRK-Rettungsleitstelle: Tel. 192 22 (per Festnetz ohne, per Handy mit Ortsvorwahl, z. B. Trier 0651, Koblenz 0261)
Ärztlicher Bereitschaftsdienst: 116 117 (bei dringenden medizinischen Problemen in der Nacht, am Wochenende oder an Feiertagen)
Sperrung von Handys, Bank- und Kreditkarten: 116 116

Luxemburg

Polizei: Tel. 113
Unfallrettung: Tel. 112
Automobile Club du Grand Duché Luxembourg: Tel. 00352 260 00

Frankreich
Polizei und Unfallrettung: Tel. 17

Pannenhilfe
ADAC: Tel. 01802 22 22 22, Handy 22 22 22

Öffnungszeiten

Geschäfte: Das Ladenschlussgesetz erlaubt bundesweit Öffnungszeiten Mo–Sa 6–22 Uhr. In der Praxis schließen viele Einzelhändler jedoch nach wie vor um 18 bzw. 18.30, an Samstagen um 14 Uhr. Bäcker und Metzger öffnen weiterhin als erste ab 6 Uhr, während Boutiquen zwischen 9 und 10 Uhr einlassen.

Gastronomie: Restaurants halten üblicherweise Mittagsruhe zwischen ca. 14.30 und 17 Uhr, Weinstuben und Straußwirtschaften öffnen ab 17 bzw. 18 Uhr, Cafés und Konditoreien schließen nicht selten schon um 18 Uhr.

Selbst in touristisch stark frequentierten Orten vertreibt die ›Küchenpolitik‹ mancher einheimischer Wirte die Gäste: Während ›der Grieche‹ beispielsweise noch um 23 Uhr die ganze Speisenpalette anbietet, ist beim deutschen Kollegen oft schon um 22 Uhr die Küche kalt. Das ist jedoch ein bundesweites Problem.

Reisen mit Handicap

Eine von Rollstuhlfahrern selbst empfohlene Seite ist www.rollstuhl-urlaub.de. Hier findet man Angebote mit spezieller Handicap-Ausstattung. Ebenfalls detaillierte Objektbeschreibungen gibt www.traum-ferienwohnungen.de.

Sicherheit

Radlern seien Unterkünfte mit einem abschließbaren Raum empfohlen.

Bett-&-Bike-Betriebe sind zu einem solchen Service verpflichtet.

Souvenirs

Den Lieben zu Hause und sich selbst kann man mit einer guten Flasche Wein eine Freude machen. Adressen von Winzern sind im Reiseteil angegeben.

Ein flüssiges Mitbringsel für Biertrinker wäre eine gestylte Flasche, gefüllt mit dem köstlichen Bier der Hausbrauerei in Mannebach, s. S. 122, www.mannebacher.de.

Bronze- und Messingglocken aus der Eifeler Glockengießerei in Brockscheid (Glockenstraße 5, Tel. 06573 99 03 30, www.glockengiesser.de) stellen etwas Einmaliges dar.

Mit kostbarem Geschirr kann man sich im Outlet von Villeroy & Boch in Mettlach eindecken, s. S. 124, www.villeroy-boch.com.

Ein Geheimtipp ist Mode aus Trier. Die jungen Leute, die sich an der Hochschule (www.modedesign-trier.de) zu Modedesignern ausbilden lassen, präsentieren ihre Kollektionen regelmäßig bei Modeschauen oder Designmessen. Dabei kann man so manches Schnäppchen machen.

Telefonieren

Handys haben im engen, steilen Tal ab und zu keinen Empfang. Bei Verlust, Diebstahl usw. kann man die Handynummer bundesweit unter Tel. 116 116 sperren lassen (vom Ausland 0049 vorwählen).

Trinkgeld

An der deutschen Mosel ist wie im restlichen Bundesgebiet bei Zufriedenheit ein Trinkgeld von etwa 10 % üblich, in Luxemburg 5–10 %.

Panorama – Daten, Essays, Hintergründe

Sonne prall – in den Weinbergen der Mittelmosel nahe Brauneberg

Daten und Fakten

Lage: Das deutsche Moseltal trennt das Rheinische Schiefergebirge in Eifel und Hunsrück. Höchster Berg in Rheinland-Pfalz: Erbeskopf (818 m)
Staat: Bundesrepublik Deutschland
Bundesland: Rheinland-Pfalz (größtenteils) und das Saarland (Teile der Obermosel)
Städte: kreisfreie Städte Koblenz (110 000 Einw.) und Trier (106 000 Einw.). Außerdem an der Mosel: Konz, Bernkastel-Kues, Cochem, Traben-Trarbach, Zell; Saarburg an der Saar
Einwohner: ca. 500 000 (deutsche Moselregion)

Geografie und Natur

Die Mosel entspringt in den Vogesen, fließt 278 km durch Frankreich zum Dreiländereck, bildet auf einer Länge von 36,2 km die deutsch-luxemburgische Grenze und mündet nach insgesamt 520 km bei Koblenz in den Rhein. Beinah von Beginn an ist *la Moselle* ein ›Weinfluss‹. Im granitenen Quellgebiet der Südvogesen gibt es nur sporadisch Weinbau, im lothringischen Schichtstufenland bei Nancy und von Metz flussabwärts starb die Römer- und die Klostertradition nie ganz aus. Der grenzübergreifende Rebenbesatz an der Obermosel (südliche Wein-Mosel) ist von Sierck-les-Bains nach Perl und Schengen noch lückenhaft, prägt dann aber die Landschaft umso stärker.

In der Trierer Bucht hat der Fluss wenig Mühe, sich in dem vor 248 Mio. Jahren aus Buntsandstein, Muschelkalk und Keuper geformten Tal zwischen Luxemburger Gutland und Saargau einen Weg zu bahnen. Nach der Trierer Talweitung vollzieht die Mosel einen Knick mitten ins Rheini-

sche Schiefergebirge hinein, dessen Trennung in Eifel und Hunsrück sie vollzieht. Tonschiefer des Unterdevon (Hunsrückschiefer) prägt die Böden der Mittelmosel. Das ca. 417 Mio. Jahre alte Gestein wurde wegen seiner leichten Spaltbarkeit und Qualität in Bergwerken des Hunsrücks und der Eifel als Dachschiefer abgebaut. Im Tertiär verlandete das Urmeer und begleitet vom Feuerwerk des Vulkanismus hob sich das Schiefergebirge. Die Mosel fixierte ihr Bett zu bizarren Mäandern mit Prall- und Gleithängen, nutzte die Eis- und Warmzeiten wechselweise zum Transport von Geröll und zur Eintiefung in einen bis zu 300 m tiefen Cañon. Durch Erosion und Ablagerung schliff das Gebirge sein Profil, um vor 500 000 Jahren in einer Hebungsphase den derzeitigen Stand einzuleiten: Haupt-, Mittel- und Niederterrasse rückten an ihren Platz.

An der Untermosel (Terrassenmosel) ist die Bodenstruktur auf Schieferbasis komplizierter, worauf u. a. die Steilterrassen hindeuten; hier spielte der Vulkanismus eine bedeutsame Rolle. Quer durch die Eifel lässt sich an den Bergkuppen die Spur mehrerer Hundert ›Feuerspeier‹ verfolgen. Charakteristisch sind die Maare, die zumeist 11 000 Jahre auf dem Buckel haben. Im Osten lehrten zur gleichen Zeit heftige Eruptionen des Laacher Vulkans unsere Urahnen das Fürchten.

Geschichte und Kultur
Die antiken Traditionen sind allgegenwärtig, nicht nur in den Baurelikten. Die Klöster im Mittelalter und insbesondere die Trierer Kirchenfürsten prägten die Region nicht minder. Das einstige Herzstück Europas sieht sich wieder in der Rolle eines kulturellen Bindeglieds zu den angrenzenden Nationen.

Staat und Politik
Landeshauptstädte sind Mainz (Rheinland-Pfalz) und Saarbrücken (Saarland). Den Landkreisen Mayen-Koblenz, Trier-Saarburg, Bernkastel-Wittlich und Cochem-Zell ist die Aufsichts- und Dienstleistungsdirektion (ADD), Zentralstelle Trier, als Mittelbehörde vorgeordnet. Der Landkreis Merzig-Wadern vertritt einige wenige Kommunen. Im grenzenlosen Europa gewinnt die Großregion SaarLorLux – Rheinland-Pfalz – Wallonie, in der etwa 11,3 Mio. Menschen leben, immer mehr an Bedeutung.

Wirtschaft und Tourismus
Industrie und Berufspendler konzentrieren sich auf Trier, Koblenz, Wittlich und Luxemburg. Weinbau ist trotz rückläufiger Tendenz im Weinanbaugebiet Mosel (umfasst Mosel, Saar und Ruwer) bei etwa 8 900 ha bestockter Rebfläche der Hauptwirtschaftszweig. Die Rebsorte Riesling (60 %) ist Spitzenreiter, in weitem Abstand gefolgt von Müller-Thurgau (14,5 %) und Elbling (6 %) als Spezialität der südlichen Wein-Mosel (Obermosel). Rote Rebsorten gewinnen seit der Freigabe 1987 an Terrain und liegen derzeit bei ca. 10 %. Die Vermarktung erfolgt ab Betrieb, in der Gastronomie und durch den Tourismus.

Tagesgäste und Kurzurlauber dominieren. Der Weintourismus verschiebt sich mehr und mehr zum Natur- und Kultur-, Familien- und Sporturlaub. Triers Antike hält die Spitzenposition im Städtetourismus. Eine gemeinsame Marke, symbolisiert durch eine goldene Krone, soll die Region (in Kooperation mit Luxemburg) u. a. in den Bereichen Tourismus und Natur besser vermarkten und ein Wir-Gefühl entstehen lassen (www.moselwein kulturland.de).

Bevölkerung, Sprache und Religion
Eine Völkermixtur – auch in der Sprache: Von Koblenz bis zur Saarmündung bestand bis ins 12. Jh. eine romanische Sprachinsel, die vom Moselfränkischen überlappt wurde. Manches hat sich mundartlich erhalten wie Pund für Fähre. Moselfränkisch zählt zur mittelfränkischen Sprachfamilie, machte daher die zweite Lautverschiebung nicht mit. Es ist verwandt mit dem ripuarischen Platt. Bis auf Winningen, Traben-Trarbach und die ehemalige Grafschaft Veldenz, die durch kurpfälzisches Erbe eine protestantische Enklave bildeten, blieb die Region in dem vom Kurfürstentum Trier und Klöstern beherrschten Landstrich überwiegend katholisch. Wallfahrten zeugen von tiefer Volksfrömmigkeit, am bekanntesten ist die zu Triers Heiligem Rock.

Ur- und Frühgeschichte

5000 v. Chr.   Funde u. a. in Wehlen, Treis und Bremm belegen für die Endphase der Mittelsteinzeit Sammelplätze und erste Siedlungen.

ab 3000   In der bäuerlich geprägten Jungsteinzeit häufen sich die Funde im Moseltal, u. a. in Trier, Kues, Zell und Karden.

ab 500   Keltische Völker erschaffen die vom Mittelmeerhandel beeinflusste Hunsrück- und Eifelkultur. Die Treverer bauen infolge germanischer Übergriffe befestigte Höhensiedlungen, u. a. auf dem Martberg.

Kelten und Römer

58–50   Caesar okkupiert das Land der Treverer, gliedert es der Provinz Gallia Belgica ein. Die Römer nutzen die Mosel als Handelsstraße.

um 16   Trier wird als Augusta Treverorum unter Kaiser Augustus gegründet.

um 9   Aus dem römischen Lager Confluentes am Zusammenfluss von Rhein, Mosel und Lahn entwickelt sich Koblenz.

70 n. Chr.   Nach dem Sieg der Römer bei Riol nehmen die Treverer die römische Zivilisation an. Eine gallorömische Kultur entsteht. Bei Koblenz wird die Rheingrenze gegen die Germanen neu organisiert.

258   Germanische Völker überrennen den Limes.

275   Franken und Alamannen zerstören Trier, das nun befestigt wird.

235–84   Wie fast alle Soldatenkaiser wird Postumus (reg. 260–269) ermordet, der ein gallisches Sonderreich mit Trier als Hauptstadt ausruft. Probus (reg. 276–282) lässt Rebkulturen anlegen, um die Versorgung der Truppen sicherzustellen, und löst damit eine Blütezeit des Weinbaus aus.

286–324   Diocletians Reichsreform teilt das Imperium durch vier (Tetrarchie). Maximian wählt Trier 286 zur Hauptstadt im Westen, Constantius Chlorus macht es 293 zur Kaiserresidenz, Kaiser Konstantin ab 305 zur Baustelle. Als Alleinherrscher verlegt er ab 324 den Wohnsitz nach Konstantinopel.

327   Die Kaisermutter Helena bringt von einer Wallfahrt ins Heilige Land den Heiligen Rock Christi nach Trier.

332–349   Der hl. Maximin ist Bischof von Trier. Sein Schüler, der hl. Castor, missioniert von Karden aus die Untermosel.

406	Die römische Administration an Rhein und Mosel geht im Ansturm von Alanen, Sueben und Vandalen unter.
451	Attilas Hunnen überrennen alles, Trier wird zerstört.
475–496	Die Franken gliedern die Moselregion in ihr Reich ein. König Chlodwig tritt mit seinem Volk zum Christentum über.
526–566	Nicetius, Bischof von Trier, lässt den Dom wieder aufbauen.

Kaiser und Kurfürsten

687	Unter dem fränkischen Majordomus Pippin II. (679–714) verschiebt sich das politische Gewicht hin zu Mosel, Maas und Niederrhein.
689	Der hl. Willibrord gründet Kloster Echternach zur Bekehrung der Friesen.
815	Triers aus der Antike abgeleiteter Status als Erzbistum wird erneuert.
843	Im Vertrag von Verdun wird das Reich dreigeteilt. Kaiser Lothar erhält das Mittelreich, die ›Kegelbahn‹ von Italien zur Nordsee.
870	Im Vertrag von Mersen wird Lotharingien geteilt, die Moselregion kommt zum Ostreich Ludwigs des Deutschen.
882	Die Normannen segeln nach Trier und brennen es nieder.
925	König Heinrich I. gliedert das Herzogtum Lothringen ins Ostreich ein. Rhein und Mosel rücken wieder stärker in die Reichsmitte.
1016–1047	Erzbischof Poppo restauriert den Trierer Dom und baut die Porta Nigra zur Kirche um. Heinrich II. schenkt dem Bistum den Königshof Koblenz.
1129	Die Grafschaft Veldenz ist eine Keimzelle der Pfalzgrafen-Dynastie, aus deren Wittelsbacher Linie später Bayerns Könige hervorgehen.
1138	Konrad III. wird in Koblenz zum König gewählt.
1257	Der Trierer Erzbischof ist einer der sieben Kurfürsten für die Königswahl.
1307–1354	Balduin von Luxemburg erweitert Kurtriers Territorium, Gräfin Lorettas Gegenwehr verhindert die Annexion pfalzgräflichen Besitzes.
1458	Kardinal Nikolaus von Kues (1401–64) stiftet in Kues das St.-Nikolaus-Hospital, das seit 1466 alte Menschen versorgt.

1512	Auf Bitten Kaiser Maximilians I. wird in Trier der Heilige Rock gezeigt.
1522	Reichsritter Franz v. Sickingen belagert erfolglos das ›Pfaffennest‹ Trier.
um 1550	Herrschaft und Untertanen der Grafschaft Veldenz werden evangelisch.
1631	Der Jesuit Friedrich Spee prangert in der ›Cautio Criminalis‹ die Hexenprozesse an. 1635 stirbt Spee in Trier.
1618–1648	Im Dreißigjährigen Krieg werden Städte und Dörfer verwüstet.

Franzosen und Preußen

1675	Während des Holländischen Kriegs werden die Truppen des französischen Königs Ludwig XIV. besiegt und aus Trier vertrieben.
1688–1697	Durch den Pfälzischen Erbfolgekrieg will Ludwig XIV. den Rhein als Grenze etablieren. Nach dem Frieden von Rijswijk (1697) müssen die Franzosen ihre Festung Mont Royal über Traben schleifen.
um 1740–1770	Unter Kurfürst Franz Georg von Schönborn und seinem Nachfolger Johann Philipp v. Walderdorff erlebt die Region eine Zeit der Blüte.
1794	Kurfürst Clemens Wenzeslaus flieht vor den Revolutionstruppen aus Koblenz, der Kurstaat Trier untersteht französischem Recht.
1797	Im Frieden von Campio wird der Rhein zur Grenze zwischen Frankreich und dem Deutschen Reich.
1801	Das Moselgebiet wird in die Departements Rhin et Moselle, de la Sarre, des Forêts (Luxembourg) und de la Moselle untergliedert – das ist das Ende des Kurstaats Trier.
1815	Das Königreich Preußen herrscht an Mosel und Saar, Koblenz wird Sitz der Provinzialregierung, die Festung Ehrenbreitstein wird renoviert.
1839	Der erste Raddampfer, die ›Ville de Metz‹, befährt die Obermosel.
1879	Die Bahnstrecke Koblenz–Trier wird eröffnet.
1892–1903	Das exzellente Image des Moselweins beflügelt den Weinhandel.

Vom Ersten zum Zweiten Weltkrieg

1923–1930	Die französische Besetzung fordert den passiven Widerstand der Bevölkerung heraus, Separatisten fordern den Anschluss an Frankreich.

1926	Erboste Winzer stürmen das Bernkasteler Finanzamt und verbrennen die Steuerlisten. Auch die Inflation trägt zur Verarmung bei.
1936–1940	Der Bau des Westwalls soll der NS-Diktatur den Rücken für den Krieg im Osten freihalten.
1939/44	Die Bevölkerung der ›Roten Zone‹ (10 km Westwallnähe) im Saargau und in der Eifel wird zweimal in weiter östlich gelegene Gebiete evakuiert.
1944	Die Basilika von Echternach (Luxemburg) wird während der Ardennenoffensive von deutschen Truppen gesprengt.
1945	In der ›Hölle am Orscholzriegel‹ im Saargau sterben Tausende Soldaten. Trier erleidet schlimme Zerstörungen, die Altstadt von Koblenz geht im Bombenhagel unter. Nach der Besetzung im März durch US-Truppen kommt die Moselregion unter französische Verwaltung.

Von Bonn nach Berlin

1946	Die Moselregion wird Teil von Rheinland-Pfalz. Der Landtag hält seine konstituierende Sitzung in Koblenz ab (bis 1950 Landeshauptstadt).
1964	Die Großschifffahrtsstraße Mosel wird eingeweiht.
1970	Trier, von 1473 bis 1798 Universitätsstadt, erhält diesen Status wieder.
1986	Triers antike Kulturdenkmäler werden UNESCO-Welterbe.
1990	Die Universität Koblenz-Landau nimmt den Lehrbetrieb auf.
1993	Am Deutschen Eck in Koblenz wird ein Nachguss des Reiterstandbilds Kaiser Wilhelms I. auf den Sockel gestellt.
2002	Das Obere Mittelrheintal ist UNESCO-Welterbe.
2004	In Trier kultiviert die Landesgartenschau den Petrisberg.
2005	Das ehemalige KZ Hinzert (Hunsrück) wird zur Gedenkstätte.
2011	In Koblenz findet die Bundesgartenschau statt.
2014	Der Moselsteig wird als Fernwanderweg der Premiumklasse eröffnet.
2016	Mit dem Hochmoselübergang entsteht bei Zeltingen-Rachtig bis voraussichtlich 2018 eine der größten Brücken Deutschlands.

Wasserstraße Mosel – ein gefährdetes Ökosystem

Das Neumagener Weinschiff, Bekrönung eines römischen Grabmals aus dem 3. Jh., ist mehr als eine Skulptur. Es belegt die Nutzung der Mosel als Wasserstraße mindestens seit der Zeit, in der sich eine gallorömische Kultur entwickelte, die nur über einen intensiven Fernhandel denkbar ist. Die Kanalisierung 1964 machte den Fluss für moderne Schubverbände attraktiv.

Pläne eines Wasserwegs vom Mittelmeer bis zur Nordsee verwirklichten sich nicht. Nach dem Transport auf Rhône und Saône mussten die Versorgungsgüter für die Bevölkerung und die Truppen auf dem Landweg über die Vogesen nach Epinal geschafft und von dort aus auf der Mosel weiterbefördert werden. Eine wichtige Rolle spielten Steine für den Haus-, Straßen- und Denkmalbau, Salz aus Lothringen, Stoffe für feine Herrschaften – und natürlich Wein. Als technische Daten der Schiffe lassen sich rekonstruieren: Länge bis zu 50 m, ca. 40 cm Tiefgang, Tragfähigkeit 5–6 t. Flussabwärts wurde gerudert, gegen den Strom musste gestakt und mit Seilen getreidelt werden.

Treideln im Mittelalter

Könige, Kaiser, Kurfürsten und Territorialherren setzten die antike Tradition fort, ließen sich und ihren Tross befördern, wichtige Gäste, Güter und Wein.

Das Segel trat an die Stelle des Ruders, getreidelt wurde zu Berg mit Pferden. Schifferzünfte bildeten sich, ab dem Spätmittelalter verkehrten Marktschiffe nach einem festen Fahrplan, wickelten von Trier bis Frankfurt den Frachtverkehr ab. Ungebetene Gäste gab es natürlich auch, so die Normannen, die im 9. Jh. mit ihren Drachenbooten Stadt und Land überfielen.

Neue Berufe entstanden. Die Schröter übernahmen das Verladen und Befördern, die Halfen das Treideln mit ihren schweren Pferden, zuweilen als Zubrot zur Landwirtschaft. Immer wieder aber zogen fremde Truppen durch, machten Land und Infrastruktur kaputt, in Fehden und Scharmützeln, im Dreißigjährigen Krieg und den Kriegen zwischen den ›Erbfeinden‹ Deutschland und Frankreich. Landesherrliche Zölle und Stapelrecht (befristete Kaufvorrechte bestimmter Städte) behinderten den Handel zusätzlich.

Das erste Dampfschiff

1839 gab es eine kleine Sensation: Der erste Raddampfer, die ›Ville de Metz‹, schlug Wellen auf der Obermosel und nahm 1841 den Linienverkehr zwischen Metz, Trier und Koblenz auf. Reisende aus dem In- und Ausland entdeckten die romantische Mosel. Der Frachtverkehr verlagerte sich auf Schwerlasten wie Kohle aus dem

Ruhrgebiet und im Gegenzug Stahl aus Lothringen und dem Saarland. Dadurch geriet die Schifffahrt jedoch in ein Dilemma, das die Konkurrenz der Eisenbahn noch verschärfte: Zu geringe und stark variierende Wassertiefen verboten den Einsatz größerer Schiffe als die üblichen Moselkähne mit 350 t Tragfähigkeit. Bei Niedrig-, Hochwasser und Eisgang lief gar nichts mehr.

Großschifffahrtsstraße

Ausbaupläne machten die Runde durch die Anrainerstaaten, aber erst der Montanvertrag 1952 gab dem Moselvertrag zwischen Frankreich, Luxemburg und Deutschland den entscheidenden Impuls. Am 26. Mai 1964 wurde die Großschifffahrtsstraße zwischen Koblenz und Thionville auf einer 270 km langen Strecke eröffnet, 1979

bis zum französischen Neuves-Maisons auf insgesamt 394 km mit 28 Staustufen erweitert. 1987 gesellte sich die untere Saar dazu.

In Zusammenarbeit mit Landschaftsarchitekten und Ingenieuren wurde versucht, das Charakterbild des Flusses möglichst wenig zu beeinträchtigen. Negative Folgen zeitigten Globalisierungsprozesse, in denen lokale Schiffseigner im Wettbewerb mit großen Unternehmen untergingen.

Als Regelschiff galt zum Zeitpunkt des Ausbaus der 1500-Tonnen-Kahn mit 2,50 m Tiefgang, den 110 m lange Großmotorgüterschiffe (GMS) mit bis zu 2,80 m Tiefgang und 2500 t Tragfähigkeit bzw. Schubverbände ablösten. Die Fahrrinne wurde auf 3 m vertieft. Von der 731 m hohen Quelle in den Vogesen fällt die Mosel auf 60 m über NN ab und mündet nach insgesamt 520 km in den Rhein. 394,1 km des

Ausflugsschiffe vor dem malerischen Bernkastel-Kues

Flusslaufs sind zur Wasserstraße mit 28 Staustufen ausgebaut. 17 Kraftwerke liefern Strom, die zehn deutschen betreibt die SolarWindWasserkraft (SWW) der RWE, deren Turbinen im Jahr etwa 800 000 Megawattstunden produzieren.

Die Mosel trägt das amtliche Siegel ›von internationaler Bedeutung‹. Neben ca. 14 000 Güterschiffen passieren z. B. bei Zeltingen ca. 3000 Fahrgastschiffe jährlich die Schleusen. Zur Vermeidung langer Wartezeiten werden die deutschen Schleusen sukzessive auf eine zweite Kammer umgerüstet. Der Ausflugverkehr auf dem Wasser boomt!

›Pegel Trier 8,40 m‹

Ab diesem Pegelstand runzeln Moselaner besorgt die Stirn. Höchste Alarmstufe! Überfallartige Fluten häufen sich, selbst nach mäßigen Regenfällen. Die Schifffahrt muss des Öfteren pausieren, das Wasser kommt immer schneller! Beobachter sehen darin Folgen der Flurbereinigung, Bodenversiegelung und Uferbebauung. Ist das Wasser in die Häuser gelaufen, hilft nur eines: Mit fallendem Pegel schnell klar Schiff machen, denn wenn die Mixtur aus Schlamm und Dreck sich festbackt, wird sie hart wie Beton.

Labiles Ökosystem Mosel

Als im Herbst 2003 der französische Konzern EdF, Betreiber des Atomkraftwerks Cattenom bei Thionville, eine Erhöhung der Wasserentnahme und die Einleitung radioaktiver Stoffe in die Mosel ankündigte, regte sich im Dreiländereck sofort heftiger Protest. Das Ökosystem der Mosel werde empfindlich gestört, hieß es aus Kreisen empörter Anrainer, die eine weitere Verringerung der Schadstoffe anmahnten.

Bei der Internationalen Kommission zum Schutz der Mosel und Saar, die seit 1956 als Teil des Ausbauvertrags ihren Sitz in Trier hat, schrillen die Alarmglocken ziemlich oft. Sorgen bereiten auch Einlagerungen von Schwermetallen, die sich auf das Ökosystem verheerend auswirken und deren Herkunft scheinbar nicht zu klären ist. Die Behörden aller beteiligten Länder betonen jedoch unisono, die Wasserqualität habe sich seit den 1970er-Jahren stark verbessert, was auf den Bau von Kläranlagen und den sorgfältigeren Umgang mit Düngemitteln zurückzuführen sei.

Die Kanalisierung hat der Energiewirtschaft und der Schifffahrt Vorteile, der Umwelt aber Probleme beschert, denn selbst bei noch so naturnaher Ufergestaltung verändert sich das Gefüge des Flusses. Die Stauregelung verringert die Fließgeschwindigkeit, für manche Organismen ist das (fast) stehende Gewässer tödlich. Nimmt aber die Fähigkeit zur Selbstreinigung ab, bildet sich Plankton, der Sauerstoffhaushalt wird labil, die letzten Fische schnappen nach Luft. Dennoch ist Optimismus angebracht. Immerhin ist die Mosel offiziell in die Güteklasse II, also nur mäßig belastet, eingestuft worden.

Im Internet
Wasser- und Schifffahrtsamt: Infos der Ämter Trier (www.wsa-trier.de) und Koblenz (www.wsa-koblenz.de) zu Geschichte, Wassersport, Bootshäfen.

Klasse statt Masse –
Wiederentdeckung des Terroirs

Am Anfang ist das Staunen, wenn man inmitten eines dieser Steilhänge steht und das störrisch abweisende Gestein sieht, diesen im Aussehen stark variierenden Schiefer, je nach Eisenanteil von rostigrot bis anthrazit. Entstanden ist das Gestein über einen Zeitraum von rund 400 000 Jahren im Erdzeitalter Devon vor 420 Mio. Jahren. Dem Staunen folgt der Respekt für die Arbeit im Weinberg, die vor allem in den Steillagen so hart ist wie das Gestein.

Die Rebe wird ›erzogen‹

Da müssen Löcher für neue Rebstöcke mit dem Bickel gegraben, Pfähle mit der Ramme eingehauen werden. Nach dem Schneiden und ›Grubbern‹ (Auflockern des Bodens) werden bei der traditionellen Moselpfahlerziehung die Bogreben im Frühjahr in Herzform an den einzelnen Holzpfahl gebunden, was bei Steillagen unbedingt ein Vorteil ist, da unbehindert um den Stock herum gearbeitet werden kann. Die Drahtrahmenerziehung hat den Vorteil besserer Durchlüftung, ist auch die Grundbedingung für den Einsatz von Seilzuggeräten und Raupentechnik im Steilhang. Egal welche Erziehung ein Winzerbetrieb wählt, die Triebe müssen auf- und mehrmals hochgebunden werden, bis sie ›gegipfelt‹, d. h. eingekürzt werden können, nachdem die Reben ihre Blüten, die ›Gescheine‹, angesetzt haben. Jetzt können die Trauben reifen!

Lob des Rieslings

Den Winzern sei Tribut gezollt, die vor mindestens 2000 Jahren die Rieslingrebe kultivierten! Womöglich schon von den Römern aus der Wildrebe selektiert, bevorzugt diese Anpassungskünstlerin nördlichere Klimazonen, kommt mit den unwirtlichsten Böden klar.

Ehrfurcht vor einer Pflanze stellt sich ein, die so raffiniert ist, dass sie Felsen spaltet, nicht sofort ans Licht strebt, sondern mit der Wurzel in die Tiefe geht. Auf diese Weise verkraften alte Rebstöcke Trockenheit sehr gut, frisch angelegte Weinberge litten unter dem ›Jahrhundertsommer‹ 2003 viel mehr. Ideal jedenfalls für eine Region, die ihrerseits dem Charakter dieser Rebsorte optimal entgegenkommt, da diese jede Bodennuance und damit das Gemenge des Schiefers (z. B. Kalium) begierig aufsaugt und in Aromastoffe transformiert. Würzkräuter wie Ysop, Thymian, Oregano und wilde Laucharten steuern so ihren Anteil bei. Daraus wird der typische Moselriesling, der eine einzigartig feine Erdigkeit bis in die Blume hinein entfaltet. In letzter Konsequenz kann das bei gealterten Weinen bis zum früher erwünschten, heute verpönten ›Petrolton‹ führen.

Der aus Frankreich importierte Begriff ›Terroir‹ passt exakt auf die Spezifika des Moseltals, denn er bezeichnet nicht allein die geologische Struktur, Hangneigung, Klassifikation der Lage und das Kleinklima wie Sonneneinstrahlung, Nebelbildung oder eventuelle Nachtfröste, sondern eben auch die Leistung des Menschen, der aus all diesen Faktoren Wein macht. Für die Moselwinzer mit nicht selten Minibetrieben von 2,5–5 ha waren solche Terroir-Kriterien eigentlich selbstverständlich, sofern sie nicht Fasswein an Kommissionäre abgeben mussten. Erst die lagenlosen ›Himmlischen Moseltröpfchen‹, perlsprudelnden ›Kellergeister‹ und im Gefolge dieser süßsüffigen Kreationen zeitweise auch missbrauchten Renommierlagen wie ›Zeller Schwarze Katz‹, ›Kröver Nacktarsch‹ und ›Piesporter Michelsberg‹ haben viel Imageschaden angerichtet. Selbstvermarkter und Betriebe, die z. B. dem VDP oder dem ›Bernkasteler Ring‹ angehören oder ökologischen Landbau betreiben, machen allmählich wieder Boden gut – man kann also guten Mutes sein, dass alle Kellergeister dieser Welt dem Moselwein letztlich nichts werden anhaben können.

Der lebendige Weinberg

Die Erkenntnis, dass Pflanzen- und Tierfamilien sich im Laufe der Jahrtausende optimal an ihre Umgebung anpassten und nicht einfach aus ihren

Winzervereinigungen

Ecovin: Zusammenschluss ökologischer Weingüter, www.ecovin.org.

VDP: Die Prädikatsweingüter, seit 1910, bundesweit Naturwein-Qualität, jetzt inkl. Naturland, www.vdp.de.

Bernkasteler Ring: Renommierte Mosel-Weingüter für naturreinen Wein, seit 1899, www.bernkasteler-ring.de.

Vinissima: Netzwerk von Fachfrauen zum Thema Wein, www.vinissima-ev.de.

Einkaufstipp: Um in den Genuss guten Weins zu kommen, sind im Reiseteil Adressen für den Einkauf vermerkt.

Lebensräumen gerissen werden dürfen, nistet sich allmählich wieder in die Köpfe ein. Naturnaher Landbau geht von dieser Einsicht aus, wissend, dass alle Natur in unseren Breitengraden eine von Menschen geschaffene Kulturlandschaft ist – ob nun Wald, Wiese oder Weinberg.

Vom Winzer gehegt, ist die Rieslingrebe einmalig abgestimmt auf ihr spezifisches Terroir, nimmt jeden Gesteinsnerv auf, setzt Boden und Kleinklima in Geschmacksnuancen um. Sie duldet die elendsten Wachstumsbedingungen, ist aber durchaus wählerisch bei angestrebten Topqualitäten, weil sie sensibel auf jede massive Störung reagiert. Das kann Verbuschung ebenso sein wie abrupte Veränderung einer Landschaft durch Dämme, Versiegelung durch Straßen, Bauland und Riesenbrückenprojekte. Winzer mit Leib und Seele lenken Reifeprozesse intuitiv wie beobachtend und schütteln insgeheim den Kopf über Kollegen, die ihre Weinberge nur zu unbedingt notwendigen Arbeiten aufsuchen. Ein echter Moselaner lebt mit seinen Stöcken und erntet, gleich einem Imker, den Honig der Natur. Für ihn ist der Wingert tatsächlich ein Weingarten.

Flora und Fauna des Weinbergs existieren in Symbiose mit der Rebe schon 2000 Jahre lang und schlagen als Indikator Alarm, wenn die Mischung nicht mehr stimmt. Felsige, schwer zugängliche Lagen, zuvörderst aber Steillagen der Untermosel, deren Terrassen mundartlich auch ›Chöre‹ genannt werden, sind im Idealfall ökologische Nischen. Die in Weinbergsmauern brütende scheue Zippammer verrät sich durch ihr monotones ›Zipp‹. Der Orpheusspötter hingegen kann den Gesang fast aller seiner Artgenossen imitieren und liebt

Weinbergbrachen an Saar und Obermosel. An der Uferböschung nistet der Eisvogel und taucht nach Kleinfischen und Insektenlarven.

Pilz hemmende Mittel werden vom Hubschrauber aus gespritzt, gegen Insekten schützen Pheromonfallen vor Ort. Immer mehr Winzer denken um, langsam beginnt man die Zusammenhänge wieder zu begreifen: Die Raupe des Apollofalters z. B. schätzt die Weiße Fetthenne, die wiederum Wasser speichert und Herbizide verkraftet. Die Niederwälder oberhalb der Weinberge sorgen durch Verrottung für Humus.

Weinbergpfirsich

Rosa Farbtupfer im Frühling setzt ein Begleiter der Rebe, der in einer beispiellosen Pflanzaktion wieder eingebürgert wird, um der Verbuschung entgegenzuwirken. Der kleinwüchsige rote Weinbergpfirsich lockt Nützlinge an und schmeckt vorzüglich zum Dessert, als Marmelade und hochprozentig flüssig.

Neuer Wein

Im Gärungsprozess ist neuer Wein zuerst ein Süßer (eher Traubenmost, wenig Alkohol, leicht prickelnd, bernsteinfarben), dann ein Bitzler (noch süß, mehr Kohlensäure, prickelnd, cremig-gelb), ein Federweißer (weniger süß, mehr Alkohol, hohe Kohlensäurewerte, weißlich) und schließlich ein Jungwein (Hefe abgesetzt, Zucker völlig vergoren).

Federweißer ist Kult – aber tückisch! Der Kellermeister warnt: Er gärt im Körper nach. Exzessiver Genuss verursacht revoltierende Gedärme und einen dicken Kopf.

Kleine Weinkunde für Weinkunden

Das Moselland hat eine große Weintradition, im Anbau von Riesling hält es weltweit die Spitzenposition. Der Wein als Kulturgut stimmt in eine faszinierende Landschaft ein.

»Wir wechseln immer ab – zwei Jahre machen wir den Wein lieblich, ein Jahr lang trocken.« Für jenen Moselwinzer in den 1960er-Jahren war die Sache einfach. Sicher ist der Griff in die Trickkiste nicht immer so krass. Aber die Verführung lauert, denn vieles, was dem Konsumenten nicht unbedingt gefällt, kommt ganz legal in Fass und Flasche.

Die Klassifizierung der preußischen Regierung von 1868 hat noch immer Gültigkeit, denn sie berücksichtigt in der Wertung der Weinberge an der Mosel Bodenbeschaffenheit und klimatische Bedingungen gleichermaßen. Nicht jede Lage ist für Spitzenweine prädestiniert, sofern nicht kräftig im Keller nachgeholfen wird. Heutzutage spielt die ›Philosophie‹ eines Betriebs eine große Rolle, die aber manchmal weder kundenfreundlich noch weise ist. Da scheiden sich dann die Mosel-Geister! Wo wird Wein in erster Linie ›gemacht‹ – im Weinberg oder im Keller? Der Winzer hat Entscheidungen zu treffen, die Erfahrung, Können, ein glückliches Händchen und Kenntnis der gesetzlichen Vorschriften voraussetzen.

Im Herbst entfalten die Weinberge ihr unvergleichliches Farbenspiel

Weinerzeugung

Ein chemischer Vorgang, aber nicht nur. Was ist mit der ›Seele‹ des Weins? Immerhin ist er auch Teil einer kultischen Handlung. Greife ich als Winzer in die Gärung ein und wann? Durch Gärung entsteht Hitze, kühle ich schnell oder behutsam? Setze ich, wenn überhaupt, Natur- oder Reinhefe zu? Füge ich Enzyme bei, die den Geschmack verändern können und die Tester zu fantasievollen Vergleichen animieren? Lasse ich den Wein durchgären oder hilft ihm ein Schuss Süßreserve (Traubenmost) auf die Sprünge? Gemäß dem Restzuckeranteil wird Wein als trocken, halbtrocken und lieblich eingestuft.

Das Mostgewicht (Öchslegrad) entscheidet über die Güteklasse des Produkts. Tafelwein und Landwein, aber auch der nächsthöhere Qualitätswein bestimmter Anbaugebiete (QbA) darf vor der Gärung (noch) chaptalisiert, also durch Trockenzuckerung angereichert werden. Qualitätswein mit Prädikat (QbP) kann nur Traubenmost (Süßreserve) zugesetzt werden. Davon wurde an der Mosel sicher ausgiebig Gebrauch gemacht. In Zeiten des Klimawandels macht man sich hier nun eher Gedanken, ob die kühle Regionen gewohnte Rieslingrebe die Erwärmung akzeptiert.

Die Öchslegrade regeln die Stufung in Kabinett, Spätlese, Auslese, Beerenauslese (von Edelfäule befallene Beeren), Trockenbeerenauslese (zu Rosinen geschrumpft) und Eiswein (in gefrorenem Zustand gepresste Beeren).

Wein-Etikette

Etiketten sind die Visitenkarte eines Winzers, zeigen den subtilen Grad an Originalität eines Weinguts. Der Trend geht auch an der Mosel vom Bildchen zum Design. Güteklasse, Erzeuger bzw. Abfüller (bei zugekauften Weinen) und Mengenangabe des Flascheninhalts sind obligatorisch, Alkoholgehalt und Angaben zu Weinbaugebiet, Rebsorte, Jahrgang und Geschmacksrichtung üblich, die amtliche Prüfnummer Pflicht.

Wein-Kriterien

Um dem Verbraucher Verunsicherung zu ersparen, hat man mit neuen Kriterien neue Verwirrung geschaffen, beide im trockenen Spektrum: ›Classic‹ (QbA-Wein bis 15 g Restzuckergehalt, ohne Lagenangabe) und ›Selection‹ (festgelegte Lage, geringer Ertrag der Rebstöcke, Handlese) sollen neue Konsumenten an das Kulturprodukt heranführen. Doch damit nicht genug: Die VDP-Weingüter schufen inzwischen eigene Kriterien. Hier gehen die Qualitäten von Gutsweinen über klassifizierte Lagenweine bis zu den großen Gewächsen.

Da bleibt dem Verbraucher letztlich nur der eigene Geschmackssinn und die Erkenntnis, dass er für den täglichen Genuss nicht auf Spitzenweine setzen muss, sondern die Vorzüge des Moselweins auch in einem vernünftigen Preisspektrum findet: im einfachen Riesling (oder Elbling) mit niedrigem Alkoholgehalt, bekömmlich und spritzig frisch.

Zum guten Schluss

Das Image aus der Billigfuselzeit des Niedergangs der Marke Mosel in den 1980ern ist zum Glück passé – solange nicht wieder Leute schnelle Kasse machen wollen. Der Stoßseufzer der Operette »Zeltinger Himmelreich« möge das verhindern: »Gebe Gott, dass der Wein auch in Zukunft die herrliche Mosellandschaft prägt.«

Der neue Moselsteig

Wandern liegt voll im Trend. Zu Fuß in der Natur unterwegs zu sein, sich zu bewegen und gleichzeitig Wälder und Weinberge, schöne Orte und historische Plätze zu erleben, ist selbst bei jungen Menschen so beliebt wie seit Jahrzehnten nicht. Das hat auch das Land Rheinland-Pfalz erkannt und neue Fernwanderwege eingerichtet. Der zwölfte ist der Moselsteig. Er wurde im April 2014 eröffnet.

Wenn man jeden Tag einen Kilometer wandert, hat man am Ende des Jahres den Moselsteig komplett geschafft: 365 Kilometer ist er lang. Er startet im deutsch-französischen Grenzort Perl an der Obermosel und endet am Deutschen Eck in Koblenz, wo die Mosel in den Rhein mündet. Oder umgekehrt natürlich – ganz wie man will.

Die Eröffnung des Moselsteigs im April 2014 markierte den Schlusspunkt jahrelanger Vorbereitungen. 2008 ist die »Tourismusstrategie 2015« des Landes Rheinland-Pfalz verabschiedet worden. Darin sind die vier Schlüsselthemen definiert, auf die sich das Bundesland – als eines, das ganz wesentlich vom Tourismus lebt – konzentrieren möchte: Wandern, Radfahren, Wein/Weinkulturlandschaften und Gesundheit. Das übergeordnete Thema soll Kultur sein. Der Rad- und Wandertourismus ist nach Ansicht der Experten deshalb so beliebt, weil er nicht nur die Aussicht auf unberührte Natur und schöne Landschaften ermöglicht, sondern auch eine Erholungspause vom stressigen Alltag bedeutet. Und Rheinland-Pfalz mit seinen Wäldern und Mittelgebirgen,

Flusstälern und Aussichten bietet dafür viele verschiedene Ziele.

Ausgezeichnete Wanderwege

Gleichzeitig sind aber auch die Ansprüche der Menschen und die Anforderungen an einen Wanderweg gestiegen. Wer heute unterwegs ist, erwartet ein professionelles Wegeleitsystem und eine Infrastruktur mit Einkehr- und Übernachtungsmöglichkeiten bei Gastgebern, die genau wissen, welche individuellen Bedürfnisse die Wanderer mitbringen. Deswegen hat das Land im Rahmen seiner Tourismusstrategie Prädikats-Fernwanderwege geschaffen, die diesen Anforderungen genügen. Im Laufe der vergangenen Jahre entstanden beispielsweise der Rheinsteig, der Pfälzer Weinsteig, der Saar-Hunsrück-Steig, der Westerwald-Steig und der Eifelsteig. Und im Frühjahr 2014 kam der Moselsteig hinzu – ein Weg, der die Themen Wandern und Radfahren, Wein und Gesundheit geradezu

Blick vom Bremmer Calmont auf die Moselschleife

auf idealtypische Weise miteinander verbindet.

»Dein Weg. Mehr zu erleben«

Diesen Slogan hat die verantwortliche Mosellandtouristik in Bernkastel-Kues gewählt, weil der Moselsteig für die Anforderungen und Wünsche eines jeden Wanderers ein individuelles Angebot darstellt: Man kann eine oder mehrere Etappen so wählen, wie es dem eigenen Alter, den körperlichen Voraussetzungen, dem Interesse, der Abenteuerlust und der Freude am Wandern am ehesten gerecht wird. Ob man nun einen unbeschwerlichen, kleinen Spaziergang machen möchte oder eine große, fordernde Tagestour: Alles ist möglich.

Der Moselsteig ist eingeteilt in 24 Etappen. Die Etappen 1 bis 4 führen von Perl nach Trier, die Etappen 5 bis 14 von Trier nach Zell und die Etappen 15 bis 24 von Zell nach Koblenz. Sie sind zwischen 11 (Neef–Ediger-Eller) und 24 Kilometer (Perl–Palzem und Cochem–Treis-Karden) lang. Jeder von ihnen trägt das Attribut »leicht«, »mittel« oder »schwer«. Der leichte Schwierigkeitsgrad bedeutet: Der Weg ist überwiegend flach oder weist nur geringe Anstiege auf, erfordert keine besonderen Fertigkeiten im Wandern und ist für Menschen mit normaler Kondition geeignet. Der mittlere Schwierigkeitsgrad bezeichnet einen einfachen Weg, der auch schmal und steil sein kann, erfordert grundlegende Fertigkeiten im Wandern und ist für Menschen mit mäßig starker Kondition geeignet. Wege, die als »schwierig« gekennzeichnet sind, sollten nur erfahrene Wanderer mit guter Kondition angehen. Diese Etappen sind überwiegend schmal und oft steil angelegt.

»Seitensprünge«

Wem die 365 Kilometer Moselsteig am Flusslauf entlang noch nicht genügen sollten, der hat unterwegs eine Menge Möglichkeiten, »Seitensprünge« zu unternehmen. Die Macher des Moselsteigs haben viele Extratouren ausgewiesen, die abseits der Hauptroute weitere kulturelle, landschaftliche oder kulinarische Eindrücke möglich machen. »Felsen. Fässer. Fachwerk« heißt beispielsweise ein 8,7 Kilometer langer Rundweg mit Ausgangs- und Endpunkt in St. Aldegund, der einen schönen Blick auf Europa steilsten Weinberg bietet – den Calmont. Weitere Seitensprünge sind der Longuicher Sauerbrunnen, der Bernkasteler Bärensteig, der Graf Georg Johannes Weg, der Leiermannspfad, das Borjer Ortsbachpädche, die Briedeler Schweiz und die Extratouren Zitronenkrämerkreuz und Mehringer Schweiz. Traumpfade sind der Bergschluchtenpfad Ehrenburg, die Bleidenberger Ausblicke, das Eltzer Burgpanorama, der Hatzenporter Laysteig und der Pyrmonter Felsensteig.

Ausführliche Informationen zu den einzelnen Etappen des Moselsteigs und Beschreibungen der »Seitensprünge« mit Online-Karten finden Sie auf der Website der Mosellandtouristik GmbH, Kordelweg 1, 54470 Bernkastel-Kues, Tel. 06531 973 30, www.moselsteig.de, www.moseltourenplaner.de

Klettersteige durch den Mosel-Cañon

Moselaner witzeln, sie seien mit nach oben geklappten Füßen geboren, die ihnen das Stehen im Steilhang erleichtern. Geografen bezeichnen das enge Kerbtal als ›Cañon‹ – Assoziationen zum ›Grand Canyon‹ in den USA kommen da nicht von ungefähr. Wer die Mosellandschaft von ihrer spektakulären Seite kennenlernen will, sollte die neuen ›Klettersteige‹ gehen. Schwindelfreiheit, gute Schuhe und Trittsicherheit sind dafür notwendig.

Während andere Flüsse breit und behäbig durch die Landschaft ziehen, windet sich die Mosel durch ein enges Felskorsett. Die Ur-Mosel floss noch nicht durch einen solchen Cañon, sondern über die Eifel. Als die sich jedoch durch den Vulkanismus zu heben begann, änderte die Mosel ihren Lauf. Sie schnitt sich nun mit der Hebung tief in den devonischen Schiefer ein. Die Hauptphase der Einschneidung begann in geologisch relativ junger

Lohn des Kletterns – die Mosellandschaft vom steilsten Weinberg Europas aus gesehen

Zeit: vor 2,5 Mio. Jahren. Der Wechsel zwischen Warm- und Eiszeiten brachte Frost und Erosion. Verschiedene Terrassenniveaus und die markant ausgeprägten Prall- und Gleithänge entstanden.

Flora und Fauna

Für Wanderer hat die Geologie also in jahrtausendelanger Arbeit abwechslungsreiche Panoramen geschaffen, deren Flora und Fauna man am besten auf den Klettersteigen erleben kann. Über die sonnenbeschienenen Felsen huschen Eidechsen. Typisch für die Moselhänge ist ein Niederwald aus Traubeneichen. Es sind alte ›Lohhecken‹, die zur Gewinnung von Eichenlohe für die Gerberei dienten. Die Winzer verschafften sich durch das Abschälen der Eichenrinde einen Nebenverdienst, bis in den 1920er-Jahren Tropenholz und synthetische Stoffe in der Gerberei Einzug hielten.

Mit etwas Glück sieht man im Frühsommer zwischen Bremm und Winningen den Apollofalter fliegen – den ›Star‹ der Mosel. Diese Schmetterlingsart, die eigentlich im Hochgebirge beheimatet ist, hat an der Mosel eine eigene Unterart ausgeprägt (Parnassius apollo vinningensis). Wirtspflanze für seine Raupe: Weißer Mauerpfeffer (Sedum album). Auch andere Arten dieser Sukkulente sind an der Mosel verbreitet. Weitere wärme- und trockenheitsresistente Pflanzen sind Sonnen-Wolfsmilch, Goldlack und Ehrenpreis. In den Wingerten wachsen auch aromatische Wildkräuter: Feldsalat (›Mausohren‹ genannt), Blauer Lattich, Knoblauchsrauke, wilder Lauch, Dost, Vogelmiere und Beifuß.

Der Weg führt vorbei an Weinbergbrachen, weil in den Boomphasen des

Die Mosel-Erlebnis-Route
Die Klettersteige sind Teil der ›Mosel.Erlebnis.Route‹: Calmont-Klettersteig, Rioler Klettersteig und der Felsenpfad Kastel-Staadt, Valwiger Herrenbergweg (BREVA Wein & Weg) und der Kletterwanderweg Erdener Treppchen-Prälat. Unter www.mosel-erlebnis-route.de können Sie Informationen zur Vorbereitung abrufen, etwa Luftbilder, Höhenprofile und den Wegverlauf. Vor Ort sind Broschüren bei den Tourist-Infos erhältlich.

Weinbaus viele Rebflächen erschlossen wurden, die weniger guten Wein ergaben – doch gerade im Bereich der Terrassenmosel liegen auch viele hervorragende Lagen brach, weil sie aufgrund der Terrassen nicht in die ›klassischen‹ Flurbereinigungsverfahren einbezogen wurden. Auf den Brachstandorten vorherrschend sind Waldrebe (Clematis), mit ihren weißen Samenbüscheln im Winter auffallend, Brombeeren und Schwarzdorn (Schlehen) – ideale Rückzugsgebiete für Wildschweine, die sich im Herbst gerne an den Trauben laben.

Auch das Mosel-Klima in all seinen Facetten kann man auf den Klettersteigen erleben. Der alte Spruch »Im August muss die Traube kochen und im September braten« spiegelt die Bedeutung des Klimas für die Zuckerbildung in der Traube: Warm und feucht soll der Sommer sein, sonnig der Frühherbst. Im Oktober kann jeder Sonnentag noch 2–3 °Oechsle mehr bringen. Das heißt für den Wanderer: Auch im Herbst noch Sonnenschutz auftragen, Käppi und Sonnenbrille sowie ein guter Wasservorrat sollten auf der Wanderung mit dabei sein.

Schiefe(r) Dächer

Eine Reise an die Mosel im Frühjahr – das kann im ersten Moment etwas trist wirken: kahle Hänge, grau und bläulich, dazwischen rostrot. Alles Schiefer! Schieferterrassen, Schieferbruchsteinhäuser, Schieferdächer, Schieferweinberge ... Karg, dunkel, mondlandschaftlich, abweisend – dann aber mittendrin der Fluss, dieses mäandernde Band, das nur im ersten Anschein grau schimmert wie die Hänge, in die es sich genagt hat, vor Jahrmillionen, das blieb, während das Urmeer verlandete und das Gebirge sich hob. Eine Reise an die Mosel im zeitigen Frühjahr kann eine Entdeckung sein, denn dann zeigt sich die Landschaft noch ohne ihr grünes Kleid.

Im späten Frühjahr sollte man wiederkommen, wenn das Tal erst zartgrün, dann blumenbunt wird. Die Weinstöcke treiben aus im grau-blauen Schiefer, dessen Geröll sich unter der leuchtend-gelben Pflanzendecke zwischen den Rebzeilen versteckt, an den Bruchsteinhäusern legen die Hausreben los, Blumenkästen hängen an den Fenstern, deren rote Sandsteineinfassungen nun kräftiger leuchten, Oleanderbüsche verlassen ihr schützendes Winterquartier. Der Fluss färbt sich grün im Widerschein der Natur. Die Schieferdächer bleiben dunkel, aber nun nicht mehr trist, sondern als der Kick, damit nicht alles zu schreiend bunt erscheint.

Die üppiger werdende Vegetation auf sich wirken und sich setzen lassen

Formschön und witterungsbeständig – schon die Römer kannten Schieferschindeln

– so wie sich im Urmeer Tonschlamm, Glimmer und Quarz absetzte, sich mit kohlensaurem Kalk und Kieselsäure verkittete, unter enormem Druck verhärtete, um in komplexen erdgeschichtlichen Prozessen zu diesem grandiosen Gebirge aus Schiefer zu werden.

Rom baut nicht an einem Tag

Über antike Bauten stolpert man an der Mosel auf Schritt und Tritt. Die Römer brachten Schiefer auch auf die Dächer, sie verarbeiteten ihn vor allem als Sichtmauerwerk oder mit Mörtel verputzt für ihre Villen. Sie erfanden außerdem den Gusszement als beliebig formbares Material und setzten seit dem 1. Jh. aus lokaler Produktion riesige Glasfenster in die Thermen ein. In den Quadraten herrschte eine Mischbebauung zwischen *domus* (Wohnhaus) und *insula* (Wohnblock). Die Landschaft am Fluss außerhalb der Residenz säumten Villen des Typs *villa rustica* (landwirtschaftliche Güter), im städtischen Einzugsbereich die des repräsentativen Typs *villa urbana*.

Schnaps gegen Staub

Im Mittelalter ging man beim Schieferabbau unter Tage, trieb Stollen in den Berg, zum Teil auch sogenannte Treppenschächte, eine Art Wendeltreppe, wenn man wieder tiefer in den Bauch des Gebirges musste. Bei Grundwasser war regelmäßig Schluss mit der Ausbeute. Zumeist Kleinpächter mit wenig Kapital brachen den Schiefer, mussten auf Teufel komm raus Gewinn machen. Für die Bergleute hieß das: Schieferstaub schlucken unter Tage, Schnaps nach Feierabend,

um die Behausung in Bretterbuden und das Knochen brechende Schleppen der Blöcke für ein paar Stunden zu vergessen.

Schiefer fühlen?

Von Longuich aus in den Hunsrück hinauf nach Fell, geht es ins Nosserntal zum Bergwerk Barbara-Hoffnung. Eine Ausstellung informiert über die durch einen Stollen verbundenen Dachschiefergruben, bevor es 70 m in die Tiefe geht, hin zu Halden, Stollen, Bergemauern und dem ›Dom‹. Seit dem 19. Jh. investierten größere Unternehmen in das ›blaue Gold‹, die Produktion wurde auch in Fell auf Rentabilität, Maschinen und Technik umgestellt, das Grundwasserproblem gelöst. Leyenbrecher nannte man die Bergleute, auf ›lay‹, ›lei‹ oder ›ley‹ endet eine ganze Reihe von Bergnamen und Weinlagen und benutzt damit das alte Wort für Schieferfels. Lay heißt ein nach Koblenz eingemeindetes Dorf. Die Loreley und ihre kleinere Moselschwester bei Piesport lassen grüßen!

Fachwerk und Bruchstein

Vor dem Kunststoff-Zeitalter gewann jede Landschaft ihr spezifisches Flair durch regionaltypische Baustoffe. An der Mosel überwog ab dem Mittelalter kunstvolles Fachwerk mit den gängigen Schmuckformen. Charakteristisch sind in manchen Orten vor Witterung schützende Schwebegiebel, d. h. weite Dachüberstände in Verlängerung der Pfetten. Brände im 19. Jh. forcierten die Massivbauweise. In den Dörfern war das traufseitige Quereinhaus, das Wohnhaus, Scheune und Stall mit jeweils separatem Eingang unter einem Dach vereint, wegen des Speichers im Obergeschoss extrem feuergefährdet. Hier bot sich heimischer Schieferbruchstein als Lösung an. Eine freundliche Wirkung erzielen selbst schmucklose Winzerhäuser im Kontrast von Schiefermauerwerk mit leuchtend rotem Sandsteingewände. Bruchstein bestimmt noch heute das Bild der Dörfer und Kleinstädte, untermischt mit fränkischem Fachwerk.

Bruchstein fürs Gesamtkunstwerk

Im 19. Jh. entdeckten die Architekten Bruchstein als gestalterisches Element. Der Koblenzer Johann Claudius von Lassaulx (1781–1848) baute eindrucksvolle Kirchen in spätklassizistischen, neuromanischen und neugotischen Formen, wobei er Bruchstein bewusst wegen der optischen Qualitäten einsetzte – außen blank und bloß mit zumeist sparsamer Gliederung, innen verputzt, ornamental ausgemalt, von geometrischen Mustern bis hin zu Blumen- und Weinlaubranken. Die Innenausstattung wurde vom Orgelprospekt bis in die letzte Kirchenbank dem Raum angepasst, wobei Lassaulx fast mystische Effekte durch das Spiel mit dem Lichteinfall erzielte, besonders eindrucksvoll in Valwig, Treis und der St. Salvatorkirche in Ernst, einer Kreuzkuppelkirche.

Bruno Möhring (1863–1929) setzte Schiefer ebenso sparsam wie wirkungsvoll ein, meist zur Markierung von Türmchen, Ornamenten und allerlei Blickfang. Der Berliner Architekt hatte nach dem Bau der Brücke in Traben-Trarbach zwischen 1901 und 1910 eine ganze Reihe von Folgeaufträgen an Land ziehen können, die seine Entwicklung vom Historismus zum Jugendstil dokumentieren.

Schiefer auf die Dächer?

Die Firma Rathscheck fördert in Mayen ›Moselschiefer‹. Dieser alte Qualitätsbegriff beschreibt den früheren Transportweg durch die Eifel nach Klotten, wo er verschifft wurde. Im hochmodernen Bergwerksbetrieb in der Eifel wird das Material für die Altdeutsche Deckung gesägt, gespalten und zugerichtet – für steile, flache oder schiefe Dächer. Selbst vom ökologischen Standpunkt aus spricht viel für den ›Moseler Leistein‹, wie er in einer Chronik des 16. Jh. genannt wird. Er ist witterungsbeständig, langlebig und unbedenklich in der Entsorgung.

Und sollte er wirklich mal runter müssen, könnte man im Garten eine kleine Mosellandschaft anlegen, als Langzeitdünger sozusagen, Wärme speichernd für kalte Nächte, Sonnenlicht absorbierend. Nur die Steilhänge fehlen dann. Und der Fluss, natürlich.

Infos und Adressen
Bergwerk Barbara-Hoffnung: Fell, Tel. 06502 98 85 88, www. bergwerk-fell.de, April–Okt. Di–So 10–18 Uhr, stdl. Führungen.
Deutsches Schieferbergwerk: Mayen, Tel. 02651 49 85 08, www. deutsches-schieferbergwerk.de. Im Eifelmuseum unter der Genovevaburg Hightech zum Anfassen.
Moselschiefer-Straße: Touristenroute, www.moselschiefer-strasse. de.
Schiefergrubenweg: Wanderung im Lützbachtal, s. S. 247

Moselfische

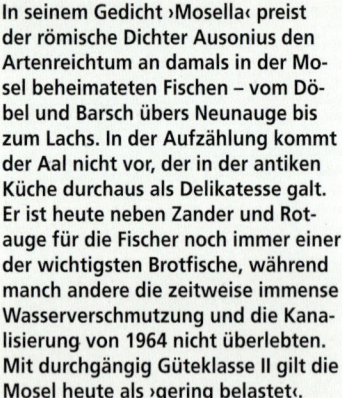

In seinem Gedicht ›Mosella‹ preist der römische Dichter Ausonius den Artenreichtum an damals in der Mosel beheimateten Fischen – vom Döbel und Barsch übers Neunauge bis zum Lachs. In der Aufzählung kommt der Aal nicht vor, der in der antiken Küche durchaus als Delikatesse galt. Er ist heute neben Zander und Rotauge für die Fischer noch immer einer der wichtigsten Brotfische, während manch andere die zeitweise immense Wasserverschmutzung und die Kanalisierung von 1964 nicht überlebten. Mit durchgängig Güteklasse II gilt die Mosel heute als ›gering belastet‹.

Die Wanderung der Aale

Mit der Wanderung zu den Laichplätzen in der Sargassosee nahe Kuba beginnt für den an sich robusten Aal die Tragödie. Ab dem Alter von acht Jahren geschlechtsreif, machen sich Jahr für Jahr Tausende Blankaale, zumeist Weibchen, von der Mosel auf in Richtung Rhein, um im Brackwasser an der Mündung in die Nordsee auf ihre männlichen Artgenossen zu treffen. Seit der Kanalisierung ist das ein riskantes Abenteuer. Stauanlagen sind nicht die gefährlichsten Hindernisse, da Fischtreppen den findigen Aalen einen Ausweg bieten. Die Turbinen der Wasserkraftwerke, gegen deren Sog die Tiere verzweifelt ankämpfen, um dann doch durch die Strömung in die rotierenden Propellerblätter getrieben und regelrecht zerhackt zu werden, sind als Todesfallen das eigentliche Problem. Da eine technische Lösung nicht in Sicht ist, vereinbarte das Land 1995 mit dem Betreiber RWE

Power Entschädigungsleistungen, womit auch die Aalschutzinitiative Rheinland-Pfalz finanziert wird. Eine der Sofortmaßnahmen ist eine etwas kuriose Sammel- und Transportaktion: Berufsfischer fangen die schlangenförmigen Tiere vor den Wasserkraftanlagen der Mosel mit Reusen ein. Anschließend werden sie mit speziellen Containern zum Rhein bei Linz gefahren, ausgesetzt und ihrem Wandertrieb überlassen. Gemeinsam schwimmen sie 7000 km übers offene Meer in den Westatlantik, wo sie sich fortpflanzen und nach dem Ablaichen sterben. Die Brut treibt als weidenblattförmige Larven im Golfstrom zurück zu den europäischen Küsten und wird dabei im Verlauf von ein bis drei Jahren zu Glasaalen, die dann als Steigaale in die ›elterlichen‹ Flüsse zurückgelangen. Sofern nicht an den Küsten als Nachschub für die riesigen Aalfarmen in Fernost abgefangen, werden sie als Besatz in die Mosel-Freiheit entlassen und haben eine Chance, vom Jungaal zum Blankaal erwachsen zu werden. Frisch geräucherter Moselaal ist eine Delikatesse. Wegen hoher Belastung des Flussschlamms mit PCB darf der Fisch derzeit zwar geangelt, nicht aber verkauft werden. Manche Betriebe (wie die Aalräucherei Barden) meistern mit ihren Zuchtteichen die Situation.

Noch mehr Moselfische

Die Kanalisierung war ein riesiger Eingriff in den Artenreichtum. Der Hecht hat sich aus der Mosel fast verabschiedet, es fehlen die natürlichen Laichplätze in den Hochwasserwiesen. Die Barbe braucht wie Nase und Forelle den von der Strömung mitgeführten Kiesgrund des Wassers, ihr Bestand schwankt.

Döbel und Rapfen bevorzugen zwar schnell fließende Gewässer, den meisten Weißfischen jedoch behagt die langsamere Strömung. Dazu zählen Brasse, Karpfen und das köstliche, allerdings grätenreiche Rotauge. Im Untergrund des Flusses lauern der Raubfisch Barsch und sein ebenfalls begehrter enger Verwandter Zander.

Räuberischer Zander

Der spindelförmige Zander mit den zwei großen ›Hundszähnen‹ ist ein recht junger Moselbewohner, er wurde erst in den 1980ern in den Fluss besetzt. Das Schicksal des Aals trifft den ›bodenständigen‹ Räuber nicht, der Laichplätze auch an künstlich angelegten Ufern akzeptiert, im tiefen, trüben Wasser Jagd auf Artgenossen macht – und dabei auch schon mal den eigenen Nachwuchs auffrisst. Das sollte aber kein Grund zur Abstinenz sein. Der Zander ist mit Recht ein absoluter Hit auf der Speisekarte.

Frischer Fisch

In den 1950er-Jahren warfen um die 80 Fischer ihre Reusen aus. Jetzt üben nur noch wenige den Beruf aus, die meisten als Zubrot. Verkauft wird der Fang an Fachgeschäfte und an die Gastronomie.

Fisch frisch und geräuchert
Edelfischräucherei Harry Schneider: Moselstr. 38, Burg, Tel. 06541 29 56, mit Restaurant ›Beim Moselfischer Harry‹, tgl. ab 11 Uhr
Aalräucherei Barden: Moselwehr 5, Müden, Tel. 02672 71 37, tgl. 9–18 Uhr

Genuss beim Kochen

Kochen ist Leidenschaft und Können. Kochkurse als echte Alternative zu TV-Koch-Shows gibt es auch an der Mosel. Hier können Sie Meisterköchen über die Schulter schauen, erhalten Tipps im Zubereiten, Anrichten und Servieren. Als Zutat gibt es das Erlebnis gemeinsamen Kochens und anschließenden Genießens.

Mit der Kochschule, die 2007 in Nittel an der südlichen Wein-Mosel ihre Pforten für alle öffnete, die gutes Essen schätzen, verwirklichte sich Walter Curman einen Lebenstraum. In Kursen will er möglichst vielen Menschen ›Genuss leben & erleben‹ vermitteln. In einem ›Crash-Kochkurs‹ lernen wir einen Abend lang die Kunst der Zubereitung eines Vier-Gang-Menüs. Eine gemischte Gruppe! Die Skala reicht vom freimütig Bekennenden, er sei übers Kaffeekochen und das Abziehen der Folie von der Pizza nicht hinausgekommen (und der sich dann als Naturtalent entpuppt), bis hin zu begeisterten Hobbyköchen, die neue Anregungen erwarten. Alle sind gespannt darauf, wie ein Küchenprofi es fertigbringt, so fantastisch fantasiereiche Gerichte zu zaubern und dieses Können zu vermitteln. Curmans Bemerkung, die regelmäßige Versorgung der Familie sei nicht hoch genug einzuschätzen, tut der Hausfrauenseele gut.

Im Unterschied zu TV-Kochserien können wir kräftig mitwirken. Es

geht nicht darum, stundenlang Zwiebeln zu schneiden, meint der Maître. Das könne gezeigt werden, geübt wird zu Hause. Aber z. B. angebratene Rumpsteaks bei Niedertemperatur im Backofen langsam garen, um sie für Gäste auf den Punkt genau schön rosa zu servieren, ohne Stress – das ist einer der vielen wertvollen Tipps. Alles müsse im richtigen Zustand vorbereitet sein: »Das Endprodukt darf nicht darunter leiden.« Die neue Küche an der Mosel präsentiert sich leicht, ausgewogen und raffiniert zugleich. Ein bisschen Zauberei spielt aber doch mit, und wenn's ein ›Zauberstab‹ fürs Süppchen ist. Das Handwerkszeug muss die Arbeit erleichtern – Messer, Schüsseln, technische Geräte bis hin zum Herd. Unter Abstrichen natürlich, denn mit einer derart optimal ausgestatteten Küche kann keine in einer Privatwohnung mithalten.

Kochen als Kunst auf hohem Gaumenniveau. Unser Küchenchef hält zwar viel von der Haute Cuisine, aber nichts von sparsam verteilten Häufchen auf dem Teller. Niemand steht hungrig auf. Salat, Serviettenknödel, Lachstascherl, alles wird schön garniert, die Raffinesse zeigt sich beim Menü mit dem asiatisch gewürzten Touch. Der Tisch nebenan ist für uns eingedeckt, wir tragen die einzelnen Gänge auf. Zum Menü gibt es Elbling in Rot und Weiß vom Weingut Matthias Dostert und einen Cuvée der Winzervereinigung ›Junger Süden‹, der auch Carina Curman angehört, die Deutsche Weinkönigin von 2000/2001.

Ein wahres Märchen: Koch und Königin lernten sich bei einem Fernsehtermin kennen. Sie (re)präsentierte deutschen Wein, der gebürtige Steirer leitete Johann Lafers Kochschule. Dennoch: Im ›Culinarium‹ kommen neben der Landhaus-Küche auch die Moselklassiker auf den Tisch.

Rom zog nie ab

Klassiker ganz anderer Art bietet die Römische Küche. Die von Marcus Gavius Apicius aus dem 1. Jh. n. Chr. überlieferten Rezepte erleben eine regelrechte Renaissance, etwa in der ›Taverne‹ in der Villa Borg (s. S. 128), im ›Domstein‹ in Trier (s. S. 106) und in der ›Doctor Weinstube‹ Bernkastel-Kues (s. S. 173).

Adressen
Kochschule im Culinarium: Walter Curman, Nittel, www.culinarium-nittel.de, Weinhaus Becker: Wolfgang Becker, Trier, www.beckers-trier.de
Kochschule Wein- & Tafelhaus: Alexander Oos, Trittenheim, www.wein-tafelhaus.de; Restaurant L'Auberge du Vin: Ingo Beth, Cochem, www.lohspeicher.de. Konditionen erfragen, auch für Gastesser!

Buchtipps
Maria Gietzen und Iris Franzen: Noch mehr Lust auf Mosel, 100 neue Rezepte der Weingüter, Leinpfad, 2009
Annette Köwerich: Genießen wie die Römer. Eine kulinarische Reise entlang der Straße der Römer, Editions Guy Binsfeld, 2007
Léa Linster: Einfach fantastisch! Rezepte, Tipps & Tricks der Spitzenköchin, Bassermann, 2015
Michael Weyand: Die Moselküche und Neues aus der Moselküche, Verlag Michael Weyand, 2011/2012

Zu Besuch bei den Rittern

Wie im Mittelalter – Schmiedewerkstatt auf der Ehrenburg

Viele spannende Burgen hat die Moselregion zu bieten. Sie liegen hoch über dem Fluss oder versteckt in Seitentälern. Manche sind einen kurzen Spaziergang wert, auf anderen kann man sich einen ganzen Tag aufhalten. Vor allem für Familien mit Kindern sind die Burgen lohnende Ausflugsziele.

Wie viel Mittelalter steckt heutzutage eigentlich in einer Burg? Diese seltsam erscheinende Frage ist berechtigt: Denn viele Burgen an der Mosel wurden im 19. und 20. Jh. wieder aufgebaut. Auch der Begriff ›Ritterburg‹ kann in die Irre führen. Denn die Ritter waren meist nicht die Erbauer, sondern ›nur‹ die Bewohner der Burgen. Die meisten Moselburgen wurden im 12. oder 13. Jh. von mächtigen Landesherren erbaut, also von den

Erzbischöfen oder den Pfalzgrafen. Die Ritter versahen den militärischen Dienst oder sorgten als Stellvertreter ihrer Herren für Recht und Ordnung. Nur wenige waren Eigentümer der Burg wie die Herren Eltz. Ihre Burg ist seit mehr als 850 Jahren im Besitz der Familie! Ob auf Eltz, Burg Metternich oder Ehrenburg: Gegenüber mächtigen Landesherren bestehen, Heiratsallianzen schmieden und Nachkommen produzieren gehörte zum politischen Tagesgeschäft. Den Status quo wahren – das bedeutete ein ›stressiges‹ Leben für die Ritter und ihre Ehefrauen!

Bis die Burgen im 16. Jh. langsam unmodern wurden, spielte sich in ihren engen Mauern bunt gedrängtes Leben ab: laut und wohl auch geruchsintensiv. Burgen waren ›multifunktional‹: repräsentativer Wohnsitz für den Adel mit Behausungen für Bedienstete, Wächter und Handwerker, Verteidigungsanlage, Verwaltungssitz. Auch wenn die Burgenforscher heute die alten Klischees um Belagerungen und Kriegszüge sehr zurückhaltend beurteilen: Fest steht, dass Burgen Gegenstand kriegerischer Auseinandersetzungen waren. Zur ›Tagesordnung‹ allerdings gehörten Belagerungen keineswegs. Nicht jede Rittergeneration musste eine erleben.

Romantischer Neubeginn

1689 fielen die meisten Burgen der destruktiven Eroberungspolitik des Sonnenkönigs zum Opfer. Sie schlummerten über 100 Jahre, bis die Romantiker sie neu entdeckten. Die Begeisterung der preußischen Könige für die Burgenromantik, die das Mittelrheintal geprägt hat, streifte die Mosel nur kurz. Hier erwarben die Könige die Ruine Landshut über Bernkastel, gingen jedoch nur halbherzig an einen Wiederaufbau. An der Mosel wurde das Bürgertum im 19. Jh. zum Burgen-Erbauer: So konnte man ein bisschen von dem Adelsprestige ergattern, das in der wilhelminischen Epoche noch notwendig war, um gesellschaftlich voranzukommen. Die Ruinen Cochem, Arras und Thurant wurden wieder zu bewohnbaren Burgen ausgebaut. Robert Allmers, Generaldirektor des Borgward-Konzerns, hatte seit 1911 seinen Feriensitz auf Burg Thurant. Zu Karneval soll er gerne in einer ›echten‹ Ritterrüstung mit dem Auto ins Tal gefahren sein, um mit den Moselanern zusammen zu feiern. Egal also, wie viel Mittelalter nun drinsteckt: Die Burgen sind ›Zeitmaschinen‹ in weit entfernte

Moselburgen erleben

Neben der Besichtigung (eigenständig oder im Rahmen einer Führung) bieten folgende Burgen zusätzliche Attraktionen:

Ehrenburg: Tel. 02605 30 77, Brodenbach, www.ehrenburg.de. Die Burg bietet ein reichhaltiges Programm: ›Sonntags auf der Burg‹ sind Handwerker, im Juli und Aug. Ritterkämpfe und buntes Treiben zu bestaunen. Ganzjährig gibt es Feste, Konzerte namhafter Mittelalter-Gruppen und Erlebnisgastronomie (s. Veranstaltungskalender). Geheimtipp: Hotelbetrieb (13 DZ, Reservierung erforderlich). Die Burg ist auch für Firmenfeste und Hochzeiten zu buchen.

Reichsburg Cochem: Schlossstraße 36, Tel. 02671 255, www.burg-cochem.de. Burgführungen, Gastereyen. Am 1. Wochenende im August wird ein Burgfest, am 3. Advent-Wochenende die ›Cochemer Burgweihnacht‹ gefeiert. Für Kinder ›Geisterführung mit Räuberessen‹. Standesamtliche Trauungen.

Burg Pyrmont: Roes, Tel. 02672 23 45, www.burg-pyrmont.de. Standesamtliche Trauungen, Übernachtungen, Veranstaltungen.

Burg Arras: Hotel Burg Arras, Alf, Tel. 06542 222 75, www.arras.de. Das einzige Burg-Hotel an der Mosel.

Burg Thurant: Alken, Tel. 02605 20 04, www.thurant.de. Bietet ein Ferienhaus für bis zu 6 Pers. (Dauer mind. eine Woche).

Epochen und zugleich Spiegelbilder unserer Sehnsüchte nach Abenteuer und Romantik.

Johann der Blinde und die Klause von Kastel-Staadt

Ein fantastischer Ort ist die Klause auf schroffem Buntsandstein hoch über dem Saartal, eine wahrhaft königliche Stätte! Trotz des atemberaubenden Blicks sind die meisten Bewohner dieser Felsenlandschaft »schon längst wieder abgereist«, die Kelten aus ihrem oppidum, die Römer aus ihrem Kastell, die fränkischen Siedler, der Franziskaner-Eremit (17. Jh.) – und zuletzt Johann der Blinde, König von Böhmen, Graf von Luxemburg aus der eigens für ihn erbauten Grabeskirche. Geblieben sind die vielen jungen Soldaten auf dem Ehrenfriedhof, Opfer einer europäischen Tragödie, die sich hoffentlich nie wiederholen wird.

»Schon längst wieder abgereist«, bekam Johanns des Blinden (1296–1346)

Stafette oft zu hören, wenn sie dem König Nachrichten überbringen sollte. Johann durchmaß die Lande hoch zu Ross, vor der einen Intrige fliehend, die nächste selbst anzettelnd, als Schlachtenheld allzeit bereit. Der Sohn Kaiser Heinrichs VII. aus dem Hause Luxemburg wird als 14-Jähriger mit der vier Jahre älteren Elisabeth von Böhmen vermählt und 1311 auf der Prager Burg gekrönt. Selbst nicht für die Nachfolge des Vaters als deutscher König nominiert, unterstützt Johann 1314 mit seinem Großonkel Balduin, Erzbischof von Trier, die Kandidatur Ludwigs des Bayern. Als treuer Gefolgsmann schlägt er des Kaisers Schlachten – und versucht bei all dem auch seine eigenen Süppchen zu kochen.

Johanns Ehe ist ein Fiasko, hat aber weitreichende Folgen, denn ihr

Klause bei Kastel-Staadt: Ein Ort für historische Rückblicke und grandiose Ausblicke

entstammt einer der bedeutendsten Herrscher des Spätmittelalters, Kaiser Karl IV., der Prag zur europäischen Metropole ausbaute und die dortige Universität gründete.

1337 erblindet Johann auf einem Auge, drei Jahre später verliert er bei einer Operation in Montpellier die Sehkraft auf beiden Augen. Auf Seiten des französischen Monarchen und Kindheitsgefährten Philipp VI. greift der blinde König in den Hundertjährigen Krieg mit England ein. Am 26. August 1346 lässt er sich von seinem Sohn Karl und engsten Getreuen hoch zu Ross in die Schlacht von Crécy führen und findet dort einen Tod nach seinem Geschmack. Des Toten Schild mit den drei Federn und dem Motto ›Ich dien‹ nimmt der siegreiche englische Thronfolger Edward, der Schwarze Prinz, an sich und führt es seither als eigenes Wappen – wie jeder Prince of Wales nach ihm.

Rast in der Klause

Der in Luxemburg beigesetzte Leichnam ist in allerlei Kriegswirren mehrmals verschollen. Anfang des 19. Jh. erwirbt der luxemburgische Industrielle Jean-François Boch die adeligen Knochen. Und so entdeckt nach 500 Jahren der spätere preußische König Friedrich Wilhelm IV. seine Bewunderung für den Urahn des Hauses Hohenzollern. Boch schenkt ihm die Gebeine. Der Kronprinz revanchiert sich mit einem gusseisernen Brunnen nach einem Entwurf Carl Friedrich Schinkels (s. S. 124).

Schinkel findet auch die geniale Lösung für die Grabeskirche. 1838 werden am Jahrestag der Schlacht von Crécy Johanns Gebeine in einem Sarkophag aus schwarzem Marmor in der Klause scheinbar für die Ewigkeit beigesetzt. Doch 1946 kehrt Johann der Blinde heim nach Luxemburg in die Kathedrale Notre-Dame.

Heute ist die Klause ein Ort, der zum Nachdenken über Gott und die Welt auffordert, ein Ort auch, der zum Wandern einlädt, am schönsten auf dem ausgeschilderten Felsenpfad unterhalb der Klause. Besichtigung der Klause: Feb./Nov. Di–So 10–16, März/Okt. Di–So 9–13, 14–17, April–Sept. Di–So 9–13, 14–18 Uhr.

Hexenzauber

Die ›Winninger Weinhex‹ – Geschichte einer Demütigung

Ein Gerücht geht um im Dorf, dass die Zauberin »das Kind an dem linken Daumen berührt haben solle, worauf dort eine schwarze Blase entstanden sei. Daran habe das arme Kind ein ganzes Vierteljahr gelitten und sei schließlich auch daran gestorben.« Das ist kein Zitat aus einem Harry-Potter-Band, sondern aus dem Protokoll eines Hexenprozesses. Die des ›Schadenzaubers‹ verleumdete Agnes Comes aus Wolf wurde 1653 hingerichtet, nachdem sie unter Folter das Verbrechen gestanden hatte.

Harry Potter kann so etwas nicht passieren, damals allerdings wäre er samt seiner Autorin längst auf dem Scheiterhaufen verbrannt, geköpft oder bei lebendigem Leib begraben worden. Denn genau das, was er in Hogwarts

lernt, Zaubertränke und Besenreiten, Flüche und Tierzauber, wurde in mehreren Prozesswellen vielen beklagenswerten Menschen angedichtet, mindestens 60 000 wurden gequält und getötet, weit über 2000 allein im Bereich des Kurfürstentums Trier.

Harry Potter lebt in einer abgeschotteten Welt, die es ihm verbietet, die ›Muggel‹ selbst nach Provokation mit Zauber zu belegen. Den angeblichen Hexen und Zauberern konnte vom 16. bis 18. Jh. schon ›der böse Blick‹ zum Verhängnis werden. Üble Nachrede schuf – gestützt auf korrupte Richter und Schöffen, Schweigen, Angst und Aberglauben – ein hochexplosives Klima. Auf dem Territorium der Trierer Reichsabtei St. Maximin, wo besonders eifrige Hexenjäger am Werk waren, wurden zwischen 1586 und 1596 fast

400 Menschen umgebracht, nicht nur Frauen, wenn auch mehrheitlich. Die Rhein-Mosel-Region war eines der Zentren der Verfolgung, basierend auf der Volksmeinung und der Gesinnung einzelner Fürsten. In Winningen traten Baden und die Kurpfalz jedoch im 16. Jh. auf die Bremse. Hinter dem Lagennamen ›Winninger Weinhex‹, den Motiven des Brunnens am Marktplatz und der banalen Story vom süffelnden Weib, das vom Ehemann

Publikation der ›Cautio Criminalis‹ kosten können, wäre er als Verfasser von ›Rechtliches Bedenken wegen der Hexenprozesse‹ enttarnt worden. Ein hochbrisantes Thema packte der 1591 in Kaiserswerth geborene Jesuit an. Im Noviziat (1610–12) machte Spee Bekanntschaft mit Trier und gewiss auch mit den Folgen der schlimmsten Mordorgie im Kurfürstentum, die der 1598 gestorbene Weihbischof Peter Binsfeld auf dem Gewissen hatte.

gezüchtigt wird, stecken Hexenverfolgungen zwischen 1631 und 1656, denen 19 Menschen zum Opfer fielen.

Wetterkapriolen in der ›Kleinen Eiszeit‹ ab 1560 führten zu Missernten, Teuerung, Massenarmut, Hunger und Pest, Profiteure vergifteten das soziale Klima. Furchtbare Kriege, der Dreißigjährige (1618–1648) als Höhepunkt, und eine allgemeine Verunsicherung der Menschen in jenen Zeiten des Umbruchs begünstigten Ausgrenzung und Denunziation. Betroffene trugen durch erpresste Besagung (Nennung von Komplizen) unfreiwillig dazu bei. Teufelspakt, Hexensabbat, Seelenverkauf, das Reich des Bösen – Esoterik hat nicht erst heute Konjunktur.

Friedrich Spee

Kopf und Kragen hätte es Friedrich Spee von Langenfeld 1631 nach der

Spees Hingabe an ›Jesu Lieb alleine‹ ließ ihn nicht schweigend die Verurteilung der ›Sagas‹ (Hexen) hinnehmen, die er in Köln zeitweise als Beichtvater zur Hinrichtung begleiten musste. In der Cautio führt er durch kluge Argumentation den Leser zu der Erkenntnis, dass es Hexen nicht gibt. Das rhetorisch geschliffene Traktat machte Gleichgesinnten Mut zum Protest gegen Hexenjagden.

Friedrich Spee starb 1635 in Trier bei der Pflege pestkranker Soldaten. In der Gruft der Jesuitenkirche ist er beigesetzt. In Liedertexten wie ›O Heiland, reiß die Himmel auf‹ lebt er weiter. Friedrich-Spee-Gesellschaft Trier: www.friedrich-spee.de. Spee-Gruft in der Jesuitenkirche: Infos/Schlüssel an der Pforte, www.ps-trier.de. Moselfest in Winningen rund um den Weinhex-Brunnen, Aug./Sept.; zur Weinhex-Geschichte Infos im Internet unter www.pfeifenhannes.de.

Europa grenzenlos

Europarat in Brüssel, Europäisches Parlament in Straßburg, Europäischer Gerichtshof in Luxemburg, Europäische Zentralbank in Frankfurt/M. – große Städte, große Namen. Aber: Schengener Abkommen? Schengen? Schengen im Dreiländereck, ein luxemburgisches Winzerdorf, ist Geburtsstätte eines Europas ohne Binnengrenzen.

Das Fundament erstellten fünf Kernlande des europäischen Gedankens, alles Gründungsmitglieder der EWG (Europäische Wirtschaftsgemeinschaft): Vertreter der Benelux-Wirtschaftsunion (Belgien, Niederlande, Luxemburg), Frankreichs und Deutschlands heckten am 14. Juni 1985 an Bord des luxemburgischen Fahrgastschiffs ›Princesse Marie-Astrid‹, das am Quai de Schengen vor Anker lag, ein Abkommen mit weitreichenden Folgen für die Einigung Europas aus. Auf der Place de l'Accord de Schengen erinnert das ›Monument de l'Accord de Schengen‹ an die Willenserklärung zum schrittweisen Abbau der Binnengrenzkontrollen. Die drei Stahlstelen stehen für die Anfänge des modernen Europas in der Montanunion von 1952 (Zollfreiheit für Kohle und Stahl), drei Messingsterne symbolisieren Frankreich, Deutschland und die Beneluxstaaten.

Im Jahr 1990 kamen in Schengen die Vertreter der fünf Staaten einem grenzenlosen Europa einen weiteren wichtigen Schritt näher: Das Schengener Durchführungsübereinkommen (SDÜ) regelte die praktischen Details des 1985er Abkommens. Der Gedenkstein an der ›Place de l'Europe‹ in der Ortsmitte artikuliert in den Sprachen der beteiligten Länder die damit verknüpften Hoffnungen der Menschen auf ein friedvolles Miteinander: *Accord de Schengen – Europa ouni Grenzen – L'Europe sans frontières* – Grenzenloses Europa. Tatsächlich! Die Schlagbäume an den gemeinsamen Grenzen der fünf Erstunterzeichner wurden im März 1995 gefällt, die zum sechsten EWG-Gründungsmitglied Italien 1997.

Das Haus Europa wächst

Die Skulptur ›M 2000‹ am Moselufer nahe dem Musée Européen thematisiert den Ausbau Europas. Seit dem Jahr 2011 gehören 26 Staaten – 22 Staaten der EU plus Norwegen, Island, Liechtenstein und die Schweiz – dem Schengen-Raum an. Nächster Beitrittskandidat ist Kroatien. Der Wegfall der Passkontrollen galt zunächst für den Land- und Seeweg, seit dem 30. März 2008 auch für die Einreise durch die Luft. Man kann sich jedoch nicht gänzlich ohne Pass bewegen, die Identität wird beim Check-in weiterhin kontrolliert. Die getrennten Bereiche für EU und Nicht-EU auf den Flughäfen lassen aber eine raschere Abfertigung zu.

Die Inneneinrichtung

Der Amsterdamer Vertrag (1997) machte den Weg frei für eine Überführung des Abkommens in die Kompetenz der EU und damit in EU-Recht. Seit 1999 muss daher jedes Beitrittsland die Bedingungen zur Sicherung der Außengrenzen akzeptieren. Der ›Schengener Grenzkodex‹ löste 2006 das SDÜ ab, weiterhin kann z. B. bei Großveranstaltungen wie Fußball-Europameisterschaften das Abkommen kurzzeitig außer Kraft gesetzt werden.

Info

Am Moselufer steht das Musée Européen Schengen, in dem man interaktiv und multimedial viele Informationen über das Schengener Abkommen erhält, das das Dorf weltbekannt gemacht hat. Musée Européen Schengen (Centre Européen): Rue Robert Goebbels, 5444 Schengen, Tel. 0352 26 66 58 10, www.schengen-tourist.lu, tgl. 10–18 Uhr.

Festung Europa?

Gegner des Abkommens treffen sich in der Ablehnung, nicht immer in der Argumentation. Für die einen ist mit jeder Erweiterung kriminellen Banden aus dem Nicht-Schengen-Ausland Tür und Tor geöffnet, andere sehen in den scharfen Kontrollen im 30-km-Bereich der Außengrenzen eine totale Abschottung und beurteilen die Abschiebepraxis als restriktiv und inhuman gegenüber Flüchtlingen, Asylsuchenden und ›illegalen Zuwanderern‹. Alle, die nicht zum Schengen-Raum gehören, müssen bei der Ein- und Durchreise ein Visum vorweisen. Die Binnengrenzen sind weggefallen, ein mit der Fahndungsdatei des Schengener Überwachungssystems (SIS) gefütterter Zentralcomputer erlaubt jedoch raschen Zugriff auf Daten und Menschen. Gefahr für die Bürgerrechte?

Grenzkontrollen sind in der Moselregion seit 1995 passé

Sieben Fußfälle zum Petersberg

»Christus in der Kelter« – Nachbildung des Steinreliefs aus dem 16. Jh.

Unaufdringlich, aber fest verwurzelt ist das religiöse Brauchtum an der Mosel. Mit Hartnäckigkeit und Stolz pflegen die Moselaner ihre Bräuche. Ihrem etwas eigenbrötlerischen Naturell würde nie in den Sinn kommen, sie zu einem touristischen Event ›aufzumotzen‹. So brauchen die Besucher einen geradezu ethnologischen Beobachterblick. In einer Art ›Zeittunnel‹ erleben sie dann eine Welt, die vielerorts längst untergegangen scheint.

Als Lieblingsheiliger der Moselaner gilt der heilige Martin, der ehemalige Patron der fränkischen Könige. Das Martinsfeuer am 11. November sehen die Volkskundler als ursprünglich kölnischen Brauch an. Im westlichen Moselland, also in der Westeifel und dem Trierer Umland, brannten stattdessen früher nach Karneval die ›Fastenfeuer‹. Der Martinsabend ist traditionell der Tag, an dem die Pacht gezahlt wird. Davon leitet sich die Martinsgans ab, die von den sparsamen Moselanern durch

74

den Deppekooche oder Scholes ersetzt wird. Das deftige Gericht besteht im Wesentlichen aus einem Berg geriebener Kartoffeln, der in einem Bräter im Ofen gebacken wird. Das Gericht ist in einer speckfreien Variante auch in der jüdischen Küche beheimatet – und mag ein kleines Relikt christlich-jüdischer Symbiosen sein, wie sie früher in vielen Moselorten bestanden. Gäste, die noch im November am Fluss unterwegs sind, finden den Deppekooche (Topfkuchen) zu dieser Saison auf den Speisekarten traditionsbewusster Lokale.

Den Martinszug für Kinder haben im 20. Jh. Lehrer und Klerus reaktiviert. Ursprünglich war es ein sogenannter Heischebrauch, bei dem die Kinder singend durch den Ort zogen und um Süßigkeiten baten.

Die Weihnachtsbäume stehen bei vielen Familien bis Maria Lichtmess am 2. Februar, dem Ende der Weihnachtszeit in der katholischen Kirche. Es folgt der Karneval, der begeistert gefeiert wird. An den Kartagen gehen die Kinder kleppern. Mit Ratschen und Holzklappern ziehen sie durch den Ort. Eine wichtige Rolle spielen zudem die Prozessionen zu Fronleichnam und die Marienprozession am Vorabend des 1. Mai, wenn die Häuser mit Blumen, Lichtern und Heiligenstatuen geschmückt werden. Direkt nach der Marienprozession ist ›Hexennacht‹. Cliquen von Jugendlichen machen Unsinn, den manche Eltern am nächsten Morgen teuer bezahlen müssen. Lieber gesehen sind da die Klassiker unter den ›Hexenkunststücken‹: etwa Fensterläden aus den Angeln heben und beim Nachbarn verstecken. An Allerheiligen und bei Beerdigungen gehen die Gläubigen in Prozession, den Rosenkranz betend, zum Friedhof.

Nischen mit Heiligenfiguren sind in den Orten fast immer mit Lichtern und Blumen geschmückt. Auch für die Kapellen fühlen sich bestimmte Familien oder Vereinigungen verantwortlich. In fast jedem katholischen Ort zieht sich ein ›Kreuzweg‹ mit 7 oder 14 Stationen die steile Bergflanke hinauf. Die ›sieben Fußfälle‹ erinnern an den Leidensweg Christi in Jerusalem. Früher wurden junge Mädchen zum Beten auf den Weg geschickt, wenn jemand aus der Nachbarschaft krank darniederlag.

Zum alten Brauchtum gehört auch ein wenig Spott: über die Eifelbewohner, die Hunsrücker und die Nachbarorte. So haben viele Dörfer ihre Beinamen: die Cochemer sind z. B. die Schmandelecker (von Schmand), weil sie es verstehen, sich das Leben angenehm zu machen. Die Pündericher sind die ›Gesetzeskrämer‹ und die Edigerer ›Edschara Stihkroo‹, weil sie mit dem Stehkragen in den Weinberg gehen. Zu den Dörfern gehört auch ein blühendes Vereinsleben: Fußballverein, Schützenbruderschaft, Freiwillige Feuerwehr – alle feiern im Sommer ihre Feste.

Unser Tipp

Auf dem Kreuzweg

Der ›Kulturweg der Religionen‹ in Ediger führt zur Kreuzkapelle mit dem berühmten Relief ›Christus in der Kelter‹ (Replik, Original in der Pfarrkirche). Der Weg dorthin ist der drittälteste Kreuzweg Deutschlands (1484). Eine in dieser Region ungewöhnliche 15. Station zeigt die hl. Helena nach Auffindung des Kreuzes in Jerusalem. Infos: www.ediger-eller.de, www.mosel-erlebnis-route.de.

Moselmusik

**Beethovens ›Freude schöner Göt-
terfunken‹ und Guildo Horns ›Piep,
piep, piep‹ sind ganz sicher zwei Paar
Stiefel – und gehören doch zur kleinen musikalischen Ausbeute an der
Mosel. Schade wäre auch, Komponisten von Rang wie Georg Schmitt und
Hermann Schroeder zu unterschla-
gen, ganz abgesehen von Orgeln und
heimischen Instrumenten.**

Titan und Barde

Ein Musikgenie wurzelt hier, der Titan
überhaupt, einer der Stars im internationalen Komponistenhimmel: Ludwig
van Beethoven. Die Mutter Maria Keverich wurde in Koblenz-Ehrenbreitstein geboren, ihre Familie stammt
aus Köwerich an der Mosel. Aus Trier
kommt ein Schlagerbarde, der mit einer exzellenten Live-Show 1998 beim
Grand Prix de la Chanson auf den sieb-
ten Platz hüpfte: Guildo Horn stutzte
mit dem Song »Guildo hat euch lieb«
den Wettbewerb auf sympathische Art
zurecht. Der Naturschutzbund (Nabu)
nominierte ihn daraufhin zum ›Vogel
des Jahres‹. Der ›Meister‹ ist vom Trierer Altstadtfest nicht wegzudenken
(www.guildo-horn.com).

Schmitt und Schroeder

Zwei angesehene Komponisten waren
für kurze Zeit Organisten am Trierer
Dom. Georg Schmitt, 1821 in Trier geboren, 1900 in Paris gestorben, hielt es
nur von 1835 bis 1842 an der Hohen
Domkirche aus: Er provozierte seine
Entlassung und machte nach einem
musikalischen Intermezzo in New Or-
leans (USA) Karriere in Paris als Lehrer
spanischer Königskinder, Hofkapell-
meister Kaiser Napoleons III. und Orga-
nist von St. Sulpice. Charles Widor und
Camille Saint-Saëns gehörten zu seinen
Schülern. Trotz Georg-Schmitt-Platz
und Gedenktafel am Geburtshaus in
Trier-Zurlauben kennt kaum jemand
mehr seinen Namen, und doch ist er in
aller Moselaner Munde, denn er kom-
ponierte die Melodie zum Mosellied ›In
weiten deutschen Landen‹.

Hermann Schroeder ist der Platz
in Bernkastel gewidmet, auf dem der
Doctorweinbrunnen steht, das Hei-
mat-Museum Graacher Tor dokumentiert Leben und Werk. Der 1904 in
der Bärenstadt geborene Komponist
legte 1923 am Trierer Friedrich-Wilhelm-Gymnasium das Abitur ab, war
1938/39 Domorganist in Trier und ab
1946 Professor an der Kölner Musik-
hochschule. 1984 starb er in Bad Orb.
Für Schroeder war die mittelalterliche
Gregorianik Quelle der Inspiration für
seine kirchenmusikalischen Komposi-
tionen. Die Hermann-Schroeder-Gesell-
schaft lobt seit 1999 in zwei- bis drei-
jährigem Turnus einen Orgelwettbewerb
zu Ehren des Komponisten aus, wieder
im Herbst 2017 (www.hermann-schroe
der.de).

Orgel und Orchester

Die Orgelbauerfamilie Stumm aus Sulzbach im Hunsrück stellte über Jahrhunderte hinweg die genialen Handwerker für die Musiker. Nur wenige ihrer Instrumente sind noch komplett original erhalten. Verschleiß, Zerstörung, Modernisierung oder eine neue Musiksprache zerstörten wertvolles Kulturgut, der Prospekt ist aber vielen Kirchen erhalten geblieben. Dem 1688 verblichenen Stammvater Hans Stumm folgten bis zur Auflösung der Firma 1920 mehrere Generationen hervorragender Orgelbauer, die den unverwechselbaren, fein singenden Stumm-Stil der molligen Flötentöne und machtvollen Zungen pflegten (www.stummorgel.de).

Trier und Koblenz reichen sich als Kulturstädte über alle Windungen der Mosel hinweg die Hand. Tufa (Trier) und Kufa (Koblenz) etablierten sich als Spielorte innovativen Theater-schaffens. Die traditionsreichen Orchester beider Städte müssen hingegen befürchten, dass die Theater- und Konzertkultur eines Tages vor den Sparmaßnahmen kapitulieren könnte.

Musik und Mosel

Aus einem lokalen Festival 1985 wurde eine Erfolgsstory: Das Mosel Musikfestival (Mosel-Festwochen) prägt alljährlich die sommerliche ›WeinKulturLandschaft‹ durch ein breites Konzertprogramm (www.moselmusikfestival.de).

Mosel-Exotik zum Schluss: Zurück zu den Wurzeln, den Weinstöcken, sagen sich die ›Wéngert Stompers‹, setzen mit Winzergeräten als Schlag- und Dröhninstrumente das hippe Volk in Bewegung, singen dazu moselfränkisches Platt und kreieren einen Jazz, den nur eine Weingegend hervorbringen kann (www.wengert-stompers.de).

Guildo Horn fehlt auf keinem Trierer Altstadtfest

Unterwegs
an der Mosel

Entspannung und Genuss in Bernkastel-Kues

Karl Marx

Trier

Highlight!

Trier: Die uralte Stadt an der Mosel ist schon allein dank ihrer antiken Ruinen von der Porta Nigra über die Konstantinbasilika bis zu den Kaiserthermen und dem mächtigen Dom ein einziges Highlight. S. 82

Auf Entdeckungstour

Zu Besuch bei Karl Marx 18 : Der Trierer Philosoph und Ökonom hat die Welt verändert. Viele Touristen, sehr viele aus Fernost, besuchen sein Geburtshaus, in dem eine Ausstellung über Leben und Werk des berühmten Sohns der Stadt informiert. S. 92

Kultur & Sehenswertes

Dom St. Peter : Der Höhepunkt eines jeden Trier-Besuchs. S. 89

Konstantinbasilika : Als ehemals römische Palastaula und jetzt evangelische Kirche, dokumentiert sie Triers Aufstieg zur Kaiserresidenz und Hauptstadt des Weströmischen Reichs – zu einem Boomtown der Antike. S. 96

Rheinisches Landesmuseum : Bei längerem Aufenthalt ist die Sammlung von Weltrang ein Muss. S. 96

Zu Fuß & mit dem Rad

Wanderungen und Radtouren : an der Mosel oder auf die Eifel- und Hunsrück-Höhen sind überaus reizvoll, z. B. nach Pfalzel oder. ins Butzerbachtal. S. 102, 103

Genießen & Atmosphäre

Café Raab : Triers beste Torten gibt es in dem ›Oma‹-Café, in dem sich Jung und Alt wohlfühlen. S. 106

Abends & Nachts

Kultur und Genuss: Das **Astarix** und das **Miss Marple's** machen nach dem Besuch des gegenüber liegenden Theaters Appetit auf Pasta, Pizza & Co. S. 107

Trierer Institution: Die Atmosphäre des **Luckys Luke**  ist vor allem geprägt von dem studentischen Publikum. S. 108

Alte junge Stadt – Trier!

Die uralte Stadt an der Mosel mit ihren faszinierenden antiken Ruinen von der Porta Nigra bis zu den Kaiserthermen, dem mächtigen Dom und einer Menge Mittelalter hat eine junge Aura – dank ihrer lebendigen Innenstadt, der Universität, des grünen Petrisbergs, vieler Kultur- und Freizeitaktivitäten und einer regen Kneipenszene.

Jeder Schritt macht 2000 Jahre Geschichte spürbar und trotzdem ist der Stadt ihr hohes Alter nicht anzumerken: Trier ist eine geglückte Mischung aus attraktiven Altertümern und urban pulsierender Lebendigkeit. Das geht vor allem auf das Konto einer jungen Generation, die in dieser ›Geradesoeben‹-Großstadt (ca. 106 000 Einwohner) neben allen Bildungseinrichtungen eine 1970 wiedergegründete Universität vorfindet. Zudem hat man die Altstadt von allzu wucherndem Autoverkehr befreit. Eine Stadt mit Flair und Zukunft, überzeugt europäisch aus uralten Wurzeln, eine antike Schatztruhe des UNESCO-Welterbes.

Trier erhebt den stolzen Anspruch, Deutschlands älteste Stadt zu sein, und sieht sich damit im Wettstreit mit Worms, Kempten, Augsburg oder Köln. Auf 17 v. Chr., den Bau der ersten Römerbrücke unter Kaiser Augustus, lässt sich das Gründungsdatum festzurren. Wenn auch vielleicht nicht die älteste, so war Augusta Treverorum aufgrund des herausragenden Status als eine der Residenzen des römischen Imperiums zeitweise die bedeutendste Stadt auf deutschem Boden. Kaiser wohnten hier, von Konstantin bis zu Gratian, dessen Lehrer Ausonius die ›Mosella‹, eine Hymne auf Land und Leute, schrieb. Einst Zentrum des Handels vom Mittelmeerraum bis zur Nordsee, ist man heute Mitglied der QuattroPole, eine von vier Hauptstädten der Region SaarLorLux-Rheinland-Pfalz.

Infobox

Reisekarte: ▶ D 6

Trier Tourismus und Marketing – Abteilung Tourist-Information (ttm): u. a. an der Porta Nigra, Tel. 0651 97 80 80, www.trier-info.de.
Heute in Trier: Veranstaltungskalender mit Tipps und Infos (auch Öffnungszeiten), www.heute-in-trier.de.
Trier-Card: 3 Tage gültig, freie Fahrt auf allen Buslinien, zahlreiche Ermäßigungen.
Ticket Regional: Veranstaltungskalender mit Kartenbestellung online, www.ticket-regional.de.
Trierer Orgelpunkt: Ökumenische Website zu Kirche, Konzert, Orgel, Unterkunft usw., www.trierer-orgelpunkt.de
lifestyle.volksfreund.de: Szenenachrichten aus erster Hand.
www.hunderttausend.de: Sehr informatives Internetportal zu Events, Gastronomie und News.

Altstadt

Stadtanlage
Die antike Stadt war schachbrettartig angelegt und wurde von zwei Hauptachsen durchschnitten, die sich am Forum kreuzten: Der *decumanus maximus* verlief westöstlich von der

Römerbrücke zum Amphitheater. Der *cardo maximus* verband als Nord-Süd-Achse die Stadttore *Porta Nigra* und *Porta Media* miteinander. Das Schachbrettmuster ist nur mehr beschränkt an den beiden Hauptachsen erkennbar, auf welche die opulente antike *urbs* ausgerichtet war. Die mittelalterliche Stadt gab die strenge quadratische Straßenstruktur auf, sie entwickelte sich vom Dom und dem Marktplatz aus. Römische Relikte mischten sich nun mit den noch heute typisch verwinkelten Gässchen. Reste der mittelalterlichen Befestigung finden sich nur spärlich, meist sind sie Alleen gewichen.

Porta Nigra [1]

Infos zum Gebäude: www.trier-info. de/portanigra-info; Infos zur Erlebnisführung: www.erlebnisfuehrungen. de, Besichtigung: April–Sept. 9–18, Okt.– März 9–17, sonst 9–16 Uhr

Triers Wahrzeichen und schon der erste antike Superlativ: die Porta Nigra, besterhaltenes römisches Stadttor nördlich der Alpen. Das ›schwarze Tor‹ entstand um die Mitte des 2. Jh. aus hellem Sandstein, der erst später nachdunkelte. Die Unfertigkeit des anfänglich sorgfältig ohne Mörtel aus Steinquadern gefügten Bauwerks, das mit Eisenklammern verankert war, deutet auf unerwartet kriegerische Irritationen oder eine Belagerung hin, möglicherweise auf eine Pestepidemie.

Die Römer hatten Tor und Stadtmauer zunächst nicht als Ausdruck einer akuten Bedrohung gebaut, sondern um die herausragende Bedeutung Triers zu betonen. ›Urbs opulentissima‹, eine sehr reiche Stadt, lautete das Urteil des Geografen Pomponius Mela schon 44. n. Chr., lange bevor der Kaiser und ›Weinpapst‹ Postumus (258–268) sie zur römischen

Residenzstadt ausrief. Zu Triers antiker Blütezeit im 4. Jh. lebten hier über 80 000 Menschen, eine Zahl, die erst wieder im 20. Jh. erreicht wurde.

Vielleicht hätte der Porta Nigra nach der Völkerwanderung im Mittelalter ein ähnliches Schicksal geblüht wie den anderen Toren: Steinbruch, totale Abtragung. Ein christlicher Fundamentalist verhinderte das. Simeon, der nach Trier geratene Gesandte des Sinai-Klosters, begleitete Erzbischof Poppo auf einer Pilgerreise ins Heilige Land, kehrte mit ihm zurück, ließ sich als Eremit im Ostturm einmauern, wurde wunschgemäß 1035 hier bestattet und heiliggesprochen. Nach einer Altarweihe 1042 war die ehemals heidnische Porta Martis (Marstor) vorerst gerettet und wurde sukzessive zur Simeonskirche umgebaut. Die Maßnahmen reichten bis in die Barockzeit, mit Aufschüttungen zum Stadtzentrum hin und großer Freitreppe.

Französische Revolutionstruppen begannen 1794 mit der systematischen Verwertung des Materials, dem erst Napoleon Einhalt gebot. Die imperiale Größe vor Augen, ließ er unantike Zutaten abtragen, was wiederum die preußische Regierung nach 1815 stoppte. Wir erleben die Porta Nigra seither in einem Zustand, der die großartigen Proportionen und die Jahresringe dieser altehrwürdigen Diva offenlegt – die Apsis etwa oder die Vertiefung, die die Orgel der Wallfahrtskirche an der Wand hinterließ.

Stadtmuseum Simeonstift [2]

www.museum-trier.de, Di–So 10–17 Uhr

Das Trierer Stadtmuseum befindet sich im romanischen Simeonstift, direkt neben der Porta Nigra. Zu finden sind hier Kunst- und Kulturschätze, die anschauliche Einblicke in die mehr als 2000-jährige Stadtge-

schichte bieten. Die zeitgemäß auf-
bereiteten Sammlungen umfassen
alle Facetten des Stadtlebens von der
Antike bis zur Gegenwart, bedeu-
tend ist die Sammlung vom Mittelalter bis zum 21. Jh. Stadtmodelle und
Figuren (z. B. der Steipe) ergänzen
die Präsentation. Der 2007 errichtete
Anbau bietet Raum für Sonderausstellungen, die sich Trierer Künstlern
und Themen widmen. Nach dem Mu-
seumsbesuch lädt das Café Brunnenhof zum Verweilen ein.

Entlang der durch Säulenstümpfe
angedeuteten antiken Kolonnaden
führen nun die ersten Schritte in eine
faszinierende Stadt. Die Fußgängerzone in der Simeonstraße ist mit der
antiken Nord-Süd-Achse identisch. Sie
zeigt ein Spektrum der Baukunst aller
Epochen bis in die Moderne.

Trierer Wohntürme

Wie von selbst stoppt man zunächst
am **Dreikönigenhaus** 3 , dem vielleicht im 17. Jh. ein Wirtshaus ›Zu den
drei Königen‹ den Namen gab. Im Erdgeschoss des 1230 erbauten, frühgo-
tisch umgemodelten Wohnturms hielt
bis Ende 2007 das Café Bley die gut-
bürgerliche Tradition aufrecht, ehe
es der Kette ›coffee fellows‹ Platz
machte. Auch jetzt werden den Gästen
keine Klimmzüge ins höhenversetzte
Portal zugemutet, das zu Zeiten, als
Trier keine Stadtmauer besaß, dank
einer flexiblen Zugtreppe Angriffe
erschwerte. 1938 wurde die Fassade
mit Rundbogenfriesen, Lisenen und
Zwillingsfenstern rekonstruiert, 1944
beschädigt, 1973 farbig gefasst.

Zur Kategorie mittelalterlicher
Wohntürme zählen auch der Turm
Jerusalem (s. S. 95) auf dem Dom-
freihof und der **Frankenturm** 2 des

**Die Porta Nigra ist das besterhaltene
römische Stadttor nördlich der Alpen**

Franco von Senheim (11. Jh.
dem Hauptmarkt. Letzterer
einem Bürgerfest 2007 zu besi
(s. S. 106, Anmeldung zur Gruppenführung bei der Tourist-Information).

Hauptmarkt

*Ständiger Markt: Mo–Fr ca. 7–18.30,
Sa bis 13 Uhr*

Hat sich auf dem kurzen Stück von
der Porta Nigra ins Zentrum der Eindruck einer besonderen Stadt verfes-
tigt, und das nicht nur, weil Tausende
Touristen, in deren Pulk man mittrabt,
sich nicht irren können, so überrascht
die bunte Schönheit des Hauptmarkts
dennoch. Außer dem ständigen Markt
tragen die reizvollen Bürgerhäuser
ringsum dazu bei – ob nun Massivbau-
ten wie die Münze (Hauptwache), die
Löwen-Apotheke mit dem Anspruch,
die älteste deutsche zu sein, oder die
Marktfront des Palais Walderdorff.
Blicke auf sich ziehen das reich ver-
zierte Fachwerk-Triumvirat (16./17.
Jh.) und der wegen seiner Dachform
so genannte Stadtparapluie mit der
klassizistischen Fassade.

Steipe und Rotes Haus 4

Am Hauptmarkt fällt die spätgotische
Steipe ins Auge, das eigentliche Herz
der Stadt unter steilem Walmdach.
Ihre Steipen (Stützen) tragen Spitz-
bogenarkaden. Hier tagte einst das
Marktgericht, hier bewirteten die
Ratsherren sich und ihre Gäste. Weder
alle (Stadt-)Heiligen der Fassade – die
Apostel Petrus, Paulus, Jakobus, die
hl. Helena – noch die beiden Rolande
(Ritter) konnten die Steipe im Dezember 1944 vor den Bomben schützen,
die sie und die nebenstehenden Häuser zerfetzten.

Für Junge und Junggebliebene
bietet die Steipe »Spielzeugträume
vergangener Zeiten«, denn hier präsentiert das Spielzeugmuseum Trier

Sehenswert

1 ~~Porta~~ Nigra
2 ~~Stadt~~museum Simeonstift
3 Dreikönigenhaus
4 Steipe und Rotes Haus
5 Marktkreuz und Petrus-
  brunnen
6 Marktkirche St. Gangolf
7 Judenpforte
8 Dom St. Peter
9 Liebfrauenkirche
10 Museum am Dom
11 Palais Walderdorff
12 Konstantinbasilika
13 Kurfürstliches Palais
14 Rhein. Landesmuseum
15 Kaiserthermen
16 Jesuitenkirche
17 St. Antonius
18 Museum Karl-Marx-Haus
19 Thermen am Viehmarkt
20 Barbarathermen
21 Zollkran und Alter Kran
22 Amphitheater
23 Universität Trier
24 St. Matthias
25 St. Maximin
26 St. Paulin

Übernachten

1 Hotel Frankenturm
2 Hilles Hostel
3 Jugendherberge

Übernachten, Essen

4 Hotel Eurener Hof
5 Klosterschenke
6 Berghotel Kockelsberg

Essen & Trinken

1 Trattoria Rossini
2 Zum Domstein
3 Weinstube Kesselstatt
4 Café Raab
5 Blesius Garten
6 Aom Ecken
7 Astarix
8 Burgeramt
9 Textorium
10 Donna Mia
11 Bitburger Wirtshaus
12 Walderdorff's
13 Genussgesellschaft
14 Café Delikat
15 Zurlaubener Ufer

Einkaufen

1 Das Weinhaus
2 Friedens- und Umwelt-
  zentrum
3 Trier-Shop
4 Wochenmarkt
  am Viehmarkt

Aktiv & Kreativ

1 TUFA
2 Radweg nach Pfalzel
3 Ausflug nach Igel
4 Petrisberg

Abends & Nachts

1 Theater
2 Exzellenzhaus
3 Luckys Luke
4 Sternwarte Trier

---

seine beeindruckende Sammlung (Di–So 11–17 Uhr, Dietrichstr. 51, Tel. 0651 758 50, www.spielzeugmuseum-trier.de).

1970 rekonstruiert, beherbergt sie ein Café mit Übergang ins barocke **Rote Haus**. Auf die Gründungssage bezieht sich an dessen Fassade die mit dem Wunsch nach ewigem Frieden verknüpfte Behauptung, Trier habe schon vor Rom bestanden. Ein assyrischer Königsohn namens

Trebeta soll es der Sage nach um 2000 v. Chr. gegründet haben. Des Pudels wahrer Kern: Funde belegen eine jungsteinzeitliche Besiedlung des Moseltals. Die keltischen Treverer wurden in der Region bereits ab dem 2. Jh. v. Chr. aktiv, in den Fokus der Römer gerieten sie durch Caesars Raubzüge ab 58 v. Chr. Die gallorömische Zivilisation war letztlich das Ergebnis anfänglich unfreiwilliger Kooperation.

Gepflegte Eleganz: der Trierer Marktplatz mit einer Replik des berühmten Marktkreuzes

Das Marktkreuz und der Petrusbrunnen 5

Als Reaktion auf ein Wunder soll Erzbischof Heinrich 958 das Marktkreuz an der Grenzlinie zur Domfreiheit errichtet haben. Das einzigartige Monument mit dem Lamm Gottes, dem hl. Petrus und der Sonnenuhr auf dem Tatzenkreuz sei demnach nicht nur Zeichen des Marktfriedens und geistlicher Hoheitsrechte. Winzige Kreuze habe es vom Himmel herabgeregnet, die an den Kleidern der zutiefst erschrockenen Menschen haften blieben, ehe sie sich auflösten, berichtet die Inschrift des Kapitells in Anlehnung an mittelalterliche Chroniken. Den Hauptmarkt schmückt eine Nachbildung, das Original, dessen Granitsäule wohl aus Kaiser Gratians Dombau stammt, ist im Stadtmuseum Simeonstift untergebracht. Das gilt auch für die Originalfiguren der Kardinaltugenden Weisheit, Gerechtigkeit, Mäßigung und Zivilcourage, die den Petrusbrunnen (1595) des Bildhauers Hans Ruprecht Hoffmann mit dem Stadtpatron obenauf bevölkern.

schmiegen sich die ›Gädemscher‹, offene Verkaufsbuden, und sorgen seit dem 14. Jh. für ein buntes Bild.

Judenpforte 7

Vom Hauptmarkt gelangt man durch die Judenpforte und die Judengasse ins Karree Jakobstraße, Stockplatz und Stockstraße und damit ins mittelalterliche jüdische Viertel, das bis zur ›Vertreibung‹ von Triers jüdischer Bevölkerung 1418 bestand. Die *cleynen Juden porten* wurde, eine demütigende Einschränkung der Bewegungsfreiheit, nach Läuten der ›Lumpenglocke‹ von St. Gangolf nachts mit einer Kette verschlossen. Open End hingegen nun für Nachtschwärmer, die in der lebhaften Kneipen- und Barszene hängengeblieben sind.

Dom St. Peter 8

www.dominformation.de, Dom-Information: Liebfrauenstr. 12/Ecke Dom-Freihof, Ostern–Okt. und Dez.: Mo–Sa 9.30–17.30, So/Fei 12.30–17.30, Nov. und Jan.–Ostern: Mo–Mi 10–17.30, Do–Fr 9.30–17.30, Sa 10–15 Uhr, geschlossen 1. Wo. im Jan., Donnerstag vor Fastnacht, Rosenmontag, Ostersonntag; Dom: Nov.–März 6.30–17.30, April–Okt. 6.30–18 Uhr; Domschatzkammer: Nov.–Ostern: Mo geschl. (außer Advent), Di–Sa 11–16, So/Fei 12.30–16, Ostern–Okt. Mo–Sa 10–17, So/Fei 12.30–17 Uhr, geschl. am 1.1., Rosenmontag und 25.12., ges. ÖZ am 24.12., 31.12. und Karfr.

Die quirlige Sternstraße öffnet sich unvermittelt zur Begegnung mit dem Dom St. Peter. Er ist mit seiner über 1700 Jahre alten Geschichte nicht nur die älteste deutsche Bischofskirche, sondern auch ein Kompendium der europäischen Kunst- und Baugeschichte: In ihm sind alle Stilepochen von der Antike bis zur Gegenwart zu finden. Seit 1986 zählt er zum UNESCO-Weltkultur-

Marktkirche St. Gangolf 6

tgl. 7–18 Uhr

In der kath. Stadtpfarrkirche St. Gangolf hat Hans Ruprecht Hoffmann künstlerische Spuren mit einem steinernen Altaraufsatz hinterlassen. Das auf Vorgängerbauten aus dem 10. bis 14. Jh. basierende, 1459 geweihte Gotteshaus erreicht man durch ein prachtvolles Barockportal. Die in Konkurrenz mit dem Dom stehende Bürgerkirche baute ihre marktbeherrschende Stellung 1507 mit der Aufstockung des Westturms auf 62 m aus. An die Ostseite

erbe. Im Chaos der Völkerwanderung (um 500) und der Normannenüberfälle (882) blieben die junge Kirche und ihr bischöfliches Oberhaupt die Garanten der Kontinuität. Sie sicherten das Überleben während der wilden Fahrten auf der Achterbahn der Geschichte, verkrafteten die vielen Zerstörungen und nach dem Aufstieg zum Erzbistum im Mittelalter durch prominente Kurfürsten die Demütigung, als tumbe Provinz, gar als ›Pfaffennest‹ verschrien zu sein.

Kaiser Konstantins Mutter, die hl. Helena, soll Anfang des 4. Jh. Bischof Agritius ihren Palast geschenkt haben, um darauf ein Gotteshaus zu bauen. Die Sage erhielt nach 1945 eine indirekte Bestätigung, als man unter der Vierung Fragmente der Deckenbemalung eines Prunksaals mit Motiven der kaiserlichen Familie freilegte, die im Museum am Dom ausgestellt sind. Die Anlage mit vier parallel angeordneten Basiliken und angrenzenden Atrien und Vorhöfen reichte bis fast an den heutigen Marktplatz heran.

Kaum 50 Jahre später errichtete Kaiser Gratian auf Fundamenten der Nordkirche einen Quadratbau, dessen Mitteljoch später als Vierung Maß aller Um- und Anbauten werden sollte. Vier Stützen aus Odenwälder Granit trugen die Flachdecke, zerbrachen im 5. Jh. unter der Wucht der einfallenden Franken und wurden von Bischof Nicetius (525–66) durch Kalksteinsäulen ersetzt. »Om Duhmstaan sem mer romgerötscht« lernten Generationen Trierer Schulkinder und wetzten sich die Hose auf dem ›Domstein‹ ab, dem Säulenstumpf, der das Portal markiert.

Die Erweiterung des antiken Quadratbaus in das vom Wechsel rechteckiger und quadratischer Joche bestimmte Langhaus war die Antwort auf die Normannenüberfälle. Erzbischof Poppo und seine Nachfol-

ger schufen im 11. Jh. die großartige Westfassade mit der Apsis, den Portalnischen, runden Treppentürmen und den Glockentürmen, die auf zierlichen Galerien ruhen. Im 12. Jh. wurde der Ostchor angefügt, das Flachdach auf Mauerhöhe eingewölbt, was den Dom ohne direkten Lichteinfall in ein mystisches Dunkel tauchte. Erzbischof Richard von Greiffenclau (1511–31) erhöhte den Südwestturm als Machtdemonstration gegenüber den Bürgern, die es gewagt hatten, den Turm der Gangolfkirche höher ragen zu lassen. Im Barock wurden an den Ostchor die Heilig-Rock-Kapelle und eine Schaufassade angebaut. Diese Schauwand gibt einen ständigen Einblick in die Kapelle und zentriert den Blick nach Osten, den Aufbewahrungsort der Reliquie. Der Westchor wurde mit einer Stuckdecke versehen, diverse Altäre wurden neu gestaltet und die Marienkapelle eingerichtet.

Wer die Geschichte des Doms näher in Augenschein nehmen möchte, dem sei eine Führung durch die Ausgrabungen unterhalb des Besucherzentrums empfohlen, bei der einzigartige Zeugnisse des frühchristlichen Kirchenbaus bestaunt werden können (Tel. 0651 979 07 90, www.dominformation.de).

Neugotischer Purismus beseitigte um 1900 die barocken Altäre und die Zwiebeltürme, die Sakristei wurde umgebaut. Die Renovierung in den Jahren 1968–1974 stabilisierte die wacklige Statik und modifizierte den Innenraum im Sinne des Vaticanum II, wozu auch Ferdinand Gehrs (1896–1996) Fresken ›Alpha‹ und ›Omega‹ über den Westportalen gehören.

Den Dom zum Klingen (samt flötendem Teufelchen!) bringen die 1974 und 1996 erbauten **Schwalbennestorgeln** von Johannes Klais (Bonn), wobei das Hauptinstrument über der

Der Trierer Dom und die älteste gotische Kirche in Deutschland, die Liebfrauenkirche

Kanzel aufgehängt wurde, so wie es vom 13./14. Jh. bis 1794 übliche Praxis war. Erfreulich für Domorganist Josef Still, dessen Vorgänger Georg Schmitt (1835–42) und Hermann Schroeder (1938/39) sich mit einem stehenden Ersatz auf der Empore begnügen mussten.

Drei Krypten unter dem Ostchor des Doms geben eine Stufung vor, die in die **Heilig-Rock-Kapelle** als Höhepunkt mündet. Die Statuen der hl. Helena und Kaiser Konstantins bewachen die kostbarste Reliquie des Bistums, die sich auf das Johannesevangelium beruft: »Der Leibrock aber war ohne Naht, von oben an im Ganzen gewebt« (Joh. 19,23). Mittelalterliche Chroniken berichten, dass die 79-jährige Mutter Kaiser Konstantins, die hl. Helena, 324 auf ihrer Wallfahrt nach Palästina nicht nur das Kreuz, sondern auch die Tunika Christi aufgespürt habe. Die im Bistum innigst verehrte Heilige erschien als glaubwürdige Zeugin für die Echtheit des Heiligen Rocks, der am 1. Mai 1196 aus dem Dunkel der Geschichte auftauchte. Alljährlich zu den Heilig-Rock-Tagen ist die Kapelle geöffnet. Der Rock aber bleibt den klimatisierten Schrein den Blicken verborgen, nur zu besonderen Anlässen wird er den Gläubigen gezeigt.

Erstmals geschah das anno 1512. Erzbischof Richard von Greiffenclau war dem Vernehmen nach nicht gerade begeistert vom Wunsch Kaiser Maximilians I., der anlässlich des Reichstags das nahtlose Gewand Christi sehen wollte. Er zögerte lange, den Hochaltar der Hohen Domkirche öffnen zu lassen, worin die Reliquie seit 1196 eingeschlossen ▷ S. 95

Auf Entdeckungstour:
Zu Besuch bei Karl Marx

Im Stadtbild tritt der große Sohn Triers kaum in Erscheinung – lediglich eine Gedenktafel am Wohnhaus der Familie (Simeonstraße 8) und ein Straßenname weisen auf ihn hin. Keine Schule, die seinen Namen trägt, geschweige denn die Universität. Zum Glück gibt es das Museum Karl-Marx-Haus **18** – erfrischend aktuell wie die Analysen des Philosophen, Historikers und Ökonomen.

Planung: April–Okt. tgl. 10–18, Nov.– März Di–So 11–17, Mo 14–17 Uhr, Eintritt 4 €, ermäßigt 2,50 €, Familien 7 €

Start: Karl-Marx-Haus, Brückenstr. 10

»Wir stehen alle auf den Schultern von Karl Marx«. Das Zitat des katholischen Sozialtheologen Oswald von Nell-Breuning eröffnet auf einer Art riesigem Gong mit weiteren Statements großer Persönlichkeiten den Gang durch die multimediale Ausstellung im Karl-Marx-Haus. Das Geburtshaus wurde 1928 von der SPD gekauft, 1933 von den Nazis zwangsenteignet, nach Kriegsende an die SPD zurückgegeben, 1968 der Friedrich-Ebert-Stiftung anvertraut. In diesem Barockgebäude tat der Philosoph, Historiker und Jurist Karl Marx am 5. Mai 1818 seinen ersten Schrei. 2018 wird Trier seinen 200. Geburtstag mit einer großen Jubiläumsausstellung feiern. Angesehene Rabbiner finden sich in der Ahnenreihe. Vater Heinrich Marx konvertierte mit der Familie zum Protestantismus, weil er sonst seinen Beruf als Rechtsanwalt in der damals preußischen Provinz nicht mehr hätte ausüben können.

Marx neu entdecken

Nur spärliche Dokumente sind aus der Jugendzeit von Marx erhalten, der in seinen ›Thesen über Feuerbach‹ sagte: »Die Philosophen haben die Welt nur verschieden interpretiert, es kommt darauf an, sie zu verändern.« Die Zeit sei reif dafür, Marx neu zu entdecken, hob die damalige Museumsleiterin Prof. Dr. Beatrix Bouvier in einer Diskussionsrunde anlässlich des 125. Todestags am 14. März 2008 hervor. Die Ausstellung gibt dazu wertvolle Hilfestellung. Sie wird auch dem jungen Marx gerecht, dem »lustigen Kerl«, dem Abiturienten am Gymnasium zu Trier (heute Gebäude des Priesterseminars), dem Romantiker, der seiner Verlobten Jenny Liebesgedichte schrieb und eine Volksliedersammlung verfasste. Weg vom grimmigen Rauschebart-Image also!

Menschliches Leben in Würde für alle – diese zentrale Forderung von Karl Marx zielte auf eine Änderung des Status quo. Er traf damit den politischen Nerv des Systems, was er An-

fang der 1840er-Jahre im preußischen Köln als Redakteur der ›Rheinischen Zeitung‹ zu spüren bekam. Nach einer Artikelserie zur verzweifelten Situation der Moselwinzer verbot die Zensur 1843 das links-liberale Blatt, das der Berliner Regierung ein Pfahl im Fleisch war. Im gleichen Jahr heiratete Marx die Jugendfreundin Jenny, Tochter des Geheimen Regierungsrats Ludwig von Westphalen, und siedelte nach Paris über, wo er 1844 erstmals mit Friedrich Engels in Kontakt kam.

»Proletarier aller Länder, vereinigt euch«

»Religion ist Opium des Volkes«, formulierte er in ›Zur Kritik der Hegelschen Rechtsphilosophie‹ und wird wie so oft verkürzt und damit falsch zitiert. Dem 1841 in Jena zum Dr. phil. promovierten Wissenschaftler ging es in erster Linie um den Missbrauch von Religion, die den Menschen alle Freuden für das Jenseits verspreche, während das Diesseits die Hölle bleibe. Er prangerte sie als fundamentales Hindernis für die Umsetzung sozialer Gerechtigkeit an. Die Rolle des Vorreiters maß er den Arbeitern zu, die im Ständestaat des 19. Jh. an unterster Stelle rechtlos dahinvegetierten: Der 4. Stand, das ›Proletariat‹, sollte die Utopie einer klassenlosen Gesellschaft vorantreiben. Erstaunlichvorausschauend analysiert Marx zusammen mit dem Freund und Weggefährten Friedrich Engels im »Kommunistischen Manifest« (1848) die Mechanismen des Frühkapitalismus. Schautafeln im Museum beschäftigen sich mit dieser ›Geburtsurkunde der Arbeiterbewegung‹.

Mehrmals zum Ortswechsel gezwungen, schrieb er im Londoner Exil weitere maßgebliche Werke wie ›Das Kapital‹. Die Grundzüge seiner politischen Ökonomie sind ein wichtiges

Thema der Ausstellung: Die Ausbeutung der Arbeiter bringt den Industriellen Profit (Mehrwert), was technischen Fortschritt ermöglicht und damit zum Abbau von Arbeitsplätzen führt. Die industrielle Reservearmee der Arbeitslosen drückt auf die Löhne und lässt die Massen weiter verelenden. Immer mehr Kapital häuft sich in immer weniger Händen an (Monopolbildung), die Kaufkraft sinkt weiter, während gleichzeitige Überproduktion die Krise verschärft. Revolution und kurzzeitige Diktatur des Proletariats führen durch Enteignung zu Gerechtigkeit, Freiheit und Humanität, also zum Kommunismus.

»Die Wahrheit des Marxismus ist ewig«

Wie diese klassenlose Gesellschaft ohne Privateigentum an Produktionsmitteln konkret aussehen soll, darauf gibt Marx selbst keine Antwort. Er war, wie in der Ausstellung deutlich wird, Analytiker und Visionär – kein Vollstrecker. Daher können sich viele auf ihn als Stammvater berufen – von sozialstaatlichen Demokratien bis zu Diktaturen. Im Museumsshop ist die Kopfbüste – in knallrot – der absolute Renner. Für Chinesen steht das Geburtshaus auf einer Europareise an erster Stelle. Neben Einträgen ins Gästebuch wie »Die Wahrheit des Marxismus ist ewig« werden unter den Besuchern aus Fernost bei aller Verehrung des großen Vorbilds die Stimmen zunehmend nachdenklicher und differenzierter.

1883 stirbt Karl Marx in London. Bis heute wirkt er in seinen Ideen nach, auch nach dem Zusammenbruch der kommunistischen Systeme.

Gang durch die Geschichte im Karl-Marx-Haus

war. Pilger von überallher strömten zusammen – das war der Auftakt der Wallfahrten zum Heiligen Rock. Um 1700 schuf der Bildhauer Johann Wolfgang Fröhlicher im Auftrag des Erzbischofs Johann Hugo von Orsbeck die Heiltumskammer zur Verwahrung der Reliquie. 2012 konnte Bischof Dr. Stefan Ackermann zur ersten großen Wallfahrt nach der Jahrtausendwende mit der Präsentation des Heiligen Rocks über eine halbe Million Pilger willkommen heißen. Nicht die Echtheit sei entscheidend, betont man heute, sondern der symbolische Gehalt. Das nahtlose Gewand stehe für die Einheit der Kirche.

Ein eher schlichtes Symbol ziert die Öffnung der Heilig-Rock-Kapelle: Es bildet den **Trierer Sternenhimmel** vom 1. Mai 1974 ab. An diesem Tag wurde nach langer Restaurierung erstmals wieder ein Gottesdienst im Dom gefeiert.

Liebfrauenkirche 9

Die filigrane Liebfrauenkirche, der älteste gotische Zentralbau in Deutschland (1227–60), wurde von französischen Bauleuten im Stil der Gotik der Ile de France und der Champagne errichtet und ist im Grundriss unter dem Gedanken der Rosa Mystica zwölfblättrig angelegt. 1951 wurde sie zur päpstlichen Basilika minor erhoben, 1986 in die Gruppe der UNESCO-Welterbestätten aufgenommen.

Museum am Dom 10

Bischof-Stein-Platz 1, www.museum-am-dom-trier.de, Tel. 0651 710 52 55, Di–Sa 9–17, So 13–17 Uhr
Das Museum am Dom befindet sich an der Nordseite des Doms und präsentiert Kunstwerke von der Spätantike bis zur Gegenwart. Neben einer archäologischen Abteilung mit den berühmten konstantinischen De-

ckenmalereien aus einem römischen Wohnpalast besitzt das Museum umfangreiche Sammlungen christlicher Kunst: Skulpturen von europäischem Rang, Gemälde, kostbare Textilien und Goldschmiedearbeiten, aber auch Werke der Volkskunst und Ikonen. Sonderausstellungen zu historischen Themen oder mit zeitgenössischer Kunst ergänzen das Angebot.

Kurienviertel

Das Kurienviertel rund um den Dom ist eine eigene Welt. Die Domfreiheit bedeutete für Verfolgte Zuflucht vor weltlicher Gewalt, wenn sie sich z. B. bis zur Gasse Sieh um Dich retten konnten. Als geistliches Pendant zu weltlichen Adelshöfen zeugen die Domherrenkurien vom Prunk und Willen zur Repräsentation, beispielhaft dafür ist das barocke **Palais Walderdorff** 11 . Im Innenhof versteckt sich hier als seltenes Beispiel eines romanischen Wohnturms die Kurie Jerusalem, die zum Standesamt wurde. Diese Baugruppe wurde in den 1990er-Jahren von Grund auf saniert und dient u. a. kommunalen Zwecken.

Die sogenannte **Geel Box** (›gelbe Hose‹) nebenan mit dem französisch klassizistisch inspirierten Portal war der Torbau der Philippskurie und ist Teil einer Kanzlei. In der **Kurie Zolvern** residiert der Dompropst.

Das **Palais Kesselstatt** erbaute Reichsgraf von Kesselstatt, Verwalter der Kurfürstlichen Weingüter, 1746 auf den Grundmauern einer antiken Glasbläserei. Ihm gegenüber residieren seit 200 Jahren im barocken **Bischofshof** die katholischen Oberhirten. Auf Reinhard Marx (kein Trierer und nicht verwandt mit Karl) folgte 2009 Stephan Ackermann. Der Torbogen mit der Kreuzigungsgruppe in der Liebfrauenstraße signalisiert das Verlassen der Domimmunität.

Konstantinbasilika 12

www.konstantin-basilika.de,
tgl. offen, Tel. 0651 99 49 12 00
Anno 293 startete die Stadt in ihr goldenes Jahrhundert. Begleitet von fieberhafter Bautätigkeit, wurde zur Kaiserresidenz und Hauptstadt des Weströmischen Reichs. In der Neuordnung des Imperiums spielte Trier eine bedeutende Rolle, in einem Atemzug genannt mit Rom, Mailand, Thessaloniki und Konstantinopel.

Die Römische Palastaula, auch Basilika oder Konstantinbasilika genannt, und ihre Umgebung sind beispielhaft für ein Bauprogramm auf engstem Raum. Unter dem Augustus Maximian wird Trier ums 4. Jh. zur Boomtown, was sein Nachfolger Konstantius Chlorus noch forciert. Dessen Sohn Kaiser Konstantin vollendet den Rohbau, orientiert sich aber dann Richtung Osten des Imperiums. Erst Kaiser Gratian stattet die Palastaula wohnlich aus mit Marmor, Malerei und Mosaiken.

Als König Friedrich Wilhelm von Preußen die Basilika 1844 bis 56 »in ursprünglicher Größe und Stilreinheit« restaurieren lässt und der evangelischen Kirche als Gotteshaus schenkt, kann er die Zerbombung des klassizistischen Dekors 1944 nicht voraussehen, auf dessen Wiederherstellung 1956 verzichtet wird. Stattdessen beschwor man bewusst die schmucklose Urform, die es sicher so nie gab. 2014 bekam die Basilika eine neue Hauptorgel.

Kurfürstliches Palais 13

Besichtigung von Saal, Treppe, Innenhof während der Sommermonate;
Infos/Termine: Trier Tourismus und
Marketing (ttm), s. S. 82
Johannes Seiz, Schüler Balthasar Neumanns, schuf in Kooperation mit dem Bildhauer Ferdinand Tietz ab 1756 im Auftrag von Erzbischof Johann Philipp von Walderdorff ein Rokokojuwel voll überbordender Formenlust. Das war die zweite Verzahnung von Basilika und Schloss seit dem 17. Jh.

Das 1944 zerstörte Niederschloss kennzeichnet Karl-Jakob Schwalbachs Brunnen »Sonnenuhr« auf dem von Oswald Mathias Ungers konzipierten Willy-Brandt-Platz. Das Palais ist Sitz der Landesbehörde Aufsichts- und Dienstleistungsdirektion (ADD), eine Besichtigung daher nur eingeschränkt möglich.

Rheinisches Landesmuseum 14

www.landesmuseum-trier.de, Di–So
10–17 Uhr, Weimarer Allee 1, Tel. 0651
977 40, Führungen (Buchung) bei der
Tourist Information ttm (s. S. 82)
Im barocken Palastgarten des Kurfürstlichen Palais lustwandelnd, sollten Sie, vorbei an Statuen und Brunnen des Bildhauers Ferdinand Tietz aus dem 18. Jh., unbedingt das Landesmuseum aufsuchen, um den ›Mutterboden‹ der Region zu begreifen.

In der Dauerausstellung mit ihrem Schwerpunkt auf der archäologischen Funktion des Museums werden vergangene Epochen lebendig. Seit September 2013 wird der bis dato größte römische Goldmünzenschatz der Welt im Münzkabinett gezeigt: 18,5 kg pures Gold! Museumsdidaktik und -pädagogik spielen eine wichtige Rolle. In den Sammlungen spiegelt sich die Geschichte einer einzigartigen Kulturregion – von der Steinzeit bis zum letzten Trierer Kurfürsten. Römische Mosaiken und die imposanten ›Neumagener Grabmäler‹, so benannt nach dem Fundort (s. S. 148), stimmen optimal auf Triers antike Stätten ein.

Konstantins Füße

Originell die Riesenfüße, die während der Konstantin-Ausstellung 2007 an markanten Plätzen für Aufsehen sorgten. Mittels eines Laserscanners hatte man die originalen Fragmente der Kaiser-Skulptur in Roms Kapitolinischen Museen in digitale Daten umgesetzt, die Formen detailgetreu in Styroporblöcke gefräst, mit einer Kunststoffschicht überzogen und einem marmorähnlichen Anstrich versehen. Mittlerweile lassen sich von ursprünglich sechs noch drei Riesenfüße orten, sie sollen bleiben. Ein Fuß wurde 2008 im Hof des Friedrich-Wilhelm-Gymnasiums aufgestellt, ein zweiter behauptet sich vor dem Rheinischen Landesmuseum, ein dritter markiert den Eingang zu den Kaiserthermen.

Kaiserthermen 15

Infos zum Gebäude: www.trier-info.de/kaiserthermen-info; zur Erlebnisführung: www.erlebnisfuehrungen.de; April–Sept. 9–18, Okt./März 9–17, Nov.–Feb. 9–16 Uhr

Die Kaiserthermen waren nie mit Wasser gefüllt. Um 300 n. Chr. unter Niederlegung von vier Insulen (Wohnbezirke) als Demonstration von Reichtum und Macht der neuen Residenz in Auftrag gegeben, blieben sie wie die Basilika lange Zeit eine Bauruine, weil Kaiser Konstantin sich von Trier ab- und seine Energie Konstantinopel zuwandte. Erst Valentinian und Gratian (375–383) vollendeten das Bauwerk, nun aber vermutlich als Kaserne der kaiserlichen Leibgarde. Später waren die Thermen Fluchtort für die Bevölkerung, Kloster, Burg und Stadtmauer. So überstand ihr Wahrzeichen, das imposante Warmwasserbad, die Zeiten, da es zur Exerzierhalle umfunktioniert und zuletzt in die mittelalterliche Eckbastion integriert worden war. Bis heute können die unterirdischen Katakomben besichtigt werden, die einst als Abwasserkanäle und Versorgungsschächte dienten.

Kurz vor seinem Tod 2007 vollendete Stararchitekt Oswald Mathias Ungers den in klarer Formensprache faszinierenden neuen Eingangsbereich aus Ziegelmauerwerk. Vom Treppenturm aus kann man die Ausgrabung wunderbar überblicken.

Jesuitenkirche 16

www.ps-trier.de; Kirche: tgl. ab 8.30 Uhr; Spee-Gruft: Schlüssel an der Pforte, Mo–Fr offen wie Kirche, Sa 8.30–13.30 Uhr

Der Jesuitenpater, Hexenanwalt und Barockdichter Friedrich Spee und der Staatswissenschaftler, Sozialrevolutionär und Philosoph Karl Marx liefern beide für die Hauskirche des benachbarten Priesterseminars ein Stichwort. Kurfürst Jakob zu Eltz hatte das Franziskanerkloster 1570 der Societas Jesu zugewiesen, 1610 begann Friedrich Spee in Trier sein Ordensleben, 1635

Unser Tipp

Ein breites Spektrum der Kultur

Als Trier in den 1980er-Jahren die ehemalige Tuchfabrik erwarb, war nicht abzusehen, dass aus dem maroden Gemäuer eine Institution werden würde, die weit über die Stadtgrenzen hinaus einen hervorragenden Ruf als Kommunikationszentrum besitzt. ›Der Meister‹ Guildo Horn startete in der **TUFA** 1 seinen Siegeszug in die Charts (Wechselstr. 4, Tel. 0651 718 24 10, www.tufa-trier.de). Ausstellungen, Tanzprojekte, Workshops und Live-Musik sorgen im ›Mutterhaus‹ des **Jazz-Clubs Trier** für Kultur, das **Textorium** für gute Laune (s. S. 107; www.jazz-club-trier.de: Konzerte, Sessions, Workshops).

beschloss er hier sein Erdenleben. Sein Denkmal steht im südlichen Schiff der Jesuitenkirche, das Grab in der Krypta ist durch einen ebenerdigen Oculus einsehbar (weitere Infos: Friedrich-Spee-Gesellschaft Trier, www.friedrich-spee.de).

200 Jahre später, als Trier preußisch und nicht mehr rein katholisch war, wurde Karl Marx (s. S. 92) in der damals protestantischen Kirche konfirmiert. Im Gymnasium zu Trier nebenan, dem späteren Friedrich-Wilhelm-Gymnasium, machte er sein Abitur; seit den 1960er-Jahren logiert hier das Bischöfliche Priesterseminar. Im FWG schätzte man den Geist im Klassenzimmer und im Wein: Seit 1561 besaß das Gymnasium ein Gut mit Spitzenlagen an Mosel und Saar. Seit 2004 bewirtschaften die Bischöflichen Weingüter Trier die Wingerte der finanziell ins Trudeln geratenen Landesstiftung (Bischöfliche Weingüter: Gervasiusstr. 1, Tel. 0651 14 57 60, www.bischoeflicheweingueter.de).

Einkaufsmeile Altstadt

Im **Friedens- & Umweltzentrum** 1 in der Pfützenstraße, einer Seitengasse nahe der Jesuitenkirche, haben diesem Thema verpflichtete Gruppen ihre Bleibe, u. a. kann man hier im Weltladen einkaufen. Die geschäftige **Brotstraße** entlangschlendernd, ist an St. Gangolfs Buden der Hauptmarkt wieder erreicht. In diesem Viertel der Altstadt, das den Fußgängern vorbehalten ist, bieten sich von der Porta Nigra bis zu den Thermen am Viehmarkt zahlreiche Möglichkeiten, angesichts unterschiedlichster Angebote in den Einzelhandelsläden schwach zu werden. Von der Brotstraße aus lohnt sich ein Schwenk zum **Kornmarkt**. Im 18. Jh. Triers erster öffentlicher Platz, erhielt er um die Jahrtausendwende ein neues Gesicht. Eine Buchhandlung

zog 2004 in ein Glasfronthaus ein. Der Abzug der französischen Truppen 1999 brachte den Immobilienmarkt in Bewegung, auch das 1825 nach Plänen des Stadtbaumeisters Johann Georg Wolff errichtete klassizistische **Casino** konvertierte friedlich zur Gastronomie mit Freiterrasse. Der **St. Georgsbrunnen**, den die Stadt 1750 Erzbischof Franz Georg von Schönborn verehrte, erstrahlt nach gründlicher Restaurierung wieder in neuem Stein- und Goldglanz.

Attraktive Läden in der **Fleischstraße** nisten in Gründerzeit-Fassaden, auffallend häufig zeigt sich blumiger Jugendstil. Willi Hahns **Heuschreckbrunnen** zieht amüsierte Blicke auf sich. 1977 von der gleichnamigen Karnevalsgesellschaft gestiftet, verewigt er Originale wie Fischer's Maathes, der Witz und Zivilcourage im Clinch mit preußischen Autoritäten nicht nur zur Fasnacht bewies.

Gegenüber wirkt der barocke Herkules-Brunnen auf dem Vorplatz der **kath. Pfarrkirche St. Antonius** 17 fast schüchtern. Ein meditatives Gotteshaus übrigens, abseits der Touristenströme, wo man meist mit sich allein ist unter dem Sterngewölbe des Hauptschiffs (um 1480). Ganz in der Nähe, im heutigen **Museum Karl-Marx-Haus** 18, wurde Karl Marx geboren, der Friedrich Hegels Philosophie vom Kopf auf die Füße stellte und damit die Welt kopfstehen ließ (s. Entdeckungstour S. 92).

Thermen und Theater

Theater Trier 1

www.teatrier.de, Am Augustinerhof, Tel. 0651 718 18 18

1802 überzeugte ein Gastwirt die französische Präfektur, dass ein Theater der Bildung der Bevölkerung

Oswald Mathias Ungers konzipierte das Gebäude, das die Thermen am Viehmarkt schützt

diene. Er erhielt die Konzession für eine Bühne im Kapuzinerkloster am Viehmarkt. Pleiten, Höhepunkte und Aufbruch zu neuen Ufern kennzeichnen die Folgezeit – 1919 ging das Theater dauerhaft in kommunale Regie über. Als Glanzzeit gilt die Ära Heinz Tietjen (1881–1967), der von 1907 bis 1922 als Intendant mit diversen Inszenierungen Furore machte, bevor er seine große Karriere in Berlin, Bayreuth und anderswo fortsetzte. 1965 zog das Drei-Sparten-Theater in eine neue Bleibe am Augustinerhof. Seit der Spielzeit 2015/2016 ist Karl M. Sibelius Intendant.

Thermen am Viehmarkt 19

www.trier-info.de/thermen-am-viehmarkt-info; Museum Di–So 9–17 Uhr, Wochenmarkt Di/Fr, April–Sept. 7–14, Okt.–März 8–14 Uhr

Eigentlich sollte sich die Tiefgarage über den gesamten Platz erstrecken, doch dann tauchten mit Geburtshilfe der Archäologen vom Rheinischen Landesmuseum Ende der 1980er-Jahre die Thermen am Viehmarkt aus der Tiefe der Vergangenheit auf. Ein gläserner Kubus, von den Trierern in Anspielung auf den Architekten ›Ungers-Vitrine‹ genannt, sitzt seit 1998 über der Ausgrabung und löst geradezu genial das Problem der Raumnutzung als versenkter Veranstaltungsraum und begehbares Museum. Der Rundgang streift Reste der *insula* (Wohnblock), des Bads aus dem 3. Jh. und des Kapuzinerklosters (17. Jh.) sowie jüdische Grabsteine, ehe man oben wieder auf dem im 19. Jh. angelegten Marktplatz steht, den Oswald M. Ungers als römische Straßenkreuzung markierte.

99

Barbarathermen [20]

Besichtigung seit Sommer 2015 wieder möglich, kein Eintritt, Einsicht von der Besucherplattform: Friedrich-Wilhelm-Straße

Die Barbarathermen lagen im Bereich der antiken Stadtanlage, die sich bis zur Töpferstraße im Süden erstreckte. Als Urbild der römischen Zivilisation des 2. Jh. zählten sie zu den größten des Imperiums. Auf diese älteste Badelust Triers mit verschieden temperierten Sälen und Schwimmbecken, Ruhebänken und Saunen spielt Ausonius in der »Mosella« an, wenn er »die dampfenden Bäder« beschreibt, »wo Gott Vulcanus, heraufgezwungen aus kochender Tiefe, sausende Flammen empor durch der Stuckwände Höhlungen wirbelt«. Gediegenes Marmordesign, lichtdurchflutet dank des im 1. Jh. erfundenen Fensterglases, ein ausgeklügeltes Heizsystem, das Komfort groß schrieb, dienten die Thermen der Körperpflege und dem Nachrichtenaustausch gleichermaßen.

An der Mosel

An der **Römerbrücke** stammen die Basaltpfeiler aus dem 2. Jh. Die Brücke, die mit der Gründung der Stadt gleichgesetzt wird, überspannte die Mosel etwas weiter flussabwärts. Linker Hand geht im Verkehrsgewühl trotz ihrer Höhe die **Konstantinsäule** (1846–76) fast unter, Rest eines Zolltores mit dem Standbild des Kaisers, dem die Stadt ihre Universalität verdankte.

Wenig spektakulär wirken am Moselufer **Zollkran** und **Alter Kran** [21], sind aber technische Denkmäler ersten Ranges, gehören seit dem vorvom Altertum bis ins 18. Jh. verbreiteten Spezies der Tretradkräne, die durch Menschenkraft wie in einem Hamsterkäfig angetrieben, schwere Güter verluden. War der Alte Kran (Moselkran)

in der Erbauungszeit im 15. Jh. und nach der Modernisierung um 1630 mit einem Ausleger unter dem drehbaren Kegeldach ausgestattet, so hievte sein nächst der Römerbrücke stehender barocker Bruder die Lasten mit zwei Auslegern.

Die Bedeutung der Mosel als Wasserstraße belegt der stark frequentierte Hafen am Zurlaubener Ufer, das man nach einer Uferwanderung erreicht, die von Aussichten auf den Stadtteil Pallien mit der Mariensäule gegenüber begleitet ist. Dann kann man sich in einer der lauschigen Lauben (Wein- und Biergärten) im Stadtteil **Zurlauben** erholen.

Amphitheater [22]

Infos zum Gebäude: www.trier-info. de/amphitheater-info; zur Erlebnisführung: www.erlebnisfuehrungen. de; Amphitheater: April–Sept. 9–18, Okt./März 9–17, Nov.–Feb. 9–16 Uhr

Bleibt noch, den decumanus maximus zu Ende zu gehen, die west-östliche Linie von der Römerbrücke zum **Amphitheater** zu ziehen. Wo einst Gladiatoren und Tierhatz das Volk belustigten, unterhalten heute Stars ihr Publikum – Kulisse für Open Airs.

Das Zeug zum Wahrzeichen hat der ›Turm der Träume‹, ein Geschenk der Stadt Luxemburg zur Landesgartenschau 2004. Der Sage nach ist auf dem Petrisberg das Grab des assyrischen Königsohns Trebeta zu suchen, der Trier Namen und Existenz gegeben haben soll. Grabungen bestätigten neuerdings ein römisches Lager, das auf 30 v. Chr. zu datieren ist und damit vor die Siedlung im Tal. Das ehemalige französische Militärgelände der Nachkriegszeit wurde in die Landesgartenschau 2004 einbezogen. Ein neuer Stadtteil mit Wissenschaftspark ist entstanden. Im Mittelalter sollen hier Hexen getanzt haben.

Die intellektuelle Elite sitzt nicht weit davon in den Startlöchern: Die **Universität Trier** 23 , 1473 bis 1798 aktiv am Geistesleben beteiligt, legte seit der Wiedergründung 1970/75 sowohl räumlich als auch bzgl. der Studierendenzahlen (mit der Hochschule Trier über 20 000) und des Images mächtig zu.

Drei Abteien

Gemeinsame Klammer für die Heiligenverehrung in den drei Abteien St. Matthias, St. Maximin und St. Paulin auf den Gräberfeldern jenseits der Mauern war die Kaisermutter Helena (ca. 255–330), die hohes Ansehen genoss, da ihr die Auffindung des Hl. Kreuzes bei der Wallfahrt nach Palästina zugeschrieben wird.

Benediktinerabtei St. Matthias 24
www.abteistmatthias.de, 8–19 Uhr, außer So Vormittag; Führung: frühchristliche Grabanlagen nach Vereinbarung, Tel. 0651 170 90
Neben dem Reliquiar eines Kreuzpartikels (Staurothek) sind die Gebeine des hl. Matthias der bedeutendste Schatz der Abtei in Triers Süden. Der Apostel ersetzte nach Jesu Tod den Verräter Judas, der Legende nach wurde er enthauptet. Helena soll die Gebeine nach Trier gebracht haben, wo man sie erst 1127 entdeckte. Die 1160 fertiggestellte Basilika erhielt um 1500 die leuchtenden Chorfenster und 1719/20 die barocken Portalvorbauten. Nach der Säkularisierung 1802 entging das Kloster dem Abriss nur durch die Umwidmung zur Pfarrkirche. Seit 1922 erfüllen es wieder Benediktinermönche mit einem der Gemeinschaft verpflichteten Leben.

Auf die Witwe Albana verweist die Albanagruft unter der Quirinuskapel-

le auf dem Friedhof. In ihrem Haus versammelte sich die junge frühchristliche Gemeinde mit ihrem Vorsteher. Und so sind auch Triers erste Bischöfe Eucharius und Valerius in der Krypta unter der Kirche beigesetzt. 2007 fand der Sarkophag mit den Gebeinen des Apostels Matthias während der umfassenden Restaurierung der Kirche ebenfalls in der Krypta eine Bleibe. Die steinerne Liegefigur (1480) markiert in der Basilika den Standort des Sarkophags. Das einzige Apostelgrab nördlich der Alpen ist ein wichtiger Treffpunkt für die Jakobspilger nach Santiago de Compostela. Auf dem Freihof zeigt das Tatzenkreuz die Entfernung zu den beiden nächsten Apostelgräbern an.

Informationen zu den Wallfahrten, die die Matthias-Bruderschaften organisieren, findet man unter www.smb-buettgen.de.

Die Reichsabtei St. Maximin 25
www.dominformation.de, Führung durch das spätantike Gräberfeld von Ostern–Okt. am 1. Fr im Monat um 17 Uhr oder nach Anmeldung bei der Dom-Information, Tel. 0651 979 07 92
Das Schicksal von St. Maximin nördlich der Porta Nigra war turbulent. Auf Bischof Maximins Grab (seit dem 7. Jh.) entstand die mächtige, mit Gütern reich gesegnete Reichsabtei nahe der in römischer Zeit von Grabmälern gesäumten Ausfallstraße. Nach Zerstörungen im 10. und 17. Jh. wurde die Kirche neu erbaut. Bis in die frühe Neuzeit hinein spielten die Benediktineräbte eine einflussreiche, aber nicht immer vorbildliche Rolle, etwa in der Zeit der Hexenverfolgungen. ›Hexenzauber‹ (s. S. 71) schildert die Verstrickung kirchlicher Würdenträger in diese grausame Praxis. 1802 säkularisiert, wird die renovierte Kirche von den Bistumsschulen

als Mehrzweckhalle für Sport, Spiel und Kultur genutzt. Unter St. Maximin befindet sich ein spektakuläres spätantikes Gräberfeld.

Kath. Pfarrkirche St. Paulin **26**

Thebäerstraße, Tel. 0651 27 08 50, Mo/Mi–Sa 9–17, Di 11–17, So 10–19.30 Uhr, Führungen für Gruppen: Tourist-Information s. S. 82

Einladend, fantasiereich, im Innern prachtvoll überquellend – so stellt sich die kath. Pfarrkirche St. Paulin im Norden Triers dar. 1674 sprengten die Franzosen die romanische Stiftskirche, 1757 wurde der barocke Saalbau der Gottesmutter, Paulin und den Trierer Märtyrern geweiht. Das Innere, dessen plastische und farbliche Fülle fast blendet, trägt Balthasar Neumanns Handschrift. Er gestaltete auch den Prospekt zu Romanus Nollets Orgel, die Johannes Klais 1991 restaurierte. Das flammende Deckengemälde, das Christoph Thomas Scheffler 1743 angefertigt hat, zeigt das Geschick des verbannten Bischofs Paulinus, dessen Gebeine nach seinem Tod 358 hierher überführt wurden, und das der Trierer Märtyrer (Mitglieder der christlichen Thebäischen Legion), die um 300 von Kaiser Maximian auf dem Marsfeld angeblich hingerichtet wurden. Die ›Trierer Märtyrertage‹ mit der jährlichen Ratsherrenmesse um den 6. Oktober erinnern an diese historisch angezweifelte Untat, die die Mosel bis vor Neumagen blutrot gefärbt haben soll. Papst Pius XII. erhob St. Paulin 1958 zur päpstlichen Basilika.

Radtour nach Pfalzel

▶ D 5/6

Triers Stadtteil **Pfalzel 2** ist eine Entdeckung, überschaubar, liebenswürdig und einfach schön. Man kann problemlos von Trier hierhin radeln, von Pallien immer auf dem Radweg entlang, ohne große Anstrengung, eventuell mit dem ›Bötchen‹ (Linienschiff) nach Trier-Zurlauben zurückschippern. Die römische Gründung, ein auf einer hochwassersicheren Terrasse errichtetes Palästchen *(palatiolum)*, hat Ausmaße, die das Diminutiv eigentlich nicht rechtfertigen. Da die Mauern recht gut erhalten sind, kann man sich ein Bild von der Anlage machen, die, erstmals im 4. Jh. umgearbeitet, fränkisches Königsgut wurde.

Adula, Tochter der hl. Irmina von Oeren (auf die das Irminenkloster in Trier und die Schenkung an Willibrord zur Gründung der Abtei Echternach zurückgehen), gründete auf römischem Grund ein Stift für adelige Frauen, das Bischof Poppo 1027 wegen Zuchtlosigkeit in ein Kanonikerstift umwandelte. Pfalzel war bevorzugte Residenz der Erzbischöfe, vor allem dann, wenn in Trier der Konflikt mit der Bürgerschaft mal wieder hochkochte. Die Stiftskirche St. Marien wurde nach drohendem Verfall 1962 wieder geweiht und dient heute in teils originaler Ausstattung als katholische Pfarrkirche (tgl. 9–17 Uhr, Tel. 0651 60 37).

Ausflug nach Igel

▶ C 6,

Auf antikem Terrain bewegt sich, wer das luxemburgisch-deutsche Grenzflüsschen Sauer (Sûre) über **Igel 3** ansteuert, was als Radtour auf überwiegend gesicherten Wegen ein besonderes Erlebnis ist. Das hübsche Dorf im Westen Triers wird leider stark vom Durchgangsverkehr beeinträchtigt.

Die berühmte, zum UNESCO-Weltkulturerbe gehörende **Igeler Säule** aus dem 3. Jh. steht im Original (Kopie im Rheinischen Landesmuseum) etwas versteckt oberhalb der B 49 und imponiert dank der großartigen Kraft ihrer religiösen Bilder und Alltagsszenen. Das ca. 23 m hohe Grabmal einer treverischen Tuchhändlerfamilie, die sich offenbar stark der römischen Kultur angenähert hatte, wird nur noch von der alten kath. Pfarrkirche auf dem Hügel über Igel überragt. Zu dieser sollte man hochsteigen, einfach zum Wohlfühlen und Ausgucken auf den Fluss, Wasserliesch und Oberbillig am anderen Ufer.

Eine Rast wert ist auch das **Grutenhäuschen**, ein römischer Grabtempel aus dem 3./4. Jh. in den Weinbergen westlich von Igel, von dessen rekonstruierter Säulenfront aus Kommissar Walde Bock, Mischa Martinis Trierer Serienheld, den Blick nicht nur aufs Moseltal genoss.

Trier von oben

Zauberhaft ist die Stadtansicht vom Weißhaus aus, das sich nach einem Spaziergang zum Forsthaus Drachenhaus (mit dekorativen Drachen als Wasserspeier) und dem Wildpark empfiehlt.

Höhenluft schnuppert man auch oberhalb Palliens an der **Mariensäule**, die fromme Bürger 1866 in Gedenken an Mariens ›Unbefleckter Empfängnis‹ errichteten. Man erreicht sie per Auto die Römerstraße hinauf, von der Katholischen Akademie aus Richtung Markusberg, nach kurzem Fußmarsch linker Hand über Holztreppen. Aus den 300 m Höhe eröffnet sich ein großartiger Blick über Trier.

Tageswanderung ins Butzerbachtal ▸ D 5

Länge: ca. 20 km, Karte: Trier u. Trier-Land, topografische Karte 1 : 25 000
Nach der Bahnfahrt von Trier nach Kordel wandern wir ins Kylltal zur Burg Ramstein und vom dortigen Parkplatz teilweise auf dem Archäologischen Rundwanderweg ins Butzerbachtal mit Wasserfällen, Hängebrücke und römischem Kupferbergwerk. Nach einem Abstecher zur Klausenhöhle werden die Genovevahöhle und die Schutzhütte Eifelkreuz angepeilt. Danach schmecken im Landgasthaus Lenerz, (Mi–Fr ab 15, Sa ab 14, So ab 11 Uhr, Tel. 0651 698 76) in Lorich echter Viez (Apfelwein) und eine deftige Brotzeit. Über Altenhof und Schusterskreuz kommen Sie nach Trier-Pallien.

Tipp: Vom Café Kockelsberg ca. 1 km zur B 51 laufen, wo die Buslinie 2002 Laufmüde nach Trier transportiert; Archäologischer Rundwanderweg: Flyer bei der Deutsch-Luxemburgischen Tourist-Information, www.lux-trier.info.

Wandern rund um den Petrisberg

Vom Petrisberg **4** aus bieten sich einige schöne Wandertouren ins Aveler Tal nach Tarforst an, eventuell kombiniert mit einem Wechsel ins Nachbartal nach Olewig. Ausflugslokale, in denen man bei Viez und ›Schinkeschmier‹ (Schinkenbrot) sitzt, und eine Hausbrauerei vermitteln ländlich-kernige Idylle. In Tarforst tut das nahe der Universität die Weinstube im **Weingut Gehlen**, Am Hötzberg 3, Tel. 0651 104 62, www.weingut-gehlen.de, Di–Sa 14–24, So 12–24 Uhr, oder

Lieblingsort

Wie im Weinkontor …

Weinstube Kesselstatt **3**: Große Klasse – ob im entspannten Weinkontor-Ambiente oder im stimmungsvollen Garten am Domfreiplatz! Neben Brotzeiten à la carte zeigt eine Tafel Tagesgerichte (ab 8,90 €) und offene Kesselstatt-Weine an. Für den Heimbedarf wählt man durch einen Griff ins Flaschenregal den Wein selbst aus (Liebfrauenstr. 10, Tel. 0651 411 78, www.weinstube-kesselstatt.de, tgl. 10–24 Uhr).

das **Gasthaus Wollscheid** in der Tarforster Str. 43, Tel. 0651 104 42, www.gasthauswollscheid.de, Di–So 11–22 Uhr. Einkehren lohnt sich auch in der Kneipe **Alt-Olewig**, Olewiger Str. 136, Tel. 0651 993 05 12, Di–Sa 17–1, So 17–23 Uhr.

Übernachten

Angenehm – **Hotel Frankenturm 1**: Dietrichstr. 3, Tel. 0651 97 82 40, www.hotel-frankenturm.de, DZ ab 85 €. Nähe Marktplatz.

Backpacker-Preise – **Hilles Hostel 2**: Gartenfeldstr. 7, Tel. 0651 710 27 85, www.hilles-hostel-trier.de, Übernachtung mit Selbstversorgerküche, im 2-Bett-Zi ca. 25 € p. Pers. (im 6-Bett-Zi. 15 €). Das dem ›Backpacker Network Germany‹ angeschlossene Hostel bietet im Sinn der Völkerverständigung preiswerte Unterkünfte für Rucksack-, Radtouristen und Globetrotter.

Modern an der Mosel – **Römerstadt-Jugendherberge 3**: An der Jugendherberge 4, Tel. 0651 14 66 20, www.diejugendherbergen.de/trier, 22,50 € p. Pers. Ü/F. Jugendgästehaus mit vielen Spiel- und Sportmöglichkeiten an der Mosel nahe der Altstadt.

Übernachten, Essen

Vornehm – **Hotel Eurener Hof 4**: Eurener Str. 171, Tel. 0651 824 00, Stadtteil Euren, www.eurener-hof.de, DZ ab ca. 85 € plus Frühstück im 4-Sterne-Hotel der Familie Haag mit Saunalandschaft. Marktfrische Hauptgerichte ab ca. 14 €. Preisgünstig: die ›Ländlich-Deftige Speisekarte‹ (Mo–Fr). Snacks in der legeren Laurentiusstube (ab 16 Uhr).

Erstklassig individuell – **Klosterschenke 5**: Hotel, Restaurant, Garten, Klosterstr. 10, Stadtteil Pfalzel, Tel. 0651 96 84 40, www.hotel-klos

terschenke.de, DZ ab 85 €, Fewo ab 60 €, tgl., Mitte Okt.–April Mi–So, hausgemachter Flammkuchen ab 8,50 €. Lecker-leichte Speisen internationaler und regional-ökologischer Mixtur im Landhaus-Ambiente, Terrasse am Moselufer, ›Bett & Bike‹-Gastbetrieb.

Angesagtes Ausflugslokal – **Berghotel Kockelsberg 6**: Kockelsberg 1, Tel. 0651 824 80 00, www.kockelsberg.de. DZ ab 67 €, Hauptgerichte ab 9 €. Schlafen in Wiener Flair. Schöner Blick auf die Stadt.

Essen & Trinken

Italienisch fein – **Trattoria Rossini 1**: Nagelstr. 21, Trier, Tel. 0651 436 20 97, www.trattoriarossini.de, Sept.–Juli Di–Sa 12–15/ab 18, Aug. Mo–Fr 12–15/ab 18, Sa 12–18 Uhr, Hauptgerichte ab 12,50 €.

Römische Küche – **Zum Domstein 2**: Hauptmarkt 5, Tel. 0651 744 90, www.domstein.de, tgl., Hauptgerichte ab 9,50 €. Reichhaltige Auswahl gutbürgerlicher Speisen, Trendsetter für römische Menüs nach Apicius (ab 17 €, S. 64).

Große Klasse – **Weinstube Kesselstatt 3**: Liebfrauenstr. 10, Tel. 0651 411 78, www.weinstube-kesselstatt.de, s. Lieblingsort s. S. 105.

Kultiger Klassiker – **Café Raab 4**: Karl-Marx-Str. 14, Tel. 0651 741 86, www.confiserie-raab-trier.de. Klassische Konditorei und Confiserie mit Polstermobiliar, großer Theke voll köstlicher Kuchen und Torten lässt die Gäste jeden Alters alle gute Vorsätze vergessen!

Kraftvoll regional – **Blesius Garten 5**: Olewiger Str. 135, Stadtteil Olewig, Tel. 0651 360 60, www.blesius-garten.de. Das ›Kraft Bräu‹ ist naturtrübes Bier, die Weinkarte gut sortiert, der Biergarten sehr schön.

Urig-echt – **Aom Ecken** 6 : Maarstraße 45, Mo–Fr, Tel. 0651 264 44, ab 16 Uhr, abseits der Touristenpfade, besser per Rad bzw. motorisiert anfahren oder mit der Besichtigung von St. Paulin verbinden. Unverfälschtes Trier. Vorsicht, Platzmangel! Urlaub während der Schulferien. ›Bei Rosi‹ gibt es Kappes Teerdisch (Sauerkraut mit Püree) oder ›gebroaden Muuselfisch‹ mit einer Porz Viez (Apfelwein im Tonkrug).

Angesagte Bistros, Cafés, Restaurants in der Altstadt, zu Fuß erreichbar:

Unser Favorit – **Astarix** 7 : Karl-Marx-Str.11, Tel. 0651 722 39, Mo–Sa ab 11.30, So ab 13 Uhr, ab ca. 5 €. Einer AStA-Initiative entsprungen. Treffpunkt von Schülern, Studis, abends Theaterbesucher, Schauspieler und Trier-Schwärmer bei Pizza und Aufläufen. Das **Miss Marple's** (Di–So ab 20 Uhr) nebenan gehört zum gleichen Laden.

Slow Food – **Burgeramt** 8 : Nagelstr. 18, Tel. 0651 99 46 63 41. Mo–Do 12–22, Fr/Sa 12–0, So 12–20 Uhr. 2015 eröffnet, hat die Außenstelle des Burgeramts Berlin in Trier eingeschlagen wie eine Bombe. Weil der Laden klein ist und die Burger frisch zubereitet werden, muss man schon mal eine halbe Stunde Wartezeit einkalkulieren.

Cool und originell – **Textorium** 9 : TUFA, Wechselstr. 4–6, Tel. 0651 474 82, www.textorium.de, Sa, So 18–1, Mo–Fr auch 12– 14.30 Uhr; Aufläufe (ca. 7,90 €), Pizzen (6,90 €). Bunt durchmischtes Publikum, Biergarten, Live-Musik in der TUFA (s. S. 97).

Italienisch – **Donna Mia** 10 : Am Kornmarkt 3, Tel. 0651 99 93 69 36, www. donnamia-trier.de, tgl. 11–24 Uhr, Pizza. Pasta, Antipasti und Salate.

Bodenständig – **Bitburger Wirtshaus** 11 : 2005 im ›Casino‹ eröffnet, Tel. 0651 436 18 80, www.bitsburger-wirtshaus.de. Trierer Flieten (Hähnchenflügel) und Klappschmier (Butterbrot).

3 Locations in 1 – **Walderdorff's** 12 : Domfreihof, Tel. 0651 994 44 12, www.walderdorffs.de. Beste Weine, Kaffees, Tapas um 4 € in der Resto-Bar (Rauchen erlaubt) und im Cafe-Resto. Live-Musik, DJs, Partys im Club Toni.

Beliebt – **Genussgesellschaft** 13 : Nagelstr. 31, Tel. 0651 970 00 29, www.genussgesellschaft.de, Mo–Sa 9–18.30 Uhr.

Empfehlenswert – Ebenfalls empfehlenswert ist das **Café Delikat** 14 : (Mo–Sa, Tel. 0651 431 12) in der Neustr. 77.

Eine Welt für sich – **Zurlaubener Ufer** 15 : Im ehemaligen Fischerviertel am Moselufer ist zur Saison Hochbetrieb. Radler machen hier gerne Pause, tanken frische Kräfte z. B. in den Biergärten von En den Lauben, Alt Zalawen, Ente in Zurlauben, Paulaner oder Mosellied.

Einkaufen, Essen

Große Auswahl – **Das Weinhaus** 1 : Brückenstr. 7, Tel. 0651 170 49 24, www.weinhaus-trier.de, Mo–Fr ab 10.30, Sa/So ab 11 Uhr. Beste Weine von Mosel-Saar-Ruwer zu Weinguts-Preisen. Im Restaurant werden die passenden regionalen Speisen serviert.

Einkaufen

Weltladen – **Friedens- & Umweltzentrum** 2 : s. S. 98.

Souvenirs – **Trier-Shop** 3 : Reichhaltiges Souvenir-Angebot in der Tourist-Information, z. B. Karl-Marx-Wein aus dem Ruwertal.

Öko von der Saar – **Wochenmarkt auf dem Viehmarkt** 4 : Produkte des Hofguts Serrig, April–Sept. Di/Fr 7–14, Okt.–März 8–14 Uhr.

Info im Internet – **www.einkaufserlebnis-trier.de:** Überblick über verkaufsoffene Sonntage, Öffnungszeiten, Parken.

Aktiv & Kreativ

Kultur aller Art – **TUFA (Tuchfabrik)** **1** : s. S. 97.

Radfahren – **Radtour nach Pfalzel** **2** : s. S. 102.

Auf antikem Terrain – **Ausflug nach Igel** **3** : s. S. 102.

Wandern – **Rund um den Petrisberg** **4** : s. S. 103.

Abends & Nachts

Dreisparten-Tradition – **Theater Trier** **1** : Tel. 0651 718 18 18, Information und Karten: www.teatrier.de. Das renommierte städtische Dreisparten-Theater (Oper, Schauspiel, Ballett) mit festem Ensemble setzt, derzeit unter der Intendanz Karl M. Sibelius', trotz knapper Kassen kontinuierlich weiter auf Qualität. Überschattet wird die Theaterarbeit immer wieder durch heftige Diskussionen über weitere Einsparungen, s. S. 98.

Klassiker – **Exzellenzhaus** **2** : Zurmaiener Str. 114, Tel. 0651 251 91, www.exhaus.de. In den 1970er-Jahren als selbstverwaltetes Jugendzentrum gegründet, bietet das ehemalige Kloster heute ein breites Kultur- und Freizeitprogramm für jedes Alter.

Trierer Institution – **Luckys Luke** **3** : Luxemburger Str. 6, Tel. 0651 834 53, luckys-luke.de, Mi 20–1, Do 20–4, Fr/Sa 20–6 Uhr. ›Die Luke‹ ist eine coole Kombination aus Szenekneipe, Club und Cocktailbar.

Himmelsgucker – **Sternwarte Trier** **4** : Beobachtungskuppel Uni Trier, Gebäude B (5. Stock) und Außenstelle Trier-Irsch. Gäste sind willkommen, www.sternwarte-trier.de.

Infos & Termine

Veranstaltungen

Schärensprung: Fasnachtsdienstag in Trier-Biewer, alter ›Faosicht‹-Brauch, bei dem alle Hand in Hand durch den Ort springen.

Orgel: Internationale Orgeltage im Trierer Dom, Mai/Juni; 30 Min. Orgelmusik aus dem Schwalbennest mit Auftritt des Orgelteufelchens, August–Oktober Sa 11.30–12 Uhr. Sommerliche Orgelkonzerte in der Konstantin-Basilika, Juli/August, www.trierer-orgelpunkt.de.

Altstadtfest: Letztes Juniwochenende – Guildo Horn ist meist dabei.

Moselfest: am Zurlaubener Ufer, Juli, www.zurlaubener-heimatfest.de. Auf nao Zalaawen!

Brunnenhof: Sommertreff Mai–Sept. Sonntagskonzerte und -matineen, Jazz im Brunnenhof, Kulturbüro Trier, www.trier.de/kultur-freizeit/konzerte-events.

Trierer Silvesterlauf: seit 1990 jeweils am 31. Dezember, ein Rundkurs in der Innenstadt mit internationaler Besetzung.

Verkehr

Flugzeug: Flughäfen Luxemburg, Saarbrücken und Frankfurt-Hahn, Info: Tourist-Information, Tel. 0651 97 80 80.

Bahn: Moselstrecke Koblenz–Trier, Anschlüsse nach Luxemburg und Saarbrücken, die Eifelstrecke führt Richtung Köln.

Busse: Moselbahn-Busse, Fernbusse von und nach Luxemburg und ins Rhein-Main-Gebiet; Stadtbuslinien; VRT-Info-Tel. 01805 13 16 19, www.vrt-info.de, Infos zu Bus und Bahn in der Region Trier.

Taxi: Tel. 0651 120 12 und 480 48

Schiff: Trier-Bernkastel-Kues, Trier-Saarburg, Fahrplan-Infos: Tourist-Information.

Autofähre: Oberbillig–Wasserbillig.

Ort der Ruhe und Entspannung – der Palastgarten des Kurfürstlichen Palais

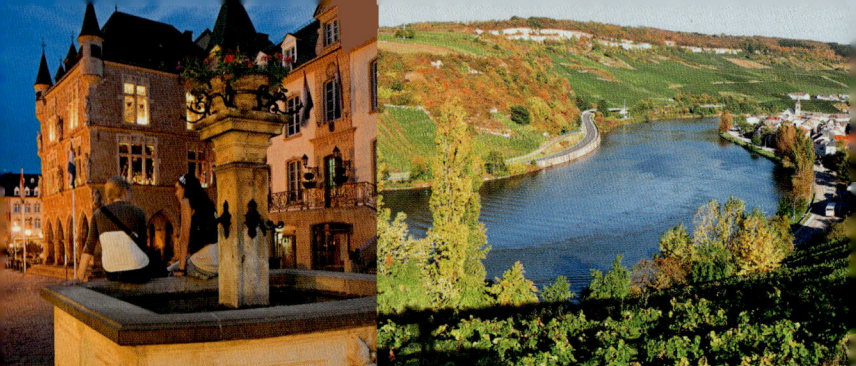

Südliche Wein-Mosel im Dreiländereck

Highlight !

Saarburg: Es ist schon auf den ersten Blick eine Augenweide, wenn man sich dem Städtchen mit dem idyllischen Ortskern und dem Wasserfall von Beurig aus nähert – und sich dann immer mehr bestätigt fühlt. S. 121

Auf Entdeckungstour

Auf dem Jakobsweg: Ein Stück Richtung Santiago de Compostela wandern durch die wechselhafte Geschichte des Saargaus, entlang bedeutender Zeugnisse verschiedener Jahrhunderte, mit deftiger Wegzehrung für die Pilger. S. 128

Kultur & Sehenswertes

Schengen: Historische Stätten, an denen Europa laufen lernte. S. 113

Nennig: Die historische Dimension der Region zeigt sich auch durch das Mosaik der römischen Villa in Nennig. S. 115

Aktiv unterwegs

Ruwertal-Radtour: Von Hermeskeil bzw. Kell am See geht es zum großen Teil auf der stillgelegten Bahnstrecke bis zur Mosel. S. 125

Wasserski auf der Sauer: Bei Rosport gibt es optimale Bedingungen für diese Sportart. S. 131

Genießen & Atmosphäre

Weites Land: Der Aufstieg oder die Fahrt hinauf nach Wincheringen belohnt mit entzückenden Blicken auf das Luxemburger Koeppchen und das Band der Mosel. S. 116

Abends & Nachts

Klassik & Jazz: Wenn im Mai und Juni in der luxemburgischen Grenzstadt das **Festival International Echternach** stattfindet, kommen Musikliebhaber voll auf ihre Kosten. S. 133

Kultur ohne Grenzen

Europa wächst zusammen und das Dreiländereck Deutschland-Luxemburg-Frankreich macht es vor. Einen zusätzlichen Schub erhielt dieser Entwicklungsprozess durch das gemeinsame Fest, das die Großregion 2007 feierte, als Luxemburg Kulturhauptstadt Europas war. Nicht mehr allein vom Großraum SaarLorLux spricht man inzwischen hier in den Grenzlanden, die sich bewusst als europäische Herzlande verstehen. Politik, Gesellschaft, Wirtschaft und Kulturträger Luxemburgs, Lothringens, des Saarlands, des Trierer Raums in Rheinland-Pfalz und des belgischen Walloniens finden in der Besinnung auf ein gemeinsames Erbe wieder zusammen. Das ist umso bemerkenswerter, als die Beziehungen durch nationalstaatliches Denken im 19. und 20. Jh., vor allem aber durch die beiden Weltkriege nicht eben unbelastet sind. Ganz selbstverständlich werden nun die gallorömischen (und germanischen) Vorfahren mit ins Boot von Mosel, Saar und Sauer genommen. Das Netzwerk der QuattroPole, der vier Städte Trier, Saarbrücken, Metz und Luxemburg, hat hierzu entscheidende Weichen gestellt.

Infobox

Office national du Tourisme: Postfach 1001, Luxembourg, Tel. 00352 42 82 82 10, www.visitluxembourg.lu.

Saar-Obermosel-Touristik: Tourist-Information Saarburg, Tel. 06581 99 59 80, und Konz, Tel. 06501 601 80 40, www.saar-obermosel.de.

Südliche Wein-Mosel auf neuen Wegen

An der Untermosel erfanden Winzer einst die ›Terrassenmosel‹, um ihre Produkte gegenüber der Mittelmosel, der ›klassischen‹ Weinregion, abzugrenzen. An der Obermosel hob man nun die ›südliche Wein-Mosel‹ aus der Taufe. Der Fluss bildet hier die unsichtbare und – seit Einführung des Euro – ohne Geldwechsel wechselbare Grenze zwischen Deutschland und dem Großherzogtum Luxemburg. Eine lange Zeit ausgebremste Entwicklung nimmt an Fahrt auf, denn jetzt spielt es keine Rolle mehr, dass die meisten Orte zu Rheinland-Pfalz gehören, Nennig und Perl saarländisch sind, der nächste Ort schon das französische Apach. Selbst Chancen und Probleme teilt man sich: Aus der Ferne grüßen das Industriegebiet Thionville, Zentrum der französischen Stahlproduktion, und der nukleare Kraftwerksblock von Cattenom. Und wie in allen Regionen, in denen Grenzen keine Rolle mehr spielen, findet ein reger kultureller und sozialer Austausch statt. Deutsche arbeiten im lukrativen Luxemburg, Luxemburger siedeln sich an der Obermosel an.

Der Fluss konnte sanftere Hänge formen, schrammt bei Nittel allerdings an schroffem Dolomit entlang. Auf Buntsandstein-, Muschelkalk- und Keuperböden des Trias-Erdzeitalters (vor etwa 200–250 Mio. Jahren) schiebt sich als Teil des Lothringischen Schichtstufenlands das Plateau des Saargaus keilförmig zwischen die Obermosel und die schiefrige Saarmündung. Auf Luxemburger Seite erstreckt sich das fruchtbare Gutland mit einer ähnlichen geologischen Struktur.

Elblingroute und Wäistrooss

Elblingroute heißt der Teilabschnitt der Moselweinstraße auf deutscher Seite, Wäistrooss oder Route du Vin auf dem Luxemburger Ufer. Über vier Brücken müssen wir geh'n, um hüben wie drüben Landschaft, Dörfer, Städtchen und Menschen an der südlichen Wein-Mosel zu beschnuppern. Für Ausflüge mit dem Rad empfiehlt sich vorzugsweise das deutsche Ufer, das die Route fernab der Hauptstraßen hält.

Perl ▶ B 8

Im geeinten Europa blüht das saarländische Perl am südlichsten Zipfel des Dreiländerecks sichtlich auf. Und so ist im Zentrum des Barockgartens im Park von Nell eine einzige Blütenpracht (Barockgartenparterre im Park von Nell ganzjährig geöffnet). Die kath. Pfarrkirche St. Gervasius und die Quirinuskapelle (um 1700), heute eine Gedenkstätte für die Toten der beiden Weltkriege, ergänzen das Ensemble.

Übernachten

Originell – **Masseria Rosa dei Venti:** Am Dreiländereck 3, Tel. 00352 621 40 10 11, www.masseria-rosadeiventi. com, DZ ab 70 €, originelle ›Windrose‹-Zimmer.

Infos

Tourist-Information
Trierer Str. 28, Perl, Tel. 06867 660, www.perl-mosel.de.

Verkehr
Bahn: Bf. Perl, Moseltalbahn Trier–Perl.

Schengen ▶ B 8

Nur die Mosel trennt Perl von Schengen im Großherzogtum Luxemburg und dem aromatischen Kräutergarten auf dem Gelände von ›Schlass Schengen‹. Anfang des 19. Jh. trug Jean-Nicolas Collart die alte Wasserburg bis auf den mittelalterlichen Turm ab und errichtete auf den Grundmauern ein neues Gebäude. Die malerische Szenerie gefiel 1871 dem Schriftsteller Victor Hugo so sehr, dass er den Turm zeichnete. Die Skizze Château de Schengen schmückt heute die Etiketten des Weinguts Thill (Kellerei Bernard-Massard).

In diesem Winzerdorf ging 1985 Europa vor Anker, als auf dem Fahrgastschiff ›Princesse Marie-Astrid‹ die ersten Kontroll- und Zollschranken fielen – mit Auswirkungen, die man sich damals sicher nicht hätte träumen

Unser Tipp

Gärten ohne Grenzen
Sichtbares Zeichen eines kulturell verwurzelten Miteinanders sind die nach historischen Vorbildern rekonstruierten Gärten, die in der SaarLor-Lux-Region inzwischen ein touristisches Netzwerk bilden. Dazu zählen u. a. das Barockgartenparterre im Park von Nell in Perl, der Garten der Sinne in Merzig, der Schlossgarten in Pange, die Römischen Gärten der Villa Borg und der Park der vier Jahreszeiten in Losheim am See. Koordiniert wird das grenzüberschreitende Projekt durch administrative und touristische Institutionen in Kooperation mit den Besitzern (Informationen: www.gaerten-ohne-grenzen.de).

lassen. Interessant ist auch das Koch-haus, ein barockes Gebäude aus dem Jahr 1779. Die Gemeinde Schengen hat es in den 1970er-Jahren gekauft und 1985 komplett renoviert. Heute ist es ein Tagungs- und Konferenzzentrum.

Essen & Trinken

Mit Stern dekoriert – **Restaurant Léa Linster:** 17, route de Luxembourg, Fri-sange, Tel. 00352 23 66 84 11, www. lealinster.lu, Mi–So ab 19, Sa/So auch ab 12 Uhr. Zwischen Schengen und Luxemburg-Stadt betreibt die aus Funk und Fernsehen bekannte Spit-zenköchin seit 1982 ihr Restaurant.

Schwebsange ▶ B 8

Trotz bester Weinlagen kann Schengen nicht mit dem rund 6 km nördlichen Schwebsange konkurrieren, denn hier wird alljährlich am ersten September-sonntag ein Wunder zelebriert, wenn aus dem Weinbrunnen kostenlos Wein statt Wasser fließt. Die Kirche mit ihren Schiefertürmen schaut dem Treiben zu, das sich dann auch in die sonst so stil-len Dorfgassen verlagert.

Übernachten, Essen

Im Kloster – **Jugendherberge Schen-gen/Remerschen:** 31, Wäistrooss, Re-merschen, Tel. 00352 262 76 67 00, www.youthhostels.lu, Ü/F p. Pers. ab 21,20 €, Essen ab 7,50 €, 2007 eröff-net im renovierten Kloster und einem Neubau, nahe einem Badeweiher und der Mosel, barrierefrei.

Infos

Tourist-Information
Tourist-Info Schengen: in einem vom Architekten Valentiny erbauten Pon-ton auf der Mosel, Schengen, Tel. 00352 26 66 58 10, www.schen gen-tourist.lu.

Remich ▶ B 8

Vor Lebensfreude strotzt der Bacchus-brunnen des Luxemburger Bildhauers Will Lofy an der südländisch wirken-den Esplanade in Remich. Im Sommer ist die auf dem Weinfass reitende opulente Figur kaum mehr wahrzu-nehmen, weil dann der Ort schier überquillt vor Gästen, am Quai sich die Ausflugsschiffe drängen und Sur-fer und Segler die Szene beherrschen. Im Winter flaniert man dagegen un-behelligt durch die engen Gassen der Altstadt, hinein in die Rue St-Cunibert mit dem vorgeblichen Geburtshaus des Trierer Archidiakons und Erzbi-schofs von Köln Kunibert und durch die von der mittelalterlichen Befesti-gung gebliebene Porte St. Nicolas, die den Schutzpatron der Fischer und Kü-fer auf dem Torbogen zeigt.

Am Ufer erinnert ein Denkmal an Luxemburgs Nationaldichter Edmond de La Fontaine (1823–65), der als erster Theaterstücke in Lëtzebuerger Sprache schrieb. Der wegen seiner Leibesfülle ›Dicks‹ genannte Poet und zeitweilige Bürgermeister von Stadtbredimus lebte in diesem Nach-barort auf dem Château der Familie (18. Jh.). Heute sind auf dem Gelände die Cunibert-Weinbruderschaft, die Winzergenossenschaft Vinsmoselle und das Restaurant An der Tourelle angesiedelt.

Essen & Trinken

Geschmackvoll – **An der Tourelle:** Stadtbredimus, Château de Stadt-bredimus, 12, route du Vin, Tel. 00352 23 69 85 11, www.tourelle.lu, sehr ge-schmackvoll, gute Weine.

Infos

Tourist-Information

Tourist-Info: Esplanade, Remich, Tel. 00352 23 69 84 88, www.remich.lu, s. auch Infobox S. 112.

Nennig ▶ B 8

Das berühmte Fußboden-Mosaik der im 19. Jh. ausgegrabenen römischen Villa ist einfach überwältigend. Es handelt sich um das am besten erhaltene Fußboden-Mosaik nördlich der Alpen (April–Sept. Di–So 8.30–12, 13–18, März/Okt./Nov. Di–So 9–12, 13–16.30 Uhr, Tel. 06866 13 29). Hier Münzen ins Marmorbecken zu werfen, bringt vielleicht Glück, für das Casino auf **Schloss Berg** braucht man schon mehr Kleingeld. Im Schloss befinden sich ein Luxushotel und Gourmet-Restaurant, in der Scheune ein Landgasthaus (www.victors.de). Neben dem Parkplatz beginnt der Dolinenweg.

Schloss Thorn

www.schloss-thorn.de, Vinaria: Mo–Fr 9–11 Uhr, Ostern–Okt. tgl. 14–18 Uhr und n. V., Tel. 06583 433
Auf halbem Weg nach Palzem erhebt sich Schloss Thorn hoch über dem Tal auf felsigem Grund. Sein Name geht auf einen römischen Wachturm *(turris)* zurück. Das älteste Schlossweingut an der Mosel, seit 1534 in Familienbesitz, bewirtschaftet der überregional anerkannte Winzer Dr. Baron von Hobe-Gelting. Genuss verspricht eine Weinverkostung mit Sauvignon Gris, Elbling und anderen Sorten. Man kann im Schloss auch übernachten (B&B ab 29 € p. P., Fewo ab 500 €/Woche).

Die eigentliche Attraktion von Schloss Berg ist der Renaissancegarten

Übernachten

Angenehm – **Landgasthaus Birkenhof:** Saarbrücker Str. 9, Sinz, Tel. 06866 202, www.birkenhof-sinz.de, DZ 70 €, Mi– Mo, ca. 5 km von Nennig an der B 406.

Infos

Verkehr
Bahn: Bf. Nennig, Moseltalbahn Trier–Perl.

Ehnen und Wormeldange ► B 7

Weinmuseum Ehnen: 115 Route du Vin, Tel. 00352 76 00 26, www.musee vin.lu, April–Okt. Di–So 9.30–11.30, 14–17 Uhr
Das malerische **Ehnen** lockt mit Mittelaltergassen rund um die Rundkirche, die einzige in Luxemburg. Zu den renommierten Weinkellern gesellt sich als Attraktion das Weinmuseum im ehem. Wellensteinschen Anwesen am Moselufer.

»Wein vom Koeppchen heißt Weinkauf mit Köpfchen« – könnte man als Slogan für das Riesling kultivierende **Wormeldange** und seine hervorragendste Lage erfinden, aus dessen Muschelkalkböden Winzer mit viel Sachverstand einen Grand Premier Cru herauskitzeln. Hier sind auch Spezialisten für den ›Crémant de Luxembourg‹ am Werk, die Sekt-Spitzenklasse der luxemburgischen Mosel.

Übernachten, Essen

Komfortabel – **Hotel-Restaurant Bamberg's:** 131, route du Vin, Ehnen, Tel. 00352 76 00 22, DZ ca. 90 €, bekannt für seine lëtzebuergesch-französische Küche.

Wincheringen ► B 7

Das deutsche Wincheringen liegt nicht direkt an der Mosel und steckt auch sonst voller Überraschungen.

Einfach malerisch – die Mosel bei Nittel

Schon die alpinen Spitzkehren hinauf zum Ort bescheren entzückende Blicke auf das Luxemburger Koeppchen gegenüber und das Band der Mosel gen Norden. Die herrlich ornamental ausgemalte kath. Pfarrkirche St. Peter (1883) des Trierer Dombaumeisters Reinhold Wirtz, eine der sehenswerten neugotischen Kirchen der Region, ›verlor‹ ihren Turm bei Bombardements Ende 1944.

Der Bergfried des Warsberghauses daneben blieb provisorischer Glockenturm und damit Sinnbild einer geglückten Allianz von Kirche und Kommune, der die ehem. Wasserburg gehört.

Einkaufen

Für Genießer – **Weingut Stephan Steinmetz:** Am Markusbrunnen 6, Wehr, Tel. 06583 2 34, www.stephan-steinmetz.de, wochentags nach tel. Vereinbarung. Der Winzer hat sich auf trockene Weißweine und Crémants spezialisiert.

Nittel ▶ C 7

Wer von Köllig oder Nittel aus durch die Weinberge hinauf zur spätgotisch-barocken Rochuskapelle inmitten des Friedhofs wandert, wird mit einem tollen Blick auf die Mosel und das Luxemburger Gutland belohnt. Nittel lebt von der Rebe und wird wegen seiner guten Lagen und Produzenten von der Fachwelt als Mittelpunkt des Elbling-Weinbaus an der Obermosel gewürdigt. Kalk bestimmt das Leben hier. In Nittel sorgt er für die Bodenwürze, im benachbarten Wellen seit 1881 für Arbeit, wenn auch immer mehr reduziert. Die Trierer Kalk-, Dolomit- und Zementwerke bauen unter Tage den Rohdolomit ab und bereiten ihn für die Baustoff-, Stahl- und Düngemittelindustrie auf.

Essen & Trinken

Regional Genießen – **Weingut & Gutsschänke Frieden-Berg:** Weinstr. 19, Tel. 06584 990 70, www.frieden-berg.de.

Unser Tipp

Elbling – ein alter Bekannter

Eine lang unterschätzte Rebsorte rückt wieder ins Gesichts- und Geschmacksfeld, seit regionale Spezialitäten Trumpf sind. Die Rede ist vom Elbling, der den Muschelkalk als Untergrund liebt. Sein Urahn ist wahrscheinlich *vitis alba,* die weiße Rebe, von den Römern kultiviert, einst europaweit verbreitet, als ›säuerlich‹ bei hohen Herrschaften verpönt. An der südlichen Wein-Mosel können Sie Elbling bester Qualität als echte Entdeckung feiern. Für die prickelnde Variante liefert er Fülle und dezente Säure. Auch gedeihen hier weiße und rote Burgundersorten, Auxerrois, Rivaner und Riesling.

Gutsschänke ist geöffnet tgl. außer Di ab 17 Uhr, Hauptgerichte ab 11 €. Deftig schlemmen im ehemaligen Kuhstall.

Übernachten, Einkaufen

Liebenswürdig niveauvoll – **Culinarium/Weingut Matthias Dostert:** Weinstr. 5, Tel. 06584 914 50, www.culinarium-nittel.de, DZ ca. 75 € (Weingut), ca 85 € im Gästehaus ›Schlafgut‹ inkl. Wellness. Restaurant: Mi–Sa ab 18, So 12–14, Weihnachten, Silvester und im März geschlossen. Hauptgerichte ca. 12–22 €, Kochschule (s. S. 64), Mitglied der ›Tafelrunde‹ (s. S. 26).
Kreativ mit Qualität – **Weingut Hellershof-Zilliken:** Weinstr. 14 u. 18, Tel. 06584 915 00, www.hellershof-zilliken.de. Gästehaus: DZ ab 75 €. Sektscheune im Weingut: März–Ende Jan.

Mo/Do/Fr ab 17, Sa/So ab 12 Uhr. Bei Ausstellungen und Musik gibt es Sekt und Wein aus eigener Produktion.

Infos

Tourist-Information
Heimat- und Verkehrsverein: Im Stolzenwingert 24, Nittel, Tel. 06584 71 04, www.nittel-mosel.de.

Verkehr
Bahn: Bf. Nittel, Elbling-Bahn Trier–Perl.
Bus: Strecke Nittel–Saarburg (241).

Grevenmacher ▶ B/C 6

Grevenmacher, die Weinbau- und Handelsmetropole der Luxemburger Mosel, war wegen ihrer strategischen Bedeutung immer wieder in Grenz- und Kriegswirren verwickelt. Romantisch enge Gassen sind eingerahmt von historischer Architektur. Der Kulturhuef wurde vom Schlachtzum Kulturhof mit Museen, Café und Kino (Luxemburger Druck- und Spielkartenmuseum ›Jean Dieudonné‹, 54 route de Trèves, Tel. 00352 267 46 41, www.kulturhuef.lu). Der kleine, aber feine Jardin des Papillons ist durch seine liebevoll präsentierte Exotenvielfalt eine Attraktion für Jung und Alt. Er wird von der Sektkellerei Bernard-Massard betrieben, die ebenfalls besichtigt werden kann (Route de Trèves, Tel. 00352 75 85 39, April–15. Okt. tgl. 9.30–17 Uhr).

In den Weinbergen lenkt die Heilig-Kreuz-Kapelle (1737) den Blick aufs deutsche Ufer; 1956 wurde sie den Opfern des Zweiten Weltkriegs geweiht. Rechtsmoselanisch empfiehlt sich von Temmels aus ein Abstecher zum römischen Tempelbezirk Tawern (s. Entdeckungstour S. 128).

Essen & Trinken

Europa an Bord – **M. S. Princesse Marie-Astrid:** 10, route du Vin, Grevenmacher, Tel. 00352 75 82 75, www.marie-astrid.lu. Fahrten auf Mosel und Saar, Restaurant, s. Essay S. 72.

Konz ▶ C 6

Auch wenn Konz seit 1959 Stadt ist und mit Eingemeindungen fast 18 000 Einwohner zählt, spürt man die Nähe zu Trier. Die Stadt liegt am Zusammenfluss von Saar und Mosel. Viel Eigenständigkeit lässt sich im Kern von Contionacum bei der kath. Pfarrkirche St. Nikolaus, dem Pfarrhof und Mauerresten der Sommerresidenz Kaiser Valentinians I. (364–376 n. Chr.), entdecken. Die Altarbilder in der als ›Zelt Gottes unter den Menschen‹ zwischen 1957 und 1961 von Hermann Baur erbauten Kirche gestaltete Georg Meistermann. Im Ortszentrum überzeugt die Mischung aus Urbanität, Einzelhandelsangebot und Kultur.

Kloster Karthaus

Infos über die Tourist-Information
Das imposante, im 17. Jh. von den Kartäusern gegründete Kloster erlebte eine wechselvolle Geschichte bis hin zum Teilabbruch. Einzig der Südflügel in der Wiederaufbau-Fassung von 1887 ist erhalten. Der 1963 von der Kommune erworbene und 1978 bis 87 zum Bürgerhaus und Kulturzentrum restaurierte Klosterkomplex wurde zu einer echten künstlerischen Zelle von Konz. Die Klosterkirche dient als kath. Pfarrkirche und ist eine Station auf dem Jakobsweg von Trier über den Saargau.

Roscheider Hof

Roscheiderhof: www.roscheiderhof. de. Museum Di–Fr 9–18, Sa/So 10–18, Nov.– März bis 17 Uhr, Häuser des Freigeländes ab Palmsonntag geöffnet, Schänke April–Okt. Di–So 11–23, sonst Di–Sa 18 –23, So 12–23 Uhr, Tel. 06501 60 08 76
Ein Ausflug auf die Anhöhe über Konz lohnt sich allemal wegen des seit den 1970er-Jahren zum Volkskunde- und Freilichtmuseum umgebauten Guts, das in regionaltypischen Gehöften, Dauerausstellungen (auch für Kinder) und Aktionen das Alltagsleben von anno dazumal veranschaulicht. In den vergangenen Jahren sind zahlreiche neue Attraktionen dazugekommen, zum Beispiel die »Ladengasse 2«. Eine rustikale Hofschänke versorgt hungrige Mägen mit Speis und Trank.

Übernachten

Stilvoll – **Weingut & Gästehaus Giwer-Greif:** Neudorfstr. 24, Wasserliesch, Tel. 06501 18 05 22 oder 0173 427 51 37, www.giwer-greif. de. Fewo ab 55, DZ ab 70 € inklusive Frühstück bei den überzeugten Elblingwinzern.

Idyllisch – **Weingut Willems-Willems:** Mühlenstr. 13, Konz-Oberemmel, Tel. 06501 158 16, www.ferienweingut-willems.de, Fewo (2–4 Pers.) ab 40 €.

Aktiv

Radverleih und Service: Bike-Passion, Konstantinstr. 1, Tel. 06501 121 96, www.bike-passion.de.
Sportboothafen: Mosel-km 200, 28 Gästeliegeplätze.

Infos

Tourist-Information
Saar-Obermosel-Touristik, Saarstr. 1, Konz, 06501 60 18 04 21, www. saar-obermosel.de.

Lieblingsort

Horizonte der Stille in Wincheringen ▶ B 7
Eine eher stille Entdeckung, nichts Spektakuläres – und doch wirkt das
Ensemble aus ornamental ausgemalter, neugotischer Pfarrkirche St. Peter
(offen), mittelalterlichem Bergfried und sanfter Hügellandschaft gewiss
auch auf Sie ganz bezaubernd.

Verkehr
Bahn: Bf. Konz und Karthaus: Trier–Saarbrücken; Karthaus und Konz Mitte: Elbling-Bahn Trier–Perl; Karthaus und Kreuz Konz: Trier–Luxembourg.
Schiff: Trier–Saarburg.

Im Saartal

Kanzem, Wawern, Wiltingen, Ockfen, Irsch, Ayl, Serrig, Kastel – fremdartig klingende Namen, Orte an der Saar, der rheinland-pfälzischen Saar wohlgemerkt! Natürlich die heimliche Hauptstadt Saarburg nicht zu vergessen, die als Mittelzentrum auch dem Landkreis Trier-Saarburg seinen Namen lieh. Allen ist gemeinsam, dass sie verantwortlich zeichnen für einen fein aromatischen, auf Schieferböden gewachsenen Wein, der den hohen kirchlichen Herrschaften ebenso schmeckte wie den einfachen Mönchen und der heute wieder wegen seiner Leichtigkeit und Spritzigkeit in vieler Experten Munde ist.

Die Ayler Kupp, weltberühmte Weinlage auf einer Bergkuppe inmitten eines Trockentals der Saar, steht hier nicht alleine. Der Ockfener Bockstein beispielsweise lässt Weinliebhaber mit der Zunge schnalzen. Wiltingen, das seit der Kanalisierung und damit einhergehenden Verkürzung der Strecke zwischen Hamm und Schoden an einem naturgeschützten Altarm der Saar liegt, begeistert mit Wein vom Gottesfuss und Scharzhofberg. Weingüter wie Van Volxem (Wiltingen), Herrenberg (Schoden) oder Schloss Saarstein (Serrig) sorgen für höchste Qualität. Mit Können und Kreativität formt eine neue Winzergeneration ein modernes Image.

Von Konz aus empfiehlt sich die Nebenstraße abseits des Konzer Tals,

die sich nach kurzem Höhenflug in Wiltingen zu Bahnlinie und Fluss hinneigt. Ayl, Schoden, Ockfen, Irsch und Saarburg sind attraktive Stationen auf der Saar-Riesling-Straße zum Weinort Serrig, von wo aus es bis zur Großen Saarschleife nur noch ein Katzensprung ist.

Als Spezialität präsentiert sich im rheinland-pfälzischen und saarländischen Saargau der gute alte Viez, Apfelwein, der sich aus den Obstgärten und Streuobstwiesen bedient, wo traditionell eine Vielfalt an Apfelsorten dominiert. Ihm ist sogar eine Touristikroute zwischen Konz und Merzig gewidmet, Viezstraße oder ›Route de cidre‹ genannt. Für Biertrinker gibt es spezielle Hopfen-Tropfen im Tal des Mannebach.

Übernachten, Einkaufen

Weinerlebnis – **Weinhotel Ayler Kupp:** Trierer Str. 49, Ayl, Tel. 06581 98 83 80, www.saarwein-hotel.de, DZ ab 75 €, Do–Mo. In der 5. Generation bewirtschaftet Florian Lauer das hoch bewertete Gut, dem Hotel und Restaurant angeschlossen sind.

Saarburg❗ ▶ C 7

Vom Stadtteil Beurig und der Saarbrücke aus entfaltet sich ein bezaubernd südländischer Anblick! Über dem mittelalterlichen Städtchen mit seinen rund 7000 Einwohnern staffeln sich auf dem Laurentiusberg die kath. Pfarrkirche St. Laurentius (1856) mit dem spätgotischen Turm und auf dem Schlossberg die ev. Kirche (1892/93) und die Burgruine Saarburg, mit Erwähnung anno 964 eine der ältesten deutschen Höhenburgen. Dazwischen klettert die denkmalgeschützte Altstadt die Hänge hoch, unterteilt vom Leukbach, der hier in die Saar mündet. An der Promenade zieht sich der Staden entlang, eine Gasse voller spitzgiebliger, windschiefer, manchmal nur handtuchbreiter Häuschen. Bunte Fischer- und Schifferhütten, Kneipen und lauschige Winkel säumen den steilen Laurentiusberg hinauf in die malerische Oberstadt. Hier stürzt sich der im 12./13. Jh. in den Ort geleitete Leukbach 20 m tief als Wasserfall in die Unterstadt und treibt die Räder des Mühlenmuseums in der ehemaligen Hackenberger Mühle an (Mühlenmuseum: Staden 6, Tel. 06581 99 46 42, April–Okt. Di–So/Fei 14–17 Uhr).

Im Heimatmuseum Amüseum, der ehem. Kurfürstlichen Mühle (1657), liefert eine Turbine von 1935 noch immer Strom für den Markt (Am Markt 29, Tel. 06581 99 46 42, So–Fr 11–16 Uhr). Mit freundlichen Bürgerhäusern, kleinen Brücken und Cafés wirkt das Ortszentrum wie ein Mini-Venedig. Ein weiteres Museum gesellt sich mit der Glockengießerei Mabilon – KulturGießerei hinzu, deren letzter Chef aus Altersgründen die Produktion und eine jahrhundertealte Tradition aufgeben musste (Staden 130, Tel. 06581 23 36, Mo–Fr 9–17, Sa/So 11–17 Uhr). Der Klang der Glocken bleibt Saarburg mit den Geläuten der Kirchen und des Rathauses erhalten.

Übernachten

Ferienpark – **Landal Warsberg:** www.landal.de/warsberg. Ferien auf dem Warsberg über Saarburg.

Übernachten, Essen

Finesse und familiär – **Hotel Villa Keller:** Brückenstr. 1, Tel. 06581 929 10, www.villa-keller.de, DZ ab 100 €. Von Mi–So Köstliches in der klassizistischen Villa ab ca. 22 €, z. B. Fischspezialitäten, in ›Kellers Wirtshaus‹ (ehem. Pferdestall) zu abgespeckten Preisen, Bier-

garten. Mitglied der ›Tafelrunde‹. Bett & Bike am Saarufer, Bahnhofsnähe.

Elegant – **Hotel Restaurant Saarburger Hof:** Graf-Siegfried-Str. 37, Tel. 06581 928 00, www.saarburger-hof. de, DZ ab 86 €, Hauptgerichte ab ca. 18 €. Familienhotel in einem der schönsten Winkel Saarburgs, regionalfrische Küche, Bett & Bike.

Kult-Hausbrauerei – **Mannebacher Landhotel Brauhaus:** Hauptstr. 1, Mannebach, Hotel-Tel. 06581 995 80, Brauhaus-Tel. 992 77, www.mannebacher.de. DZ ab 85 €, Hauptgerichte ab 10 €, ca. 6 km von Saarburg. Köstlich-frisches Bier, mit Antiquitäten ausgestattete Zimmer und kulturelle Veranstaltungen.

Einkaufen

Käsekreation – **Riedhof:** Mannebach, Tel. 06581 23 76, www.mannebacher-kaese.de, Do/Fr 14–19, Sa 10–16 Uhr, ca. 6 km von Saarburg. Käse und weitere regionale Produkte kann man im Hofladen erstehen, samstags Bauernmarkt mit Hofcafé.

Aktiv

Schweben und Schauen – **Sesselbahn:** In den Urlaub 1a, Tel. 06581 99 52 18, www.saarburger-sesselbahn.de, in den Ferien tgl. 10–18, in den Sommerferien tgl. 10–19 Uhr, außerhalb der Ferien Mo Ruhetag, aktuelle Änderungen möglich, Fahrradtransport inkl., Start am Fuß des Warsbergs.

Rasantes Vergnügen – **Sommerrodelbahn Saar-Rodel:** Tel. 06581 99 66 70, www.sommerrodelbahn-saarburg.de, Nov.–Ostern So 12–17 (bei schönem Wetter), Ostern–Juni, Sept./Okt. Di–So 11–18, Juli/Aug. tgl. 11–21 Uhr. Start: Terrasse des Restaurants Warsberg.

Interessant – **Greifvogelpark Saarburg:** Am Engelbach 1, Tel. 06581 99

Der Leukbach durchfließt die denkmalgeschützte Altstadt von Saarburg

60 94, www.greifvogelpark-saarburg.
de, März–Nov. tgl. 10–18, Vorführung
11 und 15 Uhr.
Geschichtsträchtig – **Wandertipp:**
Wander-Radtour auf dem Jakobsweg,
s. Entdeckungstour S. 128.

Infos & Termine

Tourist-Information
Graf-Siegfried-Str. 32, Tel. 06581 99 59
80, Saarburg, www.saar-obermosel.
de, im Rathaus.
Saarweinfest: Erstes Septemberwochenende, Info-Tel. 06581 99 59 80,
www.saarweinfest.de. Weinstraße in
der Altstadt, Musikprogramm, Krönung der Saar-Obermosel-Weinkö-
nigin, Festumzug durch die Stadt am
Sonntag.

Verkehr
Bahn: Bf. Saarburg, Strecke Saarbrü-
cken–Trier.
Schiff: Mai–Okt.: Saarburg–Mettlach,
Merzig–Saarburg.

Serrig ▶ C 7

›Tor zum Saarwein‹ lässt sich Serrig
gerne nennen. Hier bewegt man sich
schon oder noch im Dunstkreis der
Weinseligen von Mosel, Saar und Ruwer, während jenseits dessen Acker
und Wiese überwiegen. Als ›Tor zu
Touren‹ könnte es für sich werben,
denn manche Sehenswürdigkeit lässt
sich von hier aus ergründen, etwa die
größte Fluss-Staustufe Deutschlands.

Aktiv

Hoch hinauf – **Drachenfliegen:** Tel.
06781 218 23 44, www.dfc-trier.com.
Gastflieger und Zuschauer sind herzlich willkommen. Anfahrt: Ortsmitte
Serrig Richtung Greimerath, Wanderparkplatz.
Orte der Stille – **Klettersteig:** Hoch
über dem Saartal fand König Johann
der Blinde von Böhmen in der Klause
bei Kastel-Staadt eine zeitweilige Ruhestätte (s. Essay S. 68).

Mettlach ► C 8

Erlebniszentrum von Villeroy & Boch: Saaruferstr., Alte Abtei, Tel. 06864 81 10 20, April–Okt. Mo–Fr 10–18, Sa/ So 9.30–18 Uhr. Museumscafé: tgl. 11–17.30 Uhr, Eintritt 3,50 € inkl. 1 € Gutschein für Museumscafé, Kinder bis 6 Jahre frei, bis 18 Jahre 1 €, Familienkarte 6 €

Mettlach ist ohne die Symbiose mit Villeroy & Boch kaum vorstellbar. Die Alte Abtei, Teil eines Benediktinerklosters, wurde 1842 zum Firmensitz. Davor wacht auf der Mittelsäule des guss-eisernen Schinkel-Brunnens König Johann der Blinde mit heruntergelassenem Visier.

In jüngster Zeit gesellten sich nahebei André Hellers Skulptur »Erdgeist« und Stefan Szczesnys »Weltkarte des Lebens« hinzu, beides ursprünglich Elemente des Living Planet der Expo 2000 in Hannover. Das Erlebniszentrum mit Keramikmuseum, Erlebniswelt Tischkultur und Keravision (wo die Unternehmensgeschichte im Spiegel der Zeit am Objekt dargestellt wird) macht es leicht, sich in exquisites Geschirr- oder Baddesign zu verlieben. Eine Attraktion ist das Museumscafé im Stil des Dresdner Milchladens, den die Firma 1892 gestaltet hatte. Vollends überzeugt, werden sich die Schritte vieler von ganz allein ins Outlet-Center lenken, um den Tag mit wertvollen Souvenirs zu beschließen.

Große Saarschleife

Vom Aussichtspunkt ›Cloef‹ (franz. *clef* = Schlüssel) an der berühmten Großen Saarschleife bei Orscholz zeigt sich das nördliche Saarland von seiner landschaftlich schönsten Seite. Passionierte Wanderer folgen an dieser Stelle dem Saar-Hunsrück-Steig, der auf einer Länge von 410 km von Perl bis nach Boppard bzw. Trier führt – eine von vielen Möglichkeiten, das Natur- und Kulturerlebnis in dieser überaus abwechslungsreichen Landschaft zu nutzen.

Ausflug in die ›Stadt der Wölfe‹

Der Wolfspark bei Merzig hat sich im Laufe der Jahre zur Attraktion der Stadt entwickelt. Mithilfe öffentlicher Gelder werden die Gehege u. a. arktischer, europäischer und indischer Wölfe modernisiert, mit Aussichtstürmen versehen und erweitert. Nach dem Tod des Gründers Werner Freund

---

Unser Tipp

Hofgut Serrig

Oberhalb der Schlösser Saarstein und Saarfels liegt das von den Lebenshilfe-Werken Trier bewirtschaftete Hofgut Serrig mit einem reichhaltigen landwirtschaftlichen und handwerklichen Angebot. In der ehemaligen Domäne werden seit 1998 Menschen mit geistiger Behinderung in Landwirtschaft und ländlichem Handwerk betreut. Als Partnerbetrieb Naturschutz hat sich das Hofgut artgerechte Tierhaltung und regionale Vermarktung auf die Fahnen geschrieben.

Feldbahn: Feldbahnfreunde Serrig, Tel. 0651 168 75, www.feldbahnfreun de-serrig.de, Mai–Sept. So/Fei 14–17 Uhr. Bis 1990 in den Weinbergen eingesetzt, fährt sie heute durchs landwirtschaftliche Gelände des Hofguts.

Hofgut-Laden: Tel. 06581 91 45 30, www.hofgut-serrig.de, Di–Fr 10–12.30, 15–18, Sa 8–13 Uhr. Verkauf auch auf dem Viehmarkt-Wochenmarkt in Trier (dienstags und freitags) und auf dem Markt in Konz (samstags).

im Februar 2014 hat Tatjana Schneider die Leitung des Parks übernommen. Mehr Informationen zum Wolfspark sind zu finden unter www.wolfspark-wernerfreund.de, Tel. 06861 91 18 18, tgl. bis Anbruch der Dunkelheit geöffnet; Führung: 1. So im Monat 16 Uhr; ab 40 Personen nach Vereinbarung. Anreise aus Mettlach über die B 51, kurz nach Besseringen ›Auf der Ell‹ links bis zur Waldstraße, dort wieder links.

Essen & Trinken

Deftig-saarländisch – **Mettlacher Abtei-Bräu:** Bahnhofstr. 32, Tel. 06864 932 32, www.abtei-brauerei.de, Di–Sa 11–23, So 11–22 Uhr, Essen ab 6,50 €. Serviert werden in der Hausbrauerei z. B. ›Gefillde‹, dazu unfiltriertes Bio-Märzen-Bier.

Einkaufen

Feines Porzellan – **Villeroy & Boch Outlet Center Mettlach:** Freiherr-vom-Stein-Str. 4–6, Verkaufsöffnungszeiten nur So: www.mettlachoutletcenter.de.

Infos

Verkehr
Bahn: Bf. Mettlach, Strecke Saarbrücken–Trier.
Schiff: Mai–Okt. Mettlach–Saarburg (Do/Sa).

Im Ruwertal ▶ D 6–7

Das Tal östlich von Trier löst sich kaum aus der historischen Verflechtung mit der alten Kaiserstadt. Weine von der Ruwer kann man zur ersten Einstimmung in der Weinstube Kesselstatt am Domfreihof testen. Trotz der hier auf Hunsrückschiefer geernteten Topqualitäten liegt das

Unser Tipp

Narzissenwiesen
Wilde Narzissen, blassgelb und maximal 25 cm hoch, gab es früher im Ruwertal in großen Mengen, heutzutage sind sie nur mehr auf wenige Standorte reduziert. Geführte Wanderungen zu den Narzissenwiesen des Tals sind ein einzigartiges Naturerlebnis. Inzwischen wird in Schillingen sogar ein Narzissenfest zu Ehren der Frühlingsboten gefeiert. (Infos: Tourist-Information Hochwald-Ferienland, Tel. 06589 10 44, www.hochwald-ferienland.de).

Ruwertal im touristischen Schatten der Mosel. Dank international anerkannter Weingüter wie dem Dominikaner-Weingut von Nell (Kasel), dem Karthäuserhof (Trier-Eitelsbach), Maximin Grünhaus, Karlsmühle und Erben von Beulwitz (alle Mertesdorf) ist man inzwischen selbstbewusst auf der Sonnenseite angekommen. Die Trierer Klöster, aber auch Domkapitel und Priesterseminar partizipierten vom Anbau, der bis in die Römerzeit zurückreicht. Einer Mode des gehobenen Trierer Bürgerturms im 19. Jh. gemäß, besaßen auch die Eltern von Karl Marx in Mertesdorf einen Weinberg, den der Philosoph jedoch verkaufte.

Auf Tour durch die Flur

Ruwer-Hochwald-Radweg: www.ruwer-hochwald-radweg.de. Die einstige Bahntrasse zwischen Ruwer und Hermeskeil ist heute der 50,5 km lange ›Ruwer-Hochwald-Radweg‹. Er folgt dem Verlauf der Ruwer,

Hier fand Johann der Blinde vorübergehend eine Ruhestätte – Klause bei Kastel-Staadt

einem Nebenfluss der Mosel. Von Mai bis Ende Oktober verkehrt an Samstagen und Sonntagen ein Radlerbus, in den rheinland-pfälzischen Sommerferien auch montags, mittwochs und freitags (Reservierung: www.regio radler.de).

Das Ruwertal wird nach Durchquerung des Hochwalds vom Quellbereich aus, von **Kell am See** oder **Zerf** aus, aufgerollt. Eng an der früheren Bahnlinie entlang, umkurvt man bei Lampaden die stattliche **Burg Heid.** Johann Peter Job von Nell aus der berühmten Trierer Familie, der auch Oswald von Nell-Breuning entstammt, hatte im 19. Jh. den einstigen Gutshof des Trierer Domkapitels in ein turmbe-

wehrtes Ritterschloss verwandelt (keine Besichtigung).

Von besonderem Reiz sind auch Orte, in denen die Zeit still zu stehen scheint, wie das von einer bizarren Burgruine beschützte Sommerau, an dessen Hängen plötzlich die ersten Weinberge auftauchen. Ein kleiner Schlenker zu malerischen Viadukten, die den Radweg tragen, führt hierhin.

Bei **Waldrach** wurde ein winziges Stück römische Wasserleitung, die die Metropole an der Mosel versorgte, unter ein Schutzdach gestellt. **Mertesdorf** liegt an der alten Römerstraße Mainz–Trier. Wer die sanften Hügel im Unterlauf der Ruwer liebt, deren Weinlaub im Herbst leuchtet, wer die

Historisches Gemäuer – **Die Mühle:** Bahnhofstr. 10, Hentern, Tel. 06587 74 76, www.die-muehle-hentern.de, ab 12 Pers., DZ 50 €, Fewo/Bauwagen 26–36 €. Ferienhaus mit Platz für Gruppen bis zu 25 Pers., Einzelgäste mögl.

Rieslingfein – **Hotel & Weingut Karlsmühle:** Im Mühlengrund 1, Mertesdorf, Tel. 0651 51 23, www.karlsmuehle.de, DZ ab 78 €. Forellen aus heimischen Gewässern und Rieslinge vom renommierten Weingut verfeinern den Aufenthalt.

Aktiv

Freibad Unteres Ruwertal: Sehr schönes Gelände in Mertesdorf mit Sprungturm und Plansch-Attraktionen.

Infos & Termine

Tourist-Information
Tourist-Information Hochwald-Ferienland: Bahnhofstr. 25, Kell am See, Tel. 06589 10 44, www.hochwald-ferienland.de.

Termine
Kirmes mit Tierschau: letztes Augustwochenende in Kell am See.

Verkehr
Trier–Hermeskeil (Linie 33); RegioRadler Trier–Hermeskeil (Linie 290), Mai–Okt.

Wiesen und Waldstücke im mittleren Teil schätzt, ist in der eher unspektakulären Welt dieses Tals goldrichtig. Von besonderem Reiz ist auch die stille Herbheit des Osburger Hochwalds in der Nähe der vom Nebenfluss Riveris gespeisten Talsperre. Von hier ist es nicht mehr weit bis zur Ruwerquelle nahe dem Rösterkopf.

Übernachten, Essen

Fein und gediegen – **Hotel Weingut Weis:** Eitelsbacher Str. 4, Mertesdorf, Tel. 0651 956 10, www.hotel-weis.de, DZ ab 99 €. Herbert Weis, Besitzer des Weinguts Erben von Beulwitz, erzeugt Topweine.

Im Sauertal ▸ B–C 5–6

Immer wieder gibt es im idyllischen Tal Nahrung fürs Auge, überraschende Ausblicke auf das Gewässer mit seinen Wehren, ruhigen und dahineilenden Partien, vielfältige Eindrücke von kleinen Dörfern, Uferidyllen und malerischen Flussschleifen. Nahrung für den Magen bietet die Sauer ▷ S. 131

Auf Entdeckungstour: Auf dem Jakobsweg

Jakobsmuscheln auf Steinquadern und Wegweisern geleiten von Trier durch den Saargau auf einer 52 km langen Teilstrecke nach Perl. Immer wieder überraschen herrliche Ausblicke auf die Mosel, Luxemburg und ins Saartal. Vier Fliegen schlägt man mit einer Klappe: den Jakobsweg an sich, die Streuobstwiesen der Viezstraße (Apfelweinstraße), die ihn regelrecht umtänzeln, interessante Spuren jüngster Zeitgeschichte am Wegesrand – und die alte Römerstraße zum Mittelmeer.

Reisekarte: ▶ D 6 – B 8

Zeit: Dreitagestour (ca. 21/15/16 km)

Planung: Karte Naturpark Saar-Hunsrück, Blatt West 1 : 50 000. Jakobsweg-Flyer: www.lux-trier.info. Römische Villa Borg (mit Taverne), www.villa-borg. de, April–Okt. Di–So 11–18, Nov./Feb./ März bis 16 Uhr. Übernachtung in Mannebach, Sinz, Perl.

Start: Trier, Abtei St. Matthias.

2010 fiel der Namenstag des Apostels Jakobus d. Ä., der 25. Juli, auf einen Sonntag – für Spaniens Christen und die Jakobuspilger ein ›Heiliges Jahr‹. Seit die Jakobuswege 1987 zur ersten europäischen Kulturstraße erklärt wurden, erlebt die Idee der Wallfahrt nach Santiago de Compostela eine unglaubliche

Renaissance. Tausende machen sich auf den Weg, der seit dem 11. Jh. für das Erwachen eines paneuropäischen Bewusstseins steht.

Von Trier nach Tawern
In Trier strömen die Wallfahrer von Eifel, Mosel und Mittelrhein zusammen und brechen von der Abtei St. Matthias (dem einzigen Apostelgrab nördlich der Alpen) nach Metz und Toul auf, um zu den Hauptrouten bei Vezelay oder Le Puy-en-Velay zu gelangen.

Auf dem Moseluferweg geht es nach Konz, dann über die Saarbrücke nach Tawern und im Süden des Orts durch einen Buchenwald hinauf zum Metzenberg, wo der rekonstruierte gallorömische Tempelbezirk ein besonderes Augenmerk verdient. Schon Kaufleute pausierten bei diesem dem Gott Merkur geweihten Heiligtum aus dem 1.–4. Jh. – bei klarem Wetter mit Blick auf die Kaiserstadt.

Manna in Mannebach
Auf dem Bergkamm geleitet die alte Römerstraße nach Kümmern, der Wechsel ins Tal des Mannebachs führt nach Mannebach. Die kurze Abweichung vom Weg lässt sich vollauf rechtfertigen, entstanden doch im Mittelalter entlang der Jakobswege überall Pilgerhospize und Herbergen, nicht nur neue Straßen und Kirchen. Seit 1994 produziert das Brauhaus Mannebach mit Erfolg naturtrübes Bier, schenkt in der anheimelnden Gaststube und im Biergarten aus und hält im Landgasthaus liebevoll eingerichtete Zimmer bereit. Im nahen Riedhof (s. S. 122) kann man sich mit ›artgerecht‹ erzeugtem Käseproviant eindecken. Übernachten: Mannebacher Landhotel Brauhaus, 1,1 km vom Weg, s. S. 122.

Krieg und Frieden
Beim Dorf Fisch reckt sich der romanische Westturm der kath. Pfarrkirche St. Jakobus (Rehlinger Kirche) allein auf weiter Flur inmitten des Friedhofs empor. Sein ursprünglicher Stammort Littdorf existiert nicht mehr.

Dem Pilger ist die Legende des hl. Jakob längst bekannt: 814 führte ein leuchtender Stern einen Eremiten zur Grabstätte Jakobs in Santiago de Compostela. 844 erschien der Apostel in der Schlacht von Clavijo den christlichen Rittern hoch zu Ross und führte sie gegen die Mauren zum Sieg.

Nach Merzkirchen verläuft der Weg im offenen Land auf der alten Römerstraße. An der B 406, zwischen Sinz und der Kreuzung zur B 407, errichteten auf dem höchsten Punkt der Kammlinie zwischen den steil abfallenden Tälern von Obermosel und Saar deutsche und amerikanische Kriegsveteranen 1991/94

Der Jakobsweg entlang der Mosel

ein Friedensdenkmal für Tausende von Soldaten auf beiden Seiten, die im Winter 1944/45, kurz vor der Kapitulation, auf dem mit Höckerlinien, Minen und Bunkern durchsetzten Gelände in der ›Hölle am Orscholzriegel‹ starben. Das 1935 ›heim ins Reich‹ gekehrte Saarland barg bis in den nördlichsten Zipfel über 4000 Bunker. Der Westwall sollte den Rücken für Hitlers Osteroberung freihalten, vergleichbar mit der französischen Maginotlinie.

Für diesen Wall wurden Obst- und Weingärten umgehackt, Straßen verlegt, Aussichtstürme gesprengt, die Kirche von Borg musste dran glauben, um die Zahl der möglichen Angriffsziele zu verringern. Die Hoffnung der Bevölkerung auf wirtschaftlichen Aufschwung durch die von überall angeworbenen Arbeiter wich bald der Ernüchterung. Für Hunderttausende bedeuteten die Kriegsspiele an der Westfront 1939 eine organisierte Evakuierung in den Reichsosten, ab 1944 eine wilde Massenflucht mit unsicherem Ausgang. Hinter der kath. Pfarrkirche St. Remigius von Tettingen-Butzdorf stehen die Drachenzähne einer Panzersperre noch heute in Reih und Glied.

Friedens- und Lebenszeichen sind heute die Streuobstwiesen, die bei Sinz und Tettingen verstärkt auftauchen. Übernachten: Landgasthaus Birkenhof, Sinz, 1,9 km vom Weg, s. S. 116.

Römer in Borg

Ein massentouristisches Fenster zur Antike öffnete die saarländische Denkmalpflege bei Borg, als sie Ausgrabungen zum Anlass des Neubaus einer römischen *villa rustica* nahm. Nach historischen Vorbildern rekonstruiert, macht die Villa Borg römisches Leben in der Region anschaulich, wenn auch ein Hauch von Disneyland über den knallroten Ziegeldächern schwebt. Trotzdem sehenswert – und das Essen nach Apicius in der Taverne ist vorzüglich.

Grenzenlos

In Perl eingetrudelt, ist die südliche Wein-Mosel erreicht. Mindestens 100 km zu Fuß oder 220 km per Rad müssen zur Anerkennung als Jakobspilger absolviert werden. Es ist noch ein weiter Weg bis Santiago de Compostela. Übernachten: Masseria Rosa dei Venti (0,5 km), s. S. 113.

Das Mannebacher Brauhaus serviert leckeres naturtrübes Bier aus eigener Produktion

Fliegenfischern und Anglern. Attraktiv ist eine Landpartie von Wasserbillig bis Echternach für Radler, wobei die Luxemburger Seite wegen des durchgängigen Radwegs den Vorzug erhalten sollte. Wer der Sauer einige Kilometer weiter flussaufwärts folgt, gelangt nach Bollendorf, wo eine *villa rustica* zur Besichtigung lädt (www.bollendorf.de).

Ob man in Rosport, dem Sprudelort der einzigen Mineralquelle Luxemburgs, oder in Ralingen, dem Tor zum Deutsch-Luxemburgischen Naturpark, die Boote zu Wasser lässt – jenseits der Talsperre ist dieser Flussbogen ein beliebter Wasserski-Treff.

Essen & Trinken

Gemütlich – **Landgasthof Zum Klimmes:** Im Sauertal 12, Wintersdorf, Tel. 06585 265, www.klimmes.de, Do–Sa ab 17.30, So 12–22 Uhr. Deftige Küche, schmackhafte Flieten (Hähnchenflügel), Viez, Schnaps aus eigener Brennerei, Biergarten.

Einkaufen

Preiswert – **Sprit:** In Luxemburgs Grenzort Wasserbillig ist auch Benzin billig.

Aktiv

Im Trend – **Wasserski:** Auf dem Stauwasser der Sauer bei Rosport Mai–Okt. von Sonnenauf- bis Sonnenuntergang, 15. Juni bis Aug. 9–12 u. 17.30–22 Uhr.
Entspannung pur – **Fischen:** Ist man im Besitz eines Erlaubnisscheins, kann man im Echternacher See fischen – einem der Top-Reviere in Luxemburg.

Infos

Verkehr
Autofähre: Oberbillig–Wasserbillig, April–Sept. Mo–Fr 7–20, Sa/So 9–20, Okt./15.–31. März Mo–Fr 7–19, Sa/So 10–19, Nov.–14. März 7–19 Uhr.

Echternach ▸ B 5

Echternach ist ein liebenswertes luxemburgisches Städtchen mit einer pulsierenden Fußgängerzone, der ›Haaler Gaass‹. Es liegt am Ufer der Sauer – jenseits der Brücke ist Deutschland. In der ältesten Stadt Luxemburgs dachte man schon immer grenzenlos. Im Mittelalter wurde europäische Geschichte mitgestaltet. Der angelsächsische Missionar, Erzbischof und Heilige Willibrord (658–739) gründete Klöster in der ganzen Region.

Ehemalige Benediktinerabtei St. Willibrord Echternach
Dokumentationszentrum über die Springprozession: Tel. 00352 72 01 49, www.willibrord.lu, 1.4.–15.11. Mo–Sa 10–12, 14–18, So 14–18 Uhr
Die Abtei Echternach, zu der die Trierer Äbtissin Irmina von Oeren ihren Grundbesitz beisteuerte, wurde zu Willibrords liebstem Ort. In der karolingischen Krypta der Basilika ist der ›Apostel der Benelux-Staaten‹ begraben, ein Marmorschrein birgt die Reliquien. Bei der Plünderung durch französische Revolutionstruppen wurden die Gebeine des Heiligen gerettet, die barocken Abteigebäude mit der damals noch fast original romanischen Kirche 1797 versteigert, letztere als Fayencefabrik genutzt. Im 19. Jh. komplett erneuert, wurde die Basilika, ein unfassliches Verbrechen am gemeinsamen europäischen Erbe, von deutschen Truppen am zweiten Weihnachtsfeiertag 1944 in die Luft gesprengt.

Abteimuseum
Ehrenhof der Abtei, Tel. 00352 72 74 72, www.willibrord.lu, April/Okt.

Unser Tipp

Springende Pilger

Zur Echternacher Springprozession strömen an Pfingsten Tausende von Pilgern in die Stadt. Vor zahllosen Schaulustigen springen sie am Dienstagmorgen, lose durch Tücher verbunden, vom Ehrenhof der Abtei schräg vorwärts durch die Altstadt. Musikkapellen spielen dazu eine volkstümliche Melodie. Die Prozession tanzt zurück zur Basilika, passiert den Heiligen Sarkophag in der Krypta und erhält den Segen. Der Brauch geht wahrscheinlich auf eine christianisierte heidnische Feier zurück. Die Springprozession wurde 2010 von der UNESCO zum immateriellen Kulturerbe der Menschheit erklärt. Infos: www.willibrord.lu, www.springprozession.de.

10–12, 14–17, Mai/Juni/Sept. bis 18, Juli/Aug. 10–18 Uhr
Das Musée de l'Abbaye im Kellergewölbe des Abteipalastes lädt ein, sich über das Leben des hl. Willibrord und die Klosterschreibstube zu informieren. Die Echternacher Schreibschule genoss vom 8. bis 11. Jh. einen herausragenden Ruf als Zentrum der Handschriften- und Buchmalerei. Da die Klosterschätze nach 1794 in alle Winde verstreut waren, sind die Codices als Faksimile ausgestellt, so auch das Goldene Evangelienbuch von Echternach.

Trifolion

Centre Culturel, Touristique et de Congrès, 2, Porte S. Willibrord, Tel. 00352 267 23 91, www.trifolion.lu
Das moderne Trifolion gegenüber der Basilika fällt architektonisch aus dem Rahmen und damit sofort auf. Das Kultur- und Kongresszentrum bietet Raum für Kulturveranstaltungen, Tagungen, Seminare und Messen.

Museum der ländlichen Architektur

Tel. 00352 72 02 30, April–15.11. Mi–So 10–18 Uhr
Die barocke Gartenanlage im ehemaligen Lustgarten hinter dem Ehrenhof der Abtei konzentriert sich ganz auf den Rokokopavillon, den Paul Mungenast 1765 erbaute. Darin ist eine Ausstellung zur Architektur im ländlichen Raum zu sehen.

Römervilla

31.3.–14.10. Di–So 10–12, 13–17 Uhr
Auf der Süre (Sauer) tummeln sich Kanuten. In römischer Zeit war der damals schiffbare Fluss Teil des Wasserwegsystems zwischen Mittelmeer und Rhein. Hier verlief auch die Römerstraße. Nicht verwunderlich ist es daher, dass man 1975/76 südwestlich der Altstadt bei Aushubarbeiten für einen künstlichen See einen ummauerten gallorömischen Gutshof ausgrub. Die Wohnanlage *(pars urbana)* kann von einer Terrasse eingesehen werden, das angegliederte didaktische Museum vermittelt in familienfreundlichem Umfeld lebhafte Eindrücke vom antiken Alltag.

Der 30 ha große Echternacher See ist mittlerweile ein beliebtes Freizeitgelände mit Paddel- und Tretbooten, Kinderspielplätzen, Möglichkeiten zum Fischen, Segeln, Minigolf u. v. a.

Übernachten, Essen

Am Echternacher See – **Jugendherberge Echternach:** Chemin vers Rodenhof, Echternach, Tel. 00352 262 76 64 00, www.youthhostels.lu, Ü/F p. Pers. ca. 21,20 €, Essen ab 7,50 €. 2006 eröffnet, mit Cafeteria, Hochseilgarten, Fahrradverleih, Sporthalle, Trampolinpark und Kletterwand. Barrierefrei.

Aktiv

Natur pur – **Naturparkzentrum Teufelsschlucht:** Tel. 06525 933 93 20, www.teufelsschlucht.de. Im von der Verbandsgemeinde Südeifel betriebene Zentrum kann man sich über Wanderrouten, Sehenswürdigkeiten und Ausflugsziele in der Region informieren, das Naturparkmuseum besuchen oder Naturerlebnisangebote wahrnehmen. Neu ist seit 2015 der Dinosaurierpark Teufelsschlucht, in dem 120 lebensgroße Nachbildungen von Urzeittieren gezeigt werden.

Abends & Nachts

Klassik & Jazz – **Festival International Echternach:** Info-Tel. 00352 72 83 47, www.echternachfestival.lu, Sept.– Okt. Seit 1975 an verschiedenen Orten, jetzt auch im Trifolion; Auftritte renommierter Musiker, Förderung künstlerischen Nachwuchses, Uraufführungen.

Infos

Tourist-Information

Tourist-Info Echternach: Parvis de la Basilique, Echternach, Tel. 00352 72 02 30. Unter www.echternach-tourist. lu findet man ausführliche Informationen zur Stadt und zur Region Müllerthal sowie zur Kleinen Luxemburger Schweiz.

Tourist-Information Ferschweiler: Sybillenstr. 1, Tel. 06523 13 08, www. ferschweiler.de, hier findet man ausführliche Informationen zum Schloss Weilerbach, zur Teufelsschlucht, zu den Irreler Wasserfällen und zum Ferschweiler Plateau.

Der Marktplatz von Echternach wird beherrscht vom mächtigen Dënzelt, dem Schöffengerichtsgebäude aus dem 15. Jh.

Mittelmosel: Schweich bis Veldenz

Highlight!

Neumagen: Ein einzigartiges Entree in die Antike! Kastellfunde, darunter das berühmte ›Weinschiff‹, untermauern den Anspruch von Noviomagus, ältester deutscher Weinort zu sein. S. 147

Entdeckungstouren

Anders wandern mit Andres: Die Tour auf dem Stefan-Andres-Wanderweg führt von Mehring zur Zummethöhe und nach Trittenheim zum Stefan-Andres-Denkmal, garniert mit Zitaten aus dem Werk des Dichters, der in den 1950er-Jahren zu den meistgelesenen Autoren gehörte. S. 138

Vom Maar zur Mosel: Auf dem Radweg entlang der Lieser bewegt man sich zeitweise auch auf mörderischen Spuren. S. 154

Kultur & Sehenswertes

Molitorsmühle in Schweich: Demonstration einer alten Technik am Föhrenbach. S. 136

Römische villa rustica in Mehring: Sie vermittelt Einblicke in das antike Leben im 2. Jh. S. 139 und S. 142

Bergwerk Fell: Hier wird die knochenharte Arbeit der Bergleute anschaulich, spannend auch für Kinder. S. 143

Aktiv unterwegs

Ballonfahrt in Schweich: Bei der MoselBallonFiesta gehen alle Blicke gen Himmel. S. 143

3-Tages-Radtour mit Schifffahrt: Von Trittenheim nach Traben-Trarbach und zurück. Die Mosel aus zwei Perspektiven – vom Rad und Schiff. S. 146

Wandern auf dem Jufferweg: eine leichte Tour durch die berühmte Weinlage »Braunberger Juffer«. S. 157

Genießen & Atmosphäre

Schöne Aussichten: Die Wahl zwischen dem Fünfseenblick (Mehring) und der Zummethöhe (Leiwen) fällt schwer. S. 141 und S. 145

Straußwirtschaft Moselgarten in Piesport: Ambiente, Mosel-Radweg, Bootsanleger, köstliches Essen, herrlicher Blick! Was will man mehr? S. 151

Brauneberger Hof in Brauneberg: In familiärer Atmosphäre entfaltet sich eine schmackhafte Küche mit regionalen Produkten. S. 158

Abends & Nachts

Sternwarte Wittlich in Wintrich: Sterngucker sind willkommen, die bei klarem Wetter hier die Gestirne beobachten. S. 157

Auf römischen Straßen

Die Antike als Werbeträger! Schon zu Römerzeiten wurde Wein von Staatsgütern auf der Mosel verschifft, um die Truppen in Gallien bei Laune zu halten. Die Stadt Schweich setzt voll auf dieses Zugpferd und kreierte daher den griffigen Slogan »Roemische Weinstraße« für sich und 19 zur Verbandsgemeinde gehörende Ortschaften. Am Fluss verlief tatsächlich eine der Römerstraßen von Trier nach Bingen und Mainz. Bei Neumagen schraubte sie sich hinauf in den Hunsrück. Spuren römischer Kultur finden sich überall entlang der Route, auch in der Grafschaft Veldenz.

Schweich ▶ D 5

Bis heute profitieren Schweich und die umliegenden Dörfer von der Nähe

zu Trier. Touristikfachleute sorgen dafür, dass die Region aus dem Schatten der Metropole tritt und ihre Schönheiten besser zur Geltung kommen. Was könnte als Wahrzeichen der Stadt gelten? Die mächtige Autobahnbrücke nicht, so bombastisch sie auch das Tal überspannt und erste unvergessliche Blicke auf die Landschaft gewährt. Der Alte Fährturm schon eher, der seit dem 18. Jh., der Ära des Kurfürsten Clemens Wenzeslaus, fünfeckig mit Zeltdach am Moselufer steht.

Niederprümer Hof
Hofgartenstr. 26
Auf jeden Fall aber könnte das ehemalige Klostergut Niederprümer Hof, das nach einem verheerenden Brand in Schweich 1706 wieder aufgebaut und 1802 säkularisiert wurde als Wahrzeichen dienen. Restauriert ist es seit 1983 Kulturzentrum und Sitz der Stefan-Andres-Gesellschaft mit Ausstellungsräumen zu Leben und Schaffen des Dichters (ganzjährig geöffnet Di 14–16 Uhr, Tel. 06502 65 24 (AB); www.stefan-andres-gesellschaft.de, s. S. 138).

Alte Synagoge
Eine bewegte und bewegende Geschichte hat die Synagoge in der Richtstraße 40 hinter sich: Bau im 17., Neubau im 19. Jh., Zerstörung 1938, Kriegsgefangenen- und dann Warenlager, nach dem Kauf durch die Kommune 1989 Umgestaltung zur Kultur- und Begegnungsstätte (März–Okt. Di 10–12, Do 14–16 Uhr, Nov.–Feb. n. V., Tel. 0171 951 10 06).

Molitorsmühle
www.molitorsmuehle.de, Ostern–Okt. Sa, So/Fei 14–18 Uhr

Die 1972 stillgelegte Mühle am Föhrenbach betreiben die Geschwister Branz, Enkel des letzten Müllers Molitor, seit 1997 als Museum. Mühlentechnik um die Wende zum 20. Jh. wird lebendig, staunend fühlt man sich an die Geschichten aus Kindertagen erinnert – von Max und Moritz bis zu Krabat – wenn zur Demonstration das von der 1999 restaurierten Turbine angetriebene Mahlwerk rattert (Mühlenhof-Fest: 2. So n. Pfingsten; Deutscher Mühlentag: Pfingstmontag, 14–18 Uhr).

Der geheimnisvolle Meulenwald

Schweich liegt am Rand des Meulenwalds, seinen Mineralbrunnen und der Schwefelquelle Wallenborn, die den Kelten als heilig galt. Die römische Straße nach Andernach führte durch den Forst, dessen Name vielleicht aus lat. *milum* (Meile) entstand. Eine andere Erklärung liefert die Sage vom herrischen Bischof Milo (718–758), den selbst die hl. Bonifatius und Willibrord nicht zu christlicher Demut bekehren konnten. Auf der Jagd im Meulenwald wurde Milo von einem Keiler getötet. Seither spukt er gern in Gestalt eines feuerroten Pferdes, das unvermittelt aus der Erde aufsteigt.

Mountainbike-Paradies

Infos über alle präparierten Strecken im Umkreis von Schweich: Tourist-Info, Tel. 06502 93 38 10; www.roemi sche-weinstrasse. de; Eifel-Mosel-Cup: www.eifel-mosel-cup.de; Bekond Aktiv: www.bekond-aktiv.de
Bekond, nördlich von Schweich, ist nicht nur für sein idyllisches Schloss bekannt, eine ehemalige Wasserburg aus dem 17. Jh., die Carl Kaspar von Kesselstatt 1709 feudal umbauen ließ. Seit einigen Jahren ist der Ort ein Paradies für Mountainbiker. Auf Strecken mit attraktiven Single-

trails zwischen Weinberg und Wald mauserte es sich zur Hochburg für diese Sportart, mit Touren rund um den Hummelsberg; hier wird der Eifel-Mosel-Cup ausgetragen. Der auch im Sinne der Völkerverständigung sehr engagierte Verein ›Bekond Aktiv‹ veranstaltet alljährlich ein Moselhöhenbiking, was im Biker-Jargon des Vorsitzenden Kaspar Portz »Herbstabtrieb für Mountainbiker« heißt.

Fern der Straße genießt man auf dem rechten Ufer von Schweich nach Detzem und umgekehrt immer wieder schöne Mosel-Ansichten.

Übernachten

Im Zentrum – **Hotel Grefen:** Brückenstr. 31, Tel. 06502 924 00, www. hotel-grefen.de, DZ ab 54 €. Im Restaurant (Mo/Di/Sa ab 17, Mi–Fr 10–14 und ab 17, So 11–14 Uhr) wird auf marktfrische Produkte Wert gelegt.

Einkaufen

Frisch vom Hof – **Bauernhofladen Rosemarie Leinen:** Tel. 06502 51 62. Di–Do ab 14.30, Fr 9–18.30, Sa 8–13 Uhr, neben Hotel Leinenhof (L 141 Richtung Hetzerath). Direktvermarkter von schmackhaften Fleisch- und Wurstwaren.

Infos & Termine

Feste
Fest der Roemischen Weinstraße: Anf. Mai. Alle zugehörigen Weinorte präsentieren sich in Schweich.

Verkehr
Bahn: Bf. Schweich, Trier–Koblenz (Linie 690).
Bus: Trier–Bullay (Linie 333)
Schiff: Trier–Bernkastel-Kues

Auf Entdeckungstour:
Anders wandern mit Andres

Die Tour führt auf einem Teilstück des Stefan-Andres-Wanderwegs (Zeichen: grünes Buch) von Mehring zur Zummethöhe und nach Trittenheim zum Stefan-Andres-Denkmal. Zitate aus dem Werk zeigen, aus welchen Quellen sich die schöpferische Kraft des Dichters speiste.

Reisekarte: ▶ D–E 5

Zeit: Tagestour, ca. 12 km

Planung: Topografische Karten Naturpark Saar-Hunsrück, 1 : 50 000; Zeichen: MV weiß, M weiß (z. B. an Pfosten gemalt), grünes Buch; evtl. Anfahrt mit Bus 333-1, Mo–Fr (!), Trittenheim, Brücke nach Mehring, Römervilla. Verpflegung mitnehmen.

Start: Mehring, *villa rustica (*Römervilla)

»Dieser beschaulichste Fluß bewahrt zu beiden Seiten seiner Ufer über und unter der Erde zahllose ausgegrabene und noch im Schlaf der Vergangenheit liegende Denkmäler an jenes Volk, das Europa zusammen mit den Griechen den Wein übermittelt hat«, legt Stefan Andres in seinem Weinpilgerbuch die römischen Wurzeln des Mosellands offen. Ein trefflicher Beginn für eine Wanderung, die von der mitten im Mehringer Neubaugebiet gelegenen *villa rustica* auf die Hunsrückhöhen führt.

Von der Römervilla zum Fünfseenblick …

Von der Römervilla zum Sportplatz, links die K 85 hoch (Zeichen MV), rechts zum Schützenhaus, durch den Kammerwald (Zeichen: grünes Buch) trifft man am Aussichtspunkt mit Felsenkreuz auf den Rioler Klettersteig. Unterhalb der Autobahn (Zeichen: grünes Buch und M) geht es weiter bis wir die Route für einen Abstecher zum ›Fünfseenblick‹ auf den Fluss verlassen. »Die schiffbar gewordene Mosel mit ihrem breiten beständigen Wasserspiegel ist nun viel schöner und, dies vor allem: dem Weinbau förderlicher geworden«. schreibt Andres nach der Kanalisierung. Nach 1945 zählte Andres zu den meistgelesenen Autoren deutscher Nachkriegsliteratur. Der in den 1950er-Jahren aktive Atomwaffengegner, Befürworter der Deutschen Einheit, überzeugte Europäer und Weltbürger starb 1970 in Rom.

… und von der Zummethöhe nach Trittenheim

»Nun kamen wir auf die Höhe, wo der Weg aus dem kleinen Tal der Dhron in das große Moseltal hinüberläu. Ich fühlte, wie mein Blick, der drunten am Bach immer gegen den Berg anstieß, in die Ferne fliegen konnte, weiter und noch weiter. ›Dat is de Mosel‹, sagte Vater, und sein langer Finger wies in die Tiefe vor uns.« Steff staunt bei seinem ersten bewussten Aufbruch aus der Enge des heimatlichen Dhrontals, fühlt sich »angeschaut vom Fluss und den Bergen«. 1906 wird er in Dhrönchen als 9. Kind eines Müllers geboren. 1910 muss die Familie die Mühle wegen des Baus der Dhrontalsperre aufgeben und zieht nach Schweich.

In Schweich illustriert seit 1978 ein Brunnen Andres' autobiografischen Roman »Der Knabe im Brunnen«, der von seiner Kindheit in der Region erzählt. Trittenheim errichtete ihm zum 100. Geburtstag am Dorfplatz ein Denkmal mit genau diesem Hauptmotiv: Ein Knabe beugt sich über den Brunnen, sein Spiegelbild für ein vom Wassermann gefangenes Kind haltend. Hier endet die Reise zu den Ursprüngen des Dichters. Lust auf mehr?

Lieblingsort

Fünfseenblick über Mehring
▶ E 5
Eine Wanderung von Detzem
aus durch die Weinberge auf der
alten Römerstraße hoch oder von
Mehring aus über die Römervilla
auf dem Moselhöhenweg hinauf
steigert noch das Erlebnis des
einzigartigen ›Fünfseenblicks‹. Vom
Aussichtsturm erfasst man mehrere
Moselschleifen zugleich. Hier können Sie Eindrücke tanken in einer
mit immer neuen Überraschungen
aufwartenden Landschaft!

Umgebung von Schweich

Die römischen Herren errichteten Landgüter im Umkreis der Kaiserstadt. Später hinterließen die kirchlichen Herrschaften ihre Spuren in den Orten der Verbandsgemeinde Schweich: Kenn, Riol, Longuich, Mehring, Pölich, Thörnich, Köwerich, Detzem, Klüsserath und Leiwen.

Kenn ▸ D 5

Auf einer Terrasse des fruchtbaren Schwemmlands der Trierer Talweitung bettet sich das Dorf in von Lehm und Ton geprägte Weinberge. Die Trierer Abtei St. Maximin bestimmte schon um 700 das politische Geschehen, um 1200 baute sie den Maximiner Hof. Kenn entstand aus lat. *canna,* Schilfrohr. Ihr ›Cannae‹ erlebten im Moselland allerdings nicht die Römer, sondern die Treverer, und das gar nicht weit weg, nämlich in Riol.

Riol ▸ E 5

Riol liegt beschaulich in Rufweite der Hauptverkehrsadern. Auf der alten ›Saufbähnchen‹-Trasse am Fluss tummeln sich Moselradler.

70 n. Chr. ging es hier dem Kriegsberichterstatter Tacitus zufolge wesentlich lauter zu, als im größten Gemetzel seit der römischen Besetzung des Treverer-Landes die aufständischen Kelten auf der Anhöhe über Rigodulum eine solche Niederlage erlitten, dass sie sich für die neuen Herren entschieden. So markiert die Schlacht den Beginn gallorömischer Zivilisation an der Mosel. Ein tolles Ausflugsziel ist der Klettersteig bei Riol.

Longuich ▸ D/E 5

Es ist nicht geklärt, ob Römer oder Kelten Pate beim Ortsnamen standen, ob *longus vicus* (langes Dorf) oder *luncwich* (krummer Bach). 1987 wurden in den Weinbergen die Reste des Badetrakts einer offenbar luxuriösen *villa urbana* gefunden, die teilrekonstruiert und frei zugänglich ist. Der Doppelort Longuich-Kirsch am Übergang von der Trierer Talweitung zum Moselcañon und am Schnittpunkt von Römerstraßen war von jeher als Besitztum begehrt. Die Abtei St. Maximin baute den Maximiner Gutshof, eine mächtige Vierflügelanlage (1714) mit Treppenturm, und besaß im 18. Jh. auch die Alte Burg an der Maximinstraße. In der rudimentär erhaltenen Anlage wird heute getafelt wie weiland die alten Rittersleut' (www.alteburg-longuich.de). In St. Laurentius, einer Saalkirche von Johannes Seitz aus dem 18. Jh., weist die spätgotische Mutter Gottes mit Jesuskind auf der Mondsichel (Traubenmadonna) auf die fruchtbare Region hin (Schlüssel bei R. Fritzen, Tel. 06502 62 01).

Mehring und Pölich ▸ E 5

Am Mehringer Berg (419 m) auf der Eifelseite reifen feine Weine. Vom alten Dorf blieb infolge eines Großbrands 1840, schwerer Luftangriffe im Zweiten Weltkrieg und des Abrisses ganzer Häuserzeilen anlässlich der Moselkanalisierung in den 1960er-Jahren wenig übrig. Umso mehr frappiert nach dem erneuten Wechsel auf die Hunsrückseite der Anblick einer restaurierten *villa rustica* – eingekeilt in ein neues Wohngebiet (s. S. 138)!

In **Pölich** (*pulchra villa*) wurde eine antike Wasserleitung (206 n. Chr.) oberhalb der Kirche freigelegt.

Übernachten

Bequem – **Gasthof zur Römervilla:** Im Hostert 14, Mehring, Tel. 06502 44 62, www.roemervilla.de, DZ um 44 €, Restaurant Mo–Sa ab 17, So 11.30–14 und 17–22 Uhr. Kompetente Infos zum Angeln und Erwerb von Angelscheinen, Hunde erlaubt, Fahrradverleih, Sauna.

Thörnich, Köwerich ▸ E 5

Antike Wurzeln und sehr gute Weine! So führte Bundeskanzler Adenauer bei Reisen nach Moskau zu Verhandlungen mit den ›Soffjets‹ auch einige Flaschen Thörnicher Ritsch im Gepäck. Noch mehr Bonn und Mosel gibt es ganz in der Nähe! Aus Köwerich stammt Ludwig van Beethovens Mutter Maria Magdalena Keverich. Bis in die 1950er-Jahre wurde ein stattliches Weingut von direkten Nachkommen ihrer Familie bewirtschaftet, nun setzt das Weingut Geschwister Köwerich in der Beethovenstraße 27 die Tradition fort, das Konterfei des Musikgenies prangt auf Wein- und Sektetiketten – auch im Bonner Beethovenhaus.

Detzem ▸ E 5

Ad decimum lapidum entstand in römischer Zeit, am zehnten Meilenstein also, von Trier aus gerechnet. Die Nachbildung eines solchen Meilensteins steht in der Ortsmitte. Heute ist der einstige fränkische Königshof und spätere Besitz der Trierer Abtei St. Maximin ein Paradies für Radler, die auf sicheren Uferpfaden die wunderschöne Landschaft erkunden.

Wanderung zum Fünfseenblick

Verschiedene Wege führen zum Aussichtsturm, von wo man einen einzig-

Unser Tipp

In die Luft gehen …
MoselBallonFiesta: An jedem dritten Wochenende im August richten sich alle Augen nach oben: Dann ist der Himmel voller Heißluftballons. Programm mit Wettfahrten, NightGlow, Live-Musik und Kinderprogramm. Infos: www.moselballonfiesta.de.
Gleitschirmfliegen: Die Vereine Die Moselfalken www.moselfalken.de und Drachenfliegerclub Trier (www.dfc-trier.com) bieten Gastpiloten die Möglichkeit zum Fliegen, auch im Tandem.

… oder in die Tiefe
Schieferbergbau in Fell: Fell ist ein typisches Bergwerk der Wende vom 19. zum 20. Jh. Von Longuich aus in den Hunsrück hinauf nach Fell, geht es auf schmaler Straße ins Noßerntal hinein, wo die Einstimmung auf das zwischen Fell und Thomm gelegene Besucherbergwerk Barbara-Hoffnung schon unterwegs mit allerlei bergmännischen Utensilien gelingt. 2013 wurde ein modernes Besucherzentrum eingeweiht (Tel. 06502 98 85 88, April–Okt. Di–So 10–18 Uhr. www.bergwerk-fell.de).

artigen Fünfseenblick auf mehrere Moselschleifen gleichzeitig genießen kann: ein Rundwanderweg oder der ›Seitensprung‹ Extratour Mehringer Schweiz des Moselsteigs (s. S. 141).

Übernachten

Gemütlich – **Weingut Michael Dany:** Fährstr. 1a, Detzem, 06507 99 31 00, www.michael-dany.de, Fewo (2 oder

4 Pers.) ab 50 €, ruhige Lage, nahe dem Mosel-Radweg.

Klüsserath ▸ E 5

Die Straße nach Klüsserath verläuft vor Überquerung des Flüsschens Salm am Rudemwald, wo der Sage nach das Rudemsmännchen umgeht: Der Bürgermeister von Thörnich hatte den Schalk im Nacken bzw. unter der Mütze (Schöpflöffel) und in den Schuhen (Heimaterde). Im Grenzstreit mit Klüsserath schwor er beim Ortstermin: »So wahr ich den Schöpfer über mir habe und auf Thörnicher Erde stehe, gehört der Wald uns.« Die Thörnicher siegten, ihr Chef aber spukt seither im Rudemwald. Aus zwei Siedlungskernen gewachsen, einer römischen Villa nahe der kath. Pfarrkirche St. Maria und einem Bezirk am Berghang, ist das schon 634 erwähnte Clutharada ein Musterbeispiel für Wein liebenden Klerus. Zeitweise waren über 20 Abteien und Stifte begütert, abgesehen von Königen und Rittern hoch zu Ross. Viel mehr als eine trierische Wasserburg und der ehem. Echternacher Hof blieben nicht erhalten. An eine Rosenkranz-Gemeinschaft erinnert der Name der berühmten Weinlage ›Klüsserather Bruderschaft‹.

Klüsserather Passionsspiel

Seit dem riesigen Premierenerfolg im Jahr 2000 wird das Passionsspiel von Michael Friedrich, eine szenische Fassung der Evangelientexte, alle fünf Jahre am Passions- und Palmsonntag von Laiendarstellern aus dem Dorf an mehreren Spielorten aufgeführt (weitere Informationen und Spielplan unter www.passionsspiel-kluesserath.de).

Krippenschule und Museum

Biblische Themen haben in Klüsserath Tradition – 1982 gründete sich der Ver-ein der Klüsserather Krippenfreunde. Aus Ausstellungen und Kursleiter-Lehrgängen entstand die Krippenbauschule, die für interessierte Laien ganzjährig Kurse anbietet, geleitet von Meistern aus der Moselregion, Bayern und Tirol (Anmeldung: www.krippenverein.de). Seit Mai 2010 präsentiert das Museum ›Haus der Krippen – Domus Praesepiorum‹ in einem über 350 Jahre alten Gebäude mit über 90 internationalen Exponaten die Vielfalt künstlerischer Darstellung der Geburt Christi (Hauptstr. 83, Dez./Jan. Di–So, sonst Fr–So 14–18 Uhr, www.krippenmuseum.info).

Infos

Tourist-Information

Im Gemeindezentrum Alte Ökonomie, Kirchstr. 3, Tel. 06507 30 99, www.klu esserath.net.

Trittenheim, Leiwen ▸ E 5

Auf dem Kamm der Moselschleife schiebt sich als ›Landmarke‹ zunächst die 1569 erbaute, in den 1990er-Jahren sanierte Laurentiuskapelle ins Bild, die Dörfer Trittenheim und Leiwen beäugen sich über den Fluss hinweg. Beide nennen hervorragende Weinlagen ihr eigen, ein Begriff weithin ist die ›Trittenheimer Apotheke‹. Aber nicht nur der Geist des Weins, sondern auch zwei Geistesgrößen schrieben Trittenheim ins Buch des Lebens: Johannes Trithemius (1462–1516) und der im Ortsteil Dhrönchen geborene Stefan Andres (1906–1970), Ersterer Abt und Gelehrter, Letzterer ein Dichter (s. S. 138).

Zwar nennt man die Zummethöhe mit dem zur VG Schweich an der Roemischen Weinstraße gehörigen Trittenheim gemeinhin in einem Atemzug, denn von da blickt man hinab auf das Winzerdorf mit sei-

Lieblingsort

Moselschleife über Trittenheim ▶ E 5
Urteilen Sie auf der Zummethöhe selbst, vom Restaurant oder besser vom nahen Parkplatz aus, was das fast magisch Besondere dieses Orts ausmacht, weshalb diese eine Moselschleife die berühmteste des an Schleifen doch so reichen Flusses ist!

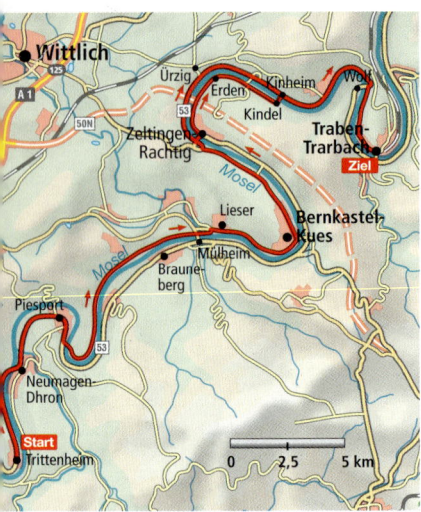

Drei Tage an der Mosel – mit dem Rad hin und mit dem Schiff zurück

Die Mittelmosel-Tour von rund 70 km beginnt in Trittenheim, verläuft an beiden Ufern, rechts teilweise auf der Trasse des stillgelegten »Saufbähnels«, und endet in Traben-Trarbach. Rückfahrt mit dem Linienschiff. Die Tour durch eine der schönsten Landschaften der Mosel streift Highlights wie das ehemalige Römerkastell Neumagen sowie die Römerkeltern in Piesport, gegenüber Brauneberg und Erden. Beeindruckend sind die Sonnenuhren in den Weinbergen bei Neumagen, Brauneberg, Wehlen, Zeltingen und Ürzig. Zum Sightseeing fordern Bernkastel-Kues und Traben-Trarbach auf.

Die zweitägige Radtour führt zunächst von Trittenheim nach Zeltingen (ca. 40 km). Am 2. Tag erreicht man nach ca. 30 km Traben-Trarbach. Am 3. Tag von Traben-Trarbach über Bernkastel-Kues nach Trittenheim mit dem Linienschiff (www.moselrundfahrten.de).

Von Trittenheim fährt man links (in Fließrichtung) 8 km nach Neumagen-Dhron, rechts 8,5 km nach Piesport, links 10,5 km nach Brauneberg und ca. 3 km nach Mülheim, wo sich ein Abstecher zur Römerkelter Brauneberg am rechten Ufer anbietet. Auf linker Seite kommt nach 5 km Lieser, nach 4,5 km Bernkastel-Kues, nach 8 km folgt der Uferwechsel nach Zeltingen. Bis Kinheim gibt es zwei Routen: linksseitig 3,5 km nach Ürzig, 1 km zur Römerkelter Erden und 2,5 km nach Kinheim oder rechtsseitig 6,5 km bis Kindel. Von Kinheim-Kindel aus sind es 4,5 km nach Wolf und 4 km nach Traben-Trarbach.

Optimalen Service bieten Bett & Bike-Quartiere (Hauptreisezeit beachten!) in Trittenheim, Zeltingen-Rachtig und Traben-Trarbach: www.bett undbike.de. Direkt am Radweg liegt die idyllische Straußwirtschaft Moselgarten in Piesport. In Brauneberg empfiehlt

nen beiden historischen Fährtürmen und die berühmteste Moselschleife der Welt. Genau genommen gehört das Terrain zu Leiwen linker Hand der Brücke von 1909. Selbst wenn keine Zeit bliebe für eine ausführliche Erkundung dieses ebenfalls sympathischen Weinorts mit der Pfarrkirche St. Stephan (1500/1769), für eine Weinverkostung im Kurtrierer Hof oder einen Besuch im ›Weindorf‹, so muss Raum bleiben für eine Fahrt oder Wanderung hinauf auf die **Zummethöhe**, wo man ein Ausflugslokal aufsucht, nur um dieses eine Einzigartige zu erleben: das Gefühl, wie ein Vogel abzuheben, um ins weithin einsehbare Tal zu schweben.

3-Tagestour mit Rad und Schiff

Weglänge: gut 70 km, Dauer: 3 Tage, Einkehrmöglichkeit unterwegs

sich der Brauneberger Hof, in Bernkastel-Kues z. B. die Straußwirtschaft Dillinger. Für eine süße Rast bietet sich in Kinheim die Konditorei Hünnekens an.

Per Pkw kommt man über die A 1 bzw. B 269 auf Stichstraßen zur Mosel. Mit Bahn/Bus geht es von Bullay bzw. Trier mit dem Radelbus (Linie 333) weiter, was aufwendig, aber machbar ist. Die Busse verkehren von April bis Okt. bis Trittenheim nur 1–2 x tgl., meist mit längerem Aufenthalt in Bernkastel-Kues. Busplätze buchen, Tel. 06531 968 00.

Übernachten

Über dem Moseltal – **Landal Sonnenberg über Leiwen:** www.landal.de/sonnenberg, Ferienhäuser mitten in den Weinbergen.

Übernachten, Einkaufen

Beste Noten – **Gästehaus Clüsserath-Weiler:** Brückenstr. 9, Trittenheim, Tel. 06507 50 11, www.cluesserath-weiler.de, DZ ab ca. 80 €. Mehrfach ausgezeichnete Rieslingweine.

Stilvoll-südländisch – **Stefan-Andres-Weinstube:** Laurentiusstr. 17, Trittenheim, Tel. 06507 59 72, www.weingut-bernhard-eifel.de, DZ ab 69 €, Nov., Dez. und März Fr–So ab 18, April–Ende Okt. Mi–So ab 18 Uhr. Hauptgerichte ab 19 €. Im Gästehaus des Topwinzers Bernhard Eifel übernachten, in der Weinstube feinste Tropfen genießen.

Behaglich-erholsam – **Weingut & Gästehaus** Ansgar Clüsserath: Spielesstr. 4, Trittenheim, Tel. 06507 22 90, www.ansgar-cluesserath.de, DZ 65 € im Weingut der hoch bewerteten ›MoselJünger‹-Winzerin Eva Clüsserath mit Weinen u. a. aus der berühmten ›Apotheke‹. Weinproben nach Vereinbarung möglich.

Essen & Trinken

Gourmet-Stern – **Wein- & Tafelhaus:** Moselpromenade 4, Trittenheim, 065 07 70 28 03, www.wein-tafelhaus.de, Mi– So, Hauptgang ab 38 €. Zum Verwöhnen und Genießen! Daniela Oos berät bei der Weinwahl, Alexander kocht Guide-Michelin-würdige Köstlichkeiten. Der ›Zauberer‹ Oos gibt sein Wissen auch in Kochkursen weiter (s. S. 64).

Einkaufen

Topqualität – **Weingut Köwerich:** Maximinstr. 11, Leiwen, Tel. 06507 42 82, www.weingutkoewerich.de. Nick produziert feine Weine, Annette Köwerich sensible Moselbücher.

Infos

Tourist-Information
Trittenheim: Moselweinstr. 55, Tel. 06507 22 27, www.trittenheim.de.
Leiwen: Römerstr. 1, Tel. 06507 31 00, www.leiwen.de.

Neumagen! ▸ E 5

Trotz der Hauptstraße, die seit Römerzeiten mitten durch den Ort führt, wirkt Neumagen beschaulich. Das geht sicher auch auf das Konto der vielen Radler, die gelassen mit der Autokonkurrenz umgehen. Am Ufer sind sie fast unter sich. Hier liegt der Nachbau eines der berühmten ›Weinschiffe‹ vor Anker.

Neumagen ist ein wahres Entree in die Antike! Ein Replikat des ›Schulreliefs‹ am Rathaus informiert z. B. über gallorömische Bildung. Vor einem Weingut an der Römerstraße, die seit fast 2000 Jahren die Hauptverkehrsader ist, schmiegt sich der ›fröhliche

Steuermann‹ verschmitzt lächelnd an ein Weinfass. Das Motiv gehört zu einer Serie von Römer-Weinschiffen, die neben weiteren Stücken bei Ausgrabungen 1877–1885 ans Tageslicht und ins Provinzialmuseum nach Trier, das heutige Rheinische Landesmuseum, kamen. Der dortige Saal der ›Neumagener Grabmäler‹ quillt schier über, das berühmteste der Weinschiffe wurde gar zum Museumslogo. Eine Kopie des Weinschiffes steht im Schatten der kath. Peterskapelle (14./18. Jh., offen), weitere Repliken römischer Funde können entlang des Archäologischen Rundweges besichtigt werden.

»Endlich zeigte sich mir an den ersten Gestaden der Belger Noiomagus, das ruhmreiche Fort Konstantins des Erhabenen. Reiner streifen die Lüfte dort die Gefilde«, schwärmte der Römer Ausonius 371 in seinem Gedicht ›Mosella‹ und dachte dabei zwei Jahre zurück, als er, im Gefolge Kaiser Valentinians vom Feldzug gegen die Alamannen zurückkehrend, Fluss und Festung erstmals aus diesem Blickwinkel sah. Noviomagus (neues Feld) war reicher Handels- und Umschlagplatz und die letzte wichtige Station nach der beschwerlichen Reise von Bingen über den Hunsrück. Bis nach Trier mussten noch, wie es ein Caracalla-Leugenstein vor der Pfarrkirche ausweist, 15 Leugen, also rund 33 km zurückgelegt werden.

Als Reaktion auf die katastrophalen Raubzüge der Germanen im Jahr 275 hatten schon Kaiser Konstantins Vorgänger begonnen, Noviomagus mit Mauern und Türmen zu befestigen. Als Fundament des Kastells wurden Sandsteinquader verwendet, in Neumagen vermutlich aus den Grabmälern recycelt, die hier nach römischer Sitte entlang der Ausfallstraße standen. Beim Zusammensetzen des Puzzles legte das Rheinische Landesmuse-

um eine einmalige Sammlung des Lebens und der Kunstformen unserer gallorömischen Vorfahren an der Mosel an. Anschauungsmaterial, bietet das Römische Museum ›Noviomagi‹ in den Räumen der Tourist-Information (Römerstr. 137, Tel. 06507 65 55, April–Okt. Mo/Di/Do/Fr 9–13, 14–17, Mi 9–13, Sa 9–12, Nov.–März Mo/Di/Do/Fr 9–12 Uhr).

Märtyrerkapelle ▶ E 5
Info: Pfarramt Mariä Himmelfahrt, Römerstr. 102, Tel. 06507 22 45
An der Straße nach Neumagen ist die Märtyrerkapelle (1506/1764) trotz eines legendenhaft traurigen Anlasses ein malerisches Bild. Bis hierhin soll die Mosel Ende des 3. Jh. vom Blut der Trierer Märtyrer rot gefärbt gewesen sein, die von Kaiser Maximians Truppen wegen ihres christlichen Glaubens niedergemetzelt wurden (s. S. 102).

Rundfahrt mit dem Weinschiff
Info: Tourist-Info (s. S. 149)
Hinter dem Ausoniusgarten liegt im Neumagener Hafen das Weinschiff Stella Noviomagi seit Herbst 2007 vor Anker. Der fast 18 m lange Nachbau des an der Peterskirche aufgestellten Replikats der antiken Skulptur hat bis zu 40 Plätze (plus Kapitän und Matrose), kann gechartert und bei entsprechender Fitness und Witterung stilecht gerudert oder mit Motoren zu einer Reise entlang der bekannten Weinlagen Neumagens und der Nachbarorte angetrieben werden. Modalitäten sind in der Tourist-Information zu erfahren.

Hagens Heimstatt Dhron
Sieht sich Neumagen als ›ältester Weinort Deutschlands‹, so reklamiert der Zwillingsort Dhron den legendären Bösewicht Hagen von Tronje aus dem Nibelungenlied für sich. Auch hier

Pachtzahlung: Das in Neumagen gefundene Relief (um 250 n. Chr.) zeigt römische Beamte beim Zählen des von Bauern gebrachten Geldes

beruft man sich auf einen Römer, Venantius Fortunatus, einen Freund des Trierer Bischofs Nicetius, der wie Ausonius Landschaft und Menschen in Gedichten besang, wenn auch 300 Jahre später. Er erwähnt das Bächlein Dhron und einen Palast, den man als Nicetiusburg deuten und Hagen zuschanzen könnte, was Funde auf dem Folzerberg (= Pfalzberg) nicht ausschließen. Von Dhron mit den schmucken Bruchsteinhäusern aus empfiehlt sich eine fast alpinistische Straße durch die Weinberge nach Piesport, sofern Sie nicht am Wasser bleiben wollen.

Übernachten

Historisch – **Warsberger Weinhof:** Römerstr. 98, Tel. 06507 925 80, www.warsberger-weinhof.de, DZ 68 €, Apartment 75 €. Der historische Gewölbekeller und das Gästehaus (Piacenzahaus) gegenüber sind Schmuckstücke im Ortskern.

Übernachten, Essen

Komfortabel an der Mosel – **Komforthotel Zum Anker:** Moselstr. 14, Tel. 06507 63 97, www.hotelzumanker.

de, DZ ab 94 €, Hauptgerichte ab 12,50 €, Bett & Bike. Eines der laut der Zeitschrift TOP beliebtesten Hotels im Lande, ganz offensichtlich jedenfalls bei Radlern.

Aktiv

Jachthafen: Moselstraße, Tel. 06507 70 16 70, www.marina-mittelmosel.de. Gastliegeplätze, Boot- und Fahrradverleih. Von Skippern als schönster Ankerplatz an der Mosel gerühmt.

Infos & Termine

Tourist-Information
Touristinformation Neumagen-Dhron: Römerstr. 137, Tel. 06507 65 55, www.neumagen-dhron.de, Mai–Okt. Fr 17.15, Sa 10.15 Uhr Führung ›Auf den Spuren der Römer‹.

Feste
Weinschiff-Fest: Juli, Neumagen, Fest rund um den Weinschiffhafen.
Fröhliche Weinstraße: September, Straßenfest.

Verkehr
Bus: Strecke Trier–Bullay (Linie 333).
Schiff: Trier–Bernkastel-Kues.

Unser Tipp

Römisches Kelterfest

Eine gute Mischung aus Gaudi und Folklore ist das Fest am 2. Wochenende im Oktober, bei dem nicht nur am Moselufer römische Spezialitäten aufgetischt, sondern in Piesports original römischer Kelteranlage unter Leitung eines ›Imperators‹ nach alter Art die Trauben mit Füßen getreten werden. Zum Winzergott Sucellus und der Weinkönigin gesellt sich allerlei Fußvolk. So läuft der Wein, der beim Vorjahrsfest durch die Kelter gelaufen ist, nun durch die Kehlen.

Piesport ▶ E 5

»Dort wo Felsen und sonniger Grat in gewundenem Bogen / weinstockbesetzt sich erhebt, ein natürlich entstandnes Theater«, rühmte 371 Ausonius (s. S. 19) in seiner ›Mosella‹ die Landschaft. Piesport reklamiert für sich, diese Kulisse gewesen zu sein. In der Tat könnte der Römer das Aha-Erlebnis geschildert haben, das er nach der Reise über den Hunsrück hatte, als er die terrassenförmig geschichteten Weinberge am Moselbogen erblickte. Schade, dass beim Ausbau der L 157 nicht an eine Ausguckplattform à la ›Ausoniusblick‹ gedacht wurde. Ratlos nach der Stelle Ausschau haltend, die den Römer zu seinem enthusiastischen Ausruf veranlasst haben könnte, ist man schon in Niederemmel angelangt.

Porto Pigontio hieß der eifelseitige Siedlungskern einst, der wegen des ›Theaters‹ im Rücken sich kaum über antike Vorgaben ausdehnte. Eine Kelteranlage aus dem 2./4. Jh. am westlichen Ortsende vermittelt durch übersichtliche Rekonstruktion und alljährliche praktische Demonstration temporärer ›Römer‹ ein anschauliches Bild der Weinerzeugung. Die antiken Genießer wussten sehr genau, wo Kelterhäuser Sinn machten, und so darf man hier von einem guten Tröpfchen ausgehen. Winzer wie Theo Haart oder Gernot Hain, deren Familienbetriebe auf jahrhundertealte Traditionen bauen können, betreiben Imagepflege mit feinem Gespür und bereiten den Boden dafür, dass Piesporter Lagen wieder in aller Expertenmunde sind. An der Brücke begrenzt die hübsche kath. Pfarrkirche St. Michael das Ortszentrum. 1776/77 vom Tiroler Architekten Paulus Miller erbaut, leuchtet das Rokoko noch mehr durch Johann Peter Webers Gewölbemalerei.

Antikes Erbe auch im Ortsteil Niederemmel jenseits des Flusses: Unweit der kath. Pfarrkirche St. Martin (1732) wurde 1950 in einem Sarkophag ein Diatretglas gefunden, das gut und gerne zwei Liter Riesling fasst. Das Rheinische Landesmuseum in Trier verwahrt das Original ebenso wie das einer um 213 entstandenen Caracalla-Säule, die die Entfernung von der Kaiserresidenz Trier in Leugen (ca. 2,2 km) anzeige. Eine Kopie dieses ›Meilensteins‹ steht ganz in der Nähe der Touristinformation am Heinrich-Schmitt-Platz in Piesport.

Mit einem Großfeuerwerk setzen die Piesporter jeweils Anfang Juli die ›Moselloreley in Flammen‹, womit das schroffe, zuweilen eigenartig kupferrot schimmernde Rotlay-Massiv vollends in den Rang eines Wahrzeichens erhoben wird. 1852 bis ca. 1871 und noch einmal 1936 bis 1940 wurden hier Blei-, Kupfer- und Zinkerze abgebaut. Die Ausbeute war aber für Rüstungszwecke zu gering, der Bleiglanz allenfalls für Töpferglasuren zu gebrauchen. Am Ufer von Niederemmel hat man einen unverstellten Blick auf das Felsmassiv jenseits des Flusses, das am Ufer keinen Weg erlaubt.

Ausflug nach Minheim

Etwa 2 km weiter flussabwärts liegt Minheim. Der Ort hat hübsche Fachwerkwinkel, die 1840 bis 1842 erbaute kath. Pfarrkirche St. Johann Baptist auf der Habenseite und ein Jesuskreuz auf der Hunsrückseite, das aus Protest gegen die kirchenfeindliche Nazi-Politik errichtet wurde. Nach dem Büßen auf dem Kreuzweg entschädigt der herrliche Moselschleifen-Blick.

Lichterprozession in Klausen

Wallfahrtskirche: Führung Tel. 06578 218, www.klausen.de
Von Piesport aus über die L 50 gelangt man auf die Hochfläche, wo man in Klausen die kath. Pfarr- und Wallfahrtskirche St. Maria besuchen und in Kesten wieder zur Mosel hinunterfahren kann. Viele Wunder sagt man der Gottesmutter nach, die der Klausner Eberhard 1442 in einer Kapelle verehrte, die im 15. Jh. einer größeren Kirche wich. Das von Augustiner-Chorherren bis zur Säkularisation betriebene Gotteshaus ist das wichtigste Zeugnis spätgotischer Architektur der Südeifel.
Eine Lichterprozession eröffnet am 30. April die Wallfahrtsaison. In Klausen treffen sich die Jakobswege aus Mosel (Moselcamino) und Eifel (Eifelcamino). In der Ortsmitte betreibt die Gemeinde seit 2012 eine Pilgerherberge mit Dorfladen (Tel. 06578 10 29 05).

Übernachten

Weingenuss – **Hotel Piesporter Goldtröpfchen:** Am Domhof 5, Tel. 06507 24 42, www.weingut-hain.de, DZ ab 75 €, Fewo (2 Pers.) ab 45 €. Weinbautraditi-

on seit dem 17. Jh. Gernot Hain gehört zur Star-Generation der jungen Winzer, ohne abzuheben. Exquisite Weine sind das Markenzeichen. Im Restaurant gibt es die passenden »Moseltapas«.

Einkaufen

Moselblick – **Weingut Reinhold Haart:** Ausoniusufer 18, Tel. 06507 20 15, www.haart.de. Spitzenwinzer Theo Haart erzeugt charaktervolle Rieslinge mit natürlicher Restsüße.
Radler- und Wein-Tipp – **Straußwirtschaft Moselgarten:** Weingut Lehnert-Veit mit Gästehaus, OT Niederemmel, In der Dur 6–10, Tel. 06507 21 23, info@lehnert-veit.de, DZ 60 €, Hauptgerichte 10–16 €, Spezialität des Hauses ist das Winzerpfännchen. Renommiertes Weingut mit Tradition seit 1653. Die Straußwirtschaft öffnet im Mai (bis Okt.); lauschiger Garten nahe der Moselloreley am Moselufer und Radweg, mit Bootsanleger! Event: Wein mit Schokolade! Mit Vinothek.

Infos & Termine

Tourist-Information

Tourist Information Piesport/Minheim: Heinrich-Schmitt-Platz 1 (OT Niederemmel), Tel. 06507 20 27, www.piesport.de, Führung ›Zeitreise durch Piesport‹.

Feste

Tage der offenen Weinkeller: Christi Himmelfahrt.
Moselloreleyfest: 1. Juliwochenende, mit großem Feuerwerk.
Weinhöfefest: 3. Wochenende im Aug.
Römisches Kelterfest: s. Unser Tipp, S. 150.

Verkehr

Bahn: Bf. Wittlich, Trier–Koblenz (Linie 690).

Bus: Strecke Wittlich–Bernkastel-Kues (Linie 301).
Schiff: Trier–Bernkastel-Kues.

Kesten ▶ F 4/5

Das Weindorf, das die Römer nach der *castanea* (Kastanie) benannten, hält sich bescheiden im Hintergrund, obwohl seine Weinlagen Paulins-Hofberger oder Kestener Herrenberg zum Besten gehören, was die Moselregion zu bieten hat. Somit nimmt es nicht Wunder, dass sich der Trierer Klerus um Güter in dem schon 935 in einer Urkunde König Heinrichs I. erwähnten Ort riss. Von illustren Namen wie Simeonstift, Irminen-Oeren, St. Maximin, St. Thomas, Kurtrier oder dem Eifeler Kloster Himmerod sind noch einige im Ortsbild präsent, so der stattliche Paulinshof (www.paulinshof. de), heute ein renommiertes Weingut, sowie der Gutshof des letzten Trierer Kurfürsten Clemens Wenzeslaus, der den Rieslinganbau an der Mosel forcierte. Eine liebenswürdige Attraktion ist das ›Schwalbenhaus‹, in dem zu Brutzeiten bis zu 100 Vögel nisten.

Auf dem Schiffs-Wanderweg in die Römerzeit

Donnerstags möglich; Infos: Gästeservice Jüngling, s. u.
Mit dem Linienschiff morgens von Kesten nach Piesport gelangt, läuft man nach dem Abstecher zur römischen Kelteranlage auf dem ›Schiffs-Wanderweg‹ (Wegweiser blaues S oder braunes Herz) zurück. Die Tour führt u. a. ins idyllische Dreisbachtal zum Sauerbrunnen, an dem schon die Römer ihren Durst löschten. Auch Napoleon soll ein frischer Trunk aus der Mineralquelle angeboten worden sein, als er auf der Flucht vor General Blüchers alliierten Truppen dank einer flugs gebauten Schiffbrücke nach Kesten übergesetzt hatte.

Heute kann hier trinken, wer will, rasten, Wasser treten und grillen. Hat man Quartier in Monzel genommen, werden die Mühen des Aufstiegs durch wunderbare Blicke ins Moseltal belohnt, zuletzt bei der dortigen Kirche. Tipp: Buslinie 301 von/nach Osann-Monzel.

Übernachten

Familiär im alten Winzerhaus – **Gästeservice Liesel & Franz-Josef Jüngling:** Eiermarkt 10, Kesten, Tel. 06535 321, DZ ca. 55 €, Infos zu Wanderungen, Ausflügen und Touren mit dem Kinderwagen oder Rollstuhl, auch auf dem Moselsteig.
Direkt am Moselsteig – **Aparthotel Panorama:** Novianderweg 3, Osann-Monzel, Tel. 06535 94 48 05, www.rieslinghotel.com, DZ ab 86 €, Fewo ab 76 €, Hauptgerichte ab 13 €, Planwagenfahrten, Destillerie.

Infos

Tourist-Information
Tourist-Information Kesten: Moselstr. 2, Tel. 06535 94 93 34, www.kes ten-mosel.de

Verkehr
Bahn: Bf. Wittlich, Strecke Trier–Koblenz (Linie 690).
Bus: Wittlich–Bernkastel-Kues (Linie 301).
Schiff: Trier–Bernkastel-Kues.

Die ›Grafschaft Veldenz‹ ▶ F 4/5

In der Region hat man die Grafen von Veldenz aus dem nahen Hunsrück als Werbeträger entdeckt. Brauneberg, Mülheim, Veldenz und Wintrich berufen sich auf den alten Adel. Die nach-römische Geschichte der späteren Grafschaft beginnt mit der Schenkung des Königs Childebert II. im Jahr 588 ›boni vini causa‹ (wegen des guten Weins) an das Hochstift Verdun. Die Stammburg der Veldenzer Grafen wurde erstmals 1156 in einer Urkunde Friedrich Barbarossas als Besitz dieses Klosters erwähnt, was die von den Lothringern eingesetzten Vögte nicht daran hinderte, sich das Lehen unter den Nagel zu reißen. Verduns Vögte stiegen zu Grafen von Veldenz auf, starben 1444 in männlicher Linie aus und wurden von der Pfalz-Zweibrückener Verwandtschaft beerbt. Diese gesellten dem wittelsbachischen weißblauen Rautenwappen den Veldenzer Löwen bei. Die bayerische Raubkatze brüllte also eindeutig zuerst an der Mosel! Bereits im Jahr 1523 führte Herzog Wolfgang die Reformation ein, weshalb sich die alteingesessenen Mülheimer und Veldenzer als Lutheraner noch immer von den überwiegend katholischen Wintrichern, Lieserern und Piesportern unterscheiden. Brauneberg nimmt mit seiner Simultankirche eine Sonderstellung ein.

Im 16. Jh. gehörten die Ländereien zum ›Kleinen Reich des Jerrihans‹, des Grafen Georg Johannes von Pfalz-Veldenz, der durch Heirat mit dem schwedischen Königshaus liiert war. Im 17. Jh. beanspruchte der allerkatholischste König Ludwig XIV. aufgrund alter Rechte das ehemals bischöfliche Terrain des nun französischen Verdun. Das war der Anfang vom Ende der Burgenherrlichkeit überm Tal des Veldenzer Bachs.

Die Zugehörigkeit des traditionell katholischen Wintrich zum Marketing ›Grafschaft Veldenz‹ ist eine Reminiszenz an die preußische Herrschaft, im 19. Jh. wurde das Winzerdorf dem Amt Mülheim unterstellt.

Aus der Grafschaft stammt außerdem Johann Peter Petri, besser bekannt als ›Schwarzer Peter‹, der dem Kartenspiel seinen Namen gegeben haben soll. Der spätere Kumpan des Schinderhannes wurde 1752 in Burgen geboren. An ihn erinnert der ›Kulturweg Grafen, Gold und Schwarzer Peter‹.

Wintrich ▶ F 5

Das Vindriacum der keltischen Römer wurde 960 urkundlich festgehalten. Berühmte Lagen kennzeichnen das Dorf an der Moselkrümmung, wo die Berghänge sanft zurückweichen und sich landwirtschaftlich nutzbare Seitentäler öffnen. Felsbetont ist Wintrich auch, und so steht auf dem Geyerskopf am Ende des Weinlehrpfads in der Lage ›Großer Herrgott‹ seit 1968 ein 9 m hohes Kruzifix. Im Ort selbst zeigt die Pfarrkirche St. Stephanus ihren Turm aus dem 13. Jh., während das Langhaus im Wesentlichen aus dem 19. Jh. stammt. 1902 wurden hier erstmals in der Fastenzeit Passionsspiele aufgeführt, von 1927 bis 1952 fast durchgängig alle fünf Jahre. In selber Turnus bringen seit 1997 mit großem Erfolg einheimische Laiendarsteller das Leben und Sterben Jesu auf die Bühne des Gotteshauses. Für Himmelsgucker ist der Gang zur Sternwarte auf den Schieferhöhen Wintrichs ein glücklicher Aufstieg zum Einstieg in galaktische Sphären (Informationen s. u.).

Essen & Trinken

Schönes Ambiente – **Restaurant Altes Kelterhaus:** Am Martinergarten 13, Tel. 06534 94 96 67, www.altes-kelterhaus.de, Do–Di 12–14, 18–22 Uhr, Hauptgerichte ab 15 €. ▷ S. 157

Auf Entdeckungstour:
Vom Maar zur Mosel

Die Radtour auf dem Maare-Mosel-Radweg ist ein fast ebenes Familienvergnü-
gen. Lediglich ›Erlebnisschleifen‹ bringen Steigungen mit sich. Sonst rollt man,
meist auf der ehemaligen Bahntrasse, das Liesertal hinab.

Reisekarte: ▶ E 2 – F 4

Zeit: je nach Fitness! Länge 58 km, dazu
12 Erlebnisschleifen (je 8–44 km).

Planung: www.maare-moselradweg.
de. RegioRadler (Linie 300) tgl. April–
Nov., www.regio-radler.de, Buchung
(nur per Internet) für Sa/So empfohlen;
Karte Eifel-Mosel-Hunsrück (kostenlos
im Mosel-Gäste-Zentrum Bernkastel).

Start: RegioRadler ab Kues (Forum)
nach Daun, Tour ab Bahnhof Daun.

Entdeckung der Maare
Die Radtour führt in eine Landschaft von
stiller, aufregender Schönheit mit Hoch-
flächen, schluchtenartigen Tälern und
den kreisrunden Kesseln im Naturpark
Vulkaneifel. Vermutlich bildeten sich
die geologischen Wunder, mit Ausnahme des mit 44 Mio. Jahren ältesten Eckfelder Maars, vor 29 000–12 500 Jahren.
Damals löste die in den Vulkanen aufsteigende Lava im Kontakt mit Wasser
heftige Gaseruptionen aus. Unter enormem Druck wurden die Gesteinsbro-
cken durch den entstehenden Schlot

hinausgeschleudert, die Maarkessel in ihrer typisch runden Form ausgesprengt. Manche verlandeten oder vermoorten, andere füllten sich mit Wasser, da natürliche Abflüsse fehlen. Die ›Augen der Eifel‹ wurden zu naturgeschützten Freizeiträumen.

Tatort Daun

Daun, das Zentrum der Vulkaneifel, mutiert alle zwei Jahre zum Zentrum des Verbrechen – im September beim Film-, Fernseh- und Literaturfestival »Tatort Eifel«. Als Hommage an ›Eifel-Krimi-Guru‹ Jacques Berndorf könnte man vor der Tour im Café Schuler (Leopoldstraße 1) »zwei Stück Torte von der ganz kriminellen Sorte« essen.

Nach dem Bahnhof folgt sogleich der erste Höhepunkt: Die Radtrasse überquert die Straße auf einem 103 m langen Viadukt (1909). Das nächste Highlight – die Maare bei Daun! Wenn man von der Route abzweigt, kommt man ans Gemündener Maar (1; Freibad). 560 m nach dem langen Tunnel »Großes Schlitzohr« kommt der Radler ans naturgeschützte Weinfelder Maar (Totenmaar; 1, s. Abb. links), das in Berndorfs »Eifel-Liebe« eine Rolle spielt, und ans Schalkenmehrener Maar (3).

Glocken, Vulkane und Burgen

Eine Erlebnisschleife (ca. 7 km) führt nach Brockscheid zur Eifeler Glockengießerei mit ihrer über 400-jährigen Tradition (Glockenstr. 51, Geschäft Mo–Fr 8–13 und 14–17, Führungen Mo–Sa 10/11/12/14/15/16 Uhr). Zurück auf der Hauptroute führt eine Schleife ans 75 m tiefe Pulvermaar (Baden, Boote, Camping) und ins Landgasthaus Janshen in Ellscheid (Moselweg 11, Mitte März–Okt. Di–So 11–20.30, Nov.–Mitte März Fr 17–20.30, Sa 11.30–14 und 17–20.30, So 11–20.30 Uhr). Auf dem Rückweg führt die Vulkanstraße zu köstlichen

Ziegenkäse-Variationen im Vulkanhof (Vulkanstr. 29, Mitte März–Okt. Mo–Sa 10–17, Nov.–Mitte März (außer Jan.) Fr/Sa 10–17 Uhr).

In Strohn (ca. 2 km) empfiehlt sich das Vulkanhaus mit begehbaren Erlebnisräumen (April–Okt. Di–So 10–17, sonst ab 13 Uhr). Nach einem Stück Wegs zurück führt eine Schleife, vorbei am Angler- und Wanderparadies Holzmaar, nach Manderscheid. Bei Eckfeld entdeckten Geologen im Krater des urzeitlichen Trockenmaars das

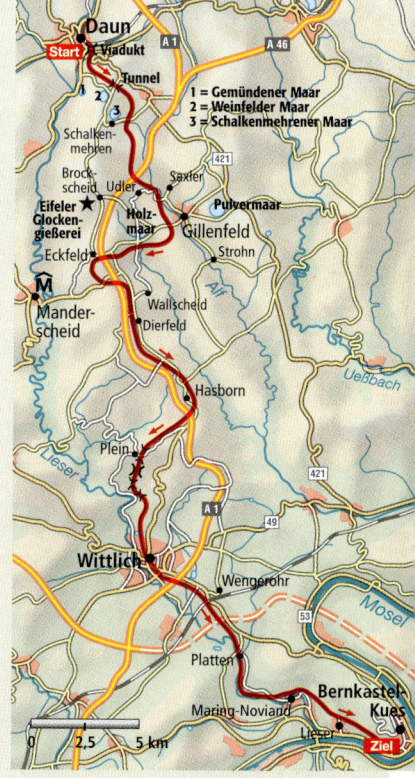

Der Maare-Mosel-Radweg

1 = Gemündener Maar
2 = Weinfelder Maar
3 = Schalkenmehrener Maar

Nur gucken, nicht anfassen – in der Eifeler Glockengießerei in Brockscheid

Eckfelder Urpferdchen und die ›älteste Honigbiene der Welt‹. Die Funde gehören zu den Attraktionen des Maarmuseums in Manderscheid (9 km), das u. a. geologische Prozesse simuliert (Mitte Feb.–März tgl. 14–17, April–1.11. Di–Sa 10–12, 14–17, So 13–17 Uhr). Der Aufstieg verlangt den Muskeln einiges ab. Zwei malerische Burgen auf Rufweite locken jedoch, vor allem zum Burgenfest am letzten Augustwochenende. Das Gespenst der Niederburg (April–Okt. Mi–Mo 10.30–17 Uhr) meldet sich nicht mehr, seit es zur ewigen Ruhe gebettet wurde. 1844 fand man hinter einer zugemauerten Nische ein Gerippe, angeblich der Liebhaber eines Burgfräuleins, den ein jähzorniger Graf ermordet hatte.

Säubrenner in Wittlich

Nach Plein folgen Tunnel auf Viadukt dicht auf dicht, der Blick weitet sich zur Wittlicher Senke.

Bis zu 100 Schweine schlachten die Wittlicher zur Säubrennerkirmes (3. Augustwochenende) und ›rösten‹ sie auf dem Marktplatz. Angeblich ist so ein armes Schwein schuld, dass das Städtchen des Nachts überfallen und zerstört wurde: Ein Wächter habe das Stadttor statt mit dem Bolzen mit einer Runkelrübe verriegelt, ein Borstenvieh diese gefressen – und dem Feind Tür und Tor geöffnet. Die Sage vermischt den Spitznamen ›Säubrenner‹ mit der traumatischen Verwüstung Wittlichs 1397 während einer Fehde mit dem Erzstift Trier.

Ex-Bürgermeister Mehs' Kontakten zu Georg Meistermann (1911–90) verdankt Wittlich Glasfenster für die kath. Pfarrkirche St. Markus, den Zyklus der Apokalyptischen Reiter (1954) für das Alte Rathaus und den Nachlass des Künstlers in der Städtischen Galerie für moderne Kunst (Neustr. 2, Di–Fr 10–12, 14–17, Sa 11–17, So 14–17 Uhr).

Blauer Dunst

Um Neuerburg im Wittlicher Tal, dem Zentrum des Tabakanbaus, könnte man, an Jacques Berndorfs Pfeife denkend, eine Schleife drehen (bei Platten 18 km). Ansonsten geht's weiter das romantische Liesertal hinab, wo man die römische Kelteranlage in Noviand locker mitnimmt. Ab Lieser läuft die Tour auf dem Mosel-Radweg nach Kues.

Übernachten: z. B. Jugendherberge Manderscheid (Tel. 06572 557) oder Bauernhofcafé Morgenfelder Hof in Eckfeld (Tel. 06572 21 49).

Brauneberg

Aktiv

Sternenklar – **Sternwarte in Wintrich:** Eine Führung bzw. Gestirn-Beobachtung kann bei klarem Himmel mit dem Astronomischen Freundeskreis Wittlich vereinbart werden.

Leidenschaftlich – **Wintricher Passionsspiele:** In der Fastenzeit 2017 ist es wieder soweit. Infos liefert www.passionsspiele-wintrich.de.

Infos

Tourist-Information
Tourist-Info: Bergstraße 3, Wintrich, Tel. 06534 86 28, www.wintrich-mosel.de.

Verkehr
Bus: Strecke Trier–Bullay (Linie 333), RegioRadler (April–Okt.).

Brauneberg ▶ F 4

Der Konflikt mit dem raublustigen Sonnenkönig ist noch heute an der Simultankirche St. Remigius abzulesen, die der kurfürstliche Baumeister Franz Wilhelm Rabaliatti 1776/77 neu errichtete. Als Folge des Besitzstreits Ende des 18. Jh. von beiden Konfessionen gemeinsam genutzt, gab es erst 1957 eine strikte Trennung per Quermauer. Seither gehört den Katholiken das Kirchenschiff, den Evangelischen der Chor. Der im Moseltal einzigartige schiefe Zwiebelturm bleibt gemeinsamer Besitz und unerschütterliches Wahrzeichen Braunebergs (Führung nach Vereinbarung, Info im Touristikbüro).

Dusemond hieß Brauneberg früher. Das lateinische *dulcis mons* (süßer Berg) ist unter den etymologischen Deutungen sicher die schönste. 1925 entschloss man sich, ganz im Trend, zur Eindeutschung – was einheimische

Unser Tipp

Unter Nussbäumen
In Brauneberg wird jedes Jahr Ende September auf der 1,6 km langen Nussbaumallee am Moselufer unter bis zu 300 Jahre alten Bäumen das Straßenfest gefeiert, bei über 400 erlesenen Weinen!

Winzer heute gerne als Huldigung an die Spitzengewächse ›Brauneberger Juffer‹ (moselfränkisch ›Jungfer‹) und ›Brauneberger Juffer-Sonnenuhr‹ auf der jenseitigen Moselseite verstanden wissen wollen – auch das sicher zu Recht, denn begnadete Weine verlassen die Keller weltweit renommierter Erzeuger. Für Theodor Fontane war ein Brauneberger der Inbegriff des Moselweins, er erwähnt die Lage u. a. in ›Schach von Wuthenow‹ und ›Frau Jenny Treibel‹. Der raue Felsblock, auf dem eine riesige Sonnenuhr die Stundenschatten anzeigt, speichert kostbare Wärme – was 1998 zur Rekordtemperatur von 41,3 °C führte. Schon 1990/91 hatte man unterhalb der Sonnenuhr zwei große römische Kelteranlagen (3.–5. Jh.) entdeckt, die zu den ältesten in der Region gehören. Fazit: Schon die Römer lagen richtig!

Wandern auf dem Jufferweg

Weglänge: 7,8 km, Dauer: ca. 2 Std., unterwegs keine Einkehrmöglichkeit
Der Wanderparkplatz im Wald am Brauneberg ist sowohl Start- und Zielpunkt der 7,8 km langen, leichten Wanderung durch die berühmte Weinlage »Brauneberger Juffer«. Man wandert über den

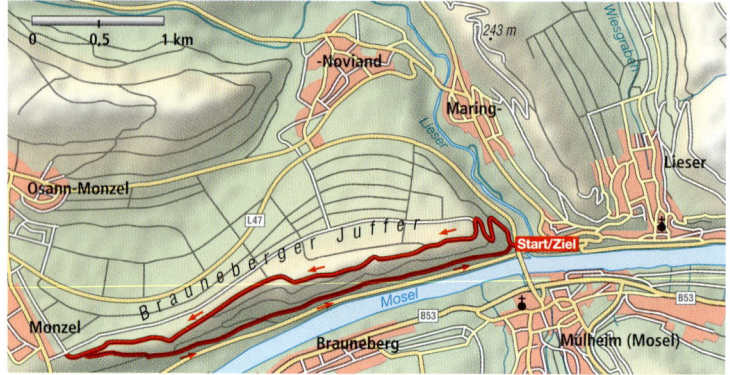

Der Jufferweg am Brauneberg

Brauneberg in Richtung Osann-Monzel, macht dann eine Biegung in die unteren Weinberge und an der Brauneberger Sonnenuhr vorbei. Man sollte sich an dem Symbol des roten Herzens mit einer stilisierten Traube darin orientieren. Unterwegs genießt man wunderbare Aussichten auf die Mittelmosel. Ein einfacher Weg, auch mit einem Kinderwagen gut begehbar.

Übernachten

Liebenswert – **Weingut Gästehaus Martin Prüm:** Im Neudorf 7, Tel. 06534 83 24, www.martin-pruem.de. Herrlicher Mosel-Blick, DZ ab ca. 58 €.

Übernachten, Essen

Wohlfühloase – **Landidyll Hotel Brauneberger Hof:** Moselweinstr. 136, Tel. 06534 14 00, www.brauneberger hof.de, DZ ab 110 €, Hauptgericht ab 16,50 €. Hilde Conrad schuf eine neuen Essenskultur an der Mosel mit regionalen Produkten wie Mosel-Waller, Eifellamm, Eifelschwein, Janshenhof-Geflügel und Vulkanhof-Käse – dazu exquisiter Wein des Sohns und Spitzenwinzers Martin, der die Familientradition fortsetzt.

Mit grünem Daumen – **Weingut Heinrich Kriebs:** Moselweinstr. 68, Tel. 06534 85 59, www.kriebs.de, DZ ab 84 €, Winzerstübchen Di–Fr 9.30–13 und 14–18, Sa 10–16, So 13–17 Uhr. Zum Weingut gehört das mit viel Liebe zum Detail eingerichtete Geschäft ›Die Vitrine‹, in dem Garten- und Wohnaccessoires verkauft werden (Di–Fr 9.30–13 und 14–18, Sa 10–16, So 13–17 Uhr). In Floristikseminaren wird das Wissen weitergegeben.

Einkaufen

Pionier von Spitzenweinen – **Weingut Fritz Haag:** Dusemonder Str. 44, Tel. 06534 410, www.weingut-fritz-haag. de. Wilhelm Haag, der ›Weinpapst der Mittelmosel‹, und sein Sohn Oliver erzeugen seit den 1960er-Jahren Spitzenrieslinge.

Infos & Termine

Tourist-Information
Brauneberg: Moselweinstr. 101, Tel. 06534 93 33 33, www.brauneberg.de.

Feste

Weinfest: Mitte Juli.
Straßenfest in der Nussbaumallee:
s. Unser Tipp, S. 157.

Verkehr
Bus: Strecke Trier–Bullay (Linie 333).

Mülheim ▸ F 4

Einst reiste Wein der Mülheimer Sonnenlay mit der ›Graf Zeppelin‹ um die Welt. Spuren der jahrhundertelangen Bedeutung als weinwirtschaftliches Zentrum der Grafen von Veldenz sind das Weingut Max Ferd. Richter (1774) und das ehem. kurpfälzische Oberamtsgebäude (1785). Die Tafelmalereien der barocken Kirche werden J. G. Engisch zugeschrieben (Schlüssel im Ev. Pfarramt, www.ekkt.de). Die Orgel der Gebrüder Stumm von 1890 ist original erhalten und eines der letzten Instrumente dieser Orgelbauerdynastie (www.stummorgel.de, s. Essay S. 77).

Übernachten

*Originelle Architektur – ***Domizil Schiffmann:** Hauptstraße 52, Mülheim, Tel. 06534 94 76 90, www.domizil-schiffmann.de, DZ 96 €. 3-Sterne-Familienhotel, Fastenwochen.

Einkaufen

*Seit 1680 in Familienbesitz – ***Weingut Max Ferd. Richter:** Hauptstr. 85, Tel. 06534 93 30 03, www.maxferdrichter.de. Spitzenwinzer Dr. Dirk Richter bürgt für Qualität.

Infos & Termine

Tourist-Information
Mülheim: Hauptstraße 60, Tel. 06534 94 87 34, www.muelheimmosel.de.

Verkehr
Bus: Strecke Trier–Bullay (Linie 333).
Schiff: Trier–Bernkastel-Kues.

Veldenz ▸ F 5

Wo auf dem Eifel-Ufer die Lieser in die Mosel mündet, tut dies auf Hunsrücker Seite der Veldenzer Bach. Die geografischen Konstellation und die Reste einer Römerstraße legen eine frühe Besiedlung nahe. Durch ein sanftes Tal begibt man sich so zu den Ursprüngen des Veldenzer Grafengeschlechts und in die römische Geschichte der Region.

Bei der Sanierung des ehemaligen ›Haus des Gastes‹, das bis 1888 als katholisches Pfarrhaus diente, stieß man 1990/91 auf Spuren einer *villa romana* des 2. bis 4. Jh., deren Badeanlage mit *hypokaustum* (Fußbodenheizung durch Warmluft) konserviert und zugänglich gemacht wurde (Museum Villa Romana, Hauptstr. 28, Mi, Fr 15.30–17.30, Sa 9.30–11.30, 15.30–17.30, So/Fei 10–12 und im Winter nach Vereinbarung, Tel. 06534 181 56).

Schloss Veldenz
Familie Haufs-Brusberg, Tel. 06 51 406 36, www.schlossveldenz.com, Führung April–Nov. am 1. Sa im Monat
Abseits der Touristenströme harrt die eindrucksvolle Stammburg der Grafen von Veldenz, auf einem Bergsporn östlich des Orts. Um 1680 von französischen Truppen zerstört, wurde die Ruine 1807 auf Abbruch versteigert, später teilrekonstruiert. Heute wird hier das ritterliche Mittelalter inszeniert.

Infos

Tourist-Information
Verkehrsamt Veldenz: Hauptstr. 25, Tel. 06534 12 03, www.veldenz-mosel.de.

Mittelmosel: Bern-kastel-Kues bis Wolf

Highlight!

Bernkastel-Kues: Bernkastel mit seiner pittoresken Altstadt ist ein Schmuck-stück. Kues steht etwas im Schatten, punktet aber kräftig mit Nikolaus von Kues und dem von ihm gegründeten St. Nikolaus-Hospital (Cusanusstift). S. 162

Auf Entdeckungstour

Mit Cusanus durch Kues: Der Cusa-nuswanderweg führt zur Begegnung mit Nikolaus von Kues, einem der be-deutendsten Theologen und Philoso-phen der frühen Neuzeit. S. 170

Erdener Treppchen/Prälat
Ürzig
Erden
Kröv
Wolf
Zeltingen-Rachtig
Mosel
Bernkastel-Kues
Mit Cusanus durch Kues

Kultur & Sehenswertes

Römische Kelteranlage: Die besterhaltene Anlage dieser Art nördlich der Alpen ist etwa 1700 Jahre alt und kann in Erden bestaunt werden. S. 181

Kirche mit Weinkeller: Der Gewölbekeller, auf dem die ev. Kirche in Wolf erbaut wurde, ist ein historischer Weinkeller. S. 186

Zu Fuß unterwegs

Kletterwanderweg Erdener Treppchen/Prälat: Er bringt ambitionierte Wanderer durch berühmte Weinlagen auf die Anhöhe. S. 181

Themenwanderweg: Vom Moselufer in Ürzig führt ein Weg hoch zum einzigartigen ›Gewürzgarten‹. S. 183

Genießen & Atmosphäre

Zeltingen: Auf Zeltingens pittoreskem **Marktplatz** und in den engen Gässchen atmet man Idylle pur. S. 177

Internationales Trachtentreffen: Bei dem Treffen in Kröv am 1. Juliwochenende mit Umzug, Tanzgruppen und schwimmender Moselbühne vergnügen sich Jung und Alt. S. 186

Auf der Sonnenseite

Riesige Sonnenuhren in den Weinbergen bei Wehlen, Zeltingen, Ürzig und Wolf sowie auf der Bernkastel-Kueser Brücke zeigen südliches Flair an. Die Römer und ihre Nachfahren entdeckten himmlische Freuden auf (und in) Erden.

Bernkastel-Kues **!**

▶ F 4

Ein bärenstarkes Image hat Bernkastel-Kues bei den vielen Touristen, die schon früh im Jahr erwartungsfroh Gassen und Plätze bevölkern. Ist es auf Bernkasteler Seite die traumhaft schöne Altstadt mit ihren kostbaren Fachwerkhäusern, so zeigt Kues am linken Moselufer eher zurückhaltend seine Qualitäten – gediegene Gründerzeitvillen mit Bruchsteinmauern. Es profitiert von seinem berühmtesten Sohn, Nikolaus von Kues, der fast 550 Jahre nach seinem Tod noch immer in den mildtätigen Werken des von ihm begründeten Cusanusstifts weiterlebt. Erst am 1. April 1905 fanden die beiden Gemeinden, die heute zusammen etwa 5700 Einwohner zählen, administrativ zueinander. Auf die getrennte Entwicklung über Jahrhunderte

hinweg nimmt das ›tierische‹ Stadtwappen Rücksicht. Der Bär steht für Bernkastel, der Krebs für den Kardinal aus Kues, der mit bürgerlichem Namen Nikolaus Cryfftz (Krebs) hieß.

Wenn bei hochsommerlichen Temperaturen die Weinberge über den Schieferdächern flimmern, wird der südländische Charme dieser Fluss- und Stadtlandschaft offenbar. Nicht von ungefähr trägt Bernkastels Ufermeile den Namen Gestade. Hier finden sich, unterbrochen vom recht archaisch anmutenden Turm der kath. Pfarrkirche, repräsentative Bauten des Fin de Siècle, darunter das Mosel-Gäste-Zentrum (s. Infobox).

Bernkastel

Burg Landshut **1**
Die Burg Landshut ist nur eingeschränkt zugänglich, da sie umgebaut wird

Im Juni 2012 machten Trierer Forscher einen »Sensationsfund«: Sie entdeckten bei einer Routine-Untersuchung, dass sich schon im 4. Jh. auf dem Gelände der heutigen Burgruine Landshut ein spätrömisches Kastell befand. Bestimmt genossen die Römer hier so manchen Schlummertrunk aus besten Weinlagen. Seit dem Mittelalter hatten die Trierer Erzischöfe hier oben das Sagen.

Auf Erzbischof Boemunds I. Bitte hin verlieh König Rudolf von Habsburg 1291 dem befestigten Ort Berrincastel zu Füßen der Burg Stadtrechte, was Geleitschutz- und Münzrechte nach sich zog. Der Dreißigjährige Krieg und die Annexionen des Sonnenkönigs Ludwig XIV. machten der Burg zu schaffen. 1689 ließ dieser Burg und

Stadtmauer schleifen, um die Steine für den Bau der Festung Mont Royal über Traben zu verwerten (s. S. 232). 1692 machte ihr aber ganz unmilitärisch eine Feuersbrunst den Garaus. Nach dem Wiener Kongress 1815 war Kurtrier passé. Die Ruine blieb Ruine, obwohl die schlauen Bürger sie 1840 dem ›romantischen‹ preußischen König Friedrich Wilhelm IV. geschenkt hatten. Die Kreisstadt Bernkastel an der Mündung des Tiefenbachs in die Mosel und das Dorf Kues waren nun königlich preußisch – und rückten dank einer 1873 errichteten ersten Moselbrücke enger zusammen.

Ehem. Finanzamt 2

Durch seine abgerundete Form fällt das Eckhaus Schanzstraße/Schlossweg (heute ein Privathaus) auf. Am 25. Februar 1926 machte es Schlagzeilen, als über 5000 Winzer aus dem gesamten Moselgebiet in einem spontanen Protestmarsch zum ›Sturm aufs Finanzamt‹ ansetzten. Die galoppierende Inflation hatte zwei gute Ernten aufgefressen, zwei Missernten 1923 und 1925 folgten. Letzter Auslöser für die Verzweiflungsaktion in einer von Hunger und Armut beherrschten Zeit war die Weinsteuer von 20 %, die den Moselwein unverkäuflich machte, zumal billige Importe den Markt zollfrei überschwemmten. Kredite lasteten auf den Familien, Pfändungen raubten das letzte Vieh aus dem Stall. Die Weinpreise rutschten in den Keller, wo die unverkäuflichen Fässer lagerten. Das alles machte die Stimmung hochexplosiv. Steine flogen, Demonstranten drangen ins Finanzamt ein, jagten die verhassten Beamten davon und warfen Akten, Bücher und Regale auf die Straße. Festnahmen der ›Rädelsführer‹ heizten zu neuen Demonstrationen an, in den Dörfern läuteten die Glocken aus Protest. Die

Urteile für 29 bisher unbescholtene Bürger wurden später im Gnadenweg erlassen. 1926 beschloss der Reichstag den Wegfall der Weinsteuer.

Doctorbrunnen und Kurfürstliche Kellnerei 3

Am Hermann-Schroeder-Platz steht das Geburtshaus des Organisten und Komponisten (1904–84), ein Brunnen erzählt die Geschichte vom Berncasteler Doctor. Dahinter erstreckt sich die ehem. Kurfürstliche Kellnerei. Das Gebäude des Erzbischofs Carl Caspar von der Leyen aus dem 17. Jh. wurde als Sitz der NS-Kreisleitung im März 1945 zerbombt (1952 wieder aufgebaut). Kaiser Maximilian nächtigte 1512 auf seiner legendären Reise zum Trierer Reichstag nicht hier, sondern in der Alten Kellnerei am Gestade, heute das Haus Astor und seit einem Brand 1905 nicht mehr original.

St. Michaelsbrunnen 4

Der Burgbergtunnel führte 1997 zu einer Verkehrsberuhigung der Altstadt. Der von Fachwerkhäusern in den kunstvollen Formen und Farben des 16./17. Jh. gerahmte Markt war von jeher ein städtebauliches Kleinod und rückte nun vollends ins Zentrum. Dies unterstreicht der Spätrenaissance-Brunnen (1606) mit dem 1946 neu geschaffenen Stadtheiligen St. Michael über dem Basaltbecken. Trotz gezogenen Schwerts hat der Erzengel offenbar ein Herz für die bunten Straßenmusikanten, die für Stimmung auf dem Platz sorgen.

Rathaus 5

Die Spätrenaissance-Fassade des 1608 in Massivbauweise errichteten und zu Anfang des 20. Jh. restaurierten Rathauses stammt vom Bildhauer Hans Ruprecht Hoffmann oder aus seiner Trierer Schule. Das Erdgeschoss mit

Bernkastel-Kues

Rundbogenarkaden war früher eine offene Halle, als hier Gericht gehalten wurde und kleinere Übeltäter am Pranger ›bürgerliche Züchtigung‹ erfuhren. 1914 zur Weinstube umgewandelt, lässt es sich darin nun gefahrlos bechern.

Stöcks Apotheke 6

Hat man doch zu tief ins Glas geschaut, könnte Stöcks Apotheke (heute Adler-Apotheke), ein prachtvolles Bürgerhaus von 1660 mit geschnitzten Eckständern, alles wieder ins Lot bringen. Oder fit machen für die handtuchbreite Maßems-Weinstube, die mit Spitznamen ›Beichtstuhl‹ hieß, da die frühere Inhaberin sich durch fromme Spenden ins Cusanusstift einkaufte. Das kunstvolle Reklameschild ›Norddeutscher Hapag Lloyd‹ erinnert daran, dass sie als Frau eines Steuermanns in den bitteren 1920er-Jahren mit Schiffspassagen für Auswanderer handelte.

Spitzhäuschen 7

Kein anderes Motiv kann es mit der Anmut des 1583 erbauten Spitzhäuschens aufnehmen, dessen Oberge-

schoss unter einem Schwebegiebel auf einem gerade mal 2 m breitem Unterbau auskragt. 58 Leute können laut Helmut Theis, dem früheren Stadtführer-Original ›tz‹, in der Weinstube »sitzen und schunkeln, ohne dass es mitschunkelt«.

Kirche zum Heiligen Geist 8

Schlüssel: M. Schlosser, Tel. 06531 33 53

Pittoresk präsentieren sich die Alte Römerstraße, die Römerstraße und die Burgstraße in der Vorstadt. Auch ohne das Puppenmuseum, das ins Kloster Machern bei Zeltingen umgezogen ist, wirkt das Zentrum ein wenig wie eine Puppenstube. Die schlichte Kirche zum Heiligen Geist, ein Bruchsteinbau von 1671 bis 1673, wird daher beinah übersehen. Außerhalb der Mauern ließ die Stadt im 15. Jh. ein Armenhospiz errichten, zu dessen Stiftung neben der Kirche auch einige Weinberge gehörten.

Bernkasteler Doctor 9

Den weltberühmten Weinberg Bernkasteler Doctor teilen sich mehrere

Weingüter, u. a. Deinhard (Koblenz) und Wwe. Dr. H. Thanisch (Bernkastel). Schwere Tore verschließen die Keller unter dem wahrscheinlich teuersten Agrarboden Europas. Im Doctorkeller der Thanischs versteckte sich 1848 der Demokrat Peter Joseph Coblenz aus Bernkastel, gerade mal 40 Jahre alt, nach dem Marsch auf die Paulskirche (s. S. 176) bei Lieser vor seinen Häschern, floh nach Belgien, wurde bei der Rückkehr eingekerkert und starb 1854 an den Folgen der Haft. Ins Reich der

Legende gehört allerdings die Story vom fiebernden Trierer Erzbischof Boemund II. (1354–1362) auf Burg Landshut, den ein Fässchen köstlichen Rebensafts aus dieser exquisiten Lage genesen ließ. Dem ›wahren Doctor‹ habe der Kurfürst daraufhin das Recht verliehen, sich Bernkasteler Doctor zu nennen.

Heimatmuseum Graacher Tor 10

Graacher Str. 17, Fr–So 15–17 Uhr
Das Graacher Tor, als Teil der Stadtbefestigung von den Truppen des Sonnenkönigs 1688 auf die jetzige Höhe geschleift, ist das einzige erhaltene Stadttor und seit 1985 ein sehr interessantes Heimatmuseum. Eine Tafel erinnert an die jüdische Gemeinde, die von 1620 bis 1938 bestand. Bosheit und Brandstifter gab es in vielen Facetten: Aus Rache an seinem Chef legte ein Stoffverkäufer 1857 Feuer, die Häuserfront zum Berg hin brannte völlig ab. Daher steht hier kein einziges Fachwerkhaus mehr und manche Keller liegen seit 1858 unter der damals verbreiterten Graacher Straße. 2002 ist der hölzerne Torflügel wieder angebracht worden.

Bärenbrunnen 11

Nach dem Bärenbrunnen, einem Werk des Wittlicher Bildhauers Hanns Scherl von 1968, erzählt in einem Nebengässchen die Gildenhaus Weinstube (1694), früher das Haus der Schiffergilde, von einem Brauch zu Ehren des hl. Nikolaus von Myra. Jeweils am 6. Dezember fahren alle ›Kläuse‹, die etwas mit Wasser zu tun haben, auf der Mosel flussabwärts zu der im Felsen stehenden, dann von Kerzen illuminierten Nikolausfigur, feiern Gottesdienst auf dem Schiff, essen und trinken gut und gern – und stiften eine mastdicke Kerze für die Kirche.

Pfarrkirche St. Michael und St. Sebastian 12

Die kath. Pfarrkirche St. Michael und St. Sebastian wurde im 14. Jh. für den Stadtheiligen St. Michael erbaut, veränderte sich aber durch barocke Umbauten. Ihr markanter Glockenturm aus Bruchstein mit Schallarkaden im Obergeschoss, der einst Teil der mittelalterlichen Befestigung Bernkastels gewesen war, trägt seit dem 15. Jh. einen Helm mit acht Türmchen. Neben dem prächtigen Orgelprospekt

Das im Jahre 1583 erbaute ›Spitzhäuschen‹ im Fachwerkensemble von Bernkastel

Nikolaus Günsters (1744) fallen im Innern der Pseudobasilika zwei Arbeiten aus der Werkstatt von Hans Ruprecht Hoffmann auf: Sohn Heinrich schuf ein Heiliges Grab (1606) aus Alabaster, Hans Ruprecht d. J. ein Pestrelief am Sebastiansaltar (1631) der barocken Kneipschen Kapelle. Die lebensgroßen Holzfiguren der Triumphkreuzgruppe auf dem Hochaltar sind schon ins 15. Jh. zu datieren, in die Epoche also, die des Mosellands bedeutendster Sohn prägte.

Über die Brücke nach Kues ▸ F 4

Weinkulturelles Zentrum 🔟

St. Nikolaus-Hospital (Cusanusstift): Kapelle 9–18, Sa bis 15 Uhr; Führung durch die Kapelle und die Bibliothek April–Okt. tgl. 10–18, Nov./Dez. tgl. 11–17, Feb./März Mo–Sa 11–17 Uhr, Tel. 06531 22 60

Die weithin sichtbare, bildschön-imposante Anlage des ›Weinkulturel-

Europas ›älteste Weinstube‹ – hier kann man auch übernachten und fürstlich speisen

len Zentrums‹ über dem Kueser Ufer geht auf Kardinal Nikolaus von Kues (1401–64) zurück. Das Wirken des Theologen, Philosophen und Juristen und sein Einfluss auf die Nachwelt wird als Entdeckungstour ausführlich geschildert (s. S. 170). Die Tour gibt auch Informationen für einen Besuch des Kreuzgangs und der Kapelle des St. Nikolaus-Hospitals, der ›Multimedialen Weinerlebniswelt WeinKultur-Land Mosel‹ im ›Mosel Wein Museum‹ und der Vinothek mit Museums-Weinkeller und Bistro an die Hand. Im Museums-Weinkeller der Vinothek können über 160 exquisite Weine und Sekte der Moselregion gegen eine Ge-

bühr von 18 € verkostet und im Shop gekauft werden (Mosel Wein Museum und Vinothek: www.moselweinmuse um.de, 16. April–Okt. tgl. 10–18, sonst 10–17 Uhr).

Cusanus-Geburtshaus 14

Nikolausufer 49, 16. April–Okt. Di–Sa 10–12, 14.30–17, sonst Di–Sa 14.30–17, ganzjährig So 10–12 Uhr und n. V., Tel. 06531 28 31

Das Geburtshaus des Kardinals Nikolaus von Kues am Nikolausufer ist ebenfalls Thema der Entdeckungstour. Es gibt nicht nur der Dauerausstellung Raum, sondern auch der Kunst, Religionsgesprächen, Vorträgen und Konzerten; es informiert über die Deutsche Cusanus Gesellschaft und führt ein reiches Sortiment im Museumsladen – mit Schwerpunkt auf Bücher von und über Cusanus bis hin zum Globusspiel.

Alt Kues und Forum Alter Bahnhof 15

Zurück führen mehrere Wege: über die Saarallee mit den prächtigen Villen aus der wilhelminischen Ära oder aber hinauf nach Alt Kues und durch einige sehr hübsche Winkel hin zum Alten Bahnhof, der allerdings nurmehr als Bushaltestelle dient. Hier, auf dem Gelände hinter dem sogenannten Forum, ist das Steillagenzentrum, das u. a. der ›Dachmarke Mosel‹ Raum geben soll, mit der die Regionalinitiative Mosel seit 2006 Wein, Landschaft und Kultur am Fluss gezielt bewirbt.

Oder Sie fühlen sich in den Radlerpulks unten am Moselufer wohl. Von hier aus genießen Sie nochmals den Blick auf Bernkastel und die darüber thronende Ruine Landshut. Von Kardinal Nikolaus von Kues Abschied nehmen lässt sich auf der Brücke beim Blick in die Vergänglichkeit, symbolisiert durch eine moderne Sonnenuhr am Geländer.

Ausflüge

Wehlen ▶ F 4

Über die Hängebrücke (1949), die einzige ihrer Art an der Mosel, wechselt man in den kleinen Winzerort, vom Status her ein Stadtteil von Bernkastel-Kues. Seit eine Umgehungsstraße das Ortsinnere entlastet, kommen zahlreiche hübsche Häuser stärker zur Geltung. An der ufernahen Häuserfront summen die Reifen der Moselradler, ein exklusives Weingut reiht sich ans andere. Grund ist die sonnen-

verwöhnte Steillage gegenüber, deren Weine bei Auktionen Spitzenpreise erzielen. Hier können Sie dann die berühmte Wehlener Sonnenuhr in der gleichnamigen Weinlage so richtig ins Auge fassen – und auf der Sonnenseite von Landschafts- und Weingenüssen entlangpilgern.

Kloster Machern ▶ F 4

Das seit 1238 bestehende Zisterzienserinnenkloster an der Brücke nach Zeltingen wurde 1802 säkularisiert, es ist seitdem in privatem Besitz. Im Jahr 2000 erwarb die Familie Reh das ehemalige Kloster. Seit 2004 ist die Anlage wieder für die Öffentlichkeit zugänglich. Neben einem Eiscafé, einem Brauhaus und einem Park mit altem Baumbestand gibt es das Historische Spielzeug- und Ikonenmuseum (April–Dez. täglich geöffnet, Informationen: Tel. 06532 95 16 40, www.klosterma chern.de).

Nach einer Wanderung oder einer Radtour zum Kloster, einer Schifffahrt auf der Mosel oder einem ▷ S. 173

Unser Tipp

Bernkast'ler Fenster
Im Jahr 2004 haben sich zehn Einzelhändler der Stadt zusammengetan und vermarkten seitdem ihre Produkte gemeinsam. Damit konnte zum einen ein Leerstand im historischen Kern der Stadt belebt werden, zum anderen bekamen die Betriebe neue Perspektiven – und die Kunden ein attraktives Angebot. Zurzeit beteiligen sich zehn Geschäfte von der Apotheke bis zur Buchhandlung (Gestade 3b, Tel. 06531 97 39 79, Mo–Sa 11–18 Uhr).

169

Auf Entdeckungstour:
Mit Cusanus durch Kues

Neun Stationen auf dem Cusanuswanderweg führen zur Begegnung mit Kardinal Nikolaus von Kues (Cusanus).

Zeit: mit Besichtigung ca. 4–5 Std.
Planung: Cusanus-Geburtshaus: 16. April–Okt., Di–Sa 10–12, 14.30–17, So 10–12, sonst Di–Sa 14.30–17, So 10–12 Uhr.
Weinkulturelles Zentrum: St. Nikolaus-Hospital (Cusanusstift): Kapelle So–Fr 9–18, Sa bis 15 Uhr; Führung durch Kapelle/Bibliothek, April–Okt. Di 10.30, Fr 15 Uhr
Mosel Wein Museum und Vinothek: 16. April–Okt. tgl. 10–18, sonst 14–17 Uhr.
Weitere Infos: Broschüre »Der Cusanuswanderweg«, u. a. im Cusanus-Geburtshaus erhältlich.

Start: Cusanus-Geburtshaus (Nikolausufer 49), dem roten Krebs auf dem Weg folgen.

Vom **Geburtshaus** des berühmten Kardinals , der auch der 2014 gegründeten Cusanus-Hochschule seinen Namen gibt, sind nur noch die Fundamente übrig, auf denen sich heute ein orientalisch anmutender Renaissancebau erhebt. 1401 wurde Nikolaus von Kues hier als Sohn des wohlhabenden Handelsherrn und Schiffseigners Johann Cryfftz (= Krebs) geboren. Eine von Dr. Helmut

Gestrich gestaltete Ausstellung dokumentiert Leben und Werk.

›Vom gelehrten Unwissen‹

Der Kardinal hatte einen feinen Humor. Er erfand ein Globusspiel, das zur Demonstration in den Fußboden eingelassen ist (im Kreuzgang-Innenhof des St. Nikolaus-Hospitals und am Moselufer): der Mensch in seiner Unvollkommenheit als eingedellte Kugel (Globulus), die, am äußersten von neun konzentrischen Kreisen aufgesetzt, vom Chaos über die Gesteins-, Tier-, Pflanzenwelt und verschiedene Stadien des Menschseins (biologisch, denkend, vernünftig, Gott schauend) bis zum kleinsten Kreis ohne Ausdehnung (Punkt), zu Gott also, mit möglichst wenig Würfen gelangen soll. Und ganz entscheidend ist dabei: Ich selbst kann mein Leben jederzeit korrigieren, indem ich die Kugel neu aufsetze.

Gott als Mittel-Punkt, als Einheit, entlässt in der Schöpfung die Einheit in die Vielfalt, in ihm aber fallen wiederum alle Gegensätze in eins. Das ist der Grundgedanke der *coincidentia oppositorum* im Hauptwerk »De docta ignorantia« (Vom gelehrten Unwissen), dem er 1440 in seinem Geburtshaus den letzten Schliff gab. Damit begründet der Philosoph, Jurist und Theologe auch seine revolutionäre Erkenntnis, dass die Erde nicht Mittelpunkt des Universums sein kann, da das allein Gott ist, von dem alle Orte gleich weit entfernt sind. Gott, der gleichzeitig Ruhe ist und Bewegung. Der überall ist und nirgends, der nicht zu begreifen ist, denn wenn er es wäre, wäre er nicht mehr Gott.

Auf die Stationen **Taufkirche St. Briktius** und **Cusanus-Krankenhaus** folgt eine Skulptur am Postamt Kues zum Thema Unendlichkeit.

St. Nikolaus-Hospital

Der Kirchenmann hatte Kaufmannsblut in den Adern, Familienerbe und Pfründe wusste er geschickt zu mehren. Bei allem Kalkül aber war er ein Kind seiner Zeit, um des Seelenheils willen zur *caritas* aufgerufen. 1450–58 ließ er das St. Nikolaus-Hospital (Cusanusstift) errichten, um 33 Greisen über 50 (!) ein Heim zu geben. Die Baukosten betrugen satte 20 000 Goldgulden. Die Stiftung überstand sämtliche Säkularisationen. Dank Weinbergen in den feinsten Mittelmosellagen ist sie bis heute inflationssicher ausgestattet.

An der lebensnahen Nutzung des Stiftkomplexes, dem jetzigen **Weinkulturellen Zentrum,** hätte Cusanus sicher seine helle Freude, denn nach seiner Philosophie lebt der Mensch in drei Sphären: 1. den Bedürfnissen des Leibes, 2. des Geistes und der Emotionen und 3. der Heilsbotschaft im Glauben. In der **Vinothek** kann man ein Spektrum namhafter Moselweine verkosten, im **Mosel Wein Museum** Wissen erwerben und sich im Hospital schließlich für die 3. Sphäre öffnen.

Im St.-Nikolaus-Hospital stößt man immer wieder auf Symbole der Vergänglichkeit

Unter dem Krebswappen des **Nikolaus-Portals** öffnet sich im Hospital das Universum des Cusanus in einer von Zahlensymbolik bestimmten Architektur. Um den **Kreuzgang** gruppieren sich 33 Einzelzellen (= Lebensjahre Christi) für bedürftige Pfründner. Gott entließ die Schöpfung in die Vielfalt, weshalb keine Rosette der anderen gleicht. Das Sterngewölbe der **Kapelle** wächst aus zwölf Rippen einer achteckigen Mittelsäule, denn die Kirche gründet sich auf Christus und die 12 Apostel. Die 8 symbolisiert die Unendlichkeit. Auf dem Flügelaufsatz des Hochaltars am Fuß des Kreuzes kniet Cusanus und gibt sich so als Stifter zu erkennen. Während seine körperliche Hülle in Rom begraben ist, versenkte man sein Herz wunschgemäß in einer Bleikapsel vor dem Hochaltar.

An der Kapellenwand fasziniert eine Al-Secco-Malerei des Jüngsten Gerichts, das die Großen der Welt in der Hölle sieht. In der **Bibliothek** kehrt das Thema des unendlichen Universums wieder. Auf der achteckigen Basis eines runden Mittelpfeilers entfaltet sich ein Sterngewölbe. Die Sammlung astronomischer Geräte,

Bücher und Handschriften aus dem Nachlass Cusanus' ist einzigartig.

An der Sonnenuhr ein Blick zurück

Nikolaus Cusanus (1401–1464) war eine faszinierende Persönlichkeit an der Schwelle vom Mittelalter zur Neuzeit, die in glasklarer Schärfe ein Weltbild entwarf, das selbst neuesten philosophischen und astrophysikalischen Erkenntnissen standhält. Er war Päpstlicher Legat, Bischof von Brixen und Kurienkardinal – ein Karrieretyp und zugleich ein nachdenklicher Mensch, dem der Friede zwischen den Religionen ein Anliegen war. Die Eroberung Konstantinopels durch die Türken löste in der Alten Welt 1453 erdbebenartige Erschütterungen aus. Cusanus' Antwort darauf war eine entschiedene Absage an jede Form der Gewalt und des Fanatismus. Zwar ist für ihn die christliche die wahre Religion, da aber in Gott alle Gegensätze in eins fallen, hat auch jede andere die Wahrheit in sich. Sein Credo daher: Lasst uns friedliche Gespräche führen, vielleicht können wir Andersgläubige zum Christentum bekehren, aber einzig mit der Kraft der besseren Argumente!

Spaziergang durch den Klostergarten kann sich der Besucher in verschiedenen gastronomischen Betrieben stärken: im Café, im Restaurant oder in der Krypta-Destille. Die hausgebrauten Biere der Klosterbrauerei werden in den Betrieben direkt vom Fass ausgeschenkt. Ebenfalls in dem Komplex untergebracht ist das Weincabinet. Die Weine stammen vom Gut Reichsgraf von Kesselstatt, das ebenfalls zum Reh-Imperium gehört. Das Sortiment vervollständigt ein Klosterladen.

Übernachten

Rüschen-Romantik – **Märchenhotel** **1**: Kallenfelsstr. 25–27, Tel. 06531 965 50, www.maerchenhotel.com, DZ ab 99 €. Romantisches Hotel mit Themenzimmer, Kochschule und Paar-Wellness-Bereich. Im Restaurant »anno 1640« werden regionale Gerichte angeboten.

Anheimelnd – **Gasthaus Burkard** **2**: Burgstr. 1, Tel. 06531 23 80, www.gasthaus-burkard.de, DZ ab 70 €, Do–Di (April–Okt., sonst Do–Mo) Restaurant-Genuss mit saisonalen Angeboten und moselländischen Spezialitäten.

Hell & freundlich – **Feriengut Bohn** **3**: Goldbachstr. 7, Bernkastel-Andel, Tel. 06531 84 43, www.feriengut-bohn.de, DZ ab 60 €, Fewos ca. 75 € (4 Pers.), HP auf Anfrage, großer Garten, Weingut, Weinbergsfahrten, Bett & Bike, direkt am Moselradweg.

Wiesengefühle – **Campingplatz Kueser Werth** **4**: Am Hafen 2, Tel. 06531 82 00, www.camping-kueser-werth.de, April–Okt.

Übernachten, Essen

Bernkasteler Institution – **Ferienwohnungen Dillinger** **5**: Graacher Str. 32a, Tel. 06531 78 00, www.dillin ger-ferienwohnungen.de, 4 Fewos ab 50 € (2 Pers.), Eingang: Hinterm Graben 5a. Nahe dem Bärenbrunnen verwöhnt Bernkastels einzige Straußwirtschaft Mai–Anfang Okt. Mo/Di/Do/Fr ab 15, Sa/So ab 11 Uhr in Weinstube, Laube und Innenhof mit herzhaften Speisen (z. B. Winzervesper 9 €) und eigenen Weinen.

Essen & Trinken

Neue Wellness-Oase – **Hotel-Restaurant Doctor Weinstube** **1**: Hebegasse 5, Tel. 06531 966 50, www.doctor-weinstube-bernkastel.de, DZ ab 93 €, Hauptgerichte ab 16 €. Auch nach Betreiberwechsel ist vieles erhalten geblieben: der lauschige Hofgarten, Live-Musik im Keller, Bett & Bike.

Moselküche – **Altes Brauhaus** **2**: Gestade 4, Tel. 06531 25 52, www.brauhaus-bernkastel.de, z. B. Brauhaus-Pfännchen, ab 12 €.

Süße Versuchungen – **Café Hansen** **3**: Markt 26, Tel. 06531 22 15, beste Kuchen und feinste Pralinés aus eigener Produktion.

Einkaufen

Historische Bonbonmacherei – **Bonbon Willi** **1**: Burgstr. 8, Tel. 06531 97 31 41, www.bonbon-willi.de. Willi Maas kocht tgl. 11–18 Uhr auf historischen Maschinen diverse Bonbonsorten.

Aktiv

Flott und sportlich – **Fahrradverleih** **1**: Fun Bike Team, Schanzstr. 22, Bernkastel, Tel. 06531 940 24, www.funbiketeam.de, Verleih Mo–Sa 9–18 Uhr (Sa mieten, Mo abgeben), Infos zum Dirtpark.

Cool – **Skatepark** **2**: Peter-Kremer-Weg 2, Tel. 06531 911 99, beim Schulzentrum in Kues.

Frische Fische – **Angeln:** Erlaubnisschein im Mosel-Gäste-Zentrum (s. S. 162) und bei Fischwirtschaftsmeister Birnfeld, Lieser, Tel. 06531 32 53.

Spannend – **Grüner Moselpokal:** Ein heißer Tipp auf kühlem Wasser! Die Ruder-Langstreckenregatta findet statt am letzten Sa im Sept. zwischen Kues und Graach, veranstaltet vom Bernkasteler Ruderverein und der Rudergesellschaft Zeltingen, www.re gatta-gruener-moselpokal.de.

Abends & Nachts

Traditionshaus – **Mosel-Kino** **1** : Schanzstr. 12, Tel. 06531 25 97, www. mosel-kino.de. Das kommunale Kino zeigt aktuelle Filme und Klassiker.

Infos

Tourist-Information
Mosel-Gäste-Zentrum: s. S. 162

Verkehr
Bahn: Hbf Trier, Bf. Wittlich, Bf. Traben-Trarbach und Bullay.
Panoramabahn: Stadtrundfahrt stdl., Bernkasteler Busbahnhof.

Lieser ▸ F 4

Nachdem die Lieser den Maare-Mosel-Radweg ein Stück weit durch die Eifel begleitet hat, mündet sie nahe Lieser in die Mosel, fast genau gegenüber dem aus dem Hunsrück kommenden Veldenzer Bach. Zu viel Wasser auf einmal für die Einwohner, ein Deich auf dem Damm der ehem. Eifel-Bahnstrecke soll Schutz bieten. Liesers Problem war einst ein Plus: Da beide Täler sanft ansteigen, unterhielten die Fürsten von Thurn und Taxis hier eine Poststation der Linie Brüssel–Wien, woran der Alte Posthof (17./18. Jh.) erinnert.

Das denkmalgeschützte **Schloss Lieser** war über Jahre hinweg ein Sorgenkind. Seit Jahren wird das Gebäude von einem niederländischen Investor zum 5-Sterne-Hotel umgebaut. Die hochherrschaftliche Villa

Juwel des Historismus – Schloss Lieser wird derzeit zum Hotel umgebaut

hatte der Eisenhütten-Fabrikant Eduard Puricelli zwischen 1884 und 1887 historistisch erbaut. Sein preußischer Schwiegersohn Clemens Freiherr von Schorlemer-Alst fügte um 1900 Jugendstil-Elemente an und empfing als Landwirtschaftsminister mehrmals so illustre Gäste wie Kaiser Wilhelm II. Zum Besitztum der Schorlemer-Liesers gehörten beste Weinlagen und der hübsche Schlosspark. Weitere Informationen auf www.schlosslieser.de.

Ausflug zur Paulskirche

Mai–Okt. So 10–17 Uhr, Führung n. V. Tel. 06531 64 57, kleiner Umtrunk im Vorraum als Spende Lieserer Winzer Anfang der 1840er schon hatte der junge Redakteur Karl Marx in der Rheinischen Zeitung die bittere Not der Moselwinzer in einer Artikelserie angeprangert. Die Paulskirche auf dem 270 m hohen Paulsberg oberhalb von Lieser spielte dann in der 1848er-Revolution eine Rolle als Ort eines verzweifelten Protests, in den der unglückliche Peter Joseph Coblenz aus Bernkastel involviert war. Der von Zöllen umzingelten preußischen Randprovinz waren die klassischen Absatzmärkte verloren gegangen, die Lage spitzte sich zu. Am 8. Oktober 1848 zogen 15 000 Menschen hoch auf den 270 m hohen Paulsberg. Die im Kern ins 8. Jh. datierte Kapelle war lange Haupt- und Wallfahrtskirche für das ganze Umland.

Übernachten

Im Neubaugebiet – **Landhaus Kuntz:** Schlossbergstr. 23, Tel. 06531 38 75, www.kuntz-mosel.de, DZ ab 70 €, Radverleih, geführte Radtouren, NatUrlaub bei Freunden.

Übernachten, Essen

Sympathisch – **Landhotel Steffen:** Moselstr. 2, Tel. 06531 95 70, www.land hotel-steffen.de, DZ ca. 66 €. Restaurant: Nov.–Mai Fr–Mi, sonst tgl. ab 11.30 Uhr, Hauptgerichte ab 12 €, u. a. delikates mosselländisches Winzerschnitzel.

Übernachten, Einkaufen

Familiär – **Weingut Zur Römerkelter:** In der Duhr 6, Maring-Noviand, Tel. 06535 430, www.roemerkelter.de, DZ

ab 50 €. Gut übernachten und guten Wein probieren im Lieser-Seitental auf dem Ecovin-Weingut mit preisgekrönten Weinen des Winzers Timo Dienhart. Weinwanderungen, Mithilfe bei der Lese möglich.

Einkaufen

Topwinzer – **Weingut Schloss Lieser:** Am Markt 1–5, Tel. 06531 64 31, www. weingut-schloss-lieser.de, Mo-Fr 10–17, Sa 10–15 Uhr. Thomas Haag (VDP) fährt mit konstant exzellenter Qualität Auszeichnungen ein.

Qualitätsbackwaren – **Bäckerei Licht:** Am Markt 40, Tel. 06531 63 45. Der agile Bäcker fertigt Spezialitäten wie Rickes Brot, Pauls Traubenkernbrot, römisch inspirierte Teekuchen ›Mustum Ardens‹ und führt einige Lebensmittel, Dinge für den Reisebedarf sowie eine Poststelle.

Aktiv

Freier Flug – **Drachenfliegen:** Infos über Drachenflieger-Club Trier, Tel. 06781 218 23 44, www.dfc-trier.com, Tagesmitgliedschaft.

Infos & Termine

Tourist-Information

Verkehrsbüro Lieser: Beate Gilgenberg, Am Markt 43, Tel. 06531 87 46, www.lieser-mosel.de.

Feste

Pfarrfest: 1. Mai an der Paulskirche. Rund um den Lieser Marktplatz: 2. Wochenende im Sept., größtes Straßenfest an der Mittelmosel.

Verkehr

Bahn: Bf. Wittlich, Bf. Traben-Trarbach **Bus:** Trier–Bullay (333) und Radelbus (300).

Von Graach bis Wolf

Noch sind die Winzer auf der Sonnenseite mit internationalen Auszeichnungen verwöhnt. Riesige Sonnenuhren in den Weinbergen verstärken das Strahle-Image. Eine Katastrophe für die Landschaft, das Mikroklima der berühmten Weinlagen, die Menschen am Fluss und alle Bemühungen für sanften Tourismus (speziell Radwandern) droht durch den Hochmoselübergang: eine riesige Betonbrücke über das Tal bei Ürzig und Zeltingen-Rachtig, die 2016 trotz aller Widerstände fertiggestellt werden soll.

Graach ▶ F 4

Kath. Kirche St. Simon und Juda: offen
Mit Bernkastel hat Graach attraktive Nahziele gemein: Wanderungen zum hochgelegenen Ortsteil Graacher Schäferei, der auch als ›Balkon von Graach‹ bezeichnet wird.

Die kulturhistorischen Graacher Schanzen aus dem 18. Jh., von denen nie ein Schuss gefallen ist, sind so freigelegt, dass man sie erwandern kann. Ein wunderschöner Wanderweg verbindet die Schanzen und den Aussichtspunkt Maria Zill, von dem man einen atemberaubenden Blick ins Moseltal genießt. Bei einer Tour mit dem Mountainbike auf terrassierten Wirtschaftswegen tun sich immer wieder Ausblicke auf den Fluss und die Eifelberge gegenüber auf.

Unten im Tal bewahrte Graach sich den Zauber gentiler Weinorte, die nicht von Hauptstraßen durchschnitten werden. Das Auto sollten Sie am Ufer stehen lassen und zu Fuß oder mit dem Rad die Winkel aufstöbern, durch stille Gassen mit erdbauchigen Häusern und unvermuteten Abzweigungen pilgern, mit einem Halt vielleicht an der spät- und neugotischen **kath. Kirche St. Simon und Juda.**

Zwei Klosterhöfe überdauerten die Zeiten. Sie wurden teilweise von Äbten der Familie Henn aus Graach geleitet, die einige bekannte Trierer Geistliche stellte. Der zur Mosel hin offene **Mattheiser Hof** (1723), ehemals Besitz der Abtei St. Matthias, ist nun Heimatmuseum (Juli–Okt. Mi/Sa 15–17 Uhr). An der Straße nach Zeltingen steht der mächtige **Josephshof**, einstmals Gut der Abtei St. Martin und wohl der älteste Siedlungskern Graachs, denn bei Fundamentarbeiten wurden 1995 Reste einer römischen Kelteranlage entdeckt, die leider nicht freigelegt und öffentlich zugänglich gemacht worden sind, die leider nicht freigelegt und öffentlich zugänglich gemacht worden sind.

Übernachten, Essen, Einkaufen

Weitsicht im Grünen – **Weingut Philipps-Eckstein:** Panoramastraße 11, Graach-Schäferei, Tel. 06531 65 42, www.weingut-philipps-eckstein. de. Gästehaus mit 3-Sterne-DZ ab 58 €, im renommierten Weingut, ausgezeichnet mit dem Staatsehrenpreis und dem Bundesehrenpreis ›Winzer des Jahres‹. In der Winzerwirtschaft gibt es ›Herzhaftes aus der Winzerküche‹.

Zeltingen-Rachtig

▶ F 4

Die Einwohner von **Zeltingen** tischen ihren Gästen keine Romeo-und-Julia-

Geschichte auf, wenn sie Open Air auf dem stimmungsvoll-schnuckeligen Marktplatz die Operette »Zeltinger Himmelreich« spielen: Der Rachtiger Winzersohn Franz kriegt natürlich die Zeltinger Rosemarie, der Churkölner Zehnteintreiber geht auch nicht leer aus, und alle leben glücklich bis an ihr Lebensende. Ein gutes Stück Lokalhistorie steckt darin! Über tausend Jahre (623–1794) war der Kölner Erzbischof weltlicher Herrscher des Doppelorts, sein Trierer Amtsbruder der geistliche Oberhirte. Diese Gewaltenteilung wird damit begründet, dass der Kölner Erzbischof und Heilige Kunibert von der verfallenen Rosenburg oberhalb Zeltingens stammen soll.

Von der belebten Uferallee auf engen Gässchen ins pittoreske Ortsinnere abzweigend, atmet man Idylle pur. Am Rand der Weinbergfelsen strebt die **kath. Pfarrkirche St. Stephanus** (18. Jh., tgl. offen) empor, zeigt jenseits eines üppigen Rokokoportals im Innern einen kostbaren steinernen Hochaltar (1627, Johann Ruprecht Hoffmann d. J.), der die Steinigung des hl. Stephanus darstellt. Am Glockenturm fallen vier S-förmige Mauereisen und gleichartige Schalllöcher auf, die die Zeltinger nach Darstellung des Heimatforschers Peter Kremer sehr schlüssig interpretieren: Für kleine Feste heißt es z. B.: »Sankt Stephan sät, sauft!« – worauf Weine der S-Lagen Stephansberg, Steinmauer, Schlossberg und Sonnenuhr konsumiert werden. Die berühmte Zeltinger Sonnenuhr, Zeitmesser (und exklusive Lage), wurde vermutlich im Jahr 1692 in den Weinbergen Richtung Graach installiert.

In den Bann des ebenfalls exklusiven Zeltinger Himmelreichs begibt man sich auf der Weiterreise nach **Rachtig**, das im Umkreis seiner neugotischen kath. Pfarrkirche St. Marien von Bruchsteinhäusern dominiert wird. Ganz in der Nähe stimmt in der Marienstraße ›Ede am Fass‹ zu einer heiteren Visite ein, im Herbst vielleicht in Edmund Beckers Straußwirtschaft, für die Irmhild Lambertys Figur wirbt.

Es gibt nun die Alternative hinauf in die Weinberge oder hinunter zur Mosel. Die Landstraße L 189 liegt auf dem ehemaligen Bahndamm, der Radweg führt parallel dazu und lädt entspannte Radler zur Tour nach Erden ein. So entdeckt man en passant oder im Restaurant den vierflügeligen ehemaligen Deutschherrenhof, einen spätgotischen, barock modernisierten Baukomplex.

Übernachten, Essen

Bewusst regional – **Hotel-Restaurant Zeltinger Hof:** Kurfürstenstr. 76, Tel. 06532 938 20, www.zeltinger-hof.de, DZ ab 86 €, Mo–So 18–21.30, Do–So auch 12–14 Uhr. Hauptgerichte ab ca. 13,50 €. Markus Reis bringt regionales Janshen-Geflügel und Demeter-Fleisch auf den Tisch, z. B. für den Moselländischen Wein-Sauerbraten (21 €). Winzervesper im Himmelreich-Weinkeller. Bullitouren mit Weinprobe durch die Weinberge, Bett & Bike. Insgesamt vier Häuser mit 27 Zimmern.

Mit Sonnenterrasse – **Wein- & Gästehaus Ames**, Burgstr. 17, Zeltingen, Tel. 06532 42 95, www.gaestehaus-ames.de, DZ ab 54 €, Fewo 50 € (2 Pers.), Weinprobe im historischen Gewölbekeller.

Einkaufen

Exquisit – **Weingut Selbach-Oster:** Uferallee 23, Zeltingen, Tel. 06532 20 81, www.selbach-oster.de, tel. An-

Ohne Sonne geht gar nichts:
die Zeltinger Sonnenuhr –
Zeitmesser und gute Weinlage

Bürger-Informations-Zentrum zur B50neu/Hochmoselübergang

Aller Kritik zum Trotz lässt es sich nicht mehr übersehen: Der Hochmoselübergang kommt. Wer sich über den Bau der 1,7 km langen und bis zu 160 m hohen Brücke informieren möchte, hat dazu bis zur geplanten Fertigstellung um Jahr 2018 im Bürger-Informations-Zentrum die Gelegenheit. Es ist in der römischen Kelteranlage Erden direkt an der Mosel untergebracht (Sommer: Di 14.30–16.30, Do 14–16.30, Sa 13–16, So 13–17.30, Winter: Sa 13–16, So 13.30–17 Uhr). Zu sehen sind Filme und Schautafeln, außerdem werden Führungen über die Baustelle angeboten (Infos: www.hochmosel uebergang.rlp.de).

meldung erbeten. Das Weingut von Johannes und Barbara Selbach, seit 1600 in Familienbesitz, erzeugt hochgerühmte Spitzenrieslinge.

Aktiv

Lehrreich – **Sortengarten:** Was Strukturwandel bedeutet, kann man hier live erleben. Auf einem früheren Weinbergshang sind für das Experiment fast 50 Obst- und Beerensorten aus aller Welt angebaut worden.
Für alle Windrichtungen – **Gleitschirmfliegen:** Fluggelände Zeltingen-Rachtig, Info: Die Moselfalken, Infos zu Gastflugregelungen (April–Okt.): www.moselfalken.de, s. S. 28.
Kulturweg – **Wandern durch die Zeit:** Ein 7 km langer Rundweg führt durch die historischen Dorfkerne und Weinberge mit Infotafeln zum Leben und Arbeiten in früherer Zeit. Der Moselsteig kreuzt bei Zeltingen die Mosel, sodass sich zwei schöne Rundwege ergeben.

Infos & Termine

Tourist-Information
Verkehrsbüro Zeltingen-Rachtig: Uferallee 13, Tel. 06532 24 04, www.zeltingen-rachtig.de.

Veranstaltungen
Operettenfestspiele Zeltinger Himmelreich: Open-Air-Aufführung alle zwei Jahre, wieder 2017, Infos im Verkehrsbüro.
Weinhöfefest in Rachtig: Christi Himmelfahrt.
Offene Weinkeller in Zeltingen: Pfingsten.
Weinkirmes: Ende Juli (Rachtig); Anfang Aug. (Zeltingen).
Weinstraßenfeste: Ende August (Rachtig), Mitte September (Zeltingen).

Verkehr
Bahn: Hbf. Wittlich, Strecke Koblenz-Trier (Linie RE 1/RB 81).
Bus: Trier–Bullay (Linie 333), Bernkastel-Kues-Daun (RegioLinie 300).
Schiff: von/nach Bernkastel-Kues, Traben-Trarbach, Zell und Neumagen-Dhron.

Erden ▸ F 4

»Am Anfang schuf Gott Himmel und Erden!« – Die Einwohner des kleinen und angenehm gelassenen Orts mit seinen winkligen Gassen und hübschem Fachwerk brauchen keine aufwendige Werbung. Sie halten sich einfach an die Bibel! Und so ist es vom ›Zeltinger Himmelreich‹ kein großer Schritt nach Erden, noch dazu, wenn das über ein ›Erdener Treppchen‹ geschehen kann. Das wusste man auch im renommierten Bremer Ratskeller und ließ sich auf einen für beide Seiten Gewinn bringenden Deal ein: Die

Hanseaten pachteten einen Weinberg in der Treppchen-Lage oberhalb der zweiten, 1998 ausgegrabenen römischen Kelter. Sie engagierten einen Erdener Winzer dafür als Kellermeister, vermarkteten den Wein auf zehn Jahre exklusiv, sponserten damit den Schutz der Anlage und bescherten dem Ort eine zusätzliche Werbung. Bei alledem fällt es nicht schwer, in der barocken kath. Pfarrkirche St. Anna mit ihren Kunstwerken aus dem 17. und 18. Jh. und dem im Untergeschoss original gotischen Turm dem Herrgott für seine Schöpfung zu danken.

Ausflug zur Römerkelter Erden

Die Mosel trennt Erden von der Römerkelter, und es gibt zwei Brücken, um auf die Eifelseite zu gelangen: die Brücke bei Zeltingen mit Weiterfahrt nach Ürzig in Richtung Kinheim und die Brücke bei Lösnich mit Überquerung in Richtung Ürzig. In beiden Fällen stoßen Sie auf die zwei römischen Kelterhäuser, von denen die 1998 ausgegrabene östliche Anlage aus dem 2. Jh. stammt und als Ausgrabungsstätte (noch) im Rohzustand fasziniert. Die etwa 100 Jahre jüngere, 1992 entdeckte Kelter daneben gilt als besterhaltene Anlage nördlich der Alpen (www.roemerkelter-erden.de).

Bis 2018 ist die Kelteranlage an den Landesbetrieb Mobilität vermietet, der in den Räumen über den Hochmoselübergang informiert (s. S. 180). Eine Besichtigung der Anlage ist während der Öffnungszeiten des Bürgerinformationszentrums möglich. Führung: April–Okt. Sa ab 17 Uhr, Kontakt: Verkehrsbüro Erden (S. 182). Hier findet auch ›Junger Wein in alter Kelter‹ – die Jungweinprobe am 1. Mai mit römischen Speisen statt und Ruth Oster leitet römische Kochworkshops (s. S. 64) und Kurse zur Kräuterkunde.

Der Kletterwanderweg Erdener Treppchen/Prälat

www.klettersteig-mosel.de, Infos: Verkehrsbüro Erden, S. 182
Ein 2008 eröffneter, von der östlichen Römerkelter durch die berühmten Weinlagen Treppchen und Prälat führender Kletterwanderweg bringt ambitionierte Wanderer über Leitern, Fels und Stein auf die Anhöhe. Auf einem geschützten Plateau mitten im Fels – das von einem nahen Sträßchen über eine Treppe erreichbar, aber nicht einsehbar ist – können Sie rasten und haben einen tollen Ausblick auf die Mosel, vielleicht bei einer Weinprobe. Damit ist der Themenweg Machern–Kröv durchgängig begehbar. Verbinden lässt sich die Tour mit dem Sucellus-Wanderweg Kinheim–Traben-Trarbach. Ziel ist ein kompletter, gallorömisch-inspirierter Rundweg, der auch Kindel, Lösnich und Zeltingen einbindet.

Übernachten, Einkaufen

Optimal – **Weingut & Gästehaus Lotz:** Hauptstr. 71, Tel. 06532 30 29, www.weingut-lotz.de, DZ ca. 56 €, Fewo (2 Pers.) ca. 54 €. Stefan Lotz gehört zu den Spitzenwinzern an der Mosel.

Essen & Trinken

Gemütlich-familiär – **Zur Ratsschenke:** Paulinerstr. 12, Tel. 06532 21 03, Fr–Mi 11.30–21 Uhr, Hauptgerichte ab ca. 7 €, Flammkuchen ab 5 €. Familie Melcher betreibt das RSC-Vereinslokal. Regelmäßig Spezialitäten-Wochen.

Einkaufen

Topqualität – **Weingut Meulenhof:** Zur Kapelle 8, Tel. 06532 22 67, www.meulenhof.de. Topwinzer Stefan Justen erzeugt prämierte Spitzenweine der Lagen Erdener Prälat und Treppchen.

Infos & Termine

Tourist-Information
Verkehrsbüro: Hauptstraße 72, Tel. 06 532 25 49, www.erden.de.

Veranstaltungen
Jungweinprobe: 1. Mai
Wein- und Brunnenfest: Wochenende nach Christi Himmelfahrt
Winzer-, Wein- und Straßenfest: im Okt.

Verkehr
Bahn: Bf. Wittlich oder Bf. Ürzig, Strecke Trier–Koblenz (Linie 690), Bf. Traben-Trarbach (Linie 691).
Bus: Strecke Trier–Bullay (Linie 333).

Ürzig ► F 4

An einer jäh aufragenden Felswand des Urlay zeigt die Ürziger Sonnenuhr weithin die Winterzeit an. Getragen wird sie von einem Wachturm der verfallenen Burg der Ritter von der Leyen.

Ürzig, vermutlich schon keltisch und ganz gewiss römisch besiedelt, übte späterhin wegen der fantastischen Weinlagen beträchtliche Anziehungskraft auf Adelsgeschlechter und Klöster aus. Auch die Mönche des Klosters Himmerod in der Eifel leckten sich die Finger danach. An der Stelle ihres Gutshauses steht heute Robert Eymaels Weingut Mönchhof, bei dessen Nennung Weinkenner genüsslich mit der Zunge schnalzen (www.moenchhof. de). Sein Vorfahr Jean Eymael hatte Ende des 19. Jh. das klösterliche Gemäuer ersteigert und ihm ein neobarockes Gesicht gegeben. Die auffällige Fassade am Ortsrand dürfte immer noch recht bekannt sein, und zwar als Schauplatz der nach der Erstausstrahlung 1987 mehrmals wiederholten TV-Familiensoap »Moselbrück«.

An exponierter Stelle an der Uferpromenade sticht die Villa locker die anderen Gründerzeithäuser aus. Aus Bruchstein oder in leuchtenden Farben, mit Erkern, Holzbalkonen, Loggien und Veranden bestückt, schenken diese dem Ort fast so etwas wie eine Bäderatmosphäre. Schnuckelige Winkel und rebenüberspannte Gassen

Unser Tipp

Radelfreuden
Der RSC 89 Erden bürgt für optimale permanente Touren und eine ebensolche RTF-Fahrt ›Im Herzen der Mittelmosel‹ jeweils Ende August (So). Nicht unerheblich zum Wohlgefühl und zur Geselligkeit trägt die traditionelle Nudelparty für von auswärts anreisende Radtouristikfahrer am Freitagabend vorher bei.

Ein weiterer Anreiz nach Erden zu kommen, sind Herbert Webers geführte Touren von April bis Oktober mit Rennrad und Mountainbike. Ein unvergessliches Erlebnis, denn dem Radclub-Vorsitzenden (und früherem Ortsbürgermeister) ist auf jeder Etappe anzumerken, dass er das Radeln durch die heimatlichen Lande liebt (Info: Verkehrsbüro Erden, s.o.).

findet man im Umkreis der Kirche, gehäuft jedoch in der Würzgartengasse, wofür die renommierte Einzellage Pate stand. Der mit Rotliegendem der Wittlicher Senke durchsetzte Ürziger Berg hebt sich rostrot vom dunklen Devonschiefer der Umgebung ab, was vermutlich den Bewohnern den Spitznamen ›Erzer Ruutschwänzja‹ bescherte. Jedenfalls setzten die Ürziger Rotschwänzchen sich mit einem Brunnen im Ortszentrum selbst ein Denkmal.

Wandern von Ürzig nach Machern

Vom Moselufer führt ein Wanderweg hoch zum kulturhistorischen ›Gewürzgarten‹ und zum neu angelegten ›Rosengarten‹ darüber. In Richtung Kloster Machern/Zeltingen gibt es einen weiteren attraktiven Rastplatz auf dem Ürziger Berg: Gesteinsarten der Region werden hier in einem Geogarten vorgestellt, man erhält ein komplexes Bild der Region – und beim Weiterwandern immer wieder neue Ausblicke auf das wunderschöne Tal, ehe es hinunter zur zünftigen Hausbrauerei des Klosters geht, S. 169.

Reizvoll ist auch die Wanderung nach Osten, die als Panorama-Steig Ürzig–Erden zum Schluss auf dem neuen Kletterwanderweg Erdener Treppchen hinunter zur Römerkelter führt, S. 181.

Übernachten, Einkaufen

Liebenswürdig und Spitzenweine – **Wein- und Gästehaus Rebenhof:** Hüwel 2–3, Tel. 06532 45 46, www. rebenhof.de, DZ/F ab 62 €, Fewo ab 75 €, Apartment ab 65 €, Nichtraucher. Die mehrfach prämierten Rieslinge der Familie Schmitz können auch bei kulturellen Events im Weingut ge-

nossen werden. Besuch der Riesling-Manufaktur möglich.

Übernachten, Essen

Delikat – **Hotel Moselschild:** Hüwel 12–14, Tel. 06532 939 30, www.mosel schild.de, DZ ab 85 €, Hauptgerichte ab ca. 17 €. In »Olivers Restaurant« delikate Küche kosten, gereifte Weine verkosten. Oliver Probst ist Mitglied der Tafelrunde (s. S. 26).
Gediegen fein – **Hotel Zur Traube:** Am Moselufer, Tel. 06532 93 08 30, www. zurtraubeuerzig.de, DZ im Haupthaus ab 84 €, DZ im Gästehaus ab 60 €, Hauptgerichte ab 12 €, Terrasse zur Mosel.

Infos & Termine

Tourist-Information
Touristikbüro Ürzig: Rathausplatz, Tel. 06532 26 20, www.uerzig.de.

Veranstaltungen
Ürziger FastNachtUmzug: Fastnachtsamstag auf Sonntag ab 18.33 Uhr, s. Festkalender S. 34.
Harley & Wein: Aug., mit Panoramafahrt, Krönung der Weinkönigin alle zwei Jahre, Harley-Prämierung.

Verkehr
Bahn: Der Bahnhof liegt von der Ortsmitte ca. 3 km außerhalb, Linie Koblenz–Trier, Abholservice möglich.
Bus: Strecke Trier–Bullay (Linie 333).
Schiff: Bernkastel–Traben-Trarbach.

Kinheim ▶ F 4

Als Logo auf Fahnen und Plakaten bei Kinheim-Kindels weinseligem Straßenfest im August wirkt die gallorömische Gottheit Sucellus so richtig bombastisch. Im Rheinischen Landesmuseum zu Trier schaut man dann erst einmal ziemlich verblüfft auf die rundlich-stämmige, aber relativ kleine Figur mit geschultertem Schlegel, Traube im Arm und gestapelten Fässern. 1976 wurde das Sandstein-Hochrelief in einer römischen Villa bei Kindel ausgegraben und ins 3. Jh. datiert. Keine Frage also: Damals gab es hier schon Weinbau, denn Sucellus ist der Schutzgott der Moselwinzer und Küfer, Bacchus hingegen beanspruchen die Weingenießer für sich. In Kinheim finden beide reichlich Gefolgschaft. Eine ganze Reihe von Weingütern, etwa in der Burgstraße, öffnet dann zu den lokalen Festen ihre Keller.

Die Ortsteile Kinheim und Kindel verbindet eine schmale Brücke, die vor allem Radler und Fußgänger schätzen – und Leute, die die immer neuen Ausblicke auf den Fluss lieben und vielleicht sogar Lust auf Kanu-Abenteuer bekommen.

Übernachten, Essen

Charmant – **Gästehaus Echternacher Hof mit Kulturcafé Bonaparte:** Echternacherstr. 2, Tel. 06532 293 41 31, DZ ab 70 €, Mai–Juli tgl. 12–18, Aug.–Okt. tgl. 14–21 Uhr. Eckehard Müller und Johanna Seeländer haben sich mit der Renovierung des Hauses an der Mosel, in dem einst Napoleon genächtigt haben soll, einen Traum erfüllt. Kleine Karte, lauschige Plätze im Freien.

Aktiv

Breites Angebot – **Kanu fahren:** Königstr. 3, Kinheim, Tel. 06532 943 20, www.kanu-xxl.de. Autorisierter Kanuverleih, verschiedene Paddelprogramme und Events versprechen tolle Abenteuer.

Infos & Termine

Tourist-Information
Tourist-Information Kinheim: Harelbekeplatz 1, Tel. 06532 34 44, www.kinheim.de.

Feste
Frühlingsfest: Pfingsten mit Internationalem Oldtimertreffen.
Straßenweinfest: Ende Aug. Essen-, Wein-Stände und Live-Musik in der Burgstraße, sehr stimmungsvoll.
Tag der offenen Weinkeller: Fronleichnam, Weingüter bieten kulinarische Genüsse aus Küche und Keller.

Verkehr
Bahn: Bf. Traben-Trarbach (Linie 691).
Bus: Strecken Wittlich–Bullay (302) und Trier–Bullay (Linie 333).

Unser Tipp

Konditorei in Kinheim
Eine ganze Weile sah es so aus, als würde mit Jürgen Hünnekens' Eintritt in den Ruhestand die Konditorei in Kinheim verschwinden. Im Februar 2016 hat sein Geschäft in der Burgstraße 25 mit dem Bäcker und Konditor René Obczernitzki einen Nachfolger bekommen – der die Begeisterung für ausgefallene Torten, Trüffel und Pralinen teilt. (Mo/Do/Fr 8.30–12/14–17.30, Mi 8.30–12, Sa 8.30–16.30, So 12–16.30 Uhr, Tel. 06532 31 14).

Kröv ▸ F 4

Einen göttlichen Blick auf das Dorf und die malerische Flussschleife gewährt eine Rast an der Bergkapelle, sofern die Anfahrt von Ürzig nach Kröv durch die Weinberge geschieht.

Wellen schlug bundesweit und innerorts 2003 ein Namensstreit, als die neue Festhalle im Schiffs-Look am Moselufer laut Ratsvotum ›Nacktarschhalle‹ heißen sollte, in Würdigung des ›Kröver Nacktarsch‹, jener berühmtesten Weinlage des 2500-Seelen-Orts. Beim Internationalen Trachtentreffen wird auf einer in der Mosel schwimmenden Bühne getanzt. Ein bemerkenswertes, stimmungsvolles Folklorefest übrigens, das der Völkerverständigung sehr dienlich ist und bei dem natürlich der bewusste Wein die Kehlen befeuchtet. Beim effektvoll inszenierten ›Mitternachtslauf‹ zu Pfingsten hingegen, wenn 5000 Kerzen und zahlreiche Schaulustige die Straßen säumen, erhalten alle Mitläufer eine Flasche der besagten Lage und die Sieger werden in Wein aufgewogen.

Von Goethes Götz-Zitat bis zu ›kahler Weinberg‹ reichen die Erklärungen des derben Namens. Keltisch *nackars* (felsige Höhe) könnte Pate gestanden haben, vielleicht auch ein verballhorntes lateinisches *nectarius*. Mehrheitlich entschieden sich die geschäftstüchtigen Winzer auf Weinetiketten und einer Hauswand in der Ortsmitte für die delikate Version von den Jungs, die vom Kellermeister beim Süffeln ertappt und in Wilhelm-Busch-Manier gezüchtigt wurden. Das Kröver Original ›Jungle Dick‹, der einstige Wirt des ›Götz‹ (s. rechts), spielte eine gewichtige Rolle bei dieser Vermarktung.

Schon die Römer wussten um die Bedeutung von Croviacum. Auch die mittelalterlichen Herrscher hüteten das ›Cröver Reich‹, zu dem mehrere Dörfer sowie Land in Eifel und Hunsrück gehörten, wie einen Augapfel. Die Eifel-Klöster Springiersbach und Steinfeld, das belgische Stablo (Staffelter Hof) und das luxemburgische Echternach bauten hier stattliche Höfe und modelten sie im 17./18. Jh. barock um. So geschah es auch dem Pfarrhof gegenüber der kath. Pfarrkirche St. Remigius (1725, offen). Die Schönste im Ort, das Dreigiebelhaus, wurde vom Rathaus zum Weingut.

Rad-, Wandertrip auf dem Wolfer Ufer

Den spektakulärsten Blick auf die Grablege-Kapelle (1662) der Grafen von Kesselstatt in den Weinbergen und zur Bergkapelle genießt man vom Ufer gegenüber, wo Radler und Spaziergänger zwischen der Kinheimer und Wolfer Brücke einen lauschig-schattigen Weg ganz für sich haben.

Übernachten

Top-stilvoll – **Weinhof Gassen:** Robert-Schuman-Str. 204, Tel. 06541 58 88, www.weinhof-gassen.de, DZ ab ca. 70 €. Familiäre Atmosphäre im historischen Winzerhaus vermitteln Monika und Christoph Gassen, geschmackvoll eingerichtete Gästezimmer tragen dazu bei. Weinproben, Hofladen.

Übernachten, Essen

Angenehm-gemütlich – **Hotel-Restaurant Reichsschenke Zum Ritter Götz:** Robert-Schuman-Str. 57, Tel. 06541 816 60, www.reichsschenke.de, DZ ab 76 €. Das Traditionslokal im 1685 errichteten Gebäude bietet Hauptgerichte ab 15 €.

Aktiv

Erfrischend – **Freibad Kröver Reich:** Im Sommer tgl. ab 10 Uhr geöffnet.
Frische Fische – **Angeln:** Erlaubnisscheine bei Druckerei Lebenstedt, Robert-Schuman-Str. 75, Tel. 06541 63 16.
Grandiose Aussichten – **Flugplatz Mont Royal:** Dt.-Amerikan. Segelflugclub

(DASC), Tel. 06541 10 05, www.mo
selflugplatz.de, von Amerikanern am
Flughafen Hahn und Moselanern 1954
gegründet. Die Mosel aus der Vogelper-
spektive im Sport- oder Segelflugzeug!

Infos & Termine

Tourist-Information
Weinbrunnenhalle Kröver Nacktarsch,
Moselweinstr. 35, Tel. 06541 94 86,
www.kroev.de.

Veranstaltungen
Mitternachtslauf: am Sa vor Pfingsten.
Breitensportspektakel ab 18 Uhr, letz-
ter Lauf kurz vor Mitternacht.
Internationales Trachtentreffen der

Mosel: 1. Juliwochenende, mit Umzug, Tanzgruppen.

Verkehr
Bahn: Bf. Ürzig (Linie 690) oder
Traben-Trarbach (Linie 691).
Bus: Strecken Wittlich–Bullay (302)
und Trier–Bullay (333).
Schiff: von/nach Bernkastel-Kues,
Traben-Trarbach und Trier.

Wolf ► F 4

*Ev. Kirche/Schaffnerei: Info Kirchen-
weingut, Tel. 06541 63 94*
Die Augustiner-Chorherren der Win-
desheimer Kongregation wussten

Mit Gottes Hilfe – Kapelle in den Weinbergen bei Kröv

recht genau, warum sie im 15. Jh. ausgerechnet auf dem Göckelsberg über Traben-Trarbachs Ortsteil Wolf klösterliches Leben pflegten. Der Ausblick ist damals wie heute riesig, die Weine sind sprichwörtlich sehr gut. Für eine der *devotia moderna* (neue Demut) verpflichtete Gemeinschaft musste das ein inspirierendes Fleckchen Erde in einer der Urpfarreien der Moselregion sein. Nach Auflassung des **Wolfer Klosters** (1560) verfiel die Liebfrauenkirche zur Ruine, der klösterliche Weinkeller im Ort aber blieb bestehen.

Die durch die Pfalz-Badener Herrschaft evangelischen Landeskinder rissen die seit 1491 bestehende Servatiuskapelle in Wolf ab, bauten 1685 eine barocke **Dorfkirche** über dem Weinkeller und übernahmen das Weingut der Klosterbrüder in eigene Regie. Eine einmalige Kuriosität blieb so erhalten, denn bis heute lagern Weine in alten Holzfässern im Gewölbekeller unter dem Gotteshaus und der ehemaligen Schaffnerei nebenan. Im Herbst soll das Presbyterium im Chorgestühl einst so manches Mal sanft entschlummert sein, weil die Gärgase in den Altarraum zogen. Seit 2001 ist das Kirchengut an die Winzerfamilie Markus Boor verpachtet, die Keller und Kirche mit dem Stumm-Orgelprospekt von 1766 gerne zeigen.

Wolfs Zentrum bleibt vom Durchgangsverkehr verschont. Ein Spaziergang zu Fachwerkschätzen, etwa zum Spitzhäuschen, lohnt sich allemal. Oder ein Aufstieg durch die Weinberge zur Klosterruine mit herrlicher Aussicht.

Übernachten, Essen

Radlerstop – **Restaurant Moselperle:** Baldesgraben 2, Tel. 06541 98 30, www.moselperle.de, DZ 54 €, Fr–Di ab 11.30, Mi/Do ab 17 Uhr, Mosel-Spezi-

alitäten, z. B. Tresterfleisch oder Rinderbäckchen (ab 13,50 €), das Restaurant liegt direkt am Mosel-Radweg.

Einkaufen

Köstlich Öko – **Kirchengut Wolf:** Berenbruchstraße 4, Tel. 06541 63 94, www.kirchengut-wolf.de. Im Ecovin-Weingut erzeugt Markus Boor prämierte Weine.

Aktiv

Sportlich leise – **Skaterstation Wolf:** Winkelgasse 18, Moselufer, Tel. 01577 968 47 65, Mo–Do 18.30–20, Sa 10–17 Uhr. Ingo Boor wartet am Mosel-Radweg die Skates, verkauft alle möglichen Arten von Skates, von Kinder- bis Hockey-Skates, außerdem bietet er Anfängerkurse und organisierte Touren an.

Infos & Termine

Tourist-Information
Traben-Trarbach, s. S. 190; Infostelle Stadtteil Wolf: Tel. 06541 81 21 26, www.traben-trarbach-wolf.de.

Veranstaltungen
Kulinarisches im Kirchenkeller: mit Orgelkonzert und Weindegustation, u. a. zum Wein & Gourmet Festival (www.wein-gourmetfestival.com), Anmeldung: Kirchengut, Tel. 06541 63 94).
Tage der offenen Weinkeller: Mai, Informationen bekommt man über die Tourist-Information, s. o.

Verkehr
Bahn: Bf. Ürzig (Linine 690) oder Traben-Trarbach (Linie 691).
Bus: Strecke Trier–Bullay (Linie 333).
Schiff: von/nach Bernkastel-Kues, Traben-Trarbach und Trier.

Mittelmosel: Traben-Trarbach bis Zell

Highlight!

Traben-Trarbach: Die im 19. Jh. zum bedeutenden Weinumschlagsplatz avancierte Doppelstadt ist eine Jugendstil-Top-Adresse. Mindestens einen Kaffee und ein Glas Sekt wert ist das authentische Jugendstilhotel Bellevue mit dem Turm in Form einer Sektflasche als Erkennungszeichen. S. 190

Auf Entdeckungstour

Kidnapping im Mittelalter – Loretta gegen Balduin: Der Erzbischof von Trier verliert das Pokerspiel um die Macht. Schauplatz der ›unerhörten Tat‹ einer couragierten Frau war die Starkenburg nahe Trarbach. S. 198

Bad Bertrich
Bullay
Pünderich
Marienburg
Reil
Zell
Mosel
Enkirch
Traben-Trarbach | Kidnapping im Mittelalter
Grevenburg
Moseltherme

Kultur & Sehenswertes

Buddha-Museum: In Trarbach sind über 2000 Buddha-Figuren aus allen Ländern Asiens zu sehen. S. 194

Aktiv unterwegs

Wohlige Wärme: Die Moseltherme im Kautenbachtal bei Trarbach bietet entspannten Genuss – nicht zuletzt weil das Thermalwasser mit einer Temperatur von 32 °C aus dem Schiefergestein emportritt. S. 196

Einsame Klasse: Bahnfreaks sind begeistert vom Eisenbahnhistorischen Kulturweg Kanonenbahn von Bullay bis Reil, s. Unser Tipp S. 203

Die Wanderung rund um die Marienburg führt an der engsten Schleife der Mosel vorbei an Winzerständen mit Weinproben. S. 209

Genießen & Atmosphäre

Grevenburg über Trarbach: Ruinenatmosphäre, im Freien vor der Burg sitzen, fast über dem ›Abgrund‹, nach unten gucken – ins Wildbadtal und auf ein bisschen Mosel. S. 195

Pünderich: Die Uferpartie mit Blick auf die Marienburg ist malerisch. S. 202

Abends & Nachts

Kultur pur: Jazz mitwippen bei **TOM's** in Enkirch, Kleinkunst erleben im Kulturverein Seitwärts-Aufwärts in Zell, – die Region hat auch nachts einige Facetten. S. 201, 211

Malerische Moselmäander

Hoch oben von der Ruine Grevenburg gefällt die Aussicht aufs hübsche Traben-Trarbach, eine Top-Adresse des Jugendstils. Der Blick von der Marienburg auf Pünderichs malerische Uferpartie ist ebenfalls super. Idyllisch liegt Zell am enghakigen Zeller Hamm.

Traben-Trarbach ❗

▶ G 4

Traben-Trarbach gilt als *die* Jugendstiladresse an der Mosel. Mittelständische Betriebe prägen das Kurklima, seit eh und je zuvorderst der Handel mit Wein. Im Unterschied zu Bernkastel-Kues und Cochem, die schon früh enorm viel ins Ortsbild investierten, treten sich die Ausflügler noch nicht auf die Füße, müssen Ecken und Winkel erst entdeckt werden. Vielleicht macht gerade das den eigentümlichen Reiz des Städtchens aus.

Als Startpunkt fürs Sightseeing in der Doppelstadt bietet sich die Brücke über die Mosel an. Sie war und ist ein Symbol der Zusammengehörigkeit, denn bis um 1900 trennte Traben und Trarbach nicht nur die Mosel. Erst 1904 erfolgte der Zusammenschluss. Ein Grund für die nachbarschaftliche Rivalität womöglich: Das ursprünglich fränkische Königsgut Traben, um 830 als Schenkung an das Aachener Marienstift erwähnt, blieb immer Dorf. Die Filiale Trarbach machte hingegen seit 1253 als Verwaltungssitz der Hinteren Grafschaft Sponheim Karriere, wurde befestigt und blieb bis auf ein napoleonisches Intermezzo immer Stadt. 1437 starben die Sponheimer aus. Ihr Besitz, darunter Traben und Trarbach, fiel an Pfalz-Simmern-Zweibrücken und Baden, wurde 1557 lutherisch und blieb auch unter preußischer Herrschaft (seit 1815) eine protestantische Enklave in einem vom Erzbistum Trier katholisch geprägten Umfeld. Schon 1573 besaß man eine Lateinschule. Ein solider Mittelstand sorgte für urbanes Feeling – natürlich in Trarbach.

Im 19. Jh. drehte Traben den Spieß um. Die Weichen für den wirtschaftlichen Aufschwung am linken Moselufer stellte 1883 die von der Hauptstrecke Koblenz–Trier abzweigende Stichbahn Bullay–Traben. Sie öffnete dem Weinhandel neue Märkte und Perspektiven. Trabener Weinkaufleute knüpften bald die richtigen Connections in die Metropolen. Das wirkte sich in einem ambitionierten Ortsbild aus. Trarbach besaß zwar seit 1905 einen rechtsmoselanischen Kleinbahn-Anschluss in die weite Welt, liebevoll als ›Saufbähnchen‹ bezeichnet, heute Radweg. Der verheerende Stadtbrand von 1857, der fast die ganze alte Fachwerksubstanz gekostet hatte, zwang zum Bauboom. In Traben schlugen 1879 die Flammen hoch, hier ergriff man bewusst die Chance, sich standesgemäß herauszuputzen.

Infobox

Tourist-Information   Traben-Trarbach: Am Bahnhof 5, im Stadthaus Alter Bahnhof, Traben, Tel. 06541 839 80, www.traben-trarbach.de, Saison-Stadtführung ›Kultur auf Schritt und Tritt‹, Sa 15 Uhr.
Zeller Land Tourismus GmbH: Rathaus, Balduinstraße 44, Zell, Tel. 06542 962 20, www.zellerland.de.
Weitere Tourist-Informationen sind bei den jeweiligen Orten aufgeführt.

Perle des Jugendstils – das Brückentor

Brückentor **1**

Das Meisterwerk des Berliner Architekten Bruno Möhring von 1898/99, eine Doppelbogenkonstruktion im aufregend innovativen Eisenskelettbau, hatten deutsche Truppen noch zu Kriegsende 1945 gesprengt. 1948 errichtete man einen reinen Zweckbau, ohne die Leichtigkeit der ursprünglichen Brücke. Mit eleganten Aussichtskanzeln bestückt und einem farbenfrohen Anstrich versehen, präsentiert sie sich nun rundum erneuert als ansprechender Kompromiss, zumal das unversehrt gebliebene Brückentor gleichzeitig ein Lifting erhielt.

Möhring (1863–1929) machte seine ganz speziellen Erfahrungen mit dem Weinhandel. Im wuchtigen Brückentor saß anfangs der Brückengeldeinnehmer. Ein schlechter Deal für die Trarbacher, die stets zur Kasse gebeten wurden, während die Trabener seelenruhig über die Brücke und zurück spazierten. Also versetzte Trarbach die Kasse (heute eine Eisbude) auf die Trabener Seite und widmete das Tor in eine Brückenschänke um.

Ziemlich abgebrannt, fragten die Stadtväter beim Architekten an, ob er ein Wirtshausschild gegen Bezahlung in ›flüssiger Moselwährung‹ entwerfen würde. Der Riesling-Liebhaber Möhring schlug ein und schuf ein Kleinod: Die Stadt erscheint in Gestalt einer schönen Frau, die dem voller Vorfreude gierig sich windenden Drachen (Möhring selbst!) köstlichen Moselwein in den Rachen schüttet.

Unter dem Schieferdach dreht sich ein Winzerpaar im Tanz, zwei Frauenköpfe auf dem Turm symbolisieren gute und schlechte Weinjahre, das Relief des ›Mosella‹-Poeten Ausonius appliziert römische Geschichte. Das Brückentor zeigt schon die Handschrift des künftigen Stararchitekten, der nur wenig später deutscher Manager zweier Weltausstellungen werden sollte.

Bellevue **2**

Möhring kam gut an in Traben-Trarbach. Bei aller Exotik des Jugendstils passte er Baustoff und Bauweise stets harmonisch in die Umgebung ein, verwendete regionaltypisches Fachwerk,

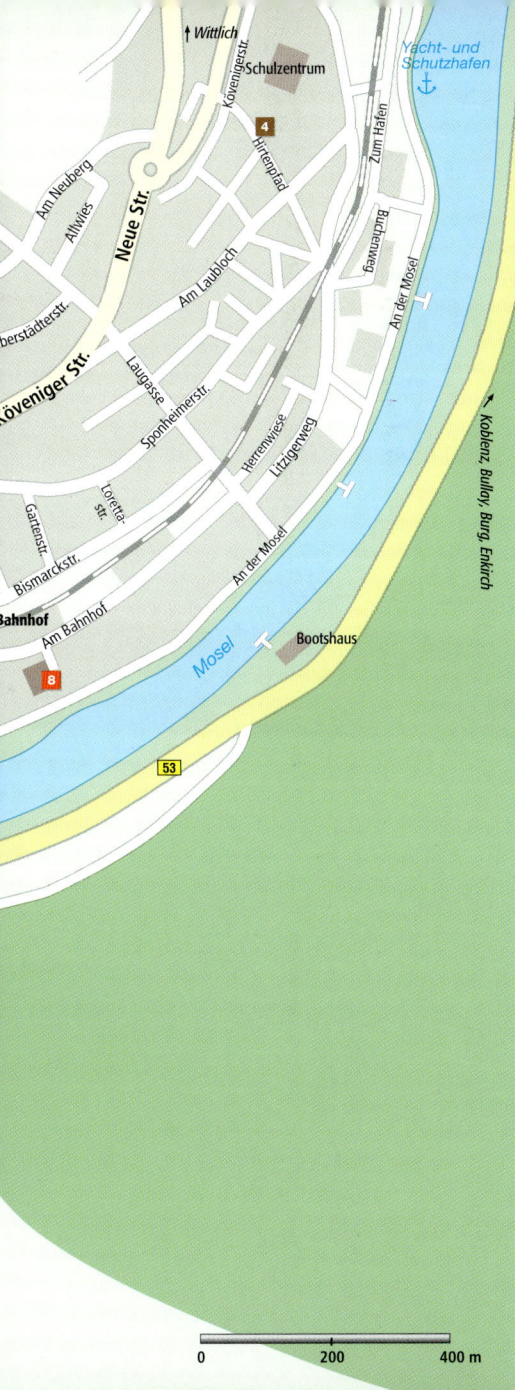

Traben-Trarbach

Sehenswert

1 Brückentor
2 Bellevue
3 ehem. Trabener Rathaus
4 Lorettahaus
5 Alter Bahnhof
6 Ev. Peterskirche
7 Haus Nollen
8 Villa Huesgen
9 Buddha-Museum
10 Mittelmosel-Museum
11 Stadtturm
12 Haus der Ikonen
13 Rathaus
14 Ruine Grevenburg
15 Festung Mont Royal

Übernachten

1 Parkschlösschen
  Bad Wildstein
2 Hotel Trabener Hof
3 Pension Altstadt-Café
4 Mittelmosel-
  Jugendherberge
5 Ferienpark Landal Mont
  Royal

Übernachten, Essen

6 Romantik-Jugendstil-
  hotel Bellevue
7 Weingut & Gästehaus
  Caspari

Essen & Trinken

1 Harry's Restaurant
2 Die Graifen

Aktiv

1 Moseltherme
2 Minigolf
3 Fahrradverleih

Abends & Nachts

1 Historische Kellerschänke
  Storcke Stütz

Bruchsteinmauerwerk – und bewies bei alledem spritzigen Humor. Das Hotel am Trabener Ufer fällt vor allem dank des schlanken Eckturms in Form einer überdimensionalen Sektflasche auf! Der Eingang wurde 1903 als Weinlaube gestaltet, im Empfangssaal kleben noch einige handgemalte Stofftapeten, im Speisesaal beeindrucken ornamentierte Fenster und flammende Kaminkacheln.

Gründerzeit in Traben

Über die Dächer Trabens spitzelt unweit davon das kommunale Selbstverständnis hervor: das Uhrentürmchen des ehemaligen Trabener **Rathauses** **3**, das 1898/99 historistisch erbaut und 1904 schon historisch war, denn da hatte es mit der Fusion beider Gemeinden ausgedient. Am Brückenabgang stellt sich eine imposante, etwa gleichaltrige Gründerzeit-Gruppe mit Fachwerkpartien dar: das einstige, von der Deutschen Post schnöde abservierte Kaiserliche Postamt und nebenan das mit dem Loretthaus verankerte **Haus Winzereck**, das in Inschrift und Skulpturen den Nationalismus des beginnenden 20. Jh. spiegelt. Ragt der Stufengiebel steil zur Moselseite auf, so lockern Läden unter Arkaden und Dekors des Bildhauers Bernhard Wendhut die Straßenfront auf. Handwerk, Weinhandel und Ortsgeschichte illustrieren die besten Trabener Köpfe jener Zeit aus dem Mauerwerk heraus. Das **Lorettahaus** **4** hingegen erinnert in der Namensgebung an die couragierte Gräfin von Sponheim, die den Trierer Erzbischof Balduin 1328 in die Knie zwang (s. S. 198). Der giebelreiche **Alte Bahnhof** **5** von 1904 ist vom Zugverkehr abgekoppelt, beherbergt heute die Tourist-Information und mancherlei Ausstellungen, während unweit da-

von der Endhalt der Moselweinbahn Traben mit Bullay und – nach dem Umsteigen dort – mit den Großstädten Trier und Koblenz und damit weiterhin mit der großen weiten Welt verbindet.

Ev. Peterskirche **6**

Ostern–Anf. Nov. 9–18 Uhr
Meditative Stille vermittelt die ev. Peterskirche auf der Anhöhe. Das schlichte Gotteshaus aus dem 15. Jh. mit dem bis zum Glockengeschoss romanischen Turm verfügt über gotisches Kreuzrippengewölbe und den originnal barocken Prospekt einer 1984 mit einem Cartillieri-Werk restaurierten Stumm-Orgel. Fachwerkreich präsentiert sich die Fassade der Alten Ratsschänke (1674), die vom Pfarrhaus zur Weinstube wurde. Das alles wird noch getoppt vom freundlichen Marktplatz samt dem verspielten Brunnen mit der bunt bemalten Winzerin obendrauf.

Haus Nollen **7**, Villa Huesgen **8**

An die Moselanlagen setzte Bruno Möhring das kubisch verschachtelte **Haus Nollen** im Ostasienlook. Für Fans der Jugendstilära des Architekten sind Traben und Trarbach eine Fundgrube, wenn auch das meiste nur von außen als Privatbesitz zu bewundern ist. Das gilt auch für ein weiteres Gesamtkunstwerk Möhrings, das bald hinter der Brücke auftaucht. Über einem üppigen Moselgarten erhebt sich die 1904 erbaute, indisch inspirierte **Villa Huesgen**, die vom Ufer aus besser einzusehen ist als an ihrer eigentlichen Adresse (Am Bahnhof 50). Ihr besonderes Charakteristikum: ein steiler, moselwellenartig konstruierter Giebel mit reichem Ornamentfries.

Buddha-Museum **9**

www.buddha-museum.de, Di–So 10–18 Uhr

Nach der Rückkehr zur Moselbrücke schiebt sich am Trarbacher Ufer Möhrings 1906/07 erbautes **Mosel-Castell** ins Bild, das durch Eckpavillons und Wohnturm über der Dachterrasse eine Trutzburg kopiert. Das Gebäude wurde mit viel Aufwand renoviert und ist seit 2009 ein privates Museum, in dem 2000 Buddha-Statuen aus 2000 Jahren zu sehen sind.

Museums-Zeile Trarbach

Das **Mittelmosel-Museum** 🔟 in der Barockvilla Haus Böcking vermittelt in 20 Räumen anschaulich Stadtgeschichte, ländliche Wohnkultur, Handwerk u. a. Eine Tafel gibt kund, dass der Dichterfürst Johann Wolfgang von Goethe 1792 nach »stürmischer Gewitterfahrt auf der dunklen Mosel« im Haus des Bergwerksunternehmers Böcking eine freundliche Aufnahme fand. (Mittelmosel-Museum: Casinostr. 2, Tel. 06541 94 80, Ostern–Okt. Di–So 10–17 Uhr).

Der im Jahr 2004 restaurierte historische **Stadtturm** 1️⃣1️⃣ ist ein eindrucksvolles Relikt der mittelalterlichen Stadtbefestigung von Trarbach. Heute dient der Turm als Aussichtsturm, von dessen Plattform sich ein herrlicher Blick bietet. Am Turm befindet sich zudem ein Glockenspiel mit 28 Glocken (tgl. um 12, 15, 16, 17 und 18 Uhr und zu besonderen Anlässen)

Im Innern sind Ofenutensilien ausgestellt. Das **Haus der Ikonen** 1️⃣2️⃣ nebenan bewahrt das Lebenswerk des Ikonografen Alexej Saweljew und vermittelt diese Kunst in Seminaren (Mittelstr. 8, Tel. 06541 81 24 08, www.haus-der-ikonen.de, Mai–Okt. Di–So 10–17 Uhr, sonst Sa/So 10–17 Uhr).

Rathaus Trarbach 1️⃣3️⃣

Nach dem Stadtbrand erstand neoklassizistisch das Rathaus, dem sich als Beispiel heimischer Bruchstein-

Architektur die ›Goldene Traube‹ gegenüber empfiehlt. Durch stille Seitengassen kommt man zur ev. Kirche mit der ehemaligen Lateinschule (1571–73), die neben dem Trierer Jesuitengymnasium die älteste an der Mosel war.

Grevenburg 1️⃣4️⃣

Ruine frei zugänglich, s. Entdeckungstour S. 198; Burgschenke Ruine Grevenburg: Schlossberg, Tel. 06541 65 12, April–Okt. Di–So ab 10 Uhr

Hoch über dem Moseltal hebt sich die Ruine bizarr wie ein riesiger Finger ab, Zeugin des einst so mächtigen Sponheimer Grafengeschlechts, ein anmutiger, gänzlich unmilitaristischer Flecken Erde nun, nicht zuletzt auch dank der Burgschenke, wo kleine, delikate Gerichte und regionaler Wein besonders gut schmecken.

Mont Royal 1️⃣5️⃣

Regelmäßige Führungen in der Saison, feste Schuhe und Taschenlampe! Infos: Tourist-Information, s. S. 190

Zur Sicherung der Landbeute aus den Reunionskriegen schufen französische Truppen, Bauleute, Ingenieure und etwa 8000 zwangsverpflichtete Einheimische 1687 auf Befehl von Ludwig XIV. ein gigantisches Festungswerk auf dem Plateau oberhalb von Traben. Als eine Bedingung des Friedens von Rijswijk, der den Pfälzischen Erbfolgekrieg beendete, musste der Sonnenkönig die Festung Mont Royal wieder schleifen lassen. Relikte des 1698 gesprengten Bauwerks wie Brunnen, Kasematten und Magazinkeller sind noch zu sehen. Heute ist die Feste von einem Ferienpark friedlich umzingelt.

Übernachten

Wenn's um Kur geht ... – **Ayurveda Parkschlösschen Bad Wildstein 1** : Wildbadstraße 201, Stadtteil Bad Wildstein, Tel. 06541 70 50, www. ayurveda-parkschloesschen.de, DZ 255 € inkl. ayurvedischer Vollpension. Das 5-Sterne-Gesundheitshotel im Jugendstil-Fachwerk ist europaweit die Top-Adresse für Ayurveda als ganzheitliche Medizin.

Charmantes Design – **Hotel Trabener Hof 2** : Bahnstr. 25, Traben, Tel. 06541 700 80, www.trabener-hof.de, DZ ab 95 € in dem gegenüber dem Alten Rathaus gelegenen Gebäude von 1898.

Bett & Bike – **Pension Altstadt-Café 3** : Mittelstr. 12, Trarbach, Tel. 06541 81 06 25, www.altstadtcafe-trarbach.de, DZ ab ca. 54 €, einladend-gemütlich in historischem Gebäude.

Modern – **Mittelmosel-Jugendherberge 4** : Hirtenpfad 6, Traben, Tel. 06541 92 78, www.diejugendherbergen.de/traben-trarbach, 21,50 € p. Pers., schöner Blick auf die Mosel.

Landal-Standard – **Ferienpark Landal Mont Royal 5** : www.landal.de/mont royal, Urlaub auf dem ehem. Festungsgelände über Traben.

Übernachten, Essen

Luxus mit Niveau – **Romantik-Jugendstilhotel Bellevue 6** : An der Mosel 11, 4-Sterne-Hotel, Tel. 06541 70 30, www.bellevue-hotel.de, DZ ab 150 €. Passend zum Hotel das Gourmetrestaurant Belle Epoque mit ausgezeichneter Küche.

Hier stimmt alles – **Weingut & Gästehaus Caspari 7** : Weiherstr. 18, Trarbach, Tel. 06541 53 77 78, www.wein gut-caspari.de, Fewos (2–4 Pers.) ab 43 €. Von Mai bis Allerheiligen sowie zum Mosel-Wein-Nachts-Markt betreibt Familie Eggert auch eine Weinstube. Hauptgerichte, z. B. warmes Tresterfleisch, Ofenkäse, Flammkuchen ab 8,90 €, schöne Terrasse.

Essen & Trinken

Kommunikativ – **Harry's 1** : Augustastr. 7, Trarbach, Tel. 06541 81 57 76, www.harrys-restaurant.com, Do–Sa 18–21, So 12–14 Uhr, regional und belgisch, z. B. Entrecôte für 22,50 €.

Originell – **Die Graifen 2** : Wolfer Weg 11, Trarbach, Tel. 06541 81 10 75, www.graifen.de, Hauptspeisen ca. 10–26 €, Mi–Fr 15–23, Sa 12.30–24, So 12.30–22 Uhr. Im Jugendstil-Weingut Dr. Melsheimer am Moselufer – mit Wohlfühlgarantie inmitten von Mobiliar aus aller Welt. Einkauf in der Möbelhalle nebenan.

Aktiv

Thermalbad – **Moseltherme 1** : Wildsteiner Weg, Info: Tel. 06541 830 30, www.moseltherme.de. Die Thermalquelle im Kautenbachtal hüllt die Badelandschaft im Stadtteil Bad Wildstein bei 32 °C in Wasser und Dampf.

Freizeitsport – **Minigolf 2** : www.mgctt.de. Minigolf-Geschichte im Wildbadtal gegenüber dem Hallenbad! Einlochen auf der (2014 renovierten) ersten deutschen Anlage von 1955, auf der auch die erste Deutsche Meisterschaft stattfand.

Radaktiv – **Fahrradverleih 3** : Zweirad Wagner, Brückenstr. 42, Tel. 06541 16 49.

Abends & Nachts

Traditionell Mosel – **Historische Kellerschänke Storcke Stütz 1** : Brückenstr. 4, Trarbach, Tel. 06541 68 18, www. storcke-stuetz.de, Mo–Mi, Fr ab 17, Sa, So ab 11 Uhr. Im Gewölbe schmeckt der Hahn im Korb (8 €).

Infos & Termine

Tourist-Information
Tourist-Info Traben Trarbach: s. S. 190

Feste
Altstadtfest: im Juni in Trarbachs Gassen rund um den Stadtturm.
Moselwein-Festival: 2. Juliwochenende.
Jakobstag mit Krönung der Stadtkönigin: letztes Juliwochenende.
Mosel-Wein-Nachts-Markt: Adventswochenenden und Weihnachten bis Anfang Januar.

Verkehr
Bahn: Strecke Trier–Koblenz (690), Stichbahn Transregio nach Traben (691).
Schiff: von/nach Bernkastel-Kues, Ediger-Eller, Cochem, Alf.
Taxi: Tel. 56 12 oder 94 25.

Enkirch ▶ G 4

In einer Urkunde des 8. Jh. wird Enkirch als Anchiriacum geführt. Der

Unser Tipp

Die Traben-Trarbacher Unterwelt
Weil Traben-Trarbach im 19. Jh. nach Bordeaux der zweitgrößte Weinumschlagplatz war, wurden große Teile der Stadt unterkellert. Heute kann man sich bei einer Führung in das Halbdunkel der Gewölbe begeben. Einige der 30 Keller sind auch für Veranstaltungen offen – wie den jährlichen »Mosel-Wein-Nachts-Markt« (Führung: letzter Fr., Ostern–Okt. auch jeden 2. Fr., 18 Uhr, Treffpunkt wird bei der Anm. mitgeteilt, Tel. 06541 839 80).

Ortskern ist sichtlich alt, hat eine lange Geschichte, darunter ehrenvolle Epochen als befestigter Marktflecken und Hauptort der Hinteren Grafschaft Sponheim. Auch Enkirch war eine protestantische Enklave in katholischen Landen, zeitweise bedeutsamer als das im 19. Jh. übermächtige Traben-Trarbach.

Reizvoll ist die merkwürdig überdachte Seitenpforte zur ev. Kirche! 1754–61 baute man eine neue Empore und eine zweimanualige Stumm-Orgel mit einem prachtvollen Prospekt. Der Blasebalg fand in einer wahrhaft genialen Lösung Platz über dem Eingang (Besichtigung während der Ortsführung, Treffpunkt Tourist-Information, Di ab 15 Uhr).

Übernachten, Essen

Familienfreundlich – **Moselromantik-hotel Dampfmühle:** Am Steffensberg 80, Enkirch, Tel. 06541 81 39 50, www.dampfmuehle-enkirch.de, DZ ca. 75 €. Freibad, Liegewiese, Spielplatz, Biker-Stop, Bett & Bike.

Einkaufen, Essen

Köstliche Moselfische – **Edelfischräucherei Harry Schneider:** Moselstr. 38, Burg, Tel. 06541 29 56, Erlaubnisscheine zum Angeln, Restaurant tgl. ab 11 Uhr.

Aktiv & Kreativ

Stein & Wein – **Atelier Zwischenraum:** Im alten Tal 5, Enkirch, Tel. 06541 81 05 54, www.maria-hill.de. Die Bildhauerin Maria Hill veranstaltet Workshops und zeigt Ausstellungen.
Weinlehrgang – **Wingert-Diplom:** Ein solches Diplom können Gäste bei Enkircher Winzern innerhalb von vier Jahren erwerben. Schnei- ▷ S. 201

Auf Entdeckungstour: Kidnapping im Mittelalter – Loretta gegen Balduin

»Eine solche Tat war unerhört.« Mit ungläubigem Staunen umschreiben selbst moderne Historiker die mutige Tat der Gräfin Loretta von Sponheim. Sie nahm 1328 den die Mosel hinab reisenden Erzbischof Balduin von Trier gefangen.

Für wen: Alle, die den Schauplatz dieser spannenden Geschichte sehen und ein Stückchen wandern möchten.

Zeit: Aufstieg zur Grevenburg 30 Min., nach Starkenburg 1,5 Std. Beide Ziele sind auch mit dem Auto erreichbar.
Start: Ortsteil Trarbach

Planung: Ca. 100 m hinter der ›Brückenschenke‹ geht rechts ein Weg in den Wald, der sich nach ca. 400 m teilt: rechts zur Grevenburg (ca. 2,5 km), geradeaus nach Starkenburg (ca. 6,5 km).

Eine böse Überraschung ...

An einem Frühsommertag 1328 erteilte Loretta als Regentin der sog. Hinteren Grafschaft Sponheim von ihrem Sitz **Starkenburg** an der Mosel aus Befehle: mit Hilfe über den Fluss gespannter Seile enterten ihre Mannen das erzbischöfliche Reiseschiff und forderten den Kirchenfürsten unmissverständlich auf, ihnen zu folgen. Doch Loretta wird ihren hohen Gefangenen mit allem zu Gebote stehenden Respekt behandelt haben: Balduin saß auf der Starkenburg bis zu seiner Freilassung am 7. Juli als erstklassig behandelter, doch streng bewachter Gefangener. Die Starkenburg ist noch im Mittelalter von den Sponheimern aufgegeben worden und verfallen. Den Ausblick, den der frustrierte Balduin in jenem Sommer 1328 auf die Mosel hatte, kann man bei Kaffee und Kuchen im Ausflugslokal ›Schöne Aussicht‹ erleben (Tel. 06541 16 98, April–Okt. Do–Di ab 11 Uhr).

Pokerspiele um die Macht

Der siegesgewohnte Balduin glaubte, mit einer Frau leichtes Spiel zu haben … Die Grafen von Sponheim-Starkenburg waren hartnäckige Konkurrenten Balduins im Wettlauf um den Ausbau der Landesherrschaft. Immer wieder kollidierten ihre Interessen, z. B. wenn Balduin landflüchtige sponheimische Bauern in seinen Städten aufnahm. Auch wegen verschiedener Besitzungen im Hunsrück und an der Mosel lag man im Streit. Als Gräfin Loretta nach dem Tod ihres Mannes 1324 die Regentschaft für die noch unmündigen Kinder auf der Starkenburg übernahm, begann Balduin bei Birkenfeld im Hunsrück eine Burg zu errichten und einen Einfall in die sponheimischen Besitzungen vorzubereiten. Ein Waffenstillstand entspannte die Lage in letzter Minute.

Loretta konnte diesem Frieden nicht trauen, zu aggressiv war Balduins Politik. So entschloss sie sich zu ihrer Tat, die die sofortige Exkommunikation zur Folge hatte – ein hohes Risiko im Mittelalter. So konnte Loretta ihre politischen Forderungen durchsetzen: Die begonnene Burg wurde aufgegeben, der Landflucht ein Riegel vorgeschoben und Balduin zahlte ein stattliches Lösegeld. Das vermeintliche ›politische Leichtgewicht‹ Loretta nötigte Balduin nun Respekt ab. Er setzte sich für ihre Lösung von der Kirchenstrafe ein: 1330 legte sie persönlich ein Schreiben Balduins in der damaligen Papst-Residenz Avignon vor, aufgrund dessen sie vom Bann losgesprochen wurde, u. a. gegen eine Stiftung von vier ewigen Lichtern.

Es war einmal …

Dass Loretta mit einem ganzen Beutel voll päpstlicher Vergünstigungen in ihre Heimat zurückkehrte, würde sie auch heutzutage für einen Posten in

den höchsten Chefetagen qualifizieren. Ihr Sohn Graf Johann III. ließ um 1350 oberhalb von Traben-Trarbach die **Grevenburg** (›Grafenburg‹) errichten, die Starkenburg als Residenz ablöste. Von dem mit 400 m² überbauter Fläche einst größten Wohnturm des Mosellandes sind heute nur noch Trümmer übrig. Ludwig XIV. hatte die Burg 1687 zur Festung ausbauen lassen, 1734 sprengten französische Truppen die Anlage. In der Gartenwirtschaft der Burgschänke den wunderbaren Blick ins Nebental der Mosel genießend (Tel. 06541 815 70 50, April–Okt. tgl. ab 10 Uhr), kann man die Geschichte aus vergangenen Zeiten in sich nachklingen lassen, ehe der Wanderpfad wieder hinab nach Trarbach führt.

Beeindruckendes Lebenswerk

»Er war ein kleiner Mann, und tat doch ein großes Werk«, schrieb ein mittelalterlicher Chronist über Erzbischof Balduin (reg. 1307–54). Bis heute gilt er als der bedeutendste Trierer Erzbischof des Mittelalters. Die Story hat vielleicht Appetit darauf gemacht, die Spuren seines Lebenswerkes noch weiter zu verfolgen. Von Koblenz bis Saarburg sind sie sichtbar. Die Balduinbrücke in Koblenz sollte Pilger und Kaufleute sicher über die Mosel führen. Zur Belagerung der widerspenstigen Ritter von Eltz ließ Balduin ›Trutz-Eltz‹ bauen, eine kleine, ganz rationell gebaute Anlage. Hier kämpften seine Ritter mit damals hochmoderner Technik: den ersten Feuerwaffen. Diese ›Feuertöpfe‹ dürften vor allem eine psychologische Wirkung gehabt haben!

Zu Füßen der Cochemer Reichsburg sind Mauern und Türme der Stadtbefestigung aus Balduins Zeiten erhalten (Balduintor bei der Alten Thorschänke, Martinstor direkt unterhalb der Burg, die Mauerreste am Friedhof oder ›Auf dem Rämchen‹ – zu Fuß die Altstadt erkunden). Auf den Burgen Thurandt, in Treis, Cochem, Neuerburg, Bernkastel und auf der Saarburg saßen Amtmänner bzw. Burggrafen Balduins, die für Recht und Ordnung im Land sorgten.

Buchtipp: Helga Glaesener, Die Safranhändlerin, München 2002, historischer Roman, in dem auch Gräfin Loretta und Erzbischof Balduin ihren Auftritt haben.

Burg Trutz-Eltz (rechts) diente einzig der Belagerung der 40 m tiefer gelegenen Burg

den der Reben, Binden, Aufbinden und Weinlese sind die einzelnen Arbeitsschritte. Nähere Infos liefert die Tourist-Information Enkirch.

Herrliche Aussichten – **Wandertipp:** Das malerische Moseltal, die Moselhöhen und die idyllischen Seitentäler zum Hunsrück hin bieten rund um Enkirch beste Gelegenheiten für Spaziergänge und ausgedehnte Wanderungen.

Abends & Nachts

Musikkneipe – **TOM's:** Enkirch, Weingasse 12, Tel. 06541 81 07 00, www.t-o-m-s.de, Konzerte im Musikkeller für Jung und Alt – mit Wirt Tom als Integrationsfigur.

Infos

Tourist-Information
Brunnenplatz 2, Tel. 06541 92 65, www.enkirch.de, Ortsführungen, Infos zum Heimatstuben-Museum.

Verkehr
Bahn: Bf. Bullay (690).
Bus: Trier–Bullay (333).
Schiff: von/nach Traben-Trarbach, Reil, Zell, Cochem.
Personenfähre: Enkirch–Kövenig–Enkirch, Tel. 06541 92 65, Ostern–Okt., tgl. 9–12 u. 13–18 Uhr.

Reil ▶ G 3

Vielleicht machte sich im 13. Jh. tatsächlich Gerhart von Rile von Reil aus auf den Weg, um als Baumeister des Kölner Doms Karriere zu machen. Dort kam er auf ungeklärte Weise zu Tode, wobei der Teufel seine Hand im Spiel gehabt haben soll. Eins ist klar: Satan tummelte sich an der Mosel. Hier hatte er (der Sage nach) gegen einen Pfalzgrafen gewettet, der behauptete, auf seinen Reiler Gütern wachse der beste Wein. Siegessicher heizte Luzifer das Höllenfeuer just unter dem Schiefer des pfalzgräflichen Weinbergs an. Dank der Mordshitze entstand der allerfeinste Tropfen, wodurch er die Wette verlor. Der Wein heißt seither ›Reiler vom heißen Stein‹. Heutzutage düsen hier jeden alljährlich im Juni die ›heißen Öfen‹ der Moto-Cross-Elite um die Wette – und scheren sich den Teufel ums Höllenthal am Fuß der Burg Arras.

›Eil mit Weil‹ in Reil‹ wäre ein Werbespruch für das hübsche Dorf, das statt durch die urzeitliche Furt seit 1953 über eine Brücke zu erreichen ist. Für Beschaulichkeit sorgt der Ortskern mit liebevoll restaurierten Häusern in Fach-, Bruchsteinmauerwerk und Massivbauweise aus dem 17. bis 19. Jh., dessen schönstes Ensemble, ein ehemaliges Weingut, etwas zurückgesetzt an der Uferpromenade steht. Auch ein regionaltypisches Wohnspeicherhaus schiebt sich ins Bild, unter dessen verschiefertem Giebel früher Korn und Stroh lagerten.

Weinbau allerhöchster Güte ist nach wie vor das Aushängeschild des Ortes. Trotz mancher ›Löcher‹ in den Weinbergszeilen lohnt sich der Weg hinauf zum Bildstock und der Dreifaltigkeitskapelle auf dem Reiler Hals, wo sich die Anhöhe tatsächlich wie ein Flaschenhals zwischen den Alfbach und die mäandernde Mosel einklemmt. Hier oben führt ein geruhsamer Spazierweg zum Prinzenkopf (s. S. 203).

Übernachten

Ruhig – **Wohnmobil-Stellplätze:** Hutgasse 16, ruhige Wiese für 70 Mobile, wunderschön gelegen, direkt am Moselufer, März–Okt.

Übernachten, Einkaufen

Freundlich – **Ferienweingut Melsheimer:** Dorfstr. 21, Reil, Tel. 06542 24 22, www.melsheimer-riesling.de, ECOVIN- und demeter-Mitglied, DZ ab 75 €, Fewos im Alten Burghaus von 1517 in Pünderich ab 50 € (2 Pers.), n. V. Weinproben mit Kellerführung.

Einkaufen

Kommunikativ – **Weingut Steffens-Keß:** Moselstr. 63, Tel. 06542 12 46, www.steffens-kess.de, im hübschen Fachwerkhaus. Der junge Ökowinzer wurde schon mehrfach für seine herausragenden Rieslinge ausgezeichnet. Weinprobe nach Anmeldung.

Infos

Tourist-Information
Hutgasse 16, Tel. 06542 210 36, www.reil-mosel.de.

Verkehr
Bahn: Bf. Reil (Linie 691) oder Bf. Bullay, Strecke Trier–Koblenz (690).
Bus: Strecke Trier–Bullay (Linie 333).
Schiff: von/nach Traben-Trarbach, Zell, Cochem, Ediger-Eller, Alf, Enkirch, Briedel.

Pünderich ▸ G 3

Kath. Pfarrkirche: offen
Pünderichs Einwohnern sagt man nach, sie zitierten bei Streitfällen immer gleich die Paragrafen. Den Spitznamen ›Gesetzkrämer‹ trugen die Untertanen des Kurfürstentums Trier aber dank eines fürs 17. Jh. fortschrittlichen Gesetzbuchs davon, das z. B. wilde Abfallentsorgung als schweren Verstoß ahndete. Das scheint nachzuwirken: Pünderich ist ein Schmuckstück, geizt nicht mit Gassen voll mit kunstreichem Fachwerk (16.–18. Jh.) und blumenreichen Fenstern.

Pfarrkirche Maria Himmelfahrt

Nach dem Besuch von Paul Stehlings barocker kath. Pfarrkirche (1766), die den Kontrast des lichten Innenraums mit den warmen Holztönen der Rokokoaltäre und der kostbar-filigranen Stumm-Orgel (1813/15) geschickt ausspielt, genießt man die Mischung von Natur und Kultur am Gestade der Mosel in vollen Zügen.

Rathaus und Fährhaus

Die idyllische Uferpartie lässt sofort Urlaubsgefühle aufkommen, so gut wie kein Verkehrslärm verfängt sich hier. Im Rücken hat man das eindrucksvolle Fachwerk-Ensemble des Alten Rathauses aus dem 16. Jh. mit dem charakteristischen runden Treppenturm. Das Alte Fährhaus von 1621 hält Thomas Kootz liebevoll instand, die Rosetten hat er teilweise handgeschnitzt ergänzt. Fratzen halten das Böse ab, Blumen symbolisieren Lebensfreude.

Marienburg

Zur Marienburg auf dem schmalsten Sattel des Zeller Hamms führen steile Treppen. Urlauber setzen hier über und kraxeln entlang des Weinlehrpfads empor zum Komplex aus Kirche und Jugendtagungshaus des Bistums Trier, das 1952 bis 1957 aus der Klosterruine erstand.

1515 hatte Erzbischof Richard von Greiffenclau das Kloster der Augustinerinnen aus politisch-kriegerischen Gründen dicht gemacht und damit seinen Verfall vorprogrammiert. Wählt man beim Aufstieg statt der Treppen die zweite Abzweigung links, kommt man zu einem Pavillon mit herrlichem Rundblick und einer Exklusivsicht auf das berühmte Eisenbahnviadukt

(1876–1880) mit seinen 97 Bögen und erhascht vielleicht einen Blick auf einen Zug vor dem Eintauchen in den Tunnel nach Bullay.

Auf dem Prinzenkopf

Falls ganz oben die Entscheidung für den direkten Weg links zum Prinzenkopf fällt, ist auf dem neuen Aussichtsturm das Panorama noch großartiger. Nahebei auf dem Heldenfriedhof mit weitem Blick ins Land ein erschütterndes Denkmal sinnlosen Sterbens junger Menschen, die im März 1945 bei der ›Verteidigung‹ ihrer Stellungen zugrunde gingen. Zerstörungen Pünderichs geschahen in jener Zeit rein strategisch wegen der Eisenbahnlinie, denn hier wurde der Nachschub zur Front im Westen durchgeschleust.

Übernachten

Campingplatz Marienburg: Moselallee, Tel. 06542 96 92 42, www. campingplatz-marienburg.com. Sehr schön gelegener Platz.

Übernachten, Essen

Herzlich-gemütlich – **Weingut Alfred Dahm:** Bahnhofstr. 4, Tel. 06542 28 05, www.alfred-dahm.de. Fewo 50 € (ab 7 Tage), DZ 60 €. Zum Weingut gehört eine Straußwirtschaft, die an Pfingsten und von Anfang Juli bis Ende Oktober geöffnet ist und in der man sehr hübsch auf Holzbänken sitzen und das Treiben beobachten kann.

Öko-Wein und Fewo – **Ökoweingut Jutta und Frank Brohl:** Zum Rosenberg 2, Tel. 06542 221 48, www.weingut-brohl.de, Fewo 2/4 Pers. 50/60 €. Der ECOVIN-Winzer und die ehem. Pündericher Weinkönigin produzieren seit 1984 vielfach prämierten Wein. 2012 wurde ein neuer Weinprobierraum eröffnet.

Einkaufen

Renommiert – **Weingut Clemens Busch:** Kirchstraße 37, Pünderich, Tel. 06542 181 40 23, www.clemens-busch. de. Für Weinproben und -verkauf Anmeldung erbeten.

Infos & Termine

Tourist-Information

Raiffeisenstr. 3, Pünderich, Tel. 06542 90 00 21, www.puenderich.de.

Feste

Straßenweinfeste: Sonntag nach Christi Himmelfahrt und am dritten Sonntag im September.

Verkehr

Bahn: Bf. Reil (Linie 691) oder Bullay (Linie 690), Trier–Bullay–Koblenz.
Bus: Trier–Bullay (Linie 333).
Schiff: von/nach Traben-Trarbach, Reil, Zell, Cochem.
Autofähre: Pünderich-Marienburg,
Info: Tourist-Information, s. o.

Unser Tipp

Eisenbahngeschichten

Bahnfreaks werden in der Umgebung von Zell fündig. Seit 2005 ist der Eisenbahnhistorische Kulturweg Kanonenbahn vom Umweltbahnhof Bullay zur Bullayer Doppelstockbrücke, zur Marienburg, zum Aussichtsturm Prinzenkopf mit dem Ehrenfriedhof, zum Pündericher Hangviadukt und entlang der Trasse der ›Moselweinbahn‹ bis nach Reil beschildert und mit Infotafeln zum Thema Eisenbahn ausgestattet (Info: Tourist-Information Zell, s. S. 190).

Briedel ▶ G 3

Nach Briedel gibt es statt der Ufer-straße auch eine reizvolle Alter-native auf der Anhöhe durch die Weinberge. Das ›Briedeler Herzchen‹ als Logo macht dem Reisenden die Orientierung leicht. Mit der Toplage wirbt der hübsche, von Reben um-rankte Ort und wartet auf mit einer stattlichen Palette an Fachwerkhäu-sern, die sich im alten Ortskern prä-sentieren.

Die Top-Sehenswürdigkeit in Brie-del ist die katholische Pfarrkirche St. Martin. Erbaut von 1772 bis 1776, beeindruckt sie vor allem durch ihre Eingangstür mit feinen Schnitzereien aus der Rokokozeit. Auch ein Blick ins Innere lohnt sich: Zu sehen sind herrli-che Deckenmalereien des Kirchenma-lers Franz Freund und die 650 Jahre alte Pietà. Sehenswert sind außerdem der Eulenturm – ein Teil der alten Ringmauer, der als Wahrzeichen Brie-dels erhalten geblieben ist, und die historischen Fachwerkhäuser. So steht in der Graf-Salm-Straße ein Ensemble schöner Häuser, zum Beispiel das Haus Goeres aus dem Jahr 1593 oder das Haus Gibbert mit dem einzigen Fach-werk-Erker in Briedel.

Essen & Trinken

Jung – **Weincafé Korkenzieher:** Haupt-str. 86, Tel. 06542 705 01 71, www. weincafe-korkenzieher.de. Kaffee und Kuchen, Flammkuchen und Kleinigkei-ten zum Wein aus der Region gibt es in Ambiente zum Wohlfühlen.

Aktiv

Felsenreich – **Wandertipp:** In ca. 2 Stunden von Briedel nach Zell durch die Briedeler Schweiz mit Rast und herrlichen Ausblicken unterwegs.

Infos & Termine

Tourist-Information
Bergstr. 2, Briedel, Tel. 06542 40 13, www.briedel.de.

Feste
Historisches Schöffenmahl: Mai, Ortskern, mittelalterlicher Festtags-schmaus und Briedeler Wein.

Verkehr
Bus: Strecke Trier–Bullay (Linie 333).
Schiff: von/nach Traben-Trarbach, Reil, Zell.
Autofähre: zur gegenüberliegenden Moselseite (unterhalb der Marien-burg), Tel. 06542 46 40.

Ausflüge in die Eifel

Das Karmelitenkloster Springiersbach bei Bengel und das Kurstädtchen Bad Bertrich lassen sich von verschiede-nen Punkten der Mosel aus ansteuern: Eher sanft geht es von Reil oder Alf aus durch die Täler der Alf in die Höhe nach Springiersbach bzw. durch die des Ueß-bachs nach Bad Bertrich. Letztlich ließe sich das sogar zu einer Erkundung der Vulkaneifel bis hin zu den Maaren (s. S. 154) ausdehnen, dorthin jedenfalls, wo die Alf entspringt.

Kloster Springiersbach
▶ F 3

Karmelitenkloster Springiersbach: Karmelitenstr. 2, Bengel, Tel. 06532 939 50, www.karmeliten.de/exerziti enhaus, Kirche offen
Das Kloster am Südrand des Kondel-waldes feierte 2002 sein 900-jähriges Bestehen, allerdings nicht mehr als Augustiner-Abtei. Kurz vor der Auflö-sung 1802 wurde der Konvent in ein

Lieblingsort

Vom Fluss umspült – die Marienburg bei Pünderich ▸ G 3
Unweit der Fähre kann man am Moselufer so richtig relaxen, den Blick
über den Fluss gleiten lassen und dann hoch zur Marienburg auf dem
Bergsattel. Oder auch übersetzen und durch die Weinberge zum Pavillon
wandern, das berühmte Eisenbahnviadukt bewundern – und mit etwas
Glück einen Zug darauf fahren sehen.

geistliches Ritterstift umgewandelt. Erst mit den Karmelitern zog 1922 neues spirituelles Leben ein. Die Kirche und die meisten Klostergebäude stammen aus dem 17./18. Jh. Auf den Schrecken eines Großbrands 1940 folgte ein weiterer Schock, als kurz darauf das berühmte barocke Deckengewölbe der Stiftskirche einstürzte. Noch im gleichen Jahr begann der Wiederaufbau. Auch die flammenartigen Kartuschen der Deckenmalerei wurden neu geschaffen. Der großartige ›Kapitelsaal‹ war ursprünglich eine Halle, die um 1230 erweitert wurde, etwa zeitgleich mit der Anlage des Paradieses vor dem doppeltürmigen Westbau einer Pfeilerbasilika. 1962/64 wurde der Saal unter Verwendung von Originalteilen zusammen mit dem Ostflügel des Klosters restauriert (Besichtigung nach Anmeldung; das

Exerzitienhaus Carmel Springiersbach bietet Einzelzimmer mit Vollpension für 55 €).

Heute ist das Kloster für Sinnsuchende ein Ort der Stille und Entschleunigung in der idyllischen Eifellandschaft. Auch die monatlichen Konzerte des Musikkreises Springiersbach mit bekannten Künstlern und Orchestern in der Kirche und dem spätromanischen Kapitelsaal sind Balsam und Heilung für die Seele.

Bad Bertrich ► F 3

Im rheinland-pfälzischen Staatsbad im Ueßbachtal sprudelt bei 32 °C Deutschlands einzige Glaubersalztherme. Das nach dem Arzt Johann Rudolf Glauber benannte Mineralsalz gilt als ideales Heilmittel für den Verdau-

Die Marienburg thront über der fast 14 km langen Moselschleife des Zeller Hamm

ungs- und Bewegungsapparat. Seit Römerzeiten wird in Bad Bertrich gekurt. Heute können das Besucher in der großzügigen Vulkaneifeltherme mit Saunalandschaft tun.

Der Arzt und Struwwelpeter-Autor Heinrich Hoffmann, der 1849 das damals schon beliebte Kurstädtchen aufsuchte, spöttelte zwar über das »Miniaturbad«, »wo man glaubte, des Morgens gegen die grünen Bergwände zu stoßen« und fürchten müsse, »irgendeiner packt alles in eine Schachtel und trage es davon«. Gerade die kurzen Wege aber können ein Riesenvorteil sein, wenn auch das schluchtenartige Tal zuweilen etwas klamm wirkt. Spaziergänge in die Umgebung, etwa zum kleinen Kegel eines Schichtvulkans, der Falkenlay, oder zum Basaltstrom der Elfengrotte, bringen den Vulkanismus der Südeifel

nahe. Der Landschaftstherapeutische Park Römerkessel mit seinen sieben Themengärten lädt zum Entspannen ein.

Kurfürst Clemens Wenzeslaus beschenkte das Städtchen 1787 durch seinen Architekten Andreas Gaertner (Vater des berühmten Friedrich) mit einem kleinen Schloss im Moselklassizismus, das nun als Kurhaus dient.

Bad Bertrichs Kulturprogramm

Clara-Viebig-Gesellschaft: Kurfürstenstr. 21, Bad Bertrich, Tel. 06542 96 33 31, www.clara-viebig-gesellschaft. de, Infos zu Lesungen

1888 gründete sich im Kurfürstlichen Schlösschen der Eifelverein. Die der Eifel und Mosel in ihren Werken stark verbundene Dichterin Clara Viebig wählte 1902 bis 1930 des Öfteren die Kur in Bad Bertrich zum Gesunden und Schreiben. In Anknüpfung daran entstand 1992 hier die Clara-Viebig-Gesellschaft, die im Pavillon in einer Dauerausstellung über Leben und Werk der Dichterin informiert.

Bad Bertrich ist weit über Kurkonzerte hinaus Tagungsort und kultureller Impulsgeber für die Region.

Infos

GesundLand Tourist-Information Bad Bertrich: Kurfürstenstr. 32, Bad Bertrich, Tel. 02674 93 22 22, www.bad. bertrich.de, www.gesundland-vulkan eifel.de.

Zell ▸ G 3

Im Gegensatz zum Aberglauben brachte den Zellern ihre ›Schwarze Katz‹ fraglos Glück. Mitte des 19. Jh. sollen drei Aachener Weinhändler beim Winzer Mayntzer den Keller kräftig durchgetestet und drei Weine in die engere Wahl gezogen haben. Als es um die endgültige Entscheidung ging, sei das pelzige Haustier der Winzerfamilie auf eines der Fässer gesprungen und habe unter wütendem Fauchen niemanden mehr herangelassen. Top, ein Katzenurteil! Das Fass ging mit. Weitere Aufträge folgten, denn der neue Name Zeller Schwarze Katz für die Lagen Kabertchen und Petersborn schlug blitzartig ein. In den 1960er-Jahren kam in der Krise des Mosel-Weinbaus auch diese Renommiermarke in Verruf, denn so viele schwarze Katzen, wie Wein abgefüllt wurde, konnten auf Zeller Fässern gar nicht sitzen. 1971 zur Großlage geworden, ist die Zeller Schwarze Katz wieder ein Qualitätssiegel, das sich aber nicht wie ehedem auf die beiden Top-Lagen beschränkt.

Die Katz ist überall

Man begegnet dem possierlichen Tierchen auf Exkursionen um und in Zell. Schaut man von der Kaimter Fußgängerbrücke über die Mosel hinweg zum Collisturm hinauf, scheint der bestockte Bergrücken nach Beobachtung des Archäologen Karl-Josef Gilles tatsächlich wie eine sprungbereite Katze auszusehen. Biegt man von der südländischen Uferpromenade in die Marktstraße ein, sitzt in der alten Laaf (Marktlaube) ein buckelndes Vieh auf dem **Schwarze-Katz-Brunnen**, den die Einwohner 1936 ihrem heimlichen Wappentier stifteten. An der **ehem. Ratsschänke** (heute Wein- und Sektgut Day) reißt ein seltsam schnurrhaar- und ohrloses Wesen den Rachen auf, Opfer eines Zerstörungsakts von Neidern, die dem Winzer Bohn nicht gönnten, dass er 1929 einen Prozess zur Führung des Lagenamens ›Zeller Schwarze Katz‹ gewann, während sie selbst keine Rebstöcke in den begünstigten Weinbergen besaßen.

In der Altstadt

Nur wenige mittelalterliche Reste finden sich, obwohl Cella (lat. Gärkammer) sogar schon vor die römische Zeit zu datieren ist. Zwei furchtbare Stadtbrände Mitte des 19. Jh. äscherten das historische Ortsbild bis auf wenige Gebäude ein. Zu diesen gehört rechts in der Balduinstraße 37 das spätgotische **Haus Caspary** (1532) mit dem vorspringenden Treppenturm. Links hinein in die Balduinstraße kommt man zum neugotischen **Rathaus** (1881) mit dem Wein- und Heimatmuseum, das Zells Kultur- und Wirtschaftsgeschichte dokumentiert, darunter auch die Tabakverarbeitung und im Turmzimmer die jüdische Ortstradition in Wort, Bild und Kultgegenstand (Wein- und Heimatmuseum: Rathaus, Balduinstr. 44, Tel. 06542 969 60, Mi/Fr/Sa 14.30–17 Uhr). Die spätbarocke **kath. Pfarrkirche St. Peter** (1786–93) am Lindenplatz präsentiert, bis auf spätgotische Einzelkunstwerke (Madonna und Taufbrunnen), mit ihrem weiß-goldenen Interieur den Zopfstil, die Übergangsperiode vom Rokoko zum Klassizismus (Pfarramt, Tel. 06542 45 36).

Schloss und Synagoge

Mai–Okt. Sa 15–17 Uhr und n. V., Infos: Franz Piacenza, Tel. 06542 213 04
Ein paar Schritte weiter wird das **Kurfürstliche Schloss**, 1530 bis 1542 als Amtssitz für die erzbischöflichen Beamten erbaut, im 18. Jh. durch einen Mittelbau erweitert, nun größtenteils als Hotel genutzt. Ein Durchgang führt von der Schlossstraße in die Jakobsstraße und dort zur ehem. Synagoge, die bis 1849 als Domestikengebäude Teil des Schlosskomplexes war und in der Pogromnacht 1938 zwar geplündert, aber wegen der Gefahr für die angrenzenden Häuser nicht angezündet wurde. Der Verein Freundeskreis Synagoge erwarb und restaurierte das denkmalge-

schützte Gebäude, das nun neben der Würdigung jüdischer Festtage vielfältigen kulturellen Begegnungen dient, z. B. Konzerten mit hochkarätigen Musikern, Ausstellungen und Lesungen.

Wahrzeichen Runder Turm

Von der 1229 errichteten Stadtbefestigung, 1689 von französischen Truppen geschleift, blieben nur zwei Türme übrig. Dem Viereckigen Turm im Tal des Zeller Bachs begegnen wir etwa auf halbem Weg steil hinauf zum weithin sichtbaren Wahrzeichen, dem **Runden Turm** (Pulverturm), der sich über dem Friedhof erhebt. Von hier hat man einen wunderbaren Blick auf die Stadt. An einer alten Furt gelegen, drängen sich die Häuser am Talausgang dicht am Ufer zusammen.

Blick auf den Zeller Hamm

Steigt man etwa 45 Minuten durch die Schwarze-Katz-Weinberge bis zur Plattform am **Collisturm** hinauf, weitet sich die grandiose Aussicht zur Bullayer Doppelbrücke hin und zum **Zeller Hamm** hinüber, der den Bergsattel mit der Marienburg (s. S. 205) umspült. Dieser engste Moselbogen ähnelt tatsächlich einem Haken (lat. *hamus*). Auf den ›Hamm‹ bezieht sich auch der am Katzenbrunnen verewigte Spruch des Kurfürsten Richard von Greiffenclau: »He steiht ferm wie en Zeller us dem Hamm« (Er steht fest wie ein Zeller aus dem Hamm), womit er Mut und Tapferkeit bei der Verteidigung Triers gegen Franz von Sickingens Truppen gelobt habe (1522/23).

Kabertchen-Rundwanderung

Um sich noch mehr mit südwestlicher Sonne vollzutanken, könnte man von der Zeller Kehr aus kurz nach dem Viereckigen Turm links einbiegen, um einen Spaziergang auf dem Kabertchen-Rundweg (Z 3) anzuschließen, der

zur Ursprungslage der Schwarzen Katz führt, bevor es bei der Corrayer Kehr wieder hinab in die Altstadt geht.

Merl
Kath. Kirche: offen

Beinahe nahtlos ist der Übergang zum Stadtteil Merl. Von der lebhaften Uferpromenade aus führen engste Gassen in den Kern des Winzerorts mit den spätmittelalterlichen, meist barock umgebauten Hofhäusern und ritterlichen Landsitzen, darunter der Springiersbacher Hof (Hauptstraße 58) und das Burghaus der Zandt von Merl (Zandtstraße 79), die als kurtrierische Vögte von besonderer Bedeutung für den Ort waren. Sie sollen von ihrem im Volksmund als ›Klapperburg‹ bezeichneten Stammsitz aus im 17. Jh. die Verbreitung der Rieslingrebe in Merl und im Moseltal bewirkt haben. Die gotische Kirche des nur noch rudimentär vorhandenen Minoritenklosters wurde im 19. Jh. zur **kath. Pfarrkirche St. Michael**, die dem Erzengel geweihte Kirche am Friedhof oben in den Weinbergen verfiel immer mehr.

Einzig ihr fünfgeschossiger **romanischer Chorturm** ist erhalten, ist einer der schönsten im ganzen Moseltal, und überragt den Ort als legitimes Wahrzeichen. Vielleicht stellen wir dem Turm die Gretchenfrage, die offenbar die Welt der Weinexperten mehr als die der Touristen bewegt: Gehört Zell – bzw. Merl – nun zur Mittelmosel oder schon zur Terrassenmosel? Schmeckt der Wein mehr nach Klassiker oder nach Terrasse? Was der Turm wohl antworten wird? – Wer weiß!

Wanderung rund um die Marienburg ► G 3

Weglänge: gut 10 km, Dauer: 2–3 Std., Einkehrmöglichkeit in Zell, Start/

Ziel: Parkplatz an der Straße
Auf Tannerd

Die Mosel aus immer wieder neuen Perspektiven erleben – das kann man auf dieser etwas mehr als 10 km langen Wanderung, die an der engsten Schleife des Flusses entlangführt. Es geht über Waldwege und an Weinbergen entlang vorbei an Marienburg, Nonnekehr und Prinzenkopf, zur Reiler-Hals-Kapelle und zurück. Man sollte sich Zeit nehmen, um vom Prinzenkopf die Mosel aus drei verschiedenen Perspektiven zu bewundern.

Ein besonderes Ereignis ist die Kulinarische Pfingst-Wein-Wanderung, die seit vielen Jahren am Pfingstsonntag Hunderte Menschen anlockt. Während man rund um die Marien-

burg unterwegs ist, kann man an von Vereinen und Winzern der anliegenden Moselgemeinden betriebenen Ständen Wein probieren und sich mit Gegrilltem oder Kaffee und Kuchen stärken.

Übernachten, Einkaufen

Gemütlich-solide – **Haus Notenau:** Zell, Im Notenau, Tel. 06542 50 10, www.haus-notenau.de, Hotel garni/ Fewo DZ ab 55 €. Familienunternehmen auch mit Fewos **Haus Balduin** (2 Pers. 60 €) in der Fußgängerzone und **Haus Brandenburg** (2 Pers. 60 €) mit Moselblick.

Alles Bio – **Weingut Alfred Cuy:** Zandtstr. 82, Zell-Merl, Tel. 06542 90 00 93, www.cuy.de, 2 Pers. 53 €.

Rund um die Marienburg

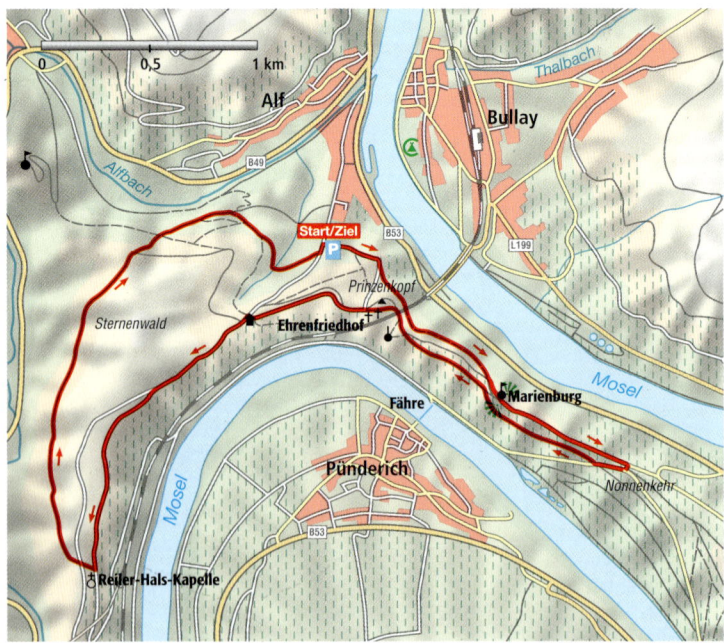

Renommiertes Ecovin-Fewos im bau-biologisch renovierten Fachwerkhaus (15. Jh.), bis zu 7 Pers., Sauna, Kanuverleih, Weinprobe.

Übernachten, Essen

Schlafen in Art déco – **Gutsweinschänke Till E.:** Weingut Christoph Koch, Schlossstraße 10, Zell, Tel. 52 27, www.gutsweinschaenke.de, DZ ab 60 €. Im Gewölbekeller (Saison Do–Di, sonst Do–So): gutseigene Weine und moseltypische Speisen (7–15 €).

Essen & Trinken

Anheimelnd – **Wein- und Sektgut Day:** Marktstr. 6, Tel. 06542 45 82, www.weingut-day.de, Fr–Mi ab 17 Uhr. Moseltypische Gerichte ab 8 € in der ›Alten Weinstube‹.

Einkaufen

Prämierter Spitzenwinzer – **Weingut Albert Kallfelz:** Hauptstraße 60–62, Zell-Merl, Tel. 06542 938 80, www.kallfelz.de, Weinproben n. V., mit Leidenschaft für Steillagenriesling, bezahlbare Weine.

Aktiv

Freiräume – **Genuss erleben:** Petra Kessler-Hagenau, Zell, Mobil 0175 632 47 71, www.mosel-genusserlebnis.de. Ausflüge per Paddel, Pedal, Pedes, Picknicks – und Weinverkostungen. Ab 6 Pers., Anmeldung erbeten.

Mit Sektbegrüßung – **WeinErlebnis-Wanderung:** ›Mit der Zeller Schwarze Katz unterwegs‹, geführte Wanderung Juni–Okt. 14 Uhr (bzw. 17 Uhr bei heißem Wetter) mit Start am Schwarze-Katz-Brunnen.

Schwindelnde Höhen – **Collis Steilpfad:** Das neue Klettersteig-Abenteu-er (ca. 1,2 km einfach) vom Kabert-chenweg in alte Weinbergsmauern und auf Felswände, mit toller Aussicht und Superblick vom Collisturm.

Romantisch – **Wanderung** durch Zells ›Liebesschlucht‹, d. h. Schiefer, Wald und Wiesen. Infos: Tourist-Info.

Abends & Nachts

Kulturverein – **Seitwärts-Aufwärts:** www.seitwaerts-aufwaerts.de. Seit 30 Jahren Kleinkunst-Veranstaltungen in der Alten Schule in Merl.

Infos & Termine

Tourist-Information
Zeller Land Tourismus GmbH:: s. S. 190; www.zellerland.de; www.bestzeller.de: Aktuelle Informationen zu Veranstaltungen usw.

Feste
Aus der Fülle der Weinfeste, die ihren Reiz aus dem besonderen Flair des Städtchens Zell und seiner Ortsteile beziehen, eine kleine Auswahl:
Weinfest Zeller Schwarze Katz: letztes Wochenende im Juni.
Lange Tafel: Juli, Schlemmermeile in der Zeller Altstadt (Balduinstraße).
Keltisches Weingelage: Zell Kaimt, Ende Aug.
Adventsmarkt: 1. u. 2. Advents-So.

Verkehr
Flughafen: Hahn-Transferservice per Linienbus-Shuttle, täglich, Informationen: Flughafen Hahn (Tel. 06543 50 92 00) oder Tourist-Information Zeller Land.
Bahn: Bahnhof Bullay, Trier–Koblenz (690).
Bus: Strecke Trier–Bullay (Linie 333).
Taxi: Tel. 06542 44 44 (Tag und Nacht).
Schiff: von/nach Alf, Briedel, Pünderich, Traben-Trarbach, Cochem.

Terrassenmosel: Alf bis Bruttig-Fankel

Highlights❗

Ediger: Zweifellos einer der reizvollsten Orte an der Mosel! Eine Stadtmauer aus dem 14. Jh. umfasst den mittelalterlich anmutenden Kern mit Bausubstanz aus dem 15. bis 18. Jh. Themenführungen verstärken diesen ersten Eindruck. S. 223

Beilstein: Gesamtkunstwerk! Überschaubar klein, daher keine müden Füße bei der Besichtigung, trotzdem Muskeltraining hoch zur Klosterkirche – schnuckelig, herrliche Lage, Ausblicke und Anblicke. S. 227

Auf Entdeckungstour

Auf den Spuren der Antike: Wir laden Sie ein zu einem Ausflug in längst vergangene Zeiten, die auf den Stationen der ›Straße der Römer‹ wieder lebendig werden – so locken etwa die ›Heidenkeller‹, der Martberg und der Bleidenberg. S. 218

Kultur & Sehenswertes

Petersberg: Ein geheimnisvoller, einmaliger Ort mit Wurzeln in den alten Zeiten. S. 215

WeinMuseum Schlagkamp-Desoye: Im Museum des Weinguts sind mehr als 10 000 Weinbau-Gerätschaften zu besichtigen. s. Unser Tipp S. 225

Zu Fuß unterwegs

Kulturweg der Religionen: Ein 5 km langer Wanderweg durch Dorf und Flur von Ediger unter dem Motto ›Aufsteigen, Aufatmen, Aufleben‹. S. 224

Mesenicher Steinreichskäpp: Eine leichte Wanderung entlang des Kulturwegs im WeinKulturLand Mosel. S. 226

Genießen & Atmosphäre

Burg Arras: Sie ist zu einem familiären Hotel umgebaut worden – einfach liebenswürdig und entspannend. S. 214

St. Aldegund: Herrliche Lage inmitten von Weinbergen: Peter Ludwig war von der spätromanischen Kirche so begeistert, dass er sich in ihrer Nähe begraben ließ. S. 217

Pension-Café Klapperburg: Kaffee schlürfen in Beilstein inmitten eines Kaffeemühlen-Museums mit Exemplaren aus drei Jahrhunderten. S. 229

Reinste Moselromantik

Eine großartige Landschaft tut sich den Blicken auf: der Calmont als steilster Weinberg Europas an der engsten Flussschleife und all die idyllischen Ortschaften am Moselkrampen mit Beilstein als Krönung.

Alf ▸ G 3

Die Römer gaben der Siedlung den Namen Albis. Eine amerikanische Fernsehserie um ein gleichnamiges, liebenswert-boshaftes außerirdisches Monster bescherte Alf zeitweise ungeahnte Popularität.

Nach anfänglicher Belustigung waren die Einwohner die touristische Schützenhilfe bald leid, da Alf-Fans ständig das Ortsschild klauten – daher ließ die Gemeinde eigens Schilder zum Verkauf anfertigen. Dabei hat das Dorf mit den schmucken Fachwerkhäusern so gar nichts Extraterrestrisches an sich. Ganz bodenständig schmiegt es sich an eine pittoreske Uferpromenade und windet sich ins Alftal hinein, wo ein Freibad für Erfrischung sorgt.

Ausflug zur Burg Arras
Burg Arras: Tel. 06542 222 75, www. arras.de, DZ ab 150 €

Infobox

www.ferienland-cochem.de: Hier finden Sie Infos und Links zu allen Orten dieses Kapitels.
www.calmont-region.de: Kulturelle und touristische Infos zu Bremm, Neef, Ediger-Eller und dem Calmont.

Leicht bergauf geht es ins Alftal hinein, in das man unbedingt einen Abstecher machen sollte, um der Burg Arras mit ihren liebenswürdigen, mit dem früheren Bundespräsidenten Heinrich Lübke verwandten Herrschaften einen Besuch abzustatten, im Burghof zu sitzen und den malerischen Blick ins Alftal zu genießen. Über die Wipfel reicht die Sicht vom Bergfried der über 1000 Jahre alten Burg, deren erste Fassung die Pfalzgrafen gegen die wüsten Normannen errichteten. Angesehene Rittersleut' wie die Metzenhausen oder die Zandt waren hier zu Hause. Unbewohnbar war die Burg nach 1689, ging durch mehrere Hände und wird nun, sehr schön instand gehalten, als Museum, Hotel und Restaurant von der Familie Keuthen geführt, die dem Onkel Heinrich auch ein Gedächtniszimmer reserviert hat. Schlafen im Hotel auf einer echten Burg, speisen in historischen Sälen und Kabinetten, relaxen auf der Burgterrasse – was will man mehr?

Bullay ▸ G 3

Zwei Attraktionen machen das Dorf am Zeller Hamm vor allem für Bahnfreaks interessant, wobei Nostalgie- und Hightech-Gefühle gleichermaßen bedient werden. Da ist die zweistöckige kombinierte Eisenbahn- und Straßenbrücke, 1879 als technisches Meisterwerk gepriesen und bundesweit noch immer die erste und einzige ihrer Art; da ist der 2003 fertiggestellte Umweltbahnhof: barrierefrei, Sonnenkollektoren auf dem Dach, ausgezeichnet vom Bund Deutscher Architekten. Kritiker empfinden den Bau allerdings als kalt und steril. Bul-

In den über 1000 Jahre alten Gemäuern der Burg Arras kann man auch übernachten

lay ist Ausgangspunkt für den eisenbahnhistorischen Kulturweg. Außerdem steigt man hier in die idyllisch am Fluss entlang tuckernde Bummelbahn nach Traben-Trarbach.

Infos

Verkehr

Umweltbahnhof Bullay: Verbindung nach Trier–Koblenz; Stichbahn (Transregio) nach Traben.
Schiff: Schiffsanleger Alf und Bullay; Linienschiffe von/nach Zell, Traben-Trarbach, Cochem; ab Alf Fahrten ›Rund um die Marienburg‹, Tel. 06542 53 35.
Personenfähre: Alf–Bullay, Tel. 0175 886 97 24, März So–Di/Do/Fr 8–17, April Do–Di 8–17, Mai–Okt. 8–19 Uhr, mit Fahrradverleih.

Neef ▶ G 3

Der schmucke Ort profitiert von reicher Bausubstanz mit dem nahe am

Wasser gebauten spätromanischen Burghaus der Sponheimer als Vorzeigeobjekt. Voller wertvoller Exponate ist das Ofen- und Puppenmuseum von Kurt Bergen, das auch von Holz- und Blechspielzeug bevölkert ist. Kunstvolle Gussöfen wärmen schon beim bloßen Anschauen (Neugartenstr. 6, n. V., Tel. 06542 221 54).

Peterskapelle

Die Moselschleife um den Petersberg mit der Peterskapelle ist von solch landschaftlicher Schönheit und kulturellem Reiz, dass es gute Gründe für eine Art Vogelschau von Bergeshöhen aus gibt, bevor man die Weindörfer im Detail betrachtet. Vorsicht: In Neef ist erst der Petersberg, dann nur der Friedhof ausgeschildert, den man entlang eines abenteuerlich an der Felskante geführten geteerten Wegs erreicht. Besser ist es also, zu Fuß hinauf zur Peterskapelle zu gehen! Die Neefer in den alten Zeiten mussten übrigens das Baumaterial für das Kirchlein nicht nach oben schleppen, erzählt die Sage. Damals hätten Geistgestalten das besorgt, die ein Zeichen geben wollten, die Kirche nicht im Dorf zu lassen, sondern sie auf den Berg zu setzen. Eine Kultstätte jedenfalls von jeher, von vielen Legenden umwoben, mit einem sagenhaften Blick vom Friedhof und vor allem vom ›Eulenköpfchen‹ aus auf den Moselkrampen, die Ruine des Klosters Stuben und die Dörfer ringsum.

Der Chor der Peterskapelle stammt aus dem 12. Jh. Sie ist noch immer Neefs Friedhofskirche. Der schon damals angelegte Friedhof wird bis heute von der Gemeinde genutzt. In den Weinbergen fand man ein fränkisches Gräberfeld. Zahlreiche Kleinfunde deuten auf eine spätrömische Befestigung hin, auch im Zweiten Weltkrieg war einiges los, als die Flak hier oben ballerte und die Kapelle schwer beschädigt wurde. Die restaurierten ›Sieben Fußfälle‹, die Urform der Kreuzwegstationen, führen von der Klosterruine auf die Anhöhe und zollen damit dem alten Brauch des Gebets für Sterbende Tribut (s. Essay S. 74).

Übernachten, Essen

Ein bisschen anders – **Landhaus Hübner:** Moseluferstr. 14, Neef, Tel 06542 96 25 22, www.landhaus-huebner. de, DZ ab 62 €. Im Restaurant, dessen Terrasse einen hübschen Blick auf den Fluss zu bieten hat, bekommt man regionale Spezialitäten, die liebevoll zubereitet werden.
Moseltypisch saisonal – **Weingut Amlinger & Sohn:** Moseluferstr. 17, Tel. 06542 29 62, www.amlinger.de, DZ im Weingut ca. 60 €, Fewo (versch. Adressen) ab ca. 40 €. Die Weine kann man auch im Internet bestellen. Der Landgasthof Zur Blauen Traube, Moseluferstr. 11, bietet Hauptgerichte ab 11 €.

Infos

Verkehr
Bahn: Bf. Neef, Koblenz–Trier (Linie 690).
Schiff: von/nach Zell, Traben-Trarbach, Cochem.

Kloster Stuben ▸ G 3

Im Umkreis des Klosters Stuben soll es früher viele Nachtigallen gegeben haben. Kaiser Maximilian I. habe ihnen auf seiner berühmten Reise zum Reichstag in Trier 1512 entzückt gelauscht. Der Sage nach hatte der hl. Bernhard die Vögel gebeten, das Eifel-Kloster Himmerod zu verlassen, weil sie mit ihrem Tirilieren die Zisterzienser von der Kontemplation abhielten. In Stuben hätten sie sich dann als Lehrmeister der adeligen Nonnen erwiesen, um deren Lobgesang es nicht zum Besten bestellt gewesen sei.

Das 1137 gegründete Augustinerinnennenkloster war bis zur Umwandlung in ein freies Damenstift 1789 der Abtei Springiersbach unterstellt (s. S. 204).

Bis 1794 hütete man als Heiligtum ein heute im Domschatz von Limburg/Lahn aufbewahrtes byzantinisches Kreuzreliquiar (Staurothek), das der Kreuzritter Heinrich von Ulmen 1204 aus Konstantinopels Hagia Sophia entwendet und Stuben geschenkt hatte. Von der Herrlichkeit blieben nur Außenmauern der 1687 neu erbauten Kirche und Reste der Kreuzkapelle. Direkt gegenüber ragt das imposante Felsmassiv des Calmonts auf.

St. Aldegund ▶ G 3

Oberhalb der Staustufe liegt kurz vor dem nächsten Moselmäander das südländisch heitere St. Aldegund, »dessen Christopherusstraße mit dem bekannten Christopherushaus von 1473/1710

eines der schönsten Fachwerkensembles der Mosel darstellt«, wie der Autor Reinhold Schommers eine der Attraktionen seines Heimatorts beschrieb.

Die neugotische katholische Kirche prägt das Ortsbild, die spätromanische Alte Kirche in den Weinbergen aber ist die wahre Königin (Schlüssel bei Familie von Essen, Auf der Teusch 4). Das empfand auch das Kunstsammler-Ehepaar Peter und Irene Ludwig aus Aachen. Auf Umwegen war ein 1601 geschaffenes und von der Witwe des kurfürstlichen Vogtes Niclas Rultz gestiftetes Renaissance-Epitaph in den Besitz der Eheleute gekommen. Voller Begeisterung über die herrliche Lage ließen sie 1967 bis 1971 die baufällige Kirche komplett sanieren und schenkten der Gemeinde beide Kunstwerke – gegen das Versprechen eines Grabplatzes. Und so sind Peter Ludwig, Weltbürger, Mäzen und Stifter bedeutender Museen (s. Entdeckungstour S. 284), und seine Frau ▷ S. 221

Romantische Ruine – Kloster Stuben wurde 1820 ›auf Abbruch‹ verkauft

Auf Entdeckungstour:
Auf den Spuren der Antike

Die Moselregion ist ein einziges Geschichtsbuch. Wenn Trier besichtigt ist, bleibt bis zur Mündung in den Rhein noch eine Menge zu entdecken. Als ›Kelten-Land‹ war die Mosel auch Schauplatz von Caesars Kriegszügen.

Reisekarte: ▶ G 3 – I 1
Zeit: Tagesausflug (Auto und zu Fuß)
Start: Nehren (Römergräber).
Fahrt nach Pommern ca. 20 km. In Pommern zu Fuß auf den Lenus-Mars-Weg, 45 Min. bis zum Tempel (im Plan rechts rot) oder mit dem Pkw auf dem Schotterweg bis zum Parkplatz unterhalb des Tempels, dann 15 Min. Fußweg (grün).
Strecke von Pommern nach Oberfell 20 km. Der ›Themenweg Zeitreise‹ ist 6 km lang und nimmt 2–3 Std. in Anspruch.

Lichtempfindlicher Schatz

Hoch über dem Ort in den Weinbergen liegen die **Grabkammern von Nehren.** Der Begräbnisplatz römischer Landgutbesitzer gilt als archäologische Sensation, denn eine der beiden Kammern birgt eine der wenigen aus der Antike erhaltenen Wand- und Deckenmalereien. Die unterirdischen Kammern, im Volksmund bekannt als ›Heidenkeller‹, waren schon lange bekannt. Erst nach den Ausgrabungen 1973/74 wurden die Tempel über den Kammern rekonstruiert, die die antike Kulturlandschaft wieder erlebbar machen. Die Wandmalerei zeigt mediterrane Motive: rote Girlanden, grünes Blattwerk, Blumen, Früchte und andere Pflanzenornamente. Um die empfindlichen Kunstwerke vor schädlichen Einflüssen und Vandalismus zu schützen, wurde die Kammer verschlossen und mit einer Klimaanlage versehen. Die Malereien sind durch eine Luke in der Tür zu besichtigen. Beim Betätigen der Klappe geht automatisch eine solarbetriebene Beleuchtung an (falls es nicht sofort klappt, noch einmal versuchen!).

Über Glaubensgrenzen hinweg

Das Besondere der rekonstruierten gallorömischen **Tempelanlage auf dem Pommerner Martberg** (s. Abb. links) ist seine einzigartige Kontinuität als Kultplatz. Der Martberg war eine keltische Stadtanlage *(oppidum)* mit Tempel für den Heil- und Lichtgott Belenus. Dann wurde der Kult ›romanisiert‹. Aus (Be-)Lenus wurde Mars. Bis heute lebt der Römergott fort in der Bezeichnung ›Martberg‹.

Drei Jahrhunderte lang suchten Pilger hier oben Heilung und Rat. Bemerkenswertes Zeugnis dafür ist der Weihestein des Tychikos (zu sehen im Stiftsmuseum Karden). Tychikos, vielleicht ein griechischer Kaufmann, litt an Leib und Seele, war sogar dem Tode nahe, als er zum Martberg pilgerte. »Rettung fand ich, durch des Mars erhabene Liebe«, ließ er später in den Stein einmeißeln.

Nach dem Ende der ›heidnischen‹ Zeiten soll der heilige Einsiedler Castor in einer Höhle unterhalb der römischen Töpfersiedlung Karden gelebt haben. Bei seiner Grabeskirche siedelte der Trierer Erzbischof später eine Gemeinschaft von Klerikern an. Oben auf dem Plateau bekommt man nicht nur eine Vorstellung von den Dimensionen spätkeltischer Stadtanlagen. Man kann auch seine Fantasie schweifen lassen und sich ausmalen, mit welchen Hoffnungen und Wünschen die antiken Pilger sich dem Tempel näherten (Martberg-Tempelanlage: Mai–Okt. Fr–So/Fei 11–17 Uhr, Gruppenführung

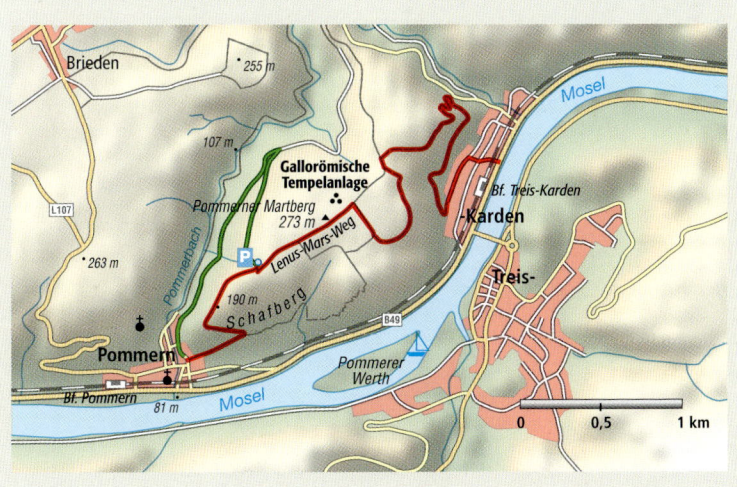

nach Anmeldung). Der ›Lenus-Mars-Weg‹ kann auch als Rundweg genutzt werden. Er führt nach Karden, in dessen Stiftsmuseum Funde vom Martberg ausgestellt sind (s. S. 245), ebenso im Bürgerhaus Pommern (10–19 Uhr, ab Ostern Sa/So, Mai–Okt. tgl.).

Zwischen Steinzeit und Mittelalter

Zwischen Alken und Oberfell führt der ›Themenweg Zeitreise‹ durch 800 000 Jahre Menschheitsgeschichte. Er verbindet das Plateau des Bleidenbergs mit der Burg Thurant (Einstieg: Oberfell, Kulturzentrum Altes Pfarrhaus; Alken, Michaelskapelle). Hier wanderte schon der *homo erectus*. In der keltischen Epoche (5.–1. Jh. v. Chr.) bauten die Menschen eine Befestigungsanlage rund um die Hochfläche. Eine 2,5 km lange Mauer können die Archäologen nachweisen. Da derartige Relikte im Gelände für das ungeübte Auge schwer zu erkennen sind, wurde ein Teilstück der Befestigung entlang des Weges rekonstruiert. Im Mittelalter tobte rund um die Burg Thurant eine

heftige Fehde (1246–48). Der Bleidenberg trägt seinen Namen von den Wurfgeschützen, sog. Bliden, die die Belagerer, die Erzbischöfe von Köln und Trier, hier gegen die Pfalzgrafen positionierten. Nach dem Sieg erneuerte der Trierer Erzbischof die bestehende Kapelle auf dem Berg, die später zur Wallfahrtskirche wurde.

Geschichte und Gegenwart

Diese drei Ausflugsziele zeigen, wie dicht sich im Moseltal Antike und Mittelalter, Mittelalter und Gegenwart aneinanderfügen. Die Fachleute sprechen da etwas sperrig von ›Altsiedellandschaften‹ – für die Gäste bedeutet dies, historische Zeiträume ganz unmittelbar erfahren zu können. Sie wandern dort, wo schon vor 2500 Jahren keltische Füße gelaufen sind, und können es auch bewusst nachvollziehen.

Informationen: Das Projekt ›Straßen der Römer‹ erschließt die römischen Denkmäler entlang der deutschen und luxemburgischen Mosel (www. strassen-der-roemer.eu).

Eine Grabkammer der rekonstruierten Schutztempel bei Nehren zeigt Wandbemalung

seit 1996 und 2010 in einer Gruft unter dem Altarraum beigesetzt.

Infos

Verkehr
Bahn: Bf. Neef, Koblenz–Trier (Linie 690).
Schiff: von/nach Zell, Traben-Trarbach, Cochem.

Bremm ▶ G 3

Die Michaelskapelle am Wegrand erinnert an eine mittelalterliche Liebesgeschichte. Nicht immer entsprach das Gelübde adeliger Fräulein dem eigenen Willen, sondern galt eher dem Erbe wie im Falle der Elsa von Treis, die ein böser Oheim ins Kloster Stuben verbannte. Ritter Gottlieb von Schwanau stiftete das Kirchlein, nachdem er in einer Befreiungsaktion sich und die Geliebte durch Wind, Wetter und Moselfluten hier ans Ufer retten konnte.

Das steil zum Fluss sich neigende Bremm ist wie all die Winzerorte rund um den Petersberg eine Siedlung vor der ersten Jahrtausendwende. 2002 wurde es als schönstes Dorf in Rheinland-Pfalz ausgezeichnet, ein wertvolles Kompliment für die gelungene Sanierung der gepflasterten Gässchen und beschaulichen Winkel, Bruchsteinhäuser, Erker und Figuren, des heimeligen Fachwerks, mit Augenmerk auch auf Einzelobjekte wie das ›Storchenhaus‹ (1686) am Moselufer. Über dem Dorf erhebt sich die kath. Pfarrkirche St. Laurentius, deren sterngewölbtes Langhaus (15./19. Jh.), Renaissance-Hochaltar und durch Klangarkaden gegliederter romanischer Westturm von einer reichen Geschichte zeugen, im Schatten des Bergs Calmont.

Die Calmont-Region
Zum Calmont blickt jeder respektvoll hoch. Sein Name leitet sich wohl von *calvus mons* (kahler Berg) oder *calidus mons* (heißer Berg) her. Weitaus mehr als der ›steilste Weinberg Europas‹ (mit bis zu 65° Steigungswinkel), ist er Symbol menschlicher Tugenden wie Hartnäckigkeit und Ausdauer unter schwierigsten Bedingungen. Das Calmont-Logo kennzeichnet hochwertigen Steillagen-Wein – ein uralter Kulturboden: 2008 wurde auf dem Calmont-Grat ein römischer Tempel rekonstruiert. Die Ortschaften zu seinen Füßen betreiben gemeinsames Marketing unter dem Namen ›Calmont-Region‹ (www.calmont-region.de).

Diese Landschaft hatte die Dichterin Clara Viebig vor Augen, als sie ihre Liebeserklärung an Bremm und den Calmont niederschrieb: »Ihr goldenen Berge, du Fluss im Tal, geliebtes Land, Land meiner Heimat, gesegnet seist du!«

Einkaufen

Schiefer-Duft – **Weingut Reinhold Franzen:** Tel. 02675 412, Gartenstr. 14, www.weingut-franzen.de. Seit 2002 rekultiviert das Weingut Franzen auf dem Calmont eine aufgelassene Weinbergfläche. Paten für die jungen Rebstöcke belohnt ein Zertifikat: Riesling vom eigenen Stock.

Aktiv

Hoch hinauf – **Gleitschirmfliegen:** Der Calmont ist für erfahrene (!) Gleitschirmflieger das absolute Erlebnis. Infos bei www.thermik4u.de.

Infos

Tourist-Information
Kloster-Stuben-Str., 0175 324 91 14,

www.bremm-mosel.de. Die Website bietet ausführliche Informationen zu den Highlights der Calmont-Region.

Verkehr
Bahn: Bf. Eller (Linie 690), Strecke Trier–Koblenz.
Schiff: von/nach Zell, Traben-Trarbach, Cochem.

Ediger-Eller ▶ G 3

Zweifellos handelt es sich um einen der schönsten und reizvollsten Orte an der Mosel – und in den vergangenen drei Jahrzehnten ist vieles passiert, um die Reize bekannt zu machen. Im Jahr 2010 sind die Bemühungen in Ediger-Eller belohnt worden: Der Ort wurde Bundessieger im Wettbewerb ›Unser Dorf hat Zukunft‹. 2014 belegte die Calmont-Region, zu der auch Bremm und Neef gehören, beim Europäischen Dorferneuerungspreis den zweiten Platz.

Eller

Bis ins 4. Jh. reicht Ellers Vergangenheit zurück – ein römischer Münzschatz wurde hier gefunden. Die kath. Kirche St. Hilarius kombiniert einen romanischen Kirchturm mit einem hellbarocken Gotteshaus. Zu sehen sind ein Renaissance-Marienaltar, zwei Gemälde des Kurtrierer Hofmalers Heinrich Foelix (1732–1803) und eine Stumm-Orgel (1828). Hochinteressant ist die nach 1503 gotisch erweiterte St. Arnulfskapelle (Rochuskapelle) gegenüber – dank eines Freskos nach Martin Schongauers Kupferstich. Stattliche Gebäude wie das St. Simeo-

Im Holle-Häuschen ist die Tourist-Information von Ediger-Eller untergebracht

ner Hofhaus (16. Jh.) oder Theys Külwer Haus (16. Jh.) gesellen sich hinzu.

Kaiser-Wilhelm-Tunnel
Mitten in Cochem tauchen die Züge von Koblenz nach Trier in den 4,25 km langen Kaiser-Wilhelm-Tunnel ein, an der Ostflanke des Calmont tauchen sie bei Eller wieder auf. Das Wunderwerk der Ingenieurstechnik hielt von 1887 an rund 100 Jahre lang den Rekord als längster Eisenbahntunnel Deutschlands. Die Trasse führt nach Verlassen des Ellerer Bahnhofs schnurgerade auf die Stahlbrücke über die Mosel und hinein in den Petersberg, und so wurde die Gesamtstrecke Neef–Cochem von 30 km entlang des Moselkrampens auf 5 km reduziert. Um die Sicherheit zu erhöhen, hat die Deutsche Bahn eine 4,3 km lange zweite Röhre gebaut.

Ediger!

Das ›Rothenburg der Mosel‹, wie der Historiker Reinhold Schommers Ediger etikettierte, steckt voller malerischer Winkel, hat man erst einmal die lebhafte Uferpromenade zu den stillen Gassen hin verlassen. Eine Stadtmauer des 14. Jh. umfasst den mittelalterlich anmutenden Kern mit Bausubstanz aus dem 15. bis 18. Jh. Ein Ort für Feinschmecker war lange Zeit der Gasthof Christoffel. Ein Verein bemüht sich darum, das Haus zu erhalten.

Kath. Pfarrkirche St. Martin
Der spätgotische Turm der **kath. Pfarrkirche St. Martin**, der schönste an der Mosel, gilt in der Fachwelt als Vorzeigebeispiel für eine stilgerechte Restaurierung. Seit 2003 erstrahlt er samt der Maßwerkbrüstung über einem Rundbogenfries, mit Bleikrabben und reich verziertem Schieferhelm in sinnlicher Farbigkeit. Mit dem ›majes-

tätischen‹ Geläut seiner historischen Glocken (1411–1564) macht er auf sich aufmerksam. Die Hallenkirche aus dem 15. Jh. mit dem kunstvollen Sterngewölbe wurde 1951 um ein nördliches Schiff erweitert. Sie gibt dem berühmten Steinrelief ›Christus in der Kelter‹ (16. Jh.) eine neue Bleibe.

Kulturweg der Religionen

Der Wanderweg durch Dorf und Flur (ca. 6 km) verknüpft die restaurierte Synagoge (Haus der Psalmen), den barocken Kreuzweg (s. S. 74) und die Kreuzkapelle (1488, offen) in den Weinbergen, die mit einer vorzüglichen Kopie des ›gekelterten Keltertreters‹ die alte ideelle Beziehung zu Pfarrkirche und Dorf aufrecht hält. Ob sie aber auch nach Entfernung des Originals ein mystischer Ort geblieben ist, an dem merkwürdige Dinge geschahen (ein Musiker etwa will gregorianische Gesänge aus der Ruine des Klosters Stuben gehört haben), ist bislang ungeklärt.

Ausflug zum Golfen und Gucken

Golf-Club Cochem/Ediger-Eller Mosel: Spiel- und Startzeiten Tel. 02675 91 15 11, www.golf-club-mosel.de
Das hügelige Hochplateau zwischen Ediger-Eller und Cochem lädt ins Golfresort ein. 2006 wurde zusätzlich zum 9-Loch-Executive-Course ein 18-Loch-Championship-Course eröffnet, der mit seinen optimal in die Landschaft eingepassten Holes, Wasserflächen und Bunkern als einer der schönsten weit und breit gilt.

Übernachten

Historisch – **Templerhof:** Familie Probst, Oberbachstr. 10, Tel. 02675 12 05, www.templerhof-ediger. de, Fewo 425 €/Woche. Drei Ferienwohnungen im denkmalgeschützten Gebäude, dem ältesten am Ort (1424).

Campingidylle – **Zum Feuerberg:** Tel. 02675 701, www.zum-feuerberg.de. Direkt am Moselufer gelegener Campingplatz, mit Internet.
Luxus – **Roompot Ferienpark:** Am Kellerborn 1, Moselhöhe Ediger-Eller, www.ferienresort-cochem.de. Luxus-Ferienhäuser am Golfplatz.

Übernachten, Essen

Slow Food – **Springiersbacher Hof:** Oberbachstr. 30, Tel. 02675 15 60, www.moselhof.de, diverse Fewos in der Altstadt ca. 50–139 € (je nach Aufenthaltsdauer). Wein-Café/Restaurant im Haupthaus, Ostern–Juli Mi–So, Aug.–Okt. Mi–Mo ab 12 Uhr, feine hausgebackene Kuchen.
Originell-feinschmeckerisch – **Winzerschänke im gräflich Dauner Hof:** Kirchstr. 10, Tel. 02675 332, www.winzer schaenke.de, DZ ab 60 €. Stammhaus der Winzerfamilie Feiden, das heute ein ausgezeichnetes Gourmetlokal beherbergt, wo Michael Krötz mit der gleichen Leidenschaft kocht wie sein verstorbener Chef Richard Feiden.

Übernachten, Einkaufen

Alles neu – **Weingut Freiherr von Landenberg:** Moselweinstr. 60, Tel. 02675 277, www.weingut-von-landenberg. de, Ferienwohnungen ab 60 €. Das traditionsreiche Weingut hat im Sommer 2015 das ›Moselschlösschen‹ mit verschiedenen Ferienwohnungen und die renovierte Vinothek mit Gartenanlage eröffnet.

Aktiv

Mit festem Schuhwerk – **Calmont-Klettersteig:** In Ediger-Eller ist wie in Bremm der Einstieg zum Calmont-Klettersteig möglich (Infos: www.calmont-region.de).

Infos & Termine

Tourist-Information

Tourist-Information Mosel-Calmont-Region: Ediger-Eller, Pelzerstr. 1, Tel. 02675 13 44, www.ediger-eller. de. Das Tourist-Büro im schmucken ›Holle-Häuschen‹ informiert z. B. über Führungen, Weinwanderungen, Radtouren und Wanderungen. Hier werden auch regelmäßig Ausstellungen gezeigt.

Veranstaltungen

Pfingstweintage: immer an Pfingsten
Wein- u. Heimatfest des Ediger Osterlämmchen: 2. Augustwochenende, mit ›Edschara Stohlgang‹, einem musikalischen Umzug am Montag in Ediger.
Straßenweinfest Ediger: 2. Septemberwochenende
Wein & Mehr: 1. Oktoberwochenende in Ellerer Weinkellern.

Verkehr

Bahn: Bf. Ediger-Eller, Strecke Trier–Koblenz (Linie 690).
Schiff: von/nach Zell, Traben-Trarbach, Cochem.

Ausflug zu den Römergräbern von Nehren ▶ G 3

Ein original römischer Kelterstein ziert den Dorfplatz von Nehren, die ›Römergräber‹ werben für den Ort. Man kann sie durch die Weinberge erwandern oder sich ihnen über die K 22 von oben her nähern (s. Entdeckungstour S. 218).

Senheim-Senhals ▶ G 3

Eine Brücke verbindet die Ortsteile Senheim-Senhals, die beide schon im hohen Mittelalter urkundlich erwähnt werden. Senhals' Gassen besitzen noch etwas vom Flair jener Epoche, nicht so der Nachbar über der Mosel. Das alte Senheim ging um die Mitte des 19. Jh. bei einem Großbrand in Flammen auf. Nur wenige Gebäude, darunter die kath. Pfarrkirche St. Katharina mit dem romanischen Westturm und das Burghaus, ein Wohnturm von 1220 in der Brunnenstraße, überstanden die Feuersbrunst nahezu unversehrt. Das Burghaus wurde als Domizil des Bildhauers Christoph Anders seit 1999 zur künstlerischen Keimzelle eines Skulpturenparks in und um Senheim (Christoph Anders, Brunnenstr. 16, Senheim, Tel. 02673 46 35, Besichtigung nach tel. Anmeldung, Werkstatt-Ausstellung). Die neueste

Unser Tipp

Wein und Museum
Das WeinMuseum mit seinen über 10 000 Objekten hat eine der weltweit größten Sammlungen von Winzer-, Küfer- und Weinbehandlungsgeräten, die der Vater des heutigen Geschäftsführers Andreas Schlagkamp in mehr als 40 Jahren zusammengetragen hat. Die Besucher werden über Sprachboxen (in Deutsch, Niederländisch oder Englisch) zu den einzelnen Stationen informiert. Im Kellerbereich erfährt man das Wichtigste über die Weinherstellung. Und am Ende gibt es im ehemaligen Festsaal eine »flüssige Austrittskarte«. (Infos: Zeller Straße 11, Tel. 02673 43 81, www.schlagkamp-desoye.de, Ostern–Nov. 10–16 Uhr, So/Fei geschl.; Weinverkostungen im Museum nach Anmeldung.)

Attraktion des Ortes, der 2015 den Landesentscheid des Wettbewerbs ›Unser Dorf hat Zukunft‹ gewonnen hat, ist ein Literatenweg.

Übernachten

Kinderfreundlich – **Ferienhaus Sonnet:** Altmai 19a, Senheim, Tel. 02673 41 86, www.sonnet-ferienhaus.de, Apartment ca. 45 €, Fewo (bis 5 Pers.) ca. 75 €.

Essen, Einkaufen

Deftig – **Schinkenkeller:** Brunnenstr. 9, Senheim, Tel. 02673 42 70, www.schinkenkeller.de, Ostern–Okt. Di–So ab 11, Hauptgerichte ab 9 €. Biergarten, Gewölbekeller, Metzgerei. Berühmt ist Klaus Schinnens traditionell geräucherter Moselländer Landschinken.

Der Kulturweg Mesenicher Steinreichskäpp

Infos

Tourist-Information
Heimat- und Verkehrsverein: Tel. 02673 96 28 20, www.senheim.de.

Verkehr
Bus: Strecke Zell–Cochem (Linie 711, 716).
Schiff: von/nach Traben-Trarbach und Cochem.

Wanderung auf den Spuren der Mesenicher Steinreichskäpp

Weglänge: 3,5 km, Dauer: ca. 2 Std.
Viele Bewohner der Moselorte haben von den Menschen in den Nachbardörfern Spitznamen bekommen. »Steinreichskäpp« nennt man zum Beispiel die Bewohner von Mesenich, dem kleinen Ort neben Senheim. Das hat mit den vielen Steinhaufen zu tun, die früher in den Weinbergen lagen. Die Mesenicher hatten sie aufgesammelt und zusammengetragen, damit die Hänge bewirtschaftet werden konnten.

Vor einigen Jahren haben die Mesenicher den alten Namen aufgegriffen und mit Kreativität, Humor und Selbstironie einen Kulturweg im WeinKulturLand Mosel erschaffen, der den »Steinreichskäpp« gewidmet ist. In einem einfachen Spaziergang kann man diesen traditionsreichen Weg kennenlernen. Ausgehend vom etwas oberhalb des Dorfes gelegenen Naherholungsplatzes, führt der Weg in Richtung Senheim – wobei man natürlich auch die umgekehrte Richtung laufen kann – und beschäftigt sich während der Wanderung immer wieder mit dem Thema Stein. Es gibt unterschiedliche Objekte zu entdecken, zum Beispiel ein Steinbarometer und eine Steinwaage. Ein Künstler hat die Köpfe von Mesenicher Persönlichkeiten in Stein gemeißelt, auf Steintafeln sind Weisheiten dokumentiert: »Wenn du noch einen Kumpel hast / und der hat gute Weine / so sorge, dass er dich nicht hasst / sonst trinkt er sie alleine.« Oder: »Stört mal ein Steinchen in der Galle / hilft ein Rezept in jedem Falle / so dann und wann ein Tröpfchen Wein / denn steter Tropfen höhlt den Stein.«

Beilstein! ▶ G 3

Beilstein ist reine Poesie: ein winziger Marktplatz, schmale Gässchen, schnuckelig restaurierte Häuschen, Torbögen, Winkel, die malerische Ruine Burg Metternich, steile Treppen hinauf zum einstigen Karmeliterkloster, aber der vielen göttlichen Blicke von der Klostercafé-Terrasse oder der Burg auf den vor sich hinträumenden Fluss und die Schieferdächer der kleinen Gemeinde, Weinberge, Wälder, Nachbardörfer – und massenweise Touristen. Das ›Dornröschen‹ der Mosel zieht magisch an, jeder möchte es für sich selbst wachküssen.

Touristen trinken ihre Schoppen in urigen Weinstuben oder speisen in fein gedeckten Restaurants, bepacken sich mit Souvenirs und streben zurück zu den Ufer-Parkplätzen oder Ausflugsschiffen. Gewiss weiß man das hier alles, man weiß, dass die Gäste kommen, um Beilstein als eine Art Gesamtkunstwerk zu goutieren. Denn Beilstein ist weit mehr als nur eine Filmkulisse.

Marktplatz
Weinmuseum im Zehnthaus: Öffnung n. V., Tel. 02673 18 50
Nach dem Café-Restaurant ›Altes Zollhaus‹ zeigt sich der kleine Marktplatz, den Burgherr Johann von Braunshorn nach dem Abriss älterer Häuser 1322 für seinen mit Stadtrechten aufgewerteten Besitz anlegen ließ. Teile der in die Anlage integrierten ehemaligen **Christopherus-Kirche** stammen aus dem 14. Jh., Langhaus und Chor wurden im 18. Jh. barock umfrisiert, 1805/06 profaniert und 1975 zum Bürgerhaus saniert. Das 1574 bis 1577 aus Bruchstein erbaute ehem. Winneburger Zehnthaus daneben, eines der architektonischen Glanzlichter an der Mosel, wirkt mit dem fünfseitigen Treppenturm wie aus einem alten Märchen entsprungen. Der **Zehnthauskeller** darin verheißt Genüsse des Weinguts Lipmann, das den Kelterraum zum Weinmuseum umfunktionierte. Der Metternicher Hof, ein teilweise in Fachwerk errichtetes ehem. Amtshaus und Kellnerei (Finanzverwaltung) der Herrschaft, durch einen Verbindungsgang mit der alten Kirche verzahnt, öffnet sich hinter dem Säulenportal von 1727 zum Restaurant-Café Haus Lipmann. Flankiert wird der bildhübsche Platz von der ›Guten Quelle‹ gegenüber.

Ruine Burg Metternich
www.burg-metternich.de/burg, Burgfest mit mittelalterlichem Markt alljährlich zu Ostern. Die Burg ist nur zu Fuß erreichbar
Der Aufstieg zur Ruine Burg Metternich führt zurück zu den Anfängen. Anno 1268 ist die Burg als Lehen der Herren von Braunshorn bezeugt, besiedelt war die Gegend bereits in spätrömischer Zeit. Der Platz war ideal, da man alles unter Kontrolle hatte, den Ort und das Tal. Was aber letztlich weder den Braunshornern nutzte noch den Winneburgern oder den Metternichs. Mehrmals war das Städtchen in Scharmützel und Kriege verwickelt. Der Burg machte 1688/89 die

Soldateska Ludwigs XIV. den Garaus. Graf Franz-Georg von Metternich zog um nach Koblenz und verlor 1794 seinen gesamten Besitz an die französischen Revolutionäre – was eine Erklärung sein könnte für die restaurative Politik seines Sohns Clemens Fürst von Metternich, des späteren kaiserlichen Staatskanzlers. Heute ergeben der Burghof, die runden Ecktürme aus dem 14. Jh., der fünfseitige Bergfried (um 1200) und die Reste des Palas ein friedliches Bild.

Jüdischer Friedhof und Synagoge

Von der Burg aus gerade hoch, passiert man die stille Armsünderkapelle. Einige Meter weiter liegt einsam der jüdische Friedhof, der Einblick in die Ortsgeschichte und Durchblick auf den Fluss gewährt. Zwischen 1308 und 1310 hatte Johann von Braunshorn das Recht erwirkt, zehn jüdische Familien anzusiedeln, Start für eine Ortstradition, die sich heute allerdings nur noch am Familiennamen Lipmann ablesen lässt, da die jüdische Gemeinde vor dem Pogrom 1938 schon stark geschrumpft war. Nahe der ›Winzerschenke‹ steht die ehemalige Synagoge im vormals jüdischen Viertel und verleiht einer Galerie Bruchsteinambiente.

Klosterkirche St. Josef

Hier führt auch die filmreife Klostertreppe mit 108 Stufen vorbei, deren Bau sich die Mönche mit einer Treppensteu-

Beilsteins steile Weinberge verlangen den Winzern einiges ab

er bezahlen ließen, als sie im 17. Jh. den Konvent und die kath. Klosterkirche St. Josef (1691–1738) errichteten. Heute speist man im Klostercafé, das den ehemaligen klösterlichen Westflügel gastronomisch nutzt, oder auf der Terrasse und direkt unter dem Schutz und Schirm der lichtdurchfluteten Kirche, die ihre barocke Ausstattung bis hin zur 2002 restaurierten Balthasar-König-Orgel bewahren konnte.

Touristen und Pilger suchen die Kirche vornehmlich wegen des Gnadenbilds der ›Schwarzen Madonna‹ auf, dessen Typus auf die Verehrung der im Hohelied Salomos gepriesenen Königin von Saba zurückgeht. Allerdings ist mittlerweile fraglich, ob sie kunsthistorisch wirklich so bedeutsam ist wie bisher angenommen. Vermutlich stammt sie eher aus dem 19. als (wie lange vermutet) aus dem 13. Jh.

Übernachten

Liebenswert altmodisch – **Hotel Haus Lipmann:** Marktplatz 3, Tel. 02673 15 73, www.hotel-haus-lipmann.de, DZ ab 100 €. Seit 1795 Familientradition im ehemaligen Metternichschen Amtshaus, Moselblick.

Historisch – **Hotel Altes Zollhaus:** Auf dem Teich 8, Tel. 02673 18 50, www.hotel-lipmann.de, DZ ab ca. 90 € in dem 1634 errichteten wunderschönen Fachwerkhaus; Infos, auch zum Zehnthauskeller, über Weingut Lipmann.

Echt antik – **Haus Kein Moselblick:** Bachstr. 50, Tel. 02673 90 00 50, www.haus-kein-moselblick.de, Ferienhaus (2–8 Pers.) ca. 61 € plus Endreinigung, Gebäude aus dem 17. Jh.; altes Mobiliar, Gewölbekeller zum Feiern.

Übernachten, Essen

Gute Nahrungsquelle – **Hotel Gute Quelle:** Marktplatz 34, Tel. 02673 14 37, www.hotel-gute-quelle.de, DZ ab 76 €, Fewo (4 Pers.) 100 €. Moselländische Küche, Holger Ostermann serviert vor allem Wild- und Fisch-Spezialitäten.

Café mit Kaffeemühlen – **Pension-Café Klapperburg:** Bachstr. 33, Tel. 02673 14 17, www.klapperburg.de. DZ ca. 76 €, Museum 1. April–1. Nov. Di–So 10–18 Uhr. Das Café beherbergt auch ein Kaffeemühlen-Museum: hier sind 533 Mühlen aus drei Jahrhunderten zu besichtigen.

Filmreif – **Gasthaus Winzerschenke:** Klostertreppe 29, Tel. 02673 13 54, www.winzerschenke-beilstein.de, DZ ab 65 €. Gästehaus, eigener Weinbau, deftig-gemütlich (Speckkartoffelsalat mit Beilage 7,50 €).

Herrlicher Ausblick – **Klosterrestaurant-Café Beilstein:** Klosterstr. 55, Tel. 02673 16 74, www.klosterca fe-beilstein.de, Fewos ab 40 €, im Café Kuchen, Torten und Deftiges, Infos zur Kirche.

Aktiv

Blick auf die ›kleinen Leute‹ – **Stadtführung:** Bachstr. 50, Beilstein, Tel. 026 73 90 00 50, www.beilstein-stadtfueh rung.de. Sozialgeschichtliche Stadtführung mit Rainer Vitz.

Infos

Tourist-Information
Heimat & Verkehrsverein: Bachstr. 47, Beilstein, Tel. 02673 90 01 91, www.beilstein-mosel.de.

Verkehr
Bus: Strecke Cochem–Senheim (Linie 716).
Schiff: von/nach Traben-Trabach und Cochem.
Autofähre: Beilstein–Ellenz-Poltersdorf, Tel. 02673 15 15.

Ellenz-Poltersdorf

▶ G 3

Man sollte das Erlebnis,, sich hier mit einer Drahtseil-Fähre über den Fluss ziehen zu lassen, auf keinen Fall versäumen. Wenn die Fähre von Beilstein nach Ellenz-Poltersdorf nicht in Betrieb ist, nimmt man die Brücke bei Senheim oder Bruttig. Böse Zungen behaupten, das Schönste an Ellenz-Polterdorf sei der Blick auf Beilstein. Der Doppelort mit Häuserzeilen aus gepflegtem, teils verputztem Fachwerk ist aber selbst im direkten Vergleich durchaus attraktiv. Und sei es nur die originale Tordurchfahrt in Poltersdorf durch den spätgotischen Kirchturm der 1952 errichteten kath. Filialkirche St. Andreas, in Ellenz das ehem. Rathaus mit steilgiebeligem Fachwerk oder das Warsburger Burghaus mit dem ellenlangen Schornstein, das einst die Ritter von Ellenz besaßen.

Die neugotische **kath. Pfarrkirche St. Martin** im Tal birgt hinter ihren Bruchsteinmauern eine Kostbarkeit: Das venezianische Tafelbild ›Sacra Conversazione‹ (1480) gab Graf Franz Ferdinand von Metternich-Winneburg-Beilstein offenbar in die Obhut der Sebastianus-Bruderschaft für die 1624 am Ellenzer Moselufer errichtete **Sebastianus-Kapelle**. Damals litten beide Dörfer schwer unter der von Soldaten eingeschleppten Pest (Alte Martinskirche und kath. Pfarrkirche St. Martin, Ellenz: beide Sa/So offen, Schlüssel: R. Berresheim, Weingartenstr. 1, Tel. 02673 18 82; Sebastianuskapelle: Schlüssel W. Conzen, Tel. 02673 16 79)

Infos

Tourist-Information
Infobüro: Moselweinstr. 15, Ellenz-Poltersdorf, 02673 962 72 27, www.el lenz-poltersdorf.de.

Verkehr
Bus: Zell–Cochem (Linie 711).
Schiff: von/nach Traben-Trarbach und Cochem.
Autofähre: Beilstein–Ellenz-Poltersdorf, Tel. 02673 15 15.

Bruttig-Fankel ▶ G 2/3

Fankel

Das kleinere Fankel konzentriert sich auf das **Marktplätzchen** und die hinter einer verschachtelten Tordurchfahrt auftauchende **kath. Pfarrkirche Mariä Himmelfahrt**. Deren spätgotisches Kreuz- und Netzgewölbe wurde im 18. Jh. ornamental bemalt, das Interieur samt Empore barock angeglichen. Heimelig sind hübsche Häuser in der **Brunnenstraße**, die ihr Fachwerk zum Teil noch durch Schwebegiebel schützen.

Bruttig

An Bruttigs Uferpromenade bietet das **Bürgerhaus**, ehem. Rathaus, mit dem runden Treppenturm seit 1619 allen Wetterunbilden die Stirn. Früher wurden hier die aus den Kellern der Winzer geholten Fasswein auf die Schiffe geladen. Der **Brunnen** auf dem Vorplatz preist den Geist des Weins und des Humanisten Petrus Mosellanus (1493–1524), der hier als Peter Schade auf die Welt kam. Der junge Griechischprofessor hielt 1519 bei der ›Leipziger Disputation‹ der Professoren Martin Luther, Dr. Eck und Karlstadt die Eröffnungsrede und leitete das Streitgespräch. 1521 zum Rektor der Uni Leipzig berufen, sah er seine Moselheimat nicht mehr, in der Nikolaikirche ist er beigesetzt. Auf den Ort seiner Geburt verweist die Tafel am ufernahen Fachwerkhaus, das mit einem ortstypischen Schwebegiebel versehen ist. Beim 1659 aus verputztem Bruchstein erbauten **Schunksches Haus** fallen die Volutengiebel ins Auge.

In den Gassen schmiegen sich Fachwerk und Bruchstein aneinander. Hier erhebt sich die **kath. Pfarrkirche St. Margaretha,** deren Turm mit den wertvollen alten Glocken anno 1507 und deren Langhaus 1845/47 errichtet wurde. Zum Fest der Heiligen am 20. Juli wird an vier Tagen gedengelt, am Montag um 11 Uhr eine ganze Stunde lang. Das rhythmische Anschlagen der Glocken mit dem Klöppel per Hand, wobei die Margaretha-Glocke, als einzige per Motor angetrieben, den Takt angibt, ist Tradition über Generationen hinweg. Ein Umzug mit Blaskapelle folgt, wobei die Dengler unterwegs von den Bewohnern gelabt werden. Im Festzelt beschließt man den Tag mit dem Denglertanz. Gedengelt wird an allen kirchlichen Hochfesten.

Bruttiger Bahndamm

An ein leidvolles Kapitel erinnert ein vom Senheimer Bildhauer Christoph Anders (s. S. 225) geschaffener Gedenkstein auf dem Friedhof: Bruttig wird von einem Bahndamm mit Viadukten durchschnitten, auf dem nie ein Zug fuhr. 1917 beschloss man eine zweite Trasse Koblenz–Trier als Trumpf gegen den ›Erbfeind‹ Frankreich, vollendete aber nur das Teilstück Treis–Bruttig. Die Bauruine wurde u. a. für Weinbau auf dem Damm oder Champignonzucht genutzt. 1944 mussten KZ-Zwangsarbeiter des ›Außenlagers Kochem‹ im Tunnel unter unmenschlichen Bedingungen Rüstungsgüter für die Firma Bosch produzieren.

Spaziergang zur Kreuzkapelle

Kreuzwegstationen stimmen auf die schlichte Kreuzkapelle über den Weinbergen ein, die im 18. Jh. einen Vorgängerbau ersetzte. 1580 versetzte hier ein Komet am Himmel Menschenscharen in Angst und Schrecken.

Übernachten

Entspannung und Genuss – **Ferien-Weingut Hess-Becker:** Christophorusweg 8, Tel. 02671 81 17, www.hess-becker.de, Fewo ab 44 €, Ferienhaus ab 96 € (4 Pers.), NatUrlaub-zertifiziert, großer Garten, Außenschwimmbad.

Aktiv

Für jeden etwas – **Peter Kreutz, Fahrrad- und Kanuverleih:** Brühlgasse 2, Tel. 02671 60 35 25, kreutzpeter@gmx.de; das Familienunternehmen verleiht Fahrräder und Kanus und organisiert mehrtägige Kanutouren.

Kulturweg – **Erlebnis Moselkrampen:** Wandern durch die Weinberge einiger Orte, die an dieser Flussschleife liegen, www.erlebnis-moselkrampen.de.

Infos & Termine

Tourist-Information

Verkehrsbüro: Peter Kreutz, Brühlgasse 2, Bruttig-Fankel, Tel. 02671 60 35 25, www.bruttig-fankel.de.

Veranstaltungen

Winzerfest Bruttig: 2. Aug.wochenende, Festzug am So. Am Sa steigt Bacchus mit Gefolge von der Weinlage Götterlay zum Ufer hinab, setzt in einem Nachen nach Bruttig über und gibt im Festzelt das Signal zum ›Teufelstanz‹.

Kirmes: In Bruttig Mitte Juli (Fest der hl. Margaretha) mit Dengeln, in Fankel Mitte Aug.

Verkehr

Bus: Cochem–Senheim (Linie 716).
Schiff: von/nach Traben-Trarbach und Cochem.

Terrassenmosel: Cochem bis Burg Eltz

Highlight❗

Cochem: Die Reichsburg ist Blickfang des Städtchens, das Touristen aus aller Welt anzieht. In den engen Gassen, auf dem Markt mit seinen prächtigen Fachwerkbauten, am Moselufer und oben am Pinnerkreuz kann man auf Gesellschaft zählen. S. 234

Auf Entdeckungstour

Mosel-Farben auf William Turners Palette: Auf den Spuren des visionären britischen Landschaftsmalers, der von der Mosel, insbesondere von Cochem, so begeistert war, dass er die Region 1839/40 ein zweites Mal bereiste. S. 240

Pyrmonter Felsensteig
Burg Pyrmont ▪
Münstermaifeld

Burg Eltz ▪

Müden ▪
-Karden
Ruine Coraidelstein ▪
Treis-

Cochem
Reichsburg
Valwig

Mosel-Farben auf William Turners Palette

Kultur & Sehenswertes

Münstermaifeld: Die ehem. Stiftskirche fasziniert durch die harmonische Fülle verschiedenster Stilarten. S. 251

Burgen: Malerische Ansichten vermitteln die Ruine Coraidelstein und die Bilderbuchburg Eltz. S. 243, 251

Zu Fuß unterwegs

Buchsbaum-Wanderpfad: Spaß, Muskeltraining und neue Erkenntnisse – zwischen Müden und Karden am wilden Buchsbaum entlang. S. 249

Pyrmonter Felsensteig: Auf einem der 26 ›Traumpfade‹ trifft man inmitten von Wäldchen und weitläufigen Feldern neben der Burg Pyrmont auch auf Naturschönheiten wie einen Wasserfall und eine Felsenlandschaft. S. 253

Genießen & Atmosphäre

Natur und Kultur: Vom idyllischen Moselufer bei Treis bestaunt man den Moseldom, eine Wanderung zur Zilleskapelle bringt neue Ausblicke. S. 246, 247

Abends & Nachts

Speisen wie die Ritter: Wie im Flug vergeht die Zeit mit Ritteressen und ›Gastereyen‹ auf der Reichsburg Cochem und der Burg Pyrmont. S. 235, 252

233

Schatztruhe der Mosel

Cochems Schatz ist die Reichsburg, ein Bilderbuch-Bauwerk! Klotten wirbt mit der Ruine Coraidelstein, Treis-Karden mit dem ›Moseldom‹. Die Schätze der vier ›M‹ – Martberg, Müden, Moselkern, Münstermaifeld – sind touristisch noch zu entdecken. Burg Eltz und Burg Pyrmont stehen ganz oben auf der Hitliste.

Ernst ▸ G 2

Führung inkl. Orgel: Wilhelm Basten, Tel. 02671 46 43
Ernst macht laut Werbestrategen Spaß. Es verfügt über eine Reihe schmucker Winzerhäuser. Das Kreuzkuppel-Juwel der Pfarrkirche St. Salvator Mundi (1845/46) von Johann Claudius von Lassaulx ist mit einem königlichen Instrument der Klausener Orgelbauerfamilie Voltmann (1868) bestückt.

Infobox

Tourist-Information Cochem: Endertplatz 1, Tel. 02671 600 40, www.cochem-tourist.de. Infos zur Stadt Cochem, u. a. auch zu Führungen (z. B. Nachtwächterführung).
Ferienland Cochem: Endertplatz 1, Tel. 02671 600 40, www.ferienland-cochem.de. Basisinfos und Links zu Ernst, Valwig, Klotten.
Ferienland Treis-Karden: St.-Castor-Str. 87, Ortsteil Karden, Tel. 02672 915 77 00, www.treis-karden.de, Basisinfos u. a. zu Treis-Karden, Pommern, Müden, Moselkern. Infos und Ausflugstipps auch zu den Orten im Hunsrück.

Valwig ▸ G 2

Valwig kann wie Ernst mit einer Lassaulx-Schöpfung aufwarten. Mit der kath. Pfarrkirche St. Martin schuf der Architekt 1824–1827 die erste neuromanische Kirche Deutschlands. Valwig wirbt zudem mit dem Apollofalter-Wanderweg. Er führt hinauf nach **Valwigerberg,** wo die gotische Wallfahrtskirche St. Maria und St. Magdalena besuchenswert ist (Wallfahrt: Sept./Okt). Zurück geht's durch den Niederwald (www.apolloweg-valwig.de).

Aktiv

Weinbau hautnah – **BREVA Wein & Weg:** Mit dem 2009 eröffneten Pfad leisten Bruttig, Ernst und Valwig einen Beitrag zur Erhaltung der Kulturlandschaft Mosel. Auf einer Wanderung u. a. durch die Top-Lage Valwiger Herrenberg erlebt man den Steillagenweinbau hautnah. Erlöse aus einer Riesling-Edition fließen in den Wanderweg. Info: Tel. 02671 91 67 48; www.brevaweinundweg.de. Im Jahr 2011 wurde am Ernster Moselufer die BREVA-Vinothek eröffnet, die auch über die Region informiert.
Unsinkbare Boote – **www.mosel-kanutours.de:** Moselstr. 45, Ernst, Tel. 02671 55 51. Udo Marx hat einen gesunden Angebots-Mix: Kanuverleih, Fahrradverleih, auch als Kanu & Fahrrad buchbar. Dazu: Bioladen ›Wilder Wein‹, www.bioladen-wilder-wein.de.

Cochem❗ ▸ G 2

Zwar sollen die Cochemer ihre lästigen Maulwürfe einst zur Strafe lebendig begraben haben, sind aber offenbar helle genug, einen touristischen Vorteil lange vor dem Boom zu ahnen. Das frappanteste Beispiel ist die Reichsburg. Der Berliner Fabrikant Jakob Louis Ravené (1823–79) hatte sich zuerst in die Ruine Grevenburg weiter moselaufwärts verliebt, die Trarbacher aber lehnten das Ansinnen eines Ortsfremden, hier zu investieren, rigoros ab. Die Cochemer erkannten die einmalige Chance und erhielten einen Blickfang, der seither Geld in die Kassen spült.

Reichsburg 1

Schlossstr. 36, Tel. 02671 255, www. burg-cochem.de; Führungen: März–Nov. tgl. 9–17 Uhr, s. Essay ›Zu Besuch bei den Rittern‹, S. 66
Steil geht's hinauf zur Burg, ein Reichsburg-Shuttle-Bus (Linie 781, Mai–Okt. 10.30–17.40 Uhr) erleichtert ab Enderplatz die Exkursion. Rüstigen Spaziergängern sei der Weg über die Oberbachstraße empfohlen.

Um das Jahr 1000 von Pfalzgraf Ezzo auf einem exponierten Schieferkegel vor dem Eifelhinterland optimal platziert, Reichslehen bis 1294, von König Adolf von Nassau aus Geldnot an Kurtrier verpfändet, blieb die Burg in allen Bauphasen bis zur Zerstörung 1689 durch Truppen des französischen Sonnenkönigs eine wichtige Bastion. Louis Ravené ließ sie zwischen 1868 und 1877 neugotisch romantisierend wieder erstehen, konnte das Burgherrendasein jedoch nur kurz genießen. Verewigt ist der Kommerzienrat im kostbaren Inventar, mancherlei Balkensprüchen und als Romanfigur Van der Straaten in Theodor Fontanes ›L'Adultera‹ (1880). 1942 wurde die Burg sog. ›Volkseigentum‹, 1978 übernahm die Stadt die Immobilie, eine

Cochems Marktplatz ist einer der meistbesuchten Orte an der Mosel

Cochem

Reichsburg GmbH kümmert sich nun um deren Erhaltung und Events wie Rittermahle.

Moselpromenade und Rochuskapelle

Wer allerdings erst das volle **Panorama** des Kreisstädtchens auf sich wirken lassen möchte, sollte mit der Fähre nach Cond übersetzen und den Blick von der malerischen Bilderbuchgug die Moselpromenade entlangwandern lassen. So bewahrt das schmale Häuschen Nr. 22 das Vermächtnis des Malers Josef Steib (1898–1959) in der Galerie Steib (Tel. 02671 609 30). Am Ortsende Richtung Cochem-Sehl fällt etwas erhöht ein leuchtend weißes Kirchlein auf, die dem Pestheiligen geweihte **Rochuskapelle 2**, 1680 zum Dank für die Errettung von der Seuche in die Flur gesetzt.

In der Altstadt

Der Cochemer Künstler Carl Fritz Nicolay (1922–97) ist auf beiden Seiten der **Moselbrücke** eindrucksvoll präsent: mit einer nach seinem Entwurf von Monika Nicolay-Bolle gestalteten Keramik an der Hauswand des Weinhexenkellers in Cond, eine erste gemeinsame Arbeit von Vater und Tochter. Auf dem Carl-Fritz-Nicolay-Platz steht der **Lebensbaum der Stadt Cochem 3**. Die aus dem gleichen Ma-

terial gefertigte Wand rekapituliert in einer Art Patchwork Stationen der Stadtgeschichte.

Die ›Perle der Mosel‹ durchlebte ein ständiges Auf und Ab: Pest und Plünderung, Krieg und Kanonendonner, am schlimmsten 1689 und 1944/45, als Bomben die Altstadt verwüsteten, einzig und allein wegen der strategisch wichtigen Bahnlinie, die hier im Kaiser-Wilhelm-Tunnel verschwindet. Auf dem alten Grundriss baute man stoisch wieder auf, mit Sinn für Tradition und die künftigen Gäste. Viele der rund 5200 Einwohner leben vom Aufschwung, der Mitte des 20. Jh. erneut einsetzte.

Der **Bockbrunnen 4** thematisiert eines der selbstironischen ›Stückelchen‹, die wie das Maulwurfsdrama der Stadt den Ruf eines zweiten Schilda einbrachten. Die kath. Pfarrkirche **St. Martin 5** wurde 1944 schwer beschädigt. 1997 erhielt sie eine prachtvolle Oberlinger-Orgel mit 42 Registern, darunter als humorvoller Gag ein ›Riesling-Register‹, dessen Bedienung ein Kästchen mit einer Flasche Wein und zwei Gläsern öffnet. Am schönsten stimmt von hier aus die Kirchgasse auf den winzigen Markt mit prächtigen Fachwerkbauten ein, mitsamt dem Brunnen des hl. Martin (1767) und dem **Rathaus 6** (1737). Dessen Tür weist noch immer ein Loch auf, was nicht den Zustand des Stadtsäckels beschreibt, vielmehr das 1923 vollbrachte Werk eines Separatisten ist.

Cochem vermittelt eine eigenartige Spannung zwischen altfränkischer Behäbigkeit und moselfränkischer Leichtigkeit, eine innere Stärke, die der Touristenrummel nie zurechtgebogen hat. In vielen malerischen Winkeln ist das spürbar, selbst in der Fußgängerzone und auf den steilen Treppen. So gelangt man durch die Obergasse und über die Kapuzinertreppen hinauf zum 1625 bis 1692 erbauten **Kapuzinerkloster** **7** und jetzigen Kulturzentrum mit großartigem Blick auf Ort und Burg. In das Kloster der ›Knadeler‹ trat Martin von Cochem (1634–1712) als Novize ein, um dann in einem unruhigen, reiselustigen Leben als wortgewaltiger Prediger und Volksschriftsteller bekannt zu werden.

Der Trierer Erzbischof Balduin (1307–54) stritt mehr mit dem Schwert als mit dem Wort. Er modernisierte die Stadtbefestigung und zog die Mauern bis zur Burg hoch; elf Tore bewachten das Städtchen. Hinter Kempeln, wo einst eine Burg Kemplone stand, geht's treppab zum **Enderttor** **8** . Das mittelalterliche Stadttor ist seit 1625 mit der Alten Thorschenke verzahnt, einst verrufene Spelunke eines Rottmeisters, die der Landsknechtsführer mit Geldern aus Hexenprozessen finanziert haben soll. Ob Liniusstraße, Bernstraße oder Oberbachstraße – Cochem weiß sich urig gut in Szene zu setzen.

Nach 18 Uhr, wenn die Reisebusse abgefahren sind, kehrt noch lange keine Abendstille in Cochem ein. Nun wird in den Lokalen stimmgewaltig der Gemütlichkeit zugeprostet. Warum sich aber nicht einfach mal ausklinken und ganz still für sich den Fluss genießen?

Pinnerkreuz **1**

Endertstr. 44, Cochem, Tel. 02671 98 90 63, www.cochemer-sesselbahn.de, Ostern–Mitte Nov. tgl. 10–18 Uhr
Mit der Cochemer Sesselbahn , deren Talstation über die Endertstraße in Unterquerung der Bahnlinie auch zu Fuß gut zu erreichen ist, schweben Sie auf den Pinnerberg. Die fantastische Aussicht am Pinnerkreuz, das nach einem hier abgestürzten Schäfer namens Pinn benannt sein soll, macht den kleinen Spaziergang dorthin zum Muss! Ein breiter Weg führt zum Wild- und Freizeitpark Klotten (s. Unser Tipp S. 244).

Ruine Winneburg **2**

Infos: Tourist-Information, s. u.
Die Burg soll der Teufel zwar nicht holen, aber der Sage nach gebaut haben! 1832 erwarb Österreichs Staatskanzler Clemens von Metternich, den wiederum Demokraten des 19. Jh. wegen seiner Restaurationspolitik für einen Teufel hielten, die in den Läuften der Geschichte ziemlich demolierte Stammburg seines Geschlechts von Preußen zurück. Metternichs Nachkommen verkauften die Ruine 1935 an Cochem. Ein Wanderweg durch das Endertbachtal führt zu dem nicht bewirtschafteten Gebäude, das der ›Winneburger Tross‹, eine Spätmittelalter-Interessengemeinschaft, zeitweise wieder zum Leben erweckte.

Übernachten, Essen

Am Wasser – **Moseltal-Jugendherberge Cochem** **1** : Klottener Str. 9, Tel. 02671 86 33, www.diejugendherber gen.de/cochem. 22,50 € ÜF p. Pers., in supermodernem Haus, barrierefrei und familienfreundlich, am Conder Ufer nahe dem Freizeitzentrum (s. u.).

Stilvoll – **Hotel Lohspeicher** 2 : Obergasse 1, Cochem, Tel. 02671 39 76, www.lohspeicher.de. DZ ab 99 €. Mit eigenem Restaurant: L'Auberge du Vin (s. rechts).

Erholsam – **Waldhotel Zur Winneburg** 3 : Endertstr. 141, Cochem, Tel. 02671 987 30, www.hotelwinneburg.de, DZ ab 68 €, Mi–Mo. Im gemütlichen Restaurant gibt es Hauptgerichte ab 10 €, empfehlenswert sind vor allem die Forellen (ca. 19 €).

Essen & Trinken

Richtig fein – **Restaurant L'Auberge du Vin** 1 : s. Hotel Lohspeicher, Di/Do/Sa ab 18 Uhr, Menüs ab 35 €. Ingo Beth kocht leicht, locker und moselanisch.

Angenehm – **Weinstube Zum Kapuziner** 2 : Pater-Martin-Str. 10, Tel. 02671

14 18, www.moselweingut-ring.de, April–Anf. Nov. Mi–Mo. Spezialität: Wildschweinschinken-Carpaccio ca. 10,50 €.

Ältestes Gasthaus – **Zom Stüffje** 3 : Oberbachstr. 14, Tel. 02671 72 60, www.zom-stueffje.de, Mi–Mo, Hauptgerichte ab ca. 8 €. Im urigen Restaurant des ältesten Gasthauses Cochems bewirtet die herzliche Familie Franzen mit hausgemachten Suppen und zivilen Preisen. Beliebt ist der Zander in Rieslingsoße.

Einkaufen

Für Gourmets – **Historische Senfmühle** 1 : Stadionstr. 1, Tel. 02671 60 76 65, Cochem, www.senfmuehle.net, tgl. 10–18, Führung 11, 14, 15 und 16 Uhr. Senfmüller Wolfgang Steffens produziert auf einer Mühle von 1810 ▷ S. 243

Spektakel für Jung und Alt – das Burgfest auf der Reichsburg

Auf Entdeckungstour:
Mosel-Farben auf William Turners Palette

Ein Mann in einem Boot, den Zeichenstift in der Hand, die Augen auf die wechselnden Uferansichten gerichtet. Ein knurriger, unfreundlicher Reisender, der die Bootsführer kaum eines Blickes würdigt – aus seinem Malkasten jedoch die durchsichtigsten und leuchtendsten Farbtöne zaubert: Das ist der britische Landschaftsmaler William Turner auf seinen Moselreisen. Ein kleiner Rundgang durch Cochem ermöglicht, Stadt und Landschaft mit seinen Augen zu sehen.

Reisekarte: ▶ G 2

Für wen: Kunstinteressierte und solche, die es werden wollen.

Zeit: etwa eine Stunde

Start: Cochem, Endertplatz

Revolutionär der Malerei
Als visionärer Maler ist William Turner (1775–1851) in die Kunstgeschichte eingegangen. Vor allem im fortgeschrittenen Alter war er seiner Zeit weit voraus: Farbe und Licht entwickeln ein Eigenleben, während die Form sich zunehmend auflöst. Seine Bilder bilden zugleich den Höhepunkt der romantischen Landschaftsmalerei – und läuten den Abschied von ihr ein: Turners Werk

ist der Brückenschlag von der Romantik zur Moderne. Obwohl im Umgang ein harter und wunderlicher Mensch, pflegte er zeitlebens Freundschaften. Auch war er sehr kinderlieb und setzte sich für die Abschaffung der Sklaverei ein. Sein liebstes Hobby war jedoch wieder das eines Eigenbrötlers: das Angeln. Als Künstler wusste Turner sich zu verkaufen. Sein wirtschaftlicher Erfolg ermöglichte ihm zahlreiche Reisen auf den Kontinent.

William Turner hat die Mosel zwischen Metz und Koblenz zwei Mal bereist: 1824 und 1839, jeweils im Spätsommer. Auf seiner ersten Reise sah er das Tal nur vom Boot aus – abgesehen von den Übernachtungen in Neumagen, Trarbach und Cochem. Doch die Mosel muss ihn nachhaltig begeistert haben, denn für seine zweite Reise nahm er sich mehr Zeit. Diesmal stieg er auch die Berge hinauf und suchte nach den besten Perspektiven. 1840 machte Turner auf einer anderen Reise noch einmal einen Abstecher an die Mosel. Die Turner-Expertin Cecilia Powell schreibt, »es hat den Anschein, als habe er sich kaum von der Mosel trennen können«. Und sie stellt fest: »Von keinem anderen Ort an der Mosel hat Turner mehr Ansichten gemalt als von Cochem.« Das Moselstädtchen ist also ein ideales Terrain für einen Spaziergang auf den Spuren des berühmten Malers.

Mit Skizzenbuch und Aquarellkasten

Einige der Standorte, an denen Turner 1839 seine Malutensilien ausbreitete, sind heute vergleichsweise unwirtlich: An der Bundesstraße rauscht der Verkehr, in Cochem-Sehl klemmt sich ein kleines Gewerbegebiet zwischen Berg und Fluss. Doch zu Fuß in der quirligen Cochemer Altstadt unterwegs kann

man noch Atmosphäre und urige Szenerien erleben, wie Turners Maleraugen sie sahen. Der Rundgang startet am **Enderttor** mit der Alten Thorschänke, in die wohl auch Turner eingekehrt ist. Hinter dem Tor geht es eine lange Treppe hoch. Vom Aussichtspunkt am Kapuzinerkloster sieht man auf das Dächermosaik hinunter. Von hier aus kann man begreifen, was den Künstler an Cochem so in den Bann gezogen haben muss. Denn es fällt auf, dass Turner seine Cochem-Aquarelle mehrschichtig angelegt hat: Wiederkehrendes Motiv ist der Moselbogen, in dem die Stadt eingeschmiegt liegt, hinterfangen von dem markanten Kegel der Reichsburg. Auch die Tiefenstaffelung von Stadt, Moselbergen und Enderttal hat ihn fasziniert, wobei hier die Winneburg den Akzent setzt.

Über den **Friedhof** geht der Rundgang weiter durch das **Balduintor** und die Obergasse zum **Marktplatz** hinunter. Dann führt der Weg durch die Herrenstraße. Während die meisten Touristen rechts Richtung Burg abbiegen, geht es weiter geradeaus durch den ›Burgfrieden‹. Diese stille Straße repräsentiert das ›eigentliche‹ Cochem. Hier scheint die Zeit stehen geblieben zu sein. Fast schon ein wenig düster

wirken die schmalen, hochgebauten Häuser. Den südlichen Abschluss des Burgfriedens bildet das **Martinstor,** überragt von **Burg** und **Pestkapelle.** Diesen ›Dreiklang‹ hat Turner vom gegenüberliegenden Moselufer aus aquarelliert. An der Moselpromenade kann man nun gemütlich zum Ausgangspunkt zurückschlendern.

Maler des Lichts

Landschaft, Orte und Gebäude verschmelzen bei William Turner zu einer Einheit. Mit rasch platzierten Linien und Farbflächen schafft er atmosphärische Dichte. Im Kolorit stehen zarte und kräftige Töne nebeneinander. Für jeden Moselbesucher ist dies unmittelbar nachzuvollziehen: Denn je nach Wetterlage kann die vom Fluss aufsteigende Feuchtigkeit innerhalb von Minuten mit klarstem Sonnenlicht abwechseln – vor allem am Vormittag. Im engen Tal bewirken Dunst und Nebel besonders intensive Abstufungen der hintereinan-

der gestaffelten Bergrücken. Da es Turner in romantischer Manier noch darauf ankommt zu zeigen, was die Seele, was das ›innere Auge‹ sieht, neigt er dazu, die Felsabhänge noch etwas schroffer, die Berge noch etwas steiler zu machen, als sie in Wirklichkeit sind.

Der Zillesberg bei Treis wird zur senkrecht aufsteigenden Felswand, Burg Bischofstein 1839 in eine hochalpin anmutende Szenerie versetzt. Auffällig ist, dass er dem Burgberg im darauf folgenden Jahr seine realistischen Konturen verleiht – Turner war eben kein Dogmatiker. Auch Beilstein, Klotten mit Burg Coraidelstein und Gondorf hielt er 1839 in Deck- und Wasserfarben fest. Burg Eltz besuchte er erst 1840. Hier war es offenbar auch wieder das Wechselspiel zweier Burgen – Eltz und Trutz-Eltz –, das ihn als Maler herausforderte. Turner ließ sich also von den pittoresken Ansichten inspirieren, die auch wir auch heute noch gerne fotografieren.

William Turner »Cochem aus südlicher Richtung gesehen«, um 1839 – das kleine Aquarell befindet sich in der Londoner Tate Gallery

im Kaltmahlverfahren Köstlichkeiten, die im ehem. Winzerhaus am Conder Ufer zu kosten und kaufen sind, zu zivilen Preisen! Spitzengastronomen setzen auf Senf des prominenten Müllers.

Aktiv

Mit Seilbahn und per pedes – **Wandern** **1**, **2**: s. S. 238
Für die ganze Familie – **Freizeitzentrum Cochem** **3**: Moritzburger Straße 1, Tel. 02671 979 90, www.moselbad.de. Öffnung (Tageszeit tel. erfragen!): Freibad Juni–Aug. tgl., Hallen-Wellenbad/Erlebnisbad tgl., Kinderland Di–So. Außerdem: Sauna, Tennis und Minigolf. Ein Bade-Erlebnis im Freien und in der Halle wird garantiert – mit Sprungturm, Rutschen, Wellenbad, Wasserfall und ›Kinderland‹ für Familien und Kids mit Beckenlandschaften, Inseln, Wasserspielen und einer Baby-Mulde zum Plantschen.
Querfeldein – **Fahrradverleih** **4**: Radsport Schrauth, In den Sehler Anlagen 10, Cochem, Tel. 02671 79 74, www.fahrradverleih-cochem.de, auch Sa/So.

Infos & Termine

Tourist-Information
Tourist Information Ferienland Cochem: Endertplatz 1, Tel. 02671 600 40, www.cochem-tourist.de. Infos auch zu Führungen wie z. B. der Nachtwächterführung.

Veranstaltungen
Sommerliche Orgelmatinee: Samstags in der Pfarrkirche St. Martin, Juni–Aug. 11–11.30 Uhr.
In Cochem ist immer was los, erwähnt seien der **Ostermarkt** (zwei Wochen vor Ostern), die **Weinwerbewoche** am zweiten Juniwochenende, das **Burgfest** am ersten und das **Heimat- und Weinfest** am letzten Augustwochenende.

Verkehr

Bahn: Bf. Cochem, Strecke Trier-Koblenz (Linie 690).
Bus: in der Eifel (Linien 500, 713, 718) und im Hunsrück (Linien 717, 719).
Schiff: von/nach Koblenz (mit Anschluss nach Bonn), Treis-Karden, Beilstein, Traben-Trarbach, Abendfahrten ab Cochem.
Personenfähre: Cochem–Cond, Tel. 02671 15 96, Ostern–Okt. tgl. 10–13 u. 14–18, ab Pfingsten auch 19–20 Uhr.

Klotten ▶ G 2

In Klotten findet das Urlauberherz alles, was es begehrt: einen schmucken Ortskern mit einer spätgotischen Kirche, die Rarität einer echten Seilschleppfähre, köstliche Steillagenweine, das Naturschutzgebiet Dortebachtal, den Wild- und Freizeitpark auf der Anhöhe (s. Unser Tipp, S. 244) und ca. 90 m über dem Ort auf einer Bergkuppe die malerische Burgruine Coraidelstein.

Burg Coraidelstein
Keramikatelier Coraidelstein: Ayca Riedinger, Tel. 02671 45 34, Besichtigung nach tel. Vereinbarung
Kaiser Konstantins Römer überwachten von da oben die Mosel und unterhielten Nachrichtenstafetten, wie Hütten-, Brunnenreste und Keramikscherben nahelegen. Eine Keramikwerkstatt begründete 1952 Else Harney (gest. 1985), Tochter des letzten Burgherrn, zusammen mit dem Töpfer und Schöpfer exquisiter Gefäße und Glasuren Wendelin Stahl. Nach dessen Tod im Jahr 2000 setzt Keramikermeisterin Ayca Riedinger, die eine 13-jährige Partnerschaft mit ihm verband, auf Coraidelstein die Tradition fort. Die auf Kristallglasuren spezialisierte Künstlerin präsentiert eigene Objek-

te zum Verkauf und stellt Werke von Wendelin Stahl und Else Harney aus.

1040–1047 lebte die Pfalzgrafentochter, Enkelin Kaiser Ottos II. und polnische Königswitwe Richeza auf der Stammburg der Ezzonen, allseits verehrt wegen ihrer Mildtätigkeit. Nach dem Tod Mieszkos II., mit dem sie im Alter von 16 Jahren vermählt worden war, floh sie vor den Unruhen aus Krakau und kehrte in ihre Heimat zurück. Noch als Leichnam wurde sie Opfer der Politik, da der Kölner Erzbischof Anno sie um des Besitzes des Klottener Guts willen auf seinem Territorium bestattete. Seit 1817 ruht sie im Kölner Dom.

Pfarrkirche St. Maximin
unregelmäßig geöffnet; Infos: Tel. 02671 41 79 oder 74 17
Als auf Initiative des damaligen Pfarrers Helmut Gehrmann 2002

Unser Tipp

Wild- und Freizeitpark Klotten
Der Familienbetrieb Wild- und Freizeitpark Klotten hat mit der Bahn »Zum Rittersturz« die schnellste, höchste und steilste Wildwasserbahn Deutschlands zu bieten. Andere Attraktionen sind der Klotti-Tower, der Wasserbob, die Riesenrutsche und die täglichen Greifvogel-Flugschauen. Der Park ist empfehlenswert für Familien mit Kindern von 3 bis 12 Jahren und reizt dank der Achterbahn auch Jugendliche zum Besuch. Das frei laufende Rotwild in dem weitläufigen Gelände darf gefüttert werden. Herrlicher Blick auf Mosel und Cochem (Mitte März–Anfang Nov. 9.30–18 Uhr, Tel. 02671 60 54 40, www.klotti.de).

eine Reliquie der seligen Richeza aus dem Kölner Dom in die Kirche übertragen wurde, baute er dafür eigens einen Altar. Das im Wesentlichen spätgotische Gotteshaus hält auf schieferig-schiefem Untergrund die Balance. Romanisch mit aufgesetztem Geschoss (1564) ist der Westturm, polygonal der Chor. Ein Sterngewölbe überspannt zwei Schiffe der Kirche.

Übernachten, Essen

Freundlich – **Hotel & Restaurant Zur Post:** Bahnhofstr. 24, Klotten, Tel. 02671 71 16, www.hotelzurpost-klotten.de, Hotel-DZ ab 79 €, Fewo ab 85 €. Klaus Berens und sein Team erfüllen auch Sonderwünsche kleiner Gäste. Bett & Bike, Arrangements für Radfahrer und Wanderer. Auch Biker sind willkommen (Mitglied von Motor Bike Hotels).

Aktiv

Radelspaß – **Bikestore:** Moselstr. 26, Klotten, Tel. 02671 915 84 18, www.bikestore-klotten.de, Fahrradverleih Mo–Sa.

Infos

Tourist-Information
Heimat- und Verkehrsverein: Tel. 02671 51 99, www.klotten.de.
Info-Center: Haus Moselschiefer, Moselstr. 27 (nahe der Fähre), Auskünfte auch zur Moselschiefer-Straße (s. S. 61).

Verkehr
Bahn: Bf. Klotten, Strecke Trier–Koblenz (Linie 690).
Schiff: von/nach Koblenz, Cochem, Treis-Karden.
Autofähre: Klotten–NSG-Klotten, Mai–Okt. Tel. 02671 71 99.

Im Schutz des Martbergs

Geduldig fraß sich die Mosel vor Urzeiten durch den Devonschiefer und formte ein enges Tal, das rechtsmoselanisch nicht mal eine Uferstraße trägt. Ein lauschiger Wanderweg, an den man von Klotten aus per Fähre andocken kann, führt hier entlang bewaldeter Bergrücken nach Treis. Unterwegs wird das Naturschutzgebiet Pommerheld durchquert, wo man seltene Wasservögel beobachten kann. Die mit Rebstöcken bepflanzte Sonnenseite des Tals mit Exklusivlagen wie ›Pommerner Sonnenuhr‹ ist erst wieder in Treis über die Brücke nach Karden zu erreichen.

Pommern ▸ H 2

Die Route links der Mosel ist auch nicht ohne Reiz. So bleibt man erst einmal in Pommern hängen, dem Pomaria (= Obstgarten) der Römer, das mit steilen Gassen voller gepflegter Fachwerk- und Bruchsteinhäuser aufwartet und dessen Winzer offenbar zumeist Schneiders heißen. Das erzbischöfliche Burghaus (um 1400) mit Stockturm und Fachwerkgiebel und der Spilles, das Rathaus, sind bemerkenswert. Vollends entzückt aber das Flair des ältesten Pfarrhauses im Bistum Trier, der ehem. Himmeroder Hof (1256). Die originelle Torbrücke ist mit der Empore der frühklassizistischen **kath. Pfarrkirche St. Stephanus** (1786–94) verankert, diese mit dem frühgotischen, spitzhelmigen Glockenturm – und lässt den Pastor nie im Regen stehen.

Ausflug auf den Martberg
Gallorömische Tempelanlage: www. martberg.de, Mai–Okt. Fr–So/Fei 11–17 Uhr, mit Café

Über dem steil abfallenden Tal von Mosel, Pommerbach und Brohlbach erstreckt sich das Plateau des Martbergs (Pommerer Mart). Koblenzer Archäologen entdeckten auf dem *mons Martis* Spuren eines bis ins 4. Jh. genutzten gallorömischen Kultbezirks, der dem treverischen Haupt- und Stadtgott Lenus Mars (daher Martberg) geweiht war. Eine Wanderung auf dem Lenus-Mars-Weg führt von Pommern oder Karden aus auf das 270 m hohe Bergplateau (s. Entdeckungstour ›Auf den Spuren der Antike‹, S. 218).

Übernachten

Bruchsteinromantik – **Weingut-Winzerhof Schneiders:** Bahnhofstr. 2, Tel. 02672 25 31, www.wilhelm-schneiders.de. Eisenbahnfreaks gefällt die Bahnhofsnähe zum freundlichen Winzerhaus (DZ 50 €) und zur Fewo ›im Landhausstil‹ (2–5 Pers.) ab 48 € plus Endreinigung. Wanderer und Radfahrer willkommen.

Treis-Karden ▸ H 2

Treis auf der Hunsrück- und Karden auf der Eifelseite grüßen sich über die Moselbrücke hinweg. Von Karden aus erreicht man den Martberg über den Kreuzweg und den Lenus-Mars-Weg, dessen Stationen oberhalb der Stiftskirche St. Castor am Stiftsbezirk beginnen. Die B 49 führt an der Mosel entlang. Treis ohne Umweg über Karden erreichen Sie per Pedes durch das Naturschutzgebiet oder per Auto von Bruttig-Fankel hoch und quer durch den Hunsrück, am Schluss durch das reizvolle Flaumbachtal (L 202).

Der Stiftsbezirk in Karden

Stiftsmuseum: Mai–Okt Fr–So/Fei 15–17.30 Uhr

Die dreischiffige **Stiftskirche St. Castor**, im Volksmund ›Moseldom‹ oder auch ›Weißer Riese‹ genannt, ist eine romanisch-frühgotische Schöpfung, entstanden in mehreren Bauphasen ab dem 12. Jh. Die Basilika besitzt eine bemerkenswerte Ausstattung. Den Westturm schmücken zwei Sterne als Anspielung auf Bethlehem und ein künstlerisch ungemein wertvolles Dreikönigs-Altarretabel (um 1420) aus mittelrheinischer Terrakotta. Aus der Fülle kunsthistorisch bedeutsamer Werke ragen die beiden Altäre der Trierer Hoffmann-Schule, die Grablegung Christi (alle 17. Jh.) und die restaurierte dreimanualige Orgel Johann Michael Stumms (1683–1747) von 1728 heraus. Grabungen in der Krypta förderten 1966 Mauern einer karolingischen Basilika zutage, in die Erzbischof Wiomad im 8. Jh. die auf wundersame Weise aufgefundenen Gebeine des hl. Castor hatte überführen lassen. Im 9. Jh. kamen sie nach Koblenz.

Noch monumentaler wirkt der ›Moseldom‹ übrigens vom Treiser Ufer des Doppelorts aus (S. 246), das saloppe ›Weißer Riese‹ ist aus diesem Blickwinkel mehr als legitim!

Der gotische Kreuzgang der Kirche ist vom **Stiftsmuseum** aus zugänglich. Das früher als Zehnthaus genutzte Gebäude (1238) zeigt nach überaus gelungener Renovierung christlich-kirchliche und gallorömische Schätze, auch vom Martberg. Mit weiteren Stiftshäusern blieb das Gesamtumfeld erstaunlich authentisch, so die Stiftsschule und der 800 Jahre alte Wohnturm des Propstes, der **Korbisch**. Letzteres ist eine Verballhornung des Titels ›Chorbischof‹, den in der Frühzeit die Landbischöfe bzw. Archidiakone trugen, deren Trier fünf besaß.

Die Stiftskirche steht unter dem Patronat des Heiligen Castor. Er war Schüler des Trierer Bischofs Maximin und wurde von ihm zum Priester geweiht. Castor war Missionar unter römischer Herrschaft, wofür er heiliggesprochen wurde. Er soll im 4. Jh. in Karden die erste Gemeinde an der Untermosel gegründet, in einer Höhle gelebt und Wunder vollbracht haben – so habe er einen aufsässigen, später reumütigen Moselfischer fast ertrinken lassen, ihn dann aber gerettet. Die Castor-Höhle ist zurzeit für Wanderer nicht zugänglich, weil der Weg abgerutscht ist, .

Treiser Spaziergänge

Kath. Pfarrkirche: offen

Wunder verbucht Treis auf der Hunsrückseite im **Naturschutzgebiet Treiser Schock**, das vor Urzeiten Tummelfeld eines Menschen schockierenden Riesen war, den nur magische Kiesel eines Einsiedlers in Schach und auf ewig in seiner Höhle halten können. So erzählt man es sich auf dem ›Rheinischen Sagenweg‹, der durch Treis bis nach Cochem führt.

In jüngerer Zeit gelang es nicht so leicht, das Böse zu bannen. Wie in Bruttig wurde das Bahntunnel-Terrain 1944 zur KZ-Außenstelle, deren Spuren allerdings verwischt sind. Menschliches Leid zum Ende des Zweiten Weltkriegs ließ sich nicht wegretuschieren, auch alte Bausubstanz fiel den Luftangriffen zum Opfer, darunter das Langhaus der Katharinenkirche. Den Bomben entging im Ortszentrum von Treis die **kath. Pfarrkirche St. Johann Baptist**, ein neugotisches Frühwerk des Architekten Johann Claudius von Lassaulx, der außerdem die Schule (heute Bürgerhaus) auf dem Vorplatz erstellte.

Ausflug zur Zilleskapelle

Ein Kreuzweg leitet von der ersten Kurve der Kastellauner Straße durch die Weinberge auf den Zillesberg mit der dem hl. Cyriacus geweihten Zilleskapelle, ihren leuchtend-abstrakten Fenstern und dem herrlichen Blick ins Moseltal. Auf dem Rückweg können Sie entlang der Kreuzweg-Stationen der ›Sieben Schmerzen Mariens‹ zu einer Wegekapelle gehen und von dort aus die Kastellauner Straße zurück nach Treis wählen.

Ausflug ins Lützbachtal

Kath. Pfarrkirche: gelegentlich offen Schiefergrubenweg: Tel. 02672 915 77 00, www.schiefergrubenweg.de
Ein Augenschmaus ist die Tour ins Lützbachtal, wohin Sie westlich der Staustufe Müden in den Hunsrück abbiegen. In den Hauptort Lütz lockt die barocke katholische Pfarrkirche St. Maximin (1752/53) mit ihrem romanischen Kirchturm. Am Ortseingang erinnert neben einer Abraumhalde ein zugemauerter Stollen an Dachschiefer-Bergwerkszeiten, die in den 1950er-Jahren endeten. Wanderer brechen von hier in die wildromantische Lützer Schweiz auf, auch auf dem neuen, 7 km langen ›Schiefergrubenweg‹. Radler durchqueren Lütz auf dem die Muskeln trainierenden Hunsrück-Mosel-Radweg von Treis nach Kastellaun.

Ruinen Treis und Wildburg

Abstecher in die Täler des Flaumbachs und des Dünnbachs lohnen sich um der landschaftlichen Schönheiten willen. Deren Zusammenfluss markieren die sich deutlich abhebenden, privat genutzten Burgen auf dem schmalen Berggrat, die in ihrer ›aktiven‹ Zeit in Schutzfunktion hintereinandergeschaltet waren.

Kloster Maria Engelport

Flaumbachtal 4, Tel. 02672 91 57 50, www.kloster-engelport.de
Das Kloster Maria Engelport liegt im zauberhaften Flaumbachtal, 10 km von Treis entfernt. Im 13. Jh. als Damenstift eingerichtet und im 18. Jh. dem Verfall preisgegeben, wurde es (bis auf die Kirche) 1903 über den Ruinen von den Hünfelder Oblaten (OMI) neu erbaut. Der Orden hat das Kloster verkauft und Ende 2013 verlassen. Seine Besitzerinnen sind seit Januar 2014 die »Anbetungsschwestern des Königlichen Herzens Jesu«.

Übernachten, Essen

Freundlich und fantasievoll – **Schloss-Hotel Petry:** St. Castorstr. 80, Karden, Tel. 02672 93 40, www.schloss-hotel-petry.de, DZ ab 88 €. Die liebenswürdigen Besitzer bieten sehr guten Service. Für die fantasievolle Küche mit Feinschmecker-Standard sorgt Oliver Bell, Judith Bell für den Gastrobereich. Seit 2012 gibt es einen neuen Wellnessbereich.
Niveauvoll romantisch – **Weingut Knaup:** Am Rathaus 6, Treis, Tel. 02672 24 46, www.weingut-otto-knaup.de, 4-Sterne-Gästehaus, DZ 60 €. In der Weinstube Zum alten Pfarrhaus gibt es moselländische Spezialitäten (ab ca. 6 €).

Essen

Fangfrische Forellen – **Pulgersmühle:** Tel. 02672 91 32 02, www.pulgersmühle.de. März-Okt. Do–So ab 11

Lieblingsort

Treis-Karden: Moseldom

Die Stiftskirche sollten Sie zunächst vom Treiser Ufer auf sich wirken lassen – am besten in den Abendstunden, wenn die Lichter des Ortes sich im Wasser der Mosel spiegeln. Hier passt das Etikett ›Moseldom‹ wie angegossen. In Kardens alten Ortskern eingekeilt, zeigt sich dann das Innere des Gotteshauses als wahres Juwel (s. auch S. 246).

Uhr, Gruppen ab 10 Pers. auf Anfrage. Spezialität des Hauses ist Forelle. Die Mühle liegt im Flaumbachtal, am Zusammenfluss von Mörsdorfer Bach und Flaumbach, Kreuzung K36 / L202. Auch geführte Wanderungen, Liederabende, Ausstellungen.

Aktiv

Einlochen – **Minigolfanlage: Moselallee**, Treis, Tel. 0175 720 92 17, 200 m vom Schiffsanleger entfernt.
Badespaß – **Spiel- und Spaßbad Treis-Karden**: Bruttiger Str., Treis, Tel. 02672 73 31. Beheizte, behindertengerechte Becken, Rutschbahn, Strömungskanal usw.

Infos & Termine

Tourist-Information
Ferienland Treis-Karden: St. Castor-Str. 87, Im Bahnhof, Ortsteil Karden, Tel. 02672 61 37, www.treis-karden.de, versorgt den Reisenden mit Informationen u. a. zu Treis-Karden, Pommern, Müden, Moselkern. Infos und Ausflugstipps auch zu den Orten im Hunsrück.

Feste
Treiser Weinfest: 2. Wochenende im Sept. auf dem Treiser Marktplatz.

Verkehr
Bahn: Bf. Treis-Karden, Strecke Trier–Koblenz.
Schiff: von/nach Koblenz, Cochem.

Burgen und Dörfer

Malerisch ist die Moselfront in einem vielfach verschlungenen Tal, wo sich der Fluss gegen das ihn erdrückende Gestein wirft. Die Hochfläche des Maifelds auf der Eifelseite trägt kaum Wälder und zeigt im Winter abge-

erntete Äcker und Wiesen. Im späten Frühjahr aber erblüht das Tal in Kontrasten, die ihm von Natur aus innewohnen. Die Dörfer am Fluss präsentieren selbstbewusst ihre baulichen Kostbarkeiten und verweisen stolz auf uralte geschichtliche Wurzeln. Lange abhängig von Klöstern und Adelsgeschlechtern, versuchen sie heute mit ihren eigenen Pfunden zu wuchern. Das ist immer noch zuallererst die Rebe und ihr köstlicher Extrakt.

Müden ▶ H 2

Wenn man von Karden aus in Richtung Müden fährt, hat man den Eindruck, die kath. Pfarrkirche St. Stephanus stehe mitten im Fluss. Der früher als römischer Wachturm genutzte heutige Kirchturm mit seinem Rhombendach fällt direkt ins Auge und ist ein beliebtes Motiv für Maler. Die 1923 zuletzt umgebaute Kirche ist

Unser Tipp

Auf dem Buchsbaum-Wanderpfad
Etwas mehr als 4 km wandern Sie zwischen Müden und Karden auf teils bequemen Wegen, teils schmalen Weinbergspfaden entlang am wilden Buchsbaum. Die ›Palmzweige‹ des immergrünen, in der Hitze duftenden Strauchs werden in der Moselregion noch heute zum Palmsonntag gebunden, geweiht und in Haus und Hof als Schutz vor Krankheiten aufgehängt. Sie dienen in unseren Breitengraden als Ersatz für Palmwedel (Informationen/Broschüre zum Streckenverlauf: Tourist-Info Treis-Karden, s. links).

tagsüber offen und kann besichtigt werden. Bemerkenswert sind ein den Hl. Nikolaus darstellendes Glasfenster aus dem 13. Jh. und ein in der Sakristei eingemauerter Grabstein aus dem Jahr 380. In der Weihnachtszeit ist eine außergewöhnlich große Krippe in der Kirche zu besichtigen.

Dass die Besiedlung in Müden weit zurückreicht, beweist das frühfränkische Gräberfeld etwas oberhalb des Ortes. Im Dorfinnern finden sich noch viele gut erhaltene Fachwerkhäuser. Unter ihnen ist auch das Stammhaus der Familie des Publizisten, Professors und Politikers Joseph Görres (s. S. 283). An der Mosel befinden sich noch zwei Halfenhäuser. Sie dienten den Halfen früher als Rastplatz, bevor sie mit ihren Pferden die Schiffe flussabwärts treidelten. Das eine ist heute ein Café, das andere ein Hotel. Etwa 400 Meter von der Ortsmitte entfernt gelangt man auf den Moselsteig, der über den kürzlich restaurierten Kreuzweg in Richtung Burg Eltz führt.

Übernachten, Essen

Herzlich – **Hotel Sewenig:** Moselstr. 5, 02672 1334, www.hotel-sewenig.de, April–Okt. tgl. 11.30–14, 17.30–21 Uhr, Nov.–März Mi–So 11.30–14, 17.30–21 Uhr, DZ ab 78 €, Terrasse mit bestem Moselblick, Kinderspielplatz.

Essen & Trinken

Angenehm – **Café im Halfenhaus:** Moselstr. 1, Tel. 02672 91 09 60, www.cafe-halfenhaus.de, selbstgebackene Kuchen, kleine saisonale Karte.

Einkaufen

Köstliche Moselfische – Fischerei Barden: Moselwehr 5, Müden, Treis, Tel. 02672 71 37, tgl. 9–18 Uhr, Erlaubnis-

scheine zum Angeln für Staustufe Müden-Fankel.

Aktiv

Unterwegs im Weinberg – **WeinKultur-Reisen:** Lisa Möntenich organisiert Wanderungen, Paddeltouren und Seminare. Tel. 02672 91 06 06, www.weinkultur-reisen.de.

Infos

Verkehr
Bahn: Bf. Müden, Trier–Koblenz (Linie 690).

Moselkern ▶ H 2

Gegenüber dräut der Druidenstein, ein dreieckiger Hunsrückberg, der einstmals eine vorgeschichtliche Befestigung trug. Dem folgt in der Hitliste der Sehenswürdigkeiten die Stele von Moselkern bzw. das Merowingerkreuz (um 700). Vor der kath. Pfarrkirche St. Valerius steht eine Kopie der Plastik aus Basaltlava, das Original ist im Rheinischen Landesmuseum in Bonn.

Attraktives Fachwerk, wie der polygonale Erker am historischen Rathaus (1535), dem ältesten der Mosel, mischt sich in dem adretten Winzerdorf mit Bruchstein-Architektur aus der Gründerzeit. Beispielhaft dafür ist das Haus Schunck, über dessen bizarrem Formenreichtum selbst der Park verblasst. Auf der Gartenterrasse des Hauses Scholz, des ehem. Halfenhauses (1738), soll der berühmte Trierer Domorganist Georg Schmitt 1846 erstmals das ›Mosellied‹ geschmettert haben, komponiert zu Theodor Recks Versen: »Oh Moselland, oh selig Land! Ihr grünen Berge, oh Fluss und Tal, ich grüß euch von Herzen vieltausendmal!«

Übernachten

Flussblick – **Hotel Moselkern:** Moselstr. 15, Tel. 02672 13 03, www.hotel-mo selkern.de, DZ ab 56 €. Restaurant und Biergarten mit gutbürgerlicher Küche. *Stilsicher* – **Im alten Halfenhaus:** Moselstr. 5, Tel. 02672 25 16, www.fe wo-halfenhaus.de. Fewo 40 € (2 Pers./ ab 2 Tagen) und Gästezimmer DZ ab 54 € im denkmalgeschützten Haus von Familie Scholz. Ausflugtipps, Fahrradabstellraum.

Infos

Verkehr

Bahn: Bf. Moselkern, Trier–Koblenz (Linie 690).
Schiff: Cochem–Koblenz.

Münstermaifeld ▶ H 1/2

Hoch über dem weiten, landwirtschaftlich geprägten Maifeld liegt die Stadt Münstermaifeld. Über 700 Jahre Stadtrechte, mehr als 1000 Jahre Markt, Versammlungsgelände der Franken, Königshof, Aufmarschgebiet von Truppen aller Couleur – ein ganzer Stapel von Erwartungen geleitet Besucher in die kleine Stadt. In Staunen versetzt sie der Anblick der ehem. Stiftskirche St. Martinus und St. Severus, die man so hier nie vermuten würde.

Die heutige Pfarrkirche entstand im 6. Jh. aus einer Urpfarrei und wurde bald zum Kollegiatsstift der Augustinerchorherren, dessen bedeutendster Propst im 15. Jh. der spätere Kardinal Nikolaus von Kues war. Der Sage nach stammt das Material des Westwerks von einem Moselsteilhang, dessen Gestein beim Hämmern wie eine Glocke klang. Ein Lamm habe einem Steinmetzen die Stelle gewiesen, sei kurz

vor einem Bergrutsch rettend wieder erschienen und – die Steine reichten aus. Ein Teil des Westwerks ist tatsächlich aus Bruchstein erbaut, allerdings kombiniert mit Tuff und Buntsandstein.

Fast orientalisch mutet der wehrhafte hochromanische Mittelturm an, von einem frühgotischen Zinnenkranz gekrönt und von schlanken Rundtürmen flankiert. Eine Fülle von Stilarten harmoniert wunderbar miteinander: der spätromanische polygonale Chor, die klaren Formen des früh- bis spätgotischen Langhauses, das hochgotische südliche Paradies, die barocke Stumm-Orgel. Prägend für die Stadt sind das Kanonikerstift, in dem im 17. Jh. eine Reihe von Hexenprozessen veranstaltet wurden, und der Stiftsbezirk. In der ehemaligen Propstei, dem Sitz der Pröpste, befinden sich heute die Tourist-Information, das Ärchäologische Museum und das Heimat- und Erlebnismuseum.

Infos

Tourist-Information Maifeld: Münsterplatz 6, Tel. 02605 961 50 26, www. maifeldurlaub.de.

Essen & Trinken

Kreativ fein – **Löffels Landhaus:** Obertorstr. 42, Münstermaifeld, Tel. 02605 95 37 73, www.loeffelslandhaus.de, Mi–Sa ab 17.30, So ab 11 Uhr. Günter Löffel verwöhnt mit Spezialitäten rund um die Maifelder Kartoffel ab 14,50 €.

Burg Eltz

www.burg-eltz.de, 1. April–1. Nov. tgl. 9.30–17.30 Uhr, Tel. 02672 95 05 00 (Kastellanei); kleine Gerichte in zwei

Terrassenmosel: Cochem bis Burg Eltz

Self-Service-Gaststätten, Anreise: mit dem Auto über Münstermaifeld, bis zum Parkplatz

Die Wanderschuhe geschnürt, laufen Sie von Moselkern aus auf einer kleinen Straße, dann auf einem lauschigen Wanderweg durchs idyllische Tal des Elzbachs direkt ins offene Burgtor.

Die Bilderbuchburg taucht unwirklich märchenhaft aus den Wäldern auf. Wenn man als Autotourist vom Parkplatz im Eltzer Wald zur Aussichtsterrasse spaziert, blickt man auf Burg Eltz hinab und damit auf eine der wenigen Burgen in Europa, die niemals in einem Krieg zerstört wurden. Nur eine einzige kriegerische Auseinandersetzung ist vermerkt: die Eltzer Fehde. Balduin von Luxemburg, Erzbischof und Kurfürst von Trier, begann im frühen 14. Jahrhundert, sein Territorium zu erweitern und abzusichern. Mit mehreren Nachbarburgen bildeten die Ritter von Eltz ein Schutz- und Trutzbündnis gegen den Kurfürs-

ten. Balduin zerschlug den Aufstand und ließ eine Trutzeltz errichten. Schließlich wurde 1336 der Eltzer Friede geschlossen: Die Eltze bekamen die Burg als Lehen.

Bildschön ist die Burg, im Innern reich ausgestattet, bezaubernd dank der Fachwerkpartien, Erkerchen und der auf ihrer Vergangenheit als Ganerbenburg basierenden Türme, in denen die Eltz-Familien einträchtig lebten. Die Linie Eltz-Kempenich zählt zu den ältesten deutschen Adelsgeschlechtern.

Burg Pyrmont

Infos über Besichtigung unter www. burg-pyrmont.de, Tel. 02672 23 45, allerlei Events, u. a. Rittermahl, Hochzeiten

Burg Pyrmont, im 13. Jh. weiter hinten im Tal über dem Wasserfall des Elzbachs errichtet, wurde nach der Zerstörung 1689 zu einem behäbig-baro-

Eltz ist eine der ganz wenigen Burgen, auf die man herabschauen kann

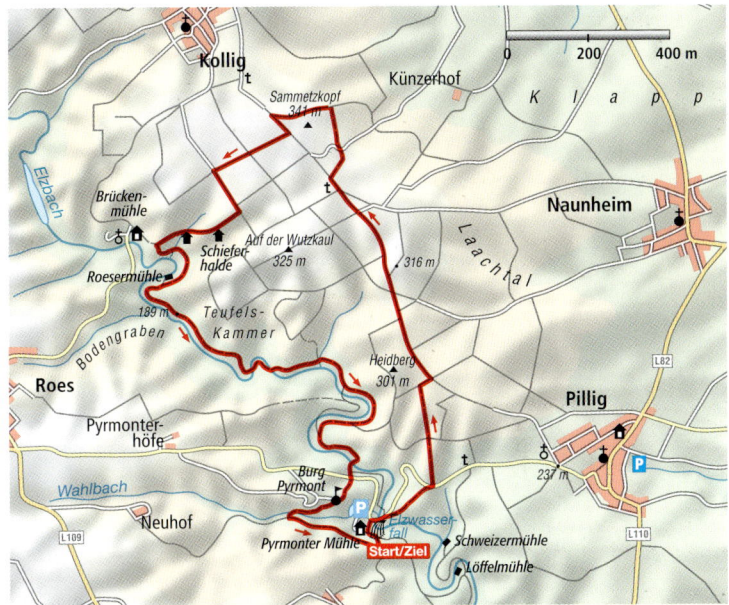

Der Pyrmonter Felsensteig – einer von 26 Traumpfaden an Rhein und Mosel

cken Schloss unter Beibehaltung des Bergfrieds aufgebaut. 1810 als französisches Nationaleigentum auf Abbruch verkauft, erlebte sie ein wechselvolles Schicksal. In den 1960er-Jahren von dem Architekturbüro HPP sorgsam restauriert, wird die Burg in geglückter Balance zwischen Alt und Neu nun zu einer atmosphärisch intensiven Erlebnisburg umgemodelt. Sehenswert sind der tiefe Brunnen sowie der begehbare Bergfried mit Ausblick über das Maifeld bis hin zur Burg Eltz.

Der Traumpfad Pyrmonter Felsensteig

Weglänge: 11,7 km, Dauer: ca. 4 Std.
»Traumpfade« heißen die 26 Premiumwanderwege an Rhein und Mosel,

in Hunsrück und Eifel. Einer von ihnen ist der Pyrmonter Felsensteig. Der Weg ist 11,7 km lang und bietet viel Sehenswertes: Vom Start am Parkplatz der **Pyrmonter Mühle** in der Nähe von Wasserfällen geht es über Wald- und Graswege, durch ein kleines Wäldchen und über weitläufige Felder zum Sammetzkopf mit Rundblick. Vor der Besichtigung der historischen **Burg Pyrmont** lernt man im zweiten Tal der Wanderung eine imposante Felsenlandschaft mit Höhlen und steilen Klippen kennen. Durch das stille Tal der Elz geht es hinunter, um von dort einen tollen Ausblick auf die Burg zu erhaschen. Über einen Talweg wandert man schließlich zurück zur Pyrmonter Mühle. Für die Wanderung sollte man etwa 4 Stunden Zeit einplanen und für Proviant sorgen.

Terrassenmosel: Hatzenport bis Winningen

Highlight!

Ehrenburg: Die malerische Ruine im Ehrbachtal wurde 1992 aus dem Dornröschenschlaf geweckt, mit Events wie ›Lebendige Burg‹ und ›Traumzeit‹; sonntags Mitmachprogramme für Familien. S. 263

Auf Entdeckungstour

Durchs Baybachtal zur Waldeck: Das Baybachtal ist zu jeder Jahreszeit zauberhaft. Unterwegs erwartet die Wanderer ein Forellenschmaus und auf Burg Waldeck vielleicht sogar ein Ohrenschmaus. S. 260

Kultur & Sehenswertes

Burgen: Sie prägen die Landschaft: Bischofstein bei Lasserg, Alkens Thurant, Kobern-Gondorfs Oberburg und Niederburg. S. 256, 265, 268

Winningen: Der Ort wirbt nicht nur mit Hex und Horch, sondern auch mit der exorbitanten Weinlage Uhlen, einem Natur- und Kulturdenkmal einsamen Ranges. S. 269

Zu Fuß unterwegs

Paradies für Wanderer: Sei es auf dem WeinWetterWeg auf der Eifelseite oder in den Tälern des Baybachs, Brodenbachs und Ehrbachs auf der Hunsrückseite – hier lässt es sich überall gut wandern. S. 256, 263

Genießen & Atmosphäre

Kapelle Unterbischofstein: Der Blick ins Moseltal entschädigt für den Aufstieg zu Fuß. S. 256

Gutsschänke Schaaf: Hier in Winningen laden gemütliche Gaststuben und ein zauberhafter Innenhof zum Verweilen ein. S. 270

Abends & Nachts

Sommersonnenwende: Die Kulturreihe in Hatzenport bietet ein breites Spektrum in Kombination mit ›Küche und Keller‹. S. 258

Chöre und Cañons

Steil ragen auf der Eifelseite die terrassierten ›Chöre‹ auf, mit dem Uhlen bei Winnigen als absolutem Höhepunkt. Die Hunsrückdörfer werben mit cañonartigen Bachtälern.

Hatzenport ▸ H 2

Das malerische Hatzenport besitzt zwei Wahrzeichen: Die kath. Kirche St. Johannes Apostel und Evangelist (Öffnung auf Anfrage) steht weithin sichtbar in den Weinbergen und reckt ihren moseltypisch ungegliederten romanischen Westturm mit Schallarkaden, achteckigem Helm und restaurierter Turmuhr über dem Friedhof empor. Der spätgotische Innenraum fasst die Kreuzigung Christi in ein kostbares Glasfenster (15. Jh.). Von der um 1600 angefertigten Kanzel ist Gottes Wort nur mehr selten hören, die St.-Rochus-Kirche hat diese Aufgabe übernommen. Vergangen auch die Zeiten, als der

Fährturm von 1863, das zweite Wahrzeichen, für die Flussquerung der Postlinien vom Hunsrück in die Eifel zuständig war.

Ausflug zur Burg Bischofstein

Burggelände: nicht zugänglich
Kapelle Unterbischofstein: offen; Parken an der B 416, Zugang nur zu Fuß
Die kurz vor Lasserg und Hatzenport auftauchende **Burg Bischofstein** ist ein Blickfang, vor allem wegen des rätselhaften ›Halskragens‹ am Bergfried, den sie im 12. Jh. erhielt. Vermutlich sicherte sie für Kurtrier den Aufgang nach Münstermaifeld, was Ludwig XIV. 1689 nicht an ihrer Zerstörung hinderte. Ein Schullandheim wie diese Burg wünschte man sich als Pennäler! Sie gehört dem Krefelder Fichte-Gymnasium, wird an Gruppen vermietet. Sie ist nur von außen zu besichtigen.

Dafür entschädigt die **Kapelle Unterbischofstein** (Pauluskapelle). Etwa auf halber Burgberghöhe lädt sie zur Besinnung auf die christlichen Tugenden *fides, spes* und *caritas* (Glaube, Hoffnung, Fürsorge) ein. Das fast vollplastische Relief (um 1380) schmückt die Kirchenwand, ähnlich den Reliefs der ›Sieben Fußfälle‹, die es als Kreuzweg zu absolvieren galt. Der Blick ins Moseltal und hinüber nach Burgen ist einfach fantastisch!

Wandern auf dem WeinWetterWeg

www.weinwetterweg.de; weitere Infos beim Verkehrsverein, s. l.

Der 2008 mit dem Logo eines römischen Fundstücks, ein Trauben naschender Hase, ausgeschilderte WeinWetterWeg der Gemeinde Hatzenport verbindet einige bedeutende Kulturdenkmäler der Region miteinander, wie die Alte Kirche über dem Dorf und die leider nicht zugängliche Burg Bischofstein. Die Infotafeln entlang dieses neuen Themenwegs erläutern die Zusammenhänge zwischen dem außergewöhnlich günstigen Weinbauklima in Hatzenport und den daraus resultierenden kleinklimatischen Faktoren in der Ausbildung seltener wärmeliebender Flora und Fauna, die dem Naturfreund auf dem Weg begegnen. Vom Hatzenport aus geht es – zum Teil auf gesicherten Kletterpartien – die Rabenlay hoch und in die Weinlagen Kirchberg und Stolzenberg. Auch zwei Wetterstationen sind Bestandteil des Rundwegs, dessen zwei Teilabschnitte ca. 3,5 km und 6 km umfassen. Auch dank seines Informationswertes erhielt der Weg das Signum ›Traumpfad Hatzenporter Laysteig‹. Weitere attraktive Traumpfade sind Bergschluchtenpfad Ehrenburg, Bleidenberger Ausblicke, Eltzer Burgpanorama, Koberner Burgpfad, Pyrmonter Felsensteig, Schwalbersteig (www.traumpfade.info).

Mühlen-Radtour

Länge: ca. 16 km; topografische Karte 1:25 000: Maifeld und Untermosel; Café Toscana, Mörz, Tel. 02605 96 21 67, www.cafe-toscana.net, Sa/So 13–18 Uhr

Spätestens seit dem 14. Jh. klapperten Mühlen am Schrumpfbach. ›Schrumpf‹ leitet sich ab vom rheinischen ›schrumpen‹ für reiben, knarren, mahlen. Hauptsächlich Mehl- und Fruchtmühlen, mehr als 15 an der Zahl, zeug-

ten für die Wirtschaftskraft des Tals. Manche sind nun verfallen, die meisten aber sorgfältig zu Wohnhäusern restauriert. Die Lieblingsradtour von Ingeborg Scholz führt von Hatzenport (Schild: ›Schrumpftal-Mühlen‹) ins idyllische Schrumpftal auf schmaler, kaum befahrener Straße hoch und biegt nach etwa zwei Drittel der Strecke kurz vor Metternich ins Töpferdorf Mörz mit hübsch renovierten Maifelder Bauernhöfen ab. Dort liegt direkt am Weg das Café Toscana, eine originelle Kombination von Kaffeehaus und Blumenladen ›De Dos Clematis‹. Nach Besichtigung der Stiftskirche in Münstermaifeld geht es, abbiegend am Wasserturm, auf beschildertem Radweg nach Metternich und zurück ins Schrumpftal (Schild: ›Schrumpftal-Mühlen‹). Hier lässt man das Rad durchs Tal nach Hatzenport rollen.

Alle zwei Jahre heißt es Ende Mai/Anfang Juni: ›SCHROMB MACHT SPASS – Happy Schrumpftal‹. 2016 gibt es wieder Action für Jung und Alt. Ausführliche Informationen zum Schrumpftal: unter www.schrumpf tal.de oder bei den Gemeindeverwaltungen Hatzenport und Münstermaifeld.

Übernachten, Essen, Einkaufen

Wildromantisch – **Winzerhof Gietzen:** Moselstr. 70, Hatzenport, Tel. 02605 95 23 71, www.winzerhof-gietzen. de, DZ ab 64 €, NatUrlaub auf Winzer- und Bauernhöfen, Bett & Bike. Der Hofausschank lockt ab Ostern Fr ab 18, Sa/So ab 14 Uhr im Innenhof, im Alten Kelterhaus oder in der Cella Rustica mit leichter Winzerküche wie Riesling-Kräutersuppe (3,80 €). Maria Gietzens Rezepte lassen sich nach Kochbuch nachkochen (s. S. 65).

Terrassenmosel: Hatzenport bis Winningen

Idyllisch – **Weingut Brunnenhof:** Moselstr. 58, Hatzenport, Tel. 02605 95 24 85, www.brunnenhof-hatzenport.de, DZ im Bruchsteinhaus ab 60 €, Fewo (2 Pers.) ab 52 €, Bett & Bike. Straußwirtschaft Mitte Mai–Ende Sept. Fr–So, Deftiges aus der Winzerküche und Flammkuchen, serviert von der Winzerfamilie Bernàrd Ibald, eigener Weinbau.

Einkaufen

Alles Apfel – **Alte Apfelwein-Kelterei Hasdenteufel:** Oberstr. 1, Tel. 02605 37 08, www.heimat-schmeckt.com (Fruchtsäfte), Besichtigung nach Vereinbarung. Das denkmalgeschützte ehem. Pfarrhaus aus dem 18. Jh. ist Sitz der Kelterei, die spät reifende Äpfel von Streuobstwiesen verarbeitet und kein Konzentrat verwendet. Produkte in Mehrwegflaschen: Apfelwein, Apfelsaft, Apfelsekt.

Aktiv

Dem Himmel näher – **Wandertipp:** Von Hatzenport mit dem Zug nach Moselkern, durchs Elztal am Bach entlang zur Burg Eltz wandern, von da auf dem Moselhöhenweg (M) das Maifeld nach Lasserg und zum Küppchen überqueren, danach den Abstieg über den Traumpfad Laysteig nach Hatzenport nehmen.

Abends & Nachts

Kunst & Kultur – **Hatzenporter Sommersonnenwende:** Infos: Heimat- und

Der Turm von St. Johannes in Hatzenport stammt aus dem 13. Jh.

Fremdenverkehrsverein und Winzerhof Gietzen (s. S. 257); s. auch Feste und Veranstaltungen, S. 32).

Infos & Termine

Tourist-Information
Heimat- und Fremdenverkehrsverein: s. S. 256.

Feste
Wein- und Heimatfest: Ende Juli, mit Bacchus, Krönung der Weinkönigin und Festzug.

Verkehr
Bahn: Bf. Hatzenport, Koblenz-Trier (690).
Schiff: von/nach Koblenz, Cochem, Treis-Karden.

Burgen ▶ H 2

An der Mündung des Baybachs in die Mosel liegt Burgen, einer der ältesten Orte an der Untermosel mit historischer Vergangenheit: Funde belegen, dass sich hier einst die Römer angesiedelt hatten.

Den Ortskern mit der Pfarrkirche St. Sebastian (18./19. Jh.) prägen Fachwerkhäuser in engen Gassen. Spielte Burgen einst eine Rolle als Station auf dem Weg zum Maifeld – als Sicherung wurde die heute zum Landschulheim umfunktionierte Burg Bischofstein gegenüber erbaut –, so ist das Dorf heute Ausgangspunkt für Wanderungen in den Hunsrück (s. Entdeckungstour S. 260).

Der Baybach, ein knapp 30 km langer Nebenfluss der Mosel, hat dem wunderschönen Baybachtal seinen Namen gegeben.

Übernachten, Essen

Frische Forellen – **Hotel-Restaurant Forellenzucht:** Baybachtal, Burgen/Macken, Tel. 02605 46 40, www.hotel-forellenzucht.de, DZ um 65 €, Fewo 2 Pers. 70 €, Di–So, Hauptgericht ca. 12 €, lebendfrische Forellen als Wegzehrung zur Waldeck (s. S. 260).
Lecker – **Hotel / Restaurant Schmausemühle:** Baybachtal, Gondershausen, Tel. 06745 270, www.schmausemuehle.de, DZ ab 75 €, Hauptgerichte, z. B. Forellen ab 10 €, Vegetarisches ab 8,20 €. Die ehem. Mehlmühle, seit 450 Jahren im Familienbesitz, liegt im Tal östlich der Burg Waldeck.
Erholsam – **Steffenshof:** Hof 8, Steffenshof, Tel. 06762 73 42, www.steffenshof.de.vu, Fewos (2 Pers.) ab 28 €, ideal für Familien, Radler, Wanderer. Garten, Hunsrück-Natur, Burg-Waldeck-Nähe. ▷ S. 263

Auf Entdeckungstour:
Durchs Baybachtal zur Waldeck

Das Baybachtal hat zu jeder Jahreszeit seinen Zauber! Im Sommer ist es erfrischend kühl, im Herbst wandert man in glasklarer Luft durch farbenprächtiges Laub. Der Winter formt an den Felshängen bizarre Eisskulpturen, im Frühjahr braust das Wasser zu Tal. Ein Stück heile Welt!

Reisekarte: ▶ H 2

Für wen: Alle, die zu der Quelle der Liedermacher-Bewegung wollen.

Zeit: 2–3 Stunden reine Laufzeit (einfach).

Planung: Bus 301 von Burgen zur Forellenzucht; Übernachtung für Gruppen (Vollpension möglich) auf der Waldeck: Burgvogt Happy Freund, Tel. 06762 79 97, www.

burg-waldeck.de. Zur Vorbereitung sei Hotte Schneiders Buch »Die Waldeck« empfohlen.

Start: Hotel-Restaurant Forellenzucht im Baybachtal.

An einem Bächlein helle ...
Von Burgen sind es ca. 3 km zum Hotel-Restaurant Forellenzucht (s. S. 259), dem idealen Ausgangspunkt für die Wanderung durchs Baybachtal, in dem der Themenweg ›Wasser, Bo-

den und Luft‹ neu angelegt worden ist. Die Spezialität des Restaurants »Forellenzucht« sind frische und geräucherte Forellen sowie Wildgerichte aus eigener Jagd. Forellen brauchen immer fließendes Wasser. Zwei Jahre dauert es, bis ein Ei zu einem verzehrfähigen Fisch heranreift. Familie Bals achtet bei der Zubereitung darauf, den zarten Geschmack des Fisches optimal zur Geltung zu bringen. Forellen darf man nicht überwürzen, eine Prise Salz reicht. Geräuchert wird lediglich mit Buchenmehl und einigen Wacholderbeeren. Derart gestärkt, geht es mit dem Wanderzeichen B weiter zur Burg Waldeck.

Von der Schlucht hinauf

Kurz nach einer Brücke zweigt man rechts mit Wegweiser ›Burg Waldeck‹ (Wanderzeichen 8) ab, steil geht es in Serpentinen den Hang hoch. Zunächst taucht die frei zugängliche Ruine der Unterburg auf. Der Wald scheint sich hier die Mauerreste zurückholen zu wollen. Fantasiebegabte Wanderer könnten meinen, gleich bögen ein paar Hobbits um die Ecke. In Mengen wächst eine unheimlich aussehende Pflanze in den Mauern, die ›stinkende Nieswurz‹, eine alte Zauberpflanze (giftig!). Tief unten rauscht der Bach und ein Kuckuck ruft.

Am Säulenhaus

Sitzt man auf den berühmten Wiesen vor dem Säulenhaus der Waldeck, hüllt einen der eigenartige Zauber dieses Ortes ein, der so still sein kann, dass man die Windspiele am Säulenhaus wispern hört. Hier konkretisiert sich Anfang der 1960er die Idee eines Festivals ›Chanson Folklore International‹, das dann 1964 so richtig aufhorchen lässt, als mitten in den Wäldern des Hunsrücks die Lieder der Lieder-

macher laufen lernen. Peter Rohland, Hannes Wader, Reinhard Mey, Franz Josef Degenhardt, Hein und Oss Kröher, Christof Stählin, Witthüser & Westrup, Walter Mossmann, Schobert & Black, Bömmes, Hai und Topsy Frankl, John Pearse, Colin Wilkie und Shirley Heart treten auf. Katja Ebsteins und Ivan Rebroffs Karrieren nehmen hier oben ihren Anfang. Wolfgang Niedecken (BAP) intoniert 1995 Bob-Dylan-Songs, Richie Havens die Woodstock-Hymne ›Freedom‹.

Die Politisierung und Radikalisierung der Gesellschaft sind auch hier zu spüren. Hanns Dieter Hüsch kapituliert vor einem Pfeifkonzert, andere verweigern Auftritte, konfrontiert mit endlosen Diskussionen über Faschismus, Imperialismus und Klassenbewusstsein. Zu Tangerine Dreams psychedelischem Sound tanzen verzückte Hippies ums Lagerfeuer.

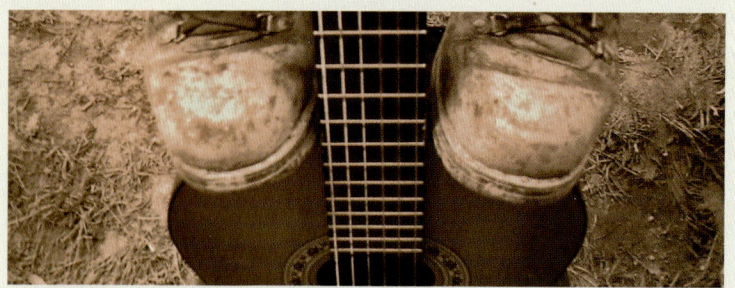

Nichts für Kleingeister – das Pfingstfestival auf der Burg Waldeck zieht alljährlich Tausende von Folk-Fans in seinen Bann

Die Jugendburg

Der aus der Jugendbewegung hervorgegangene Nerother Wandervogel hatte in den 1920ern Teile des Burggeländes gekauft. Als sich der Wiederaufbau verzögert, errichtet die bündische Jugend mithilfe von Spenden und dem Erlös aus Kulturfilmen und Straßenmusik auf Weltfahrten 1930 das erste ›Säulenhaus‹. 1933 werden die Nerother von den Nazis zwangsaufgelöst, 1935 die daraufhin gegründete ABW (Arbeitsgemeinschaft Burg Waldeck). 1941 wird Robert Oelbermann im KZ ermordet. Sein Zwillingsbruder Karl überlebt in Südafrika, erweckt nach dem Zweiten Weltkrieg den Wandervogel auf der Burg zu neuem Leben – und macht als ABW-Vorsitzender dieser die Rechtsnachfolge streitig. Der jahrelange Prozess endet zugunsten der ABW. Den Nerothern bleibt die Oberburg, die mittlerweile fast im Wald verschwindet. Ein ›Ehrenhain‹ mit Gedenksteinen gemeinsamer Ahnen der Jugendbewegung ist der einzige Kontakt – ansonsten herrscht Funkstille.

Die Atmosphäre

2014 feierte man ›Fünfzig Jahre Liederfest auf der Burg Waldeck‹. Das Pfingstfestival soll weiterhin fest im Programm bleiben. Der offene Geist hatte die Waldeck nie ganz verlassen, heute ist er wieder das Markenzeichen. Wer etwas Kreatives plant, kann sich hier entfalten. Inzwischen gibt es ein festes Bühnenhaus. Theatergruppen proben, es wird zuweilen bis in die späte Nacht getrommelt und gepfiffen, gewerkelt und getanzt, Projekte kommen zur Reife, spontane Sessions entstehen. Wer nicht mitmacht, hört einfach zu. Da schwingt noch viel von der Urkraft mit, die vor Zeiten freigesetzt wurde. Originelle Hütten, zum Teil mit atemberaubendem Ausblick ins Tal – wie das von ehemaligen Zivis gebaute ›Baumhaus‹ – bieten Unterkunft. Wanderer und Wandervögel jeder Art sind willkommen.

Wandern und Schmausen

Bei einer mindestens zweitägigen Bleibe auf der Waldeck empfiehlt sich ein ca. 5 km (einfach) langer Ausflug zur Schmausemühle (s. S. 259), die kurz nach dem Felsen der Rabenley auftaucht. Eine schöne Ergänzungstour, denn das Seitental der Mosel steckt wie so viele andere voller alter Mühlen, wovon dieser exzellente Gasthof ein gelungenes Beispiel ist.

Infos

Tourist-Information: Schulstr. 48, Tel. 02605 95 34 88, www.burgen-unter mosel.de.

Brodenbach ▶ I 2

Zwischen Treis-Karden und Löf am linken Ufer bzw. Brodenbach und Alken rechts der Mosel gibt es keine Brücke, die Wahl zwischen Eifel und Hunsrück ist also zwingend. Ihre raue Schönheit zeigt die Terrassenmosel auf beiden Ufern – ein zweites Hingucken ist deshalb keinesfalls verkehrt!

Brodenbach ist das Eingangstor zu zwei Tälern, die dem Ort nicht nur Wasser, sondern auch viel Frischluft bescheren: das reizvolle Brodenbachtal und das traumhafte Ehrenburger Tal, eines der attraktivsten Ausflugsziele der Region, mit der Ehrenburg als absolutem Highlight. Eine Wandertour lässt sich hervorragend kombinieren: hinein in den Hunsrück durchs Brodenbachtal (Moselhöhenweg M) und zurück durchs Ehrenburger Tal, immer den Bach entlang (www.ehrenburgertal.de).

Ehrenburg ‼

Ostersonntag–Allerheiligen Mo–Sa ab 10, So ab 11 Uhr, Tel. 02605 30 77, www.ehrenburg.de, s. Essay S. 66
Im 12. Jh. romanisch von den Rittern von Ehrenberg im herrlich wilden Ehrbachtal erbaut, wurde die Burg 1331 erweitert, 1495 auf den neuesten wehrtechnischen Stand gebracht, 1689 von den Franzosen z. T. gesprengt. Heutzutage hausen wieder wilde Rittersleut' auf der Ehrenburg, jedenfalls zu Zeiten der ›Lebendigen Burg‹ oder ›Traumzeit‹. Der Freundeskreis Eh-

Unser Tipp

Ehrbachklamm-Tour
Von Brodenbach reist man per Bus (301) nach Koblenz Hbf, steigt um in den Zug nach Boppard und in die Hunsrückbahn hoch nach Buchholz. Vom Wanderparkplatz gegenüber dem Bahnhof, wandern Sie mit dem Zeichen ›E‹ zur Hierer Mühle (April–Sept. Mi–Mo ab 10, Okt.–März Mi–So ab 10 Uhr), Daubisbergermühle (Kioskbetrieb, tgl.), an Wasserfällen und Strudellöchern vorbei, über Holzbrücken, Treppen und an Felsen entlang durch die Ehrbachklamm zur Eckmühle (März–Okt. So ab 10 Uhr) und durch das Tal nahe der Ehrenburg nach Brodenbach (Anreise ca. 90 Min., Wegstrecke 14 km).

renburg weckte gemeinsam mit den neuen Besitzern die malerische Ruine 1992 aus dem Dornröschenschlaf und ein reges Interesse fürs Mittelalter. Ob Sonntags-Mitmachprogramme für Familien (11–18 Uhr!), Feste oder ›Tafeleyen‹, die Abenteuerburg bietet eine optimale Kulisse!

Übernachten, Essen

Rustikal – **Moselhotel Anker:** Moselstr. 15, Tel. 02605 20 08, www.mosel hotel-anker.de, DZ ab 70 €, Restaurant mit Wild aus der eigenen Jagd, Tanzsaal für bis zu 450 Personen, Felsenschwimmbad, Romantik-Bar, Kegelbahn und 300 Jahre alter Weinkeller.

Aktiv

Sportiver Genuss – **Jachthafen und Segelclub Brodenbach:** Tel. 02605

13 11 (Manfred Rath), www.scbm. de. Weitere Informationen zu Gastliegeplätzen, Anmeldung zur Weinleseregatta.

Infos

Verkehr
Bus: von/nach Koblenz (Linie 301) und Emmelshausen (630).
Schiff: von/nach Koblenz, Cochem.

Alken ▸ I 1/2

Vom Eifelufer aus ist der Blick auf Alken und die Burg Thurant besonders eindrucksvoll, die das Ortsbild prägende Wehranlage mit den seltsam anmutenden zwei Bergfrieden von einer geradezu augenfälligen Schönheit. Man glaubt fast die Aura des Orients zu spüren. Der Seitenwechsel ans Hunsrückufer lässt zunächst den Zoll- und

Zum Glück mehr Schein als Sein – kämpfende Ritter auf der Ehrenburg

Signalturm an der Moselstraße näher rücken, heute eine Gourmetadresse.

Alte Wehrtürme wie das Fallertor (1256), lauschige Winkel wie Blumengasse, Laacher Hof (ab 1093) und Wiltburg Burghaus (1585–1696) fordern zu einer Entdeckungsreise auf. Steile Treppen geleiten im Baumschatten entlang an Kreuzwegstationen zum Ehrenfriedhof mit der ehem. kath. Pfarrkirche St. Michael (10. Jh.), die von der Alkener St. Michaelsbruderschaft gepflegt wird. Das durch ein Gitter einsehbare Beinhaus unter der Kapelle beschwört die Vergänglichkeit allen Lebens (Ostern–Ende Okt. So 14–17 Uhr, Führung G. und P. Deisen, Tel. 02605 83 60). In der Kirche ist die Multimedia-Präsentation ›Zeitreise – 1000 Jahre Alte St. Michaelskirche zu Alken‹ zu sehen (Ostern–Okt. So/Fei 15.30, Mi 19 Uhr).

Burg Thurant

März/April 10–17, Mai–15. Nov. 10–18 Uhr, Tel. 02605 20 04, www.thurant.de, Führungen ab 20 Pers. n. Anmeldung. s. Essay ›Zu Besuch bei den Rittern‹, S. 66

Oben auf dem Bergsporn begann die Ortsgeschichte, vermutlich in antiker Zeit, spätestens mit der Errichtung der Burg Thurant. Ein idealer Ausguck nach allen Seiten, auf Alken natürlich und weit hinüber aufs Maifeld der Eifel. Spätestens 1197 setzte der Kreuzzug-Heimkehrer Heinrich, Pfalzgraf bei Rhein, auf antike Fundamente eine Burg, die er Thurandt nannte, vielleicht aus Respekt vor der vergeblich belagerten Festung Thuron im Hl. Land. Kaum hundert Jahre später eroberten die Erzbischöfe von Köln und Trier das angebliche Raubritternest, teilten das Areal unter sich auf, vermieden Zwistigkeiten durch eine Trennmauer, bauten zwei Wohn- und Wehrbereiche und zwei Bergfriede. Die Burg wurde 1911 und 1973 restauriert, ist bewohnt, in Teilen als Ferienwoh-

nung zu mieten (ab 5 Nächte) und zu besichtigen.

Zum Brauchtum im Zusammenhang mit der Burg Thurant s. Stichwort Moosemannfest, S. 266.

Dreifaltigkeitskirche

Dreifaltigkeitsprozession: Trinitatissonntag (Sonntag nach Pfingsten), vom Nachbarort Oberfell aus

Von Alken und Oberfell aus führen jeweils Kreuzwege zur Dreifaltigkeitskirche auf dem Bleidenberg, wo Fluss und Burg Thurant optimal ins Visier kommen. Die strategisch günstige Lage des Plateaus ließ auch die Archäologen nicht ruhen, die 2001 prompt Reste eines keltischen oppidum ausgruben. Eine frühromanische Marienkapelle ersetzte der Trierer Erzbischof Arnold II. nach dem Sieg in der Thuranter Fehde 1248 durch einen Neubau. Der Legende nach soll an dieser Stelle der Ritter Moosemann, von Vogt Zorno wegen angeblichen Verrats mit einer Blide aus der belagerten Burg geschleudert, nach Anrufung der Gottesmutter unverletzt in den Büschen auf dem Bleidenberg gelandet sein.

Übernachten, Essen

Köstlich-klassisch – **Turm-Gasthaus Burg Thurant:** Moselstr. 15, Alken, Tel. 02605 849 85 80, www.turmgasthaus. de, DZ ca. 65 €. Zu dem historischen Winzerhaus aus dem 14. Jahrhundert gehört auch ein idyllischer Hof. Im Restaurant (Mo/Di/Do/Fr ab 17, Sa/So ab 12 Uhr) wird regional-saisonale Küche serviert, Hauptgänge ab 11,50 €. Mit dem Betreiberwechsel 2012 wurde umfassend renoviert.

Essen & Trinken

Urig-lauschig – **Straußwirtschaft Schweisthal:** Moselstr. 22, Oberfell, Tel.

02605 33 71, www.weingut-schweis
thal.de, ab Mitte Mai vier Monate Di–
Sa ab 17, So ab 15 Uhr. Auch im lauschigen Garten fühlt man sich bei Ries-
ling-Käse-Suppe pudelwohl.

Aktiv

Geschichtsträchtig – **Themenwanderweg »Zeitreise«:** ›800 000 Jahre
Menschheits- und Siedlungsgeschich-
te‹ zwischen Oberfell und Alken,
www.themenweg-zeitreise.de.
Sportiv – **Fahrradverleih:** R. Ammann,
Mittelstr. 9, Tel. 02605 96 02 41, Ostern
bis Mitte Nov. ab 9 Uhr.

Infos & Termine

Tourist-Information
Verkehrsverein Alken: S. 256.

Feste
Moosemannfest: 3. Fastensonntag,
von den Heimatfreunden Alken aus-
gerichtetes, traditionsreiches Fest auf
dem Moselvorplatz zur Erinnerung
an die Erstürmung der Burg Thurant,
kostenlose Besichtigung der Burg (ab
10 Uhr), Festumzug im Ort, Brezeln
für die Kinder, Infos: Tel. 02605 17 26.

Verkehr
Bus: von/nach Koblenz (Linie 301).
Schiff: von/nach Koblenz, Cochem.

Kobern-Gondorf ▸ I 1

Malerisch ist die Komposition aus
Landschaft, Ortssilhouette und der
Niederburg, Oberburg und Matthiaskapelle Koberns, die auf den zur
Eifel hochstrebenden Hangterrassen
bewundernde Blicke auf sich ziehen.
Trotz der Nähe zu Koblenz, dem ge-
schäftigen Rheintal und den Fernstra-
ßenexzessen auf der Hunsrückseite

gibt sich der Doppelort betont ge-
lassen, pflegt feine Weine der Lage
Uhlen und schöpft touristisch aus dem
Füllhorn der Geschichte.

Gondorf

Eine überaus attraktive Mischung aus
Sehenswürdigkeiten und relaxtem
Urlaubsgefühl bietet Gondorf, wartet
u. a. mit dem neugotischen Schloss
Liebieg auf. Ein Stück vom Moselufer
weg Richtung Lehmen steht auf Felsen fest am Ufer die Oberburg (Was-
serschloss von der Leyen) aus dem Jahr
1560, nun Außenstelle des Koblenzer
Landeshauptarchivs. Seit 1876 wird das
kolossale Gemäuer von der Bahnlinie
durchschnitten, seit 1971 von der Bundesstraße untertunnelt. Das ist so ku-
rios, dass es fast schon wieder Stil hat!

Kobern

Als einer der früh missionierten Winkel des Moseltals hatte Kobern der
Überlieferung nach zwei Heilige unter
seinem Dach: den Kopf des Apostels
Matthias und den ganzen hl. Lubentius. Die **kath. Pfarrkirche St. Lubentius**
ist dem Schüler des hl. Maximin geweiht, der im 4. Jh. durch die Lande
zog. Johann Claudius von Lassaulx,
der renommierteste Baumeister der
Region im 19. Jh., schuf 1826 bis 29 mit
dem Saalbau bis in die gestalterischen
Details hinein und unter geschickter
Einbindung von Kunstgegenständen
der Vorgängerkirche ein Meisterwerk.
Die Gebeine des Heiligen waren damals längst schon ins Stift Dietkirchen
an der Lahn übertragen, in Kobern
war nur ein Arm des Lubentius als
Reliquie verblieben. Der Glockenturm
aber verkündet auf einem Felsgrat seit
dem 12. Jh. aus Klangarkaden über

Lieblingsort

Matthiaskapelle über Kobern-Gondorf ▶ I 1

Die Matthiaskapelle krönt eine herrliche Landschaft und fasziniert durch ihre besondere Architektur und die Geschichte ihrer Entstehung. Zusammen mit den Ruinen von Ober- und Unterburg bildet sie ein Ensemble, das immer wieder zum Verweilen oder Erwandern einlädt (s. auch S. 268).

einem ungegliederten Baukörper das Lob Gottes.

Lassaulx war auch an einer Restaurierung eines der schönsten Baudenkmäler des Mosellands beteiligt: Heinrich II. von Isenburg-Kobern erbaute um 1230 für das Haupt des Apostels Matthias, das er aus dem Heiligen Land entführt hatte, über Kobern die **Matthiaskapelle**, einen sechsseitigen Zentralbau mit einer von Lisenen geschmückten Apsis. Sie verleugnet auch im Innern nicht den Typus einer Reliquienkapelle. Ob nun in den Säulengruppen oder im Rippengewölbe, alles verengt sich auf die zentrale Funktion hin. Orientalische Einflüsse sind unverkennbar, Anklänge an die Jerusalemer Grabeskirche oder portugiesische Vorbilder wahrscheinlich. Seit dem 14. Jh. verwahrt Triers Abtei St. Matthias den Apostelkopf, die Kapelle blieb ein Sandsteinrelief der Enthauptung des Matthias. Zuletzt drohte das landeseigene Bauwerk wegen Durchfeuchtung zu verfallen und wurde in einer dramatischen Rettungsaktion saniert. Die Kapelle übernimmt seither die Funktion eines Konzertraums, schmiedet Ehen und bildet mit der spät-staufischen **Oberburg** ein attraktives Ensemble für Gäste aller Art. In den Bergfried integriert ist das winzige Burgrestaurant Zur Oberburg, das fast ausschließlich für geschlossene Gesellschaften zur Verfügung steht. Im Sommer ist sonntags von 11–17 Uhr für Gäste geöffnet. Matthiaskapelle: Ostern–Allerheiligen So 11–17 Uhr, Führung nach Anmeldung beim Besucherdienst, Tel. 0261 66 75 40 00.

Spaziergang durch Kobern

Zu Fuß bergab, die restaurierten Kreuzwegstationen und das wunderschöne Panorama vor Augen, kommt die malerische Ruine der **Niederburg**

immer näher, die um 1200 ebenfalls von den Isenburg-Koberner Herrschaften mit einem seltenen trapezförmigen Bergfried auf den Fels gesetzt wurde. Im Ort selbst lohnt ein Gang zum fachwerkreichen Marktplatz mit dem Tatzelwurmbrunnen (1961), der den geschlängelten Lauf der Mosel symbolisiert, zum einstigen Burghaus, einem Bruchstein-Wohnturm des 15. Jh., und natürlich zum Abteihof St. Marien, der mit der Datierung 1320/21 wahrscheinlich Deutschlands ältestes erhaltenes Fachwerkhaus ist.

Ausflug in die Vergangenheit

Der **Goloring** nördlich von Kobern (nahe Wolken) ist etwas für eingefleischte Keltenfans. Die Kultanlage der Urnenfelder- und Hunsrück-Eifel-Kultur (9.–4. Jh. v. Chr.) ordnen Archäologen wie Axel von Berg den Henge-Heiligtümern (wie Stonehenge) zu.

Auch die Römer waren hier. Über Kobern-Gondorf soll ein römisches Kastell gestanden haben, das der Feldherr Germanicus mit seinem Söhnchen Gaius, genannt Caligula, bewohnte, wenn er das ›Soldatenstiefelchen‹ nicht gerade auf Feldzüge mitnahm. »Weiterhin führt mich der Strom dem von Kähnen überquellenden Contrua zu, wo sich aus alter Zeit berühmt die Feste erhebt«, besang der dichtende Bischof Venantius Fortunatus im 6. Jh. die Gegend von Gondorf (Contrua).

Grabungen seit 2004 können den Traum touristischer Erschließung in Zukunft einmal wahr werden lassen … Zurzeit kann die Anlage allerdings nicht auf eigene Faust besichtigt werden: Ein mächtiges Tor versperrt den Weg ins Innere. Führungen finden unregelmäßig statt.

Übernachten, Essen

Für Genießer – **Alte Mühle Thomas Höreth:** Mühlental 17, Tel. 02607 64 74, www.thomashoereth.de. Die etwas versteckt liegende Mühle haben Höreth und seine Frau mit viel Geschmack und Liebe zu einem Schmuckstück gemacht. Im hochgelobten Restaurant wird moselfränkisch gekocht (Hauptgerichte ab 14,90 €), DZ ab 210 €.

Aktiv

Für verregnete Tage – **Abenteuer-Golf**: Kalkofen 2, Kobern-Gondorf, Tel. 02607 973 55 44, www.abenteuer golf-kobern-gondorf.de. Seit Frühjahr 2015 lockt in der ehemaligen Tennishalle ein Parcours mit 15 liebevoll gestalteten Bahnen. Gespielt wird auf naturidentischem Rasen nach den Regeln des Minigolfs.

Einkaufen

Top und engagiert – **Lubentiushof:** Kehrstraße 16, Niederfell, Tel. 02607 81 35, www.lubentiushof.de. Andreas und Susanne Barth erwarben 1994 in Niederfell auf der Hunsrückseite der Mosel das Weingut und sich seither mit exquisiten Rieslingen höchste Anerkennung.

Künstlerisch aktiv – **Weingut Freiherr von Schleinitz:** Kirchstr. 15–17, Kobern, Tel. 02607 97 20 20, www.vonschleinitz.de. Konrad Hähns Weingut gehört zu den Spitzenbetrieben an der Terrassenmosel.

Abends & Nachts

In der Winzerscheune – **Sommertheater:** Tel. 0176 34 04 09 59, www.diere mise.com. Carola Moritz und ihr Team verbinden Theater auf hohem Niveau mit Genüssen aus Küche und Keller.

Infos

Tourist-Information
Tourist-Information Kobern-Gondorf: s. S. 256. Vermittlung geführter Weinbergwanderungen.

Verkehr
Bahn: Bf. Kobern-Gondorf, Strecke Koblenz–Trier (690).
Schiff: von/nach Koblenz, Cochem.

Winningen ▶ I 1

Reinhard Löwenstein gehört zu den Winzern, die den Moselwein nachhaltig rehabilitierten. Schon früh warb er dafür, die Untermosel in ›Terrassenmosel‹ umzubenennen, um die Charakteristika der Landschaft zu betonen. Der Uhlen, die renommierteste Weinlage, ist ein einzigartiges, ohne Mörtel errichtetes Terrassenkunstwerk auf Böden des Devon-Schiefers. Das imposante Massiv mit bis zu 60° Hangneigung spiegelt die für die Untermosel typische Kleinstruktur der Böden wider, was sich hier in unterschiedlichen Bereichen von blauem, grauem und rotem Schiefer festmachen lässt.

Winningen liegt in direkter Nachbarschaft zu Koblenz, damit nahe genug an den städtischen Zentren am Rhein, hat sich aber ›ländliche‹ Idylle bewahrt. Uralt ist der Ort, seine Geschichte reicht mindestens in die Römerzeit zurück, renommierte Adelsgeschlechter tauchten hier aus dem Dunkel auf, balgten sich erbteilend um Besitz und Macht. Die Kirche romanischen Ursprungs spiegelt mehrere Epochen wider, ist aufgrund der Sponheimer Herrschaft evangelisch in einem katholischen Umfeld. Hübsche Bürgerhäuser prägen das Ortsbild, opulente Villen und Gutshöfe geben ihre Visitenkarte ab, ein umgestalteter Marktplatz verlockt zum Verweilen.

Ein Schmuckstück ist die ehemalige ›Große Schule‹, 1833/34 von Johann Claudius von Lassaulx in der Schulstr. 5 erbaut, heute Domizil des Museums Winningen (Infos im Tourismusbüro, Mai–Mitte Nov. Sa/So 15–17 Uhr und n. V.). Hier erfährt man viel über die Ortsgeschichte, auch die Hexenprozesse werden nicht ausgespart (S. 71).

Trotz guter Verkehrsanbindung hält Winningen Abstand zur Autobahn und der berühmten, das Moseltal überspannenden Brücke.

Übernachten

Angenehm – **Hotel Moselblick:** An der B 416, Tel. 02606 92 08 10, www.hotel-moselblick.de, DZ ab 105 €. Zum Hotel gehört auch ein Restaurant.

Essen & Trinken

Schnörkellos gemütlich – **Gutsschänke Schaaf:** Fährstr. 6, Winningen, Tel. 02606 597, www.gutsschaenke.com, Mo–Sa ab 17, So ab 12 Uhr. Chef Stefan Pohl kreiert delikate Hauptgerichte ab 11 €, dazu vortreffliche Weine, auch im zauberhaften Innenhof.

Regional-rustikal – **Winzerwirtschaft Barz:** Osterstraße 5, Winningen, Tel. 02606 17 51, www.winzerwirtschaft-barz.de, Juni–Okt. Sa–Di ab 12, Mi/Fr ab 16, Nov.–Mai Mo/Di/Mi/Fr ab 16, Sa/So ab 12 Uhr. Hauptgerichte schon ab 6 €. Christian Müller verarbeitet Produkte von ›Heimat

Zu Ehren der Weinhex – Trachtenfest in Winningen

schmeckt‹-Betrieben (s. S. 26), z. B. zu ›Barz-Hausplatte‹ oder Flammkuchen.

Einkaufen

Pionier und Starwinzer – **Weingut Heymann-Löwenstein:** Bahnhofstr. 10, Winningen, Tel. 02606 19 19, www.hlweb.de, Fr–Sa 13–18 Uhr. R. Löwensteins Uhlen Laubach (2002) gewann 2005 in Paris den ›Wein-Oscar‹ für den besten ausländischen Wein.

Aktiv

Uralter Brauch – **Eierkibben:** Am Ostersonntag werden am Weinhexbrunnen 6000 gekochte und gefärbte Eier gegeneinander geschlagen, wobei das Ei des Kontrahenten an beiden Enden eingedellt werden muss, um es zu ergattern. Dazu wird Winninger Eierwein – ein Gemisch aus Wein, geschlagenen Eiern und Zucker – ausgeschenkt.

Loopings – **Flugsport:** Rhein-Mosel-Flug GmbH, Flugplatz Koblenz-Winningen, Tel. 026 06 866, www.rhein-mosel-flug.de. Flugschule, Charter; Rundflüge, auch mit Kunstflug-Einlagen.

Infos & Termine

Tourist-Information
Tourismusbüro: s. S. 256.

Feste
Moselfest: Ende Aug./Anf. Sept. ältestes Winzerfest Deutschlands, zehn Tage lang (s. auch Feste und Veranstaltungen, S. 32).
Kunsttage Winningen: In geraden Jahren, mit international renommierten Künstlern, www.kunsttage-winningen.com.

Unser Tipp

Horch, ein Audi!

Audi und Trabi – dazwischen lagen Welten, zumindest politisch. Und doch haben beide, der Mittelklassewagen und das DDR-Kultauto mit der Duroplast-Karosserie, ihre Wurzeln in Winningen. Hier wurde im Jahre 1868 August Horch als Sohn eines Schmieds geboren. Im Fachwerkhaus der heutigen Horch-Pension, die zum Teil mit originalen Möbeln aus dieser Zeit eingerichtet ist, können Sie in Horchs Geburtszimmer schlafen.

Der Schmiedegeselle und Ingenieur gründete in Zwickau 1904 die August Horch AG und 1909 die Firma ›Audi‹ (= ›Horch(e)!‹ auf Lateinisch). 1932 fusionierten Audi, Horch, DKW und Wanderer zur Auto Union mit den vier Ringen. Nach 1945: In der BRD produzierte man Audi, in der DDR wurden Audi und Horch zum VEB Sachsenring, der 1958 den Trabi auf die Straße schickte.

Horch starb 1951 in Münchberg, sein Ehrengrab ist auf dem Winninger Friedhof.

Horch-Pension Wagner, Fährstr. 19, Winningen, Tel. 02606 22 84, www.horchpension.de.

Ausstellung: im Museum Winningen (siehe links), im Landesmuseum Koblenz kann man sich ebenfalls über August Horch und seine Arbeit informieren und seine Werke bewundern (s. S. 275).

Verkehr

Regionalflughafen Koblenz-Winningen: www.rhein-mosel-flug.de.
Bahn: Bf. Winningen, Kobl.–Trier (690).
Schiff: von/nach Koblenz und Cochem.

Koblenz

Highlight!

Deutsches Eck: Ideal als Start für eine Erkundung: Rhein und Mosel in Rufweite, freie Sicht auf die Feste Ehrenbreitstein, die Stadt im Rücken, mit dem Ludwig Museum und der ›Basilika minor‹ St. Kastor als erste Stationen, nicht zu vergessen die Biergärten am Ufer des Rheins. S. 278

Auf Entdeckungstour

Peter Ludwigs Lust – Kunst am Deutschen Eck: Das Ludwig Museum möchte mit seiner eindrucksvollen Sammlung zeitgenössischer Kunst »völkerübergreifend relevante Positionen der Kunst zeigen und fördern«. S. 278 und S. 284

Kultur & Sehenswertes

Basilika St. Kastor  **:** Das Gotteshaus mit romanischer Doppelturmfassade und spätgotischem Sterngewölbe wurde zur ›Basilika minor‹ erhoben. S. 278

Altstadt: Die sorgfältig restaurierte Altstadt besticht durch Häuser, die vom Reichtum der Kaufmannsstadt in der Vergangenheit zeugen, lebhafte Plätze, Kirchen und das Schloss. S. 280

Forum Confluentes 20 **:** Der spektakuläre Glasbau beherbergt u. a. die Tourist-Information, das Mittelrhein-Museum, die Stadtbibliothek und ein Café. S. 282

Aktiv unterwegs

Museumspädagogik: Ein reiches Angebot bietet nicht nur das Landesmuseum 2 auf der Festung Ehrenbreitstein, sondern auch das Ludwig Museum. 7 S. 274, 275, 278

Genießen & Atmosphäre

Koblenz im Freien: Vom Florinsmarkt aus über die Liebfrauenkirche die quirligen urbanen Treffpunkte Münzplatz, Am Plan, Jesuitenplatz und Josef-Görres-Platz ansteuern! Auf den Plätzen der Innenstadt versprühen originelle Brunnen Charme und urbanes Feeling. Ab den ersten schönen Frühlingstagen ist ganz Koblenz draußen unterwegs! S. 280

Abends & Nachts

Kultur und Kneipen: Das Angebot passt zur Großstadt mit Uni: Dreisparten-Stadttheater und Rheinische Philharmonie, Clubs und Kneipen mit Live-Musik von Indie bis Blues, Events auf Ehrenbreitstein, in der Altstadt und allen Stadtteilen. S. 287

Stadt an Rhein und Mosel

Confluentes, die Stadt am Zusammenfluss von Rhein und Mosel, hat sich immer stärker zum Mittelrhein hin orientiert, den die UNESCO im Jahr 2002 in den Rang eines Welterbes erhob. Die Bundesgartenschau 2011, mit 3,5 Millionen Besuchern die erfolgreichste BUGA aller Zeiten, hat die Stadt sehr verändert und nach vorne gebracht.

Stadtgeschichte

Als Kaiser Heinrich II. 1018 die Trierer Erzbischöfe mit dem Königshof Koblenz beschenkte, setzte er eine Entwicklung in Gang, die den strategisch wichtigen Ort 1690 schließlich zur Kurfürstlichen Residenz aufsteigen ließ. Von Anfang an wurden hier weitreichende politische Entscheidungen getroffen: So wurde 842 die Reichsteilung verhandelt, 1137 Konrad III. in St. Kastor zum König gekrönt. Trotz heftiger Proteste konnte die Bürgerschaft zwar nie den Status einer Freien Reichsstadt gewinnen, ab 1815 aber war man immerhin Regierungssitz der preußischen Rheinprovinz. 1947 konstituierte sich der Landtag von Rheinland-Pfalz im Rathaussaal, 1948 beschloss die sog. Rittersturz-Konferenz im Berghotel Rittersturz die Bundesrepublik Deutschland, 1947 bis 1950 spielte Koblenz die Rolle der Landeshauptstadt, 1962 übersprang es die Latte zur Großstadt. Die Ernennung zur Universität, wenn auch im Tandem mit dem pfälzischen Landau, gab 1990 einen weiteren Innovationsschub.

Garnisonsstadt war Koblenz seit seiner Gründung, schon die Römer sicherten ihren Machtbereich an der Mosel um 30 n. Chr. durch Kastelle. Der Bau des Limes an der Rheingrenze 82 n. Chr. sollte die herandrängenden germanischen Völker in Schach halten. Nach Römern, Franken, Bischöfen, Franzosen, wieder Bischöfen, wieder Franzosen, Preußen, wieder Franzosen, Drittem Reich und Franzosen wurde Koblenz 1957 erneut Garnisonsstadt.

Aber in Koblenz selbst schaut man gar nicht mehr so sehr auf die Vergangenheit. Wenn man heute an den Ufern von Rhein und Mosel unterwegs ist, fällt etwas ganz anderes auf: wie schmuck und gepflegt das alles ist. Vieles erstrahlt in neuem Glanz, die Promenaden sind Treffpunkt und Erholungsgebiet. Das Plateau der Festung Ehrenbreitstein war zusammen mit dem Blumenhof am Deutschen Eck und dem Kurfürstlichen Schloss ein wichtiger Kernbereich der Bundesgartenschau 2011.

Infobox

Reisekarte: ▶ J 1

Tourist-Information im Forum Confluentes: Zentralplatz 1, Tel. 0261 194 33, www.koblenz-touristik.de, Infos zu Erlebnisführungen und Start der Stadtführung »Romantische Altstadt«, April–Okt. tgl. 10.30 Uhr (dt.), Sa 15 Uhr (dt. und engl.)

Festung Ehrenbreitstein 1
www.diefestungehrenbreitstein.de, April–Okt. 10–18 (18–0 freier Zutritt zum Gelände und zur Gastronomie), Nov.–März 10–17 (17–0 Uhr freier

Zutritt zum Gelände und zur Gastronomie)

Die um 1000 erwähnte Burg eines Erenbert bauten die Trierer Bischöfe im 12. Jh. um und aus. Ihre Qualität bewies die im 16. Jh. zur Festung erstarkte Burg zweimal auf spektakuläre Weise mit umgekehrten Vorzeichen, denn beide Male geschah ihre Übergabe erst nach Aushungern der Besatzung: 1633 kapitulierten die französischen Besatzer nach einjähriger Belagerung durch kaiserliche Reichstruppen, 1799 die kurtrierische Besatzung vor den französischen Revolutionstruppen, welche die Zitadelle 1801 in die Luft sprengten. Kurtrier verlor Macht, Besitz und die Residenz Koblenz. Die Stadt wurde 1815 preußisch und neu befestigt. 1815 bis 33 erstand die Festung nach Plänen des Generals Ernst Ludwig von Aster, der auch die südlichere Rotunde Fort Asterstein auf der Pfaffendorfer Höhe konzipierte. Nach 1918 wurden die Werke in der Altstadt, auf der Kartause und dem Maifeld abgetragen, nicht aber die Zitadelle. Neueste Ausgrabungen belegen auf dem Gelände eine Flucht- und Schutzburg schon vor 3000 Jahren.

Das größte Bollwerk am Rhein ist heute ein lebendiges Kulturzentrum. Neben einer **Jugendherberge** ist hier die Generaldirektion Kulturelles Erbe Rheinland-Pfalz mit ihren Direktionen Burgen, Schlösser, Altertümer und **Landesmuseum Koblenz** `2` beheimatet. In derzeit vier Ausstellungshäusern werden Wechsel- und Dauerausstellungen gezeigt, etwa zur Wein-, Technik- und Kulturgeschichte des Landes. Eine Erlebnisroute in multimedialer Inszenierung erzählt die wechselvolle Geschichte des Ortes. Eine Seilbahn – deren Betrieb die UNESCO bis zum Jahr 2026 genehmigt hat, ohne dass der Welt-

Unser Tipp

Lange Nacht der Museen
Jedes Jahr öffnen Museen und Galerien Anfang September von Samstagabend bis Sonntag 1 Uhr ihre Pforten zur ›Langen Nacht der Museen‹. Sie nimmt die Schwellenangst vor den Kunsttempeln, zumal ein umfangreiches Begleitprogramm von Shows und Theater bis zu Performances und Live-Musik Jung und Alt zum Bummeln und Sehen lockt.

erbestatus gefährdet wird – verbindet die Festung mit dem Deutschen Eck. Vom Pegelhaus aus kann man weiterhin mit der Fähre nach dem Stadtteil Ehrenbreitstein übersetzen (Nov. 8.30–17, April bis 18, Mai–Okt. 8–19 Uhr) und sich von dort aus mit einem neuen, auf Dauer installierten Schrägaufzug auch nach Ende der BUGA zur Festung hieven lassen. Wer oben speisen möchte, findet auf der Karte des Restaurants Casino preußische Spezialitäten wie eine Kanonenkugel (gefüllte Klöße).

Unterhalb der Festung

Schon vom Konrad-Adenauer-Ufer aus fällt das leuchtend-barocke **Dikasterialgebäude** `3` ins Auge, die ehemalige erzbischöfliche Zentralbehörde, an deren Planung Balthasar Neumann 1739 beteiligt war. Heute sind in dem 2014 umfassend renovierten Gebäude Büros untergebracht.

Der Pulverdampf in und um Ehrenbreitstein hat sich verzogen, kulturelle Spuren werden umso deutlicher: Im ehemaligen Schulhaus, dem heutigen

Rhein-Museum **4** , das zeigt, wie der Rhein das Leben der Menschen seit Jahrhunderten prägt, kam 1903 der Schriftsteller und Publizist Joseph Breitbach auf die Welt (Charlottenstr. 53a, KO-Ehrenbreitstein, Tel. 0261 70 34 50, www.rhein-museum.de, Di–So

10–17 Uhr). Die Dichterin Sophie La Roche lebte im Stadtteil Ehrenbreitstein, ihr Enkel Clemens Brentano wurde hier geboren. Ihre Enkelin Bettina von Arnim errang ebenfalls literarischen Ruhm. Im **Mutter-Beethoven-Haus 5** wird der 1746 hier

Koblenz

Sehenswert

1. Festung Ehrenbreitstein
2. Landesmuseum Koblenz
3. Dikasterialgebäude
4. Rhein-Museum
5. Mutter-Beethoven-Haus
6. Kaiser-Wilhelm-Denkmal
7. Ludwig Museum
8. Basilika St. Kastor
9. Wirtshaus Deutscher Kaiser
10. Dreikönigenhaus
11. Florinskirche
12. Liebfrauenkirche
13. Haus Metternich
14. Alte Burg
15. Vier Türme
16. Jesuitenkirche (Citykirche)
17. Schängelbrunnen
18. Stadttheater
19. Kurfürstliches Schloss
20. Forum Confluentes
21. Rhein-Mosel-Halle
22. Görreshaus
23. Görres-Gymnasium
24. Görres-Denkmal

Übernachten

1. Hotel Kleiner Riesen
2. Hotel Kornpforte
3. Hotel-Weinhaus Zum Schwarzen Bären
4. Jugendherberge Festung Ehrenbreitstein
5. Campingplatz Rhein-Mosel

Essen & Trinken

1. Restaurant ClemenS
2. Dormont's
3. Winninger Weinstuben
4. Weinhaus Hubertus
5. Wirtshaus Alt Coblenz
6. Altes Brauhaus
7. Kaffeewirtschaft
8. Pfefferminzje
9. Eiscafé Brustolon
10. Café Miljöö

Einkaufen

1. Deinhard-Vinothek

Aktiv

1. Kufa
2. Statt-Strand
3. Freibad Oberwerth
4. DB-Museum Koblenz
5. Fahrradverleih
6. Kletterwald Sayn

Abends & Nachts

1. Café Hahn
2. Palais
3. Circus Maximus
4. Zenit
5. Theater Koblenz
6. Zum Schiffchen
7. Theater im Konradhaus

geborenen Maria Magdalena Keverich gedacht. Es gibt Informationen zu deren familiären Wurzeln, die väterlicherseits nach Köwerich (Mosel) führen, und zur Lebenswelt ihres berühmten, in Bonn geborenen Sohnes Ludwig van Beethoven. Dessen Jugendfreunde haben über seinen Tod hinaus ›Spuren‹ hinterlassen, die hier dokumentiert werden (Wambachstr. 204, Tel. 0261 973 06 69, www.mutter-beethoven-haus. de, April–Okt. an jedem 2. Sa/So, an Feier- und Brückentagen 14–18 Uhr).

Am Deutschen Eck ❗

Einen »Faustschlag aus Stein« nannte Kurt Tucholsky 1930 nach dem Ende einer feucht-fröhlichen Moselreise den ›Tortenaufsatz‹ und meinte damit das 1897 errichtete **Kaiser-Wilhelm-Denkmal** `6` an der Mündung der Mosel in den Rhein. Am 16. März 1945 holten die Amerikaner die 25 t schwere Kupferblechfigur des 1871 in Versailles gekrönten Hohenzollern vom Sockel. Die zweite Deutsche Einheit lieferte 1990 Argumente für die Rückkehr des nun 63,5 t schweren, in Bronze gegossenen Kaisers, die 1993 erfolgte. Seither sitzt er wieder fest im Sattel und ist ein gefragtes Fotomotiv. Der Donnerhall braust nicht mehr, der Rhein ist zur europäischen Schlagader geadelt.

Kaiser, Pferd und Siegesgöttin haben den Fluss im Auge, die Stadt im Rücken – und damit auch das **Ludwig Museum** `7` auf dem Gelände des altehrwürdigen Deutschherrenhauses (Danziger Freiheit 1, Tel. 0261 30 40 40, www.ludwigmuseum.org, s. Entdeckungstour S. 284, Di–Sa 10.30–17, So 11–18 Uhr, 5 €, ermäßigt 3 €).

In dessen Innenhof reckt sich als origineller Kontrast zum pompösen Gestus des Denkmals als Zeugnis zeitgenössischer französischer Kunst der überdimensionale ›Daumen‹ des Bildhauers César empor. Das Gebäude gehörte der 1216 gegründeten Ballei, die direkt dem Hochmeister unterstellt war. Es war die erste Niederlassung des Deutschen Ordens im Rheinland, sie gab der Landzunge an Rhein und Mosel den Namen ›Deutsches Eck‹.

Das Ludwig Museum steht in einem parkähnlichen Areal. Die vielfarbig blühende Anlage erhielt unter Berücksichtigung ihrer historischen Bausubstanz mit der BUGA 2011 ein neues Gesicht. Das Ludwig Museum verdankt seine

Gründung der Initiative des international berühmten Sammlers und Mäzens Prof. Dr. Peter Ludwig, der in Koblenz geboren wurde und dort seine Jugendjahre verbrachte. Gemeinsam mit der Stadt sollte das Museum dem Wunsch nach zeitgenössischer Kunst im Dialog mit Frankreich und der Welt entsprechen. Ebenfalls auf dem ehemaligen Ruinengelände etablierte sich das schicke Café Gerhards Genussgesellschaft (Tel. 0261 91 49 91).

Basilika St. Kastor `8`

tgl. offen 9–18 Uhr
Durch den Blumenhof gelangt man schließlich zur kath. Pfarrkirche St.

Kastor. 1944/45 ging die Altstadt in Flammen auf, die ehemalige Stiftskirche kam einigermaßen glimpflich davon. Erzbischof Hetti von Trier hatte den karolingischen Vorgängerbau 836 geweiht und die Gebeine des hl. Castor von Karden hierher übertragen. 842 brüteten die Enkel Karls des Großen an diesem Ort die Reichsteilung aus.

Nach mehreren Um- und Neubauten setzte das prachtvolle spätgotische Sterngewölbe (1499) den Schlussstein einschneidender baulicher Veränderung im romanischen Gotteshaus mit der charakteristischen Doppelturmfassade. Nach umfassenden Renovierungen ab 1978, die Licht und Farbe in den dreischiffigen Baukörper brachten, erhielt die älteste Kirche von Koblenz eine hohe Auszeichnung: In Würdigung ihrer Bedeutung für Stadt und Region »als Zelt Gottes unter den Menschen« wurde sie 1992 zur päpstlichen ›Basilika minor‹ erhoben.

Auf dem Vorplatz erregt eine echte Kuriosität Ratlosigkeit: ein Brunnen mit Denkmalsockel ohne Denkmal! Die Rhein-und-Mosel-Darstellung, die wohl einst darauf stand, verwitterte schon 1817, die Lobpreisung auf den Kaiser der Franzosen blieb. Napoleons Russlandfeldzug scheiterte bekanntlich. Als die Ko-

Am Deutschen Eck fließt die Mosel in den Rhein

alitionstruppen 1814 die Stadt einnahmen, nahm's der russische Stadtkommandant mit trockenem Humor und fügte der Eloge auf den Kaiser sozusagen amtlich die Bemerkung hinzu: ›Vu et approuvé‹ (gesehen und genehmigt).

Altstadtpfade

Immer wieder schiebt sich die **Balduinbrücke** ins Bild, die Kurfürst Balduin um 1340 nahe dem zu Römerzeiten auf Holzpfählen ruhenden Moselübergang erbaute.

Etwa 200 Jahre jünger ist das einstige **Wirtshaus Deutscher Kaiser** 9 , das älteste der Stadt, ein imposanter spätgotischer Wohnturm nahe dem Moselufer – nach umfangreicher Renovierung wurde 2014 wieder ein Restaurant eröffnet.

Im **Dreikönigenhaus** 10 von 1701 logierte bis zu ihrem Umzug 2013 ins Forum Confluentes die Stadtbibliothek, nahebei erlebte das ehem. Krämerzunfthaus von 1708 eine stilvoll farbige Restaurierung.

Häuser verschiedenster Epochen in der Eltzerhof-, Görres- und Kornpfortstraße erinnern an den Reichtum der von einer tüchtigen Kaufmannschaft gelenkten Stadt. Zeitweise war Koblenz der bedeutendste Umschlagplatz für Wein. Schon ab der Eltzerhofstraße taucht man ein in die pittoresken Altstadtviertel, die in ihrer verwirrenden Verwinkeltheit bezaubern. Im Grunde ist es nun völlig egal, auf welche Gasse die Wahl fällt, sehr stimmungsvoll aber ist z. B. die Gasse Unterm Stern mit dem ehemaligen Hafenamt aus dem Jahr 1768.

Hier und auf den lebhaften Plätzen schlägt das urbane Herz von Koblenz. Hier stoßen Sie auf Traditionslokale und angesagte Locations.

Florinskirche 11

Ev. Florinskirche: Christi Himmelfahrt–Erntedank tgl. 10.30–17.30 Uhr geöffnet; Kulturprogramm: Mitte Mai–Ende Sept.

Eine prominente Persönlichkeit prägte St. Florins Geschick fast zwei Jahrzehnte lang: Der Theologe, Philosoph und spätere Kardinal Nikolaus von Kues (1401–1464) wurde zuerst Stiftsherr, dann mit 26 Jahren Dekan des Stifts, was er bis 1445 auch blieb, trotz weiterer Ämter andernorts. Das Erscheinungsbild der Kirche wandelte sich durch mehrere Umbauten von der um 1100 errichteten dreischiffigen Stiftskirche hin zur gotisierten romanischen Pfeilerbasilika um 1600. Sehr schön ist der gotische Christus-Zyklus in den Außenwandfenstern, ein Geschenk des preußischen Reformers Freiherr vom Stein (1820). Unter der Ägide preußischer Könige wurde die Kirche 1818 evangelisch. Neben kostbaren Wandmalereien zeigt sie im Innern zart angepasste Gewölbeornamentik.

Liebfrauenkirche 12

Tgl. 9–18 Uhr

Die Einheimischen nennen sie liebevoll ›Owerpfarrkerch‹. Sie besetzt den höchsten Punkt der Altstadt, stützt sich auf die Grundmauern eines römischen Saalbaus des 5./6. Jh. und gilt als die eigentliche Urkirche der Siedlung. Der Bau, dessen spätromanische Teile etwa 1180 bis 1205 hinzukamen, mit der eindrucksvollen Doppelturmfassade und den Emporen in voller Höhe über beiden Seitenschiffen erfuhr immer wieder Veränderungen, zuletzt historisierend im 19. Jh. Das 1944 stark beschädigte Gotteshaus wurde 1950 bis 56 rekonstruiert, 2000 im Innern farblich sehr schön gefasst, wirkt hell und leuchtend lebensfroh, was kostbare Chorfenster (1992) verstärken. Das faszinierende Umfeld der Kirche kann um 22 Uhr die mahnende ›Lumpenglocke‹ durchaus vertragen, denn hier ist das Entree in die Kneipenkultur der Stadt. Nicht fern steht z. B. das Alte Brauhaus, Stammhaus der Koblenzer Königsbacher Brauerei.

Originale am Münzplatz

Die schönsten der opulenten Koblenzer Originale, über die man beim Durchstreifen der Gassen stolpert, stehen auf dem Münzplatz, die ›Maatfrau‹ Ringelstein nämlich und der Schutzmann Otto. Beide Skulpturen nehmen Bezug auf den früheren Markt und die ehem. Polizeiwache, die alte Münze. Auf der Westseite macht das 1674 erbaute ehem. **Haus Metternich 13** auf sich aufmerksam, Geburtshaus von Fürst Clemens Wenzeslaus von Metternich, dem umstrittenen ›Architekten Europas‹. 1815 brillierte der Staatskanzler beim Wiener Kongress, später initiierte er die Karlsbader Beschlüsse gegen die ›Demagogen‹. Heute teilt sich eine

Jugendbegegnungsstätte das Gebäude in Kombination mit dem Ausstellungshaus und der Wohnung Manfred Gniffkes, eines weiteren Kowelenzer Originals.

Alte Burg und Vier Türme

Die Römer sicherten ihren Machtbereich an der Mosel um 30 n. Chr. durch ein Erdkastell am Münzplatz, dem bis ins 4. Jh. massive Steinkastelle folgten. Die mittelalterlichen Herrschaften schützten ab dem ersten Jahrtausend wichtige Überlandstraßen durch Burgen. Im 13. Jh. stellten die Trierer Bischöfe die **Alte Burg 14** an die Mosel. Bei einem Abstecher kann man einen Blick auf das Burghaus werfen, das sie bis ins 17. Jh. bei Koblenz-Visiten bewohnten, ehe sie auf den Ehrenbreitstein umzogen und sich das Schloss am Rheinufer maßschneidern ließen.

Die Marktstraße, eine locker-lebhafte Einkaufsmeile, inspiriert zu Abweichungen von der Kultur. An der Kreuzung zum Altengraben faszinieren die **Vier Türme 15** mit ihren Pracht-

St. Kastor, seit 1992 mit dem päpstlichen Titel ›Basilika minor‹ geehrt

fassaden und der Laternenbekrönung über den Erkern dann doch. 1689 bis 1692 baute der Hofbaumeister Johann Christoph Sebastiani die markanten, einander zugeneigten Eckhäuser, die beispielhaft ein weiteres Stück ›altes Koblenz‹ zeigen. Und so zweigt man ab und steht Am Plan, dank der vielen Straßencafés wohl noch immer die (informelle) Nachrichtenbörse der Stadt.

Jesuitenplatz

Feine Läden säumen die Firmungstraße. Die **Jesuitenkirche** (Citykirche) **16** schiebt sich ins Bild. Im Juni 2003 verließen die Jesuiten Koblenz nach über 400 Jahren, 2004 traten Arnsteiner Patres an ihre Stelle und halten das Gotteshaus zum täglichen Beicht- und Gesprächsangebot offen. Im weitläufigen Komplex des ehem Jesuitenkollegs (1588–1701) regiert die Stadtverwaltung. Mitten auf dem Jesuitenplatz behauptet sich der Mediziner Johannes Müller (1801–1858), der die naturwissenschaftlich orientierte Physiologie begründete, auf dem Podest. Jenseits des Rathaustors lauert der Schängel.

Lausbub Schängel

Ihm ist mit dem **Schängelbrunnen** **17** ein Denkmal gesetzt. Dieser steht etwas versteckt im Rathaushof und das mit gutem Grund. Spuckt doch der von Carl Burger 1940/41 erschaffene bronzene Bengel auf dem Brunnen frech und überraschend Wasser auf Passanten! Schängel kommt von Jean, Jean heißen angeblich alle Franzosen, und so manche Beziehungskiste in der Franzosenzeit hatte Folgen. Der Schängel ist für die Einheimischen der ›Kowelenzer‹ schlechthin.

Stadttheater und Kurfürstliches Schloss

Kurfürst Clemens Wenzeslaus (1768–1794) lebt in so manchen architektoni-

schen Glanzlichtern fort. Das 1787 eröffnete **Stadttheater** **18**, der einzige noch original klassizistische Theaterbau am Mittelrhein, ist ein Schmuckstück, auch in der Innenausstattung mit Illusionsmalerei. Es wird von einem festen Ensemble in den Sparten Schauspiel, Musiktheater und Ballett bespielt, die Rheinische Philharmonie (s. S. 288) sitzt im Orchestergraben (www.theater-koblenz.de, Clemensstr. 5, Tel. 02 61 129 28 40, tgl. 10–18 Uhr, Öffentliche Führung/Anmeldung: 2. Sa im Monat, Tel. 129 28 07).

Kurz vor der Französischen Revolution war das **Kurfürstliche Schloss** **19** nach Plänen von Antoine-François Peyre d. J. vollendet, die Flucht des letzten Erzbischofs von Trier vor den anrückenden Truppen jedoch nur eine Frage der Zeit. Nach 1815 wurde das Schloss Lazarett, Kaserne und später preußische Residenz im Rheinland, 1944 bei Luftangriffen bis auf die Außenmauern zerstört. Der Mittelteil und der Garten hinter dem Schloss sind seit der BUGA 2011 für Besucher zugänglich. Das Schloss ist außerdem Tagungsstätte. Mit dem klassizistischen Terrassengarten zu den Rheinstufen hin und einem Bürgerpark als grüner Achse zur Innenstadt wird das Schloss städtebaulich aufgewertet.

Forum Confluentes

Mit der BUGA 2011 hat sich das Gesicht der Innenstadt sehr verändert. Auf dem Zentralplatz ist mit dem **Forum Confluentes** **20** ein Kulturgebäude und mit dem Forum Mittelrhein ein Einkaufszentrum entstanden. Im vom Architekturbüro Benthem Crouwel entworfenen Forum Confluentes befinden sich die Stadtbibliothek und die Tourist-Information. Außerdem ist das **Mittelrhein-Museum** hier eingezogen (Zentralplatz 1, Tel. 0261 129 25 20, www.mittelrhein-museum.de).

Auf 1900 Quadratmetern zeigt die Dauerausstellung Gemälde, Skulpturen und Kunstgewerbe aus 2000 Jahren Kunst- und Kulturgeschichte. Weiterhin ist im Forum Confluentes mit dem Romanticum Koblenz eine interaktive und multimediale Dauerausstellung zur Rheinromantik zu sehen (tgl. 10–18 Uhr, www.romanticum.de).

Selbst die multifunktionale **Rhein-Mosel-Halle** **21** nahe des kurfürstlichen Schlosses, ein Kind der 1960er-Jahre, wurde renoviert.

Spaziergang mit Görres

Im Café am Josef-Görres-Platz räkeln sich zufriedene Gäste und beachten kaum die filigrane ›Historiensäule‹, die Jürgen Weber als Reminiszenz an die Stadtgeschichte für diesen Platz schuf, vom römischen Weinschiff aufsteigend bis zur Jetztzeit. Unter all den Koblenzer Intellektuellen genießen nicht die Dichter höchstes Ansehen, auch nicht der Verleger Karl Baedeker oder der geniale Architekt Johann Claudius von Lassaulx, der immerhin den Vorzug genoss, mit ›ihm‹ verwandt zu sein: Joseph Görres (1776–1848), Verleger des ›Rheinischen Merkurs‹ 1814 bis 16 in Koblenz, vehementer Verfechter einer freien Presse, katholischer Publizist, Meister der politischen Satire und Mitschöpfer der deutschen Romantik, taucht im Bild seiner Heimatstadt allenthalben auf. Es lohnt sich daher, ihm einen eigenen kleinen Spaziergang zu widmen, der in der Altstadt beginnt.

Die 1876 in der Geburtsstadt gegründete Görres-Gesellschaft hat ihren Sitz heute zwar in Bonn, aber es gibt in Koblenz eine Görres-Apotheke, einen Görres-Preis und eine **Görresstraße**, von der aus man direkt auf das **Görreshaus** **22** stößt. In die kulturhistorisch hochinteressante neugotische Architektur investierte der Katholische Leseverein 1865 einiges Kapital – und damit viel in die Bildung. In Landesbesitz übergegangen, ist es seit 1985 Domizil des 1945 gegründeten Staatsorchesters Rheinische Philharmonie, das hier nicht nur probt, sondern im prächtigen Großen Saal auch konzertiert (Görreshaus: Eltzerhofstr. 6a, Infos & Karten: www.rheinische-philharmonie.de, Tel. 0261 301 22 72).

1948 wurde die 1582 gegründete Jesuitenschule in der Gymnasialstr., die älteste Schule dieser Art am Ort, in **Görres-Gymnasium** **23** umbenannt. Auf dem **Görres-Denkmal** **24** schließlich, das 1928 am Rheinufer errichtet wurde, steht der Jüngling riesig groß, stolz und sehr pathetisch mit Adler, spreizt die fünf Finger einer Hand zum Rhein hin. Fünf Pils heiße das, sagen die Koblenzer respektlos – und suchen einen der schönen Biergärten auf, die es entlang dem Ufer bis zum Deutschen Eck gibt.

Übernachten

Gediegen-freundlich – **Hotel Kleiner Riesen** **1**: Januarius-Zick-Str. 11, Tel. 0261 30 34 60, www.hotel-kleinerriesen.de, DZ ab 95 €. Der Kleine Riesen liegt reizvoll am großen Rhein; Radler sind willkommen.

Optimale Lage – **Hotel Kornpforte** **2**: Kornpfortstr. 11, Tel. 0261 311 74. www.hotel-kornpforte.de, DZ ab 98 €, komfortable Zimmer in der Altstadt.

Rustikal – **Hotel-Weinhaus Zum Schwarzen Bären** **3**: Koblenzer Str. 35, Moselweiß, Tel. 0261 460 27 00, www.zumschwarzenbaeren.com, DZ ab 89 €, Mo–Sa 18–21 Uhr, Bett & Bike, Gerichte ab 8 €.

Oben auf dem Berg – **Jugendherberge Festung Ehrenbreit-** ▷ S. 286

Auf Entdeckungstour: Peter Ludwigs Lust – Kunst am Deutschen Eck

Plätze für seine Kunstschätze hat der leidenschaftliche Sammler Peter Ludwig allenthalben aufgespürt, wenn auch Städte und Gemeinden seine Bedingungen anfangs eher zähneknirschend akzeptierten. Heute ist Koblenz froh um das Museum im Deutschherrenhaus am Deutschen Eck.

Für wen: Alle, die mehr über die französische Kunst des 20. Jh. und den Sammler Peter Ludwig erfahren wollen.
Zeit: nach Gusto.
Planung: Öffnungszeiten und Eintrittspreise s. S. 278. ›Kunst statt Shoppen‹ oder Ferienworkshops für Kinder und Jugendliche, ›Jump in Art‹ oder ›Kunsttreff‹ für Erwachsene.
Start: Ludwig Museum, Danziger Freiheit 1.

Ludwig als Markenzeichen

Sammeln ist eine Form von Sucht, Naschen auch. Peter und Irene Ludwig machten daraus eine Kunst für die Kunst. Der ›süße‹ Familienkonzern mit Marken wie Trumpf und Novesia lieferte den finanziellen Nachschub für die Ankäufe, die die deutsche Museenlandschaft nachhaltig zum Blühen brachten. Die Ludwigs verhandelten allerdings immer eine kommunale bzw. staatliche Gegenleistung für die Überlassung ihrer Exponate, meist in Form von Bereitstellung eines adäquaten Gebäudes oder der Beteiligung an Folgekosten. Die Vorleistungen der Stifter waren stets großzügig bemessene, thematisch abgestimmte Schenkungen bzw. Dauerleihgaben. Sie bildeten mehr als eine Basis für weltweit renommierte Ausstellungsorte. Heute sind Städte von Köln bis Peking froh um ihre Museen und Institutionen, die in irgendeiner Form den Namen Ludwig tragen.

Das 1992 eröffnete Ludwig Museum in Koblenz hat als Bezugspunkt die konfliktreiche deutsch-französische Vergangenheit und setzt den Kontrapunkt dazu mit einer Sammlung zeitgenössischer Kunst, von den Nouveaux Réalistes und Fluxus über Pop-Art-Künstler bis zu den ›Jungen Wilden‹ der ›Figuration libre‹ in den 1980er-Jahren.

Der Schwerpunkt auf zeitgenössischer französischer Kunst verführt die Macher jedoch nicht zur Nabelschau: Der Blickwinkel des Museums ist global, will »völkerübergreifend relevante Positionen der Kunst zeigen und fördern«. Amerikanische und deutsche Kunst erhält ebenso ein Forum wie die Chinas und der Emirate. Die Who-is-who-Liste der ausstellenden Künstler ist lang und exklusiv. Starkünstler wie Robert Combas (Paris) bilden hier keine Ausnahme. Die Idee zum Museum in seiner Geburts- und Heimatstadt Koblenz fasste Peter Ludwig 1985 anlässlich der Verleihung des Kulturpreises in Dankesworte und ließ alsbald Taten folgen.

Just in jenen Tagen flammte das Koblenzer Dauerthema wieder auf: Wollen wir unsern Kaiser Wilhelm am Deutschen Eck wieder haben? In der ihm eigenen nonchalant weltmännischen Lebensart, die ihn genauso selbstverständlich offizielle wie verfemte DDR-Kunst sammeln ließ, beteiligte sich Peter Ludwig mit seiner Stiftung an der Spendenaktion für einen Neuguss des Reiterstandbilds. Für Beobachter irritierend, hatte doch gerade dieser Kaiser den ›Erbfeind‹ Frankreich 1871 schwer gedemütigt. Wie vertrug sich dieses Engagement mit Ludwigs frankophiler Einstellung? Immerhin hatte er 1950 über »Das Menschenbild Picassos« promoviert. »Mich interessiert Kunst«, antwortete der Mäzen stets kurz und bestimmt auf Kritik.

Wer war Peter Ludwig?

1925 geboren, mütterlicherseits mit der Industriellenfamilie Klöckner verwandt, studierte er nach 1945 Jura, dann Kunstgeschichte, Archäologie, Vor- und Frühgeschichte und Philosophie. 1951 heiratete er seine Kommilitonin Irene Monheim aus der Aachener Schokoladendynastie. 1957 begannen die beiden promovierten Kunstwissenschaftler mit dem Sammeln von Kunst – ausdrücklich von Anfang an nicht für den eigenen Panzerschrank, sondern zugunsten der Öffentlichkeit und mit einem sicheren Instinkt für Qualität und Innovation.

1996 starb Peter Ludwig ganz plötzlich an einem nicht rechtzeitig erkannten Blinddarmdurchbruch. An St. Aldegunds Alter Kirche hoch über der Mosel ruht er auf seinen Wunsch nahe zweier seiner Schenkungen (s. S. 217).

stein **4**: Tel. 0261 97 28 70, www.diejugendherbergen.de/koblenz. Für 22,50 € ÜF p. Pers. hat man einen fantastischen Blick auf die Stadt, und das Deutsche Eck.

Nicht parzelliert – **Knaus Campingpark 5**: Schartwiesenweg 6, 0261 827 19, www.knauscamp.de. 230 Stellplätze, ganzjährig geöffnet. Prächtige Sicht.

Essen & Trinken

Superblick – **Restaurant ClemenS 1**: Rheinsteigufer 1, Tel. 0261 970 70, www.restaurant-clemens.de. Vegetarisch & vegan, Hauptgerichte ab 10 €. Mit Rheinterrasse in Diehls Hotel.

Kreativ – **Café Bistro Dormont's 2**: Gemüsegasse 5, Tel. 0261 300 21 10,

Unser Tipp

Koblenzer Tausendsassa …
Café Hahn 1, Neustr. 15, Ko-Güls, Tel. 0261 423 02, www.cafehahn.de, tgl. abends, Chili con Carne 5 €, Flammkuchen 7,50 €. Hubert ›Berti‹ Hahn ist von Haus aus Konditor. Vor über 30 Jahren entschloss er sich zu etwas völlig Neuem – und macht im kultigen Café Hahn in Koblenz-Güls seither ein tolles Kulturprogramm: Kabarett, Rock, Latin bis hin zu Varieté, Comedy und natürlich Jazz jeder Spielart. Seit 2012 betreibt die Café Hahn GmbH die gesamte Festungsgastronomie und das Eventmanagement geschlossener und öffentlicher Veranstaltungen auf der Festung Ehrenbreitstein (s. S. 274). Außerdem engagiert sich Hahn beim ›Horizonte‹-Festival, beim Festungsmusikfest zu ›Rhein in Flammen‹ oder beim Altstadtfest und Schängelmarkt (s. S. 34).

www.dormonts.de, tgl. ab 16.30 Uhr, Schnitzel ab 9,90 €. 1. Mo im Monat Live-Musik, mit den Stonehead-Stompers.

Bodenständig – **Winninger Weinstuben 3**: Rheinzollstr. 2, Tel. 0261 387 07, www.winninger-weinstuben.de, tgl. ab 16 Uhr, im Sommer Fr/Sa/So ab 12 Uhr. Spezialität: Flammkuchen ab ca. 6,50 €. Von Lassaulx (s. S. 266) erbaut, Ausschank von Terrassenmosel-Weinen.

Stimmig – **Weinhaus Hubertus 4**: Florinsmarkt 6, Tel. 0261 311 77, www.weinhaus-hubertus.de, Mo–Fr ab 15.30, Sa/So ab 12 Uhr, Hauptgerichte ab 10 € und reiche Weinauswahl im Fachwerkhaus des 17. Jh. in der Altstadt.

Mittendrin – **Wirtshaus Alt Coblenz 5**: Am Plan 13, Tel. 0261 16 06 56, www.alt-coblenz.de, Di–So ab 12, Mo ab 16 Uhr; breites Angebot zu moderaten Preisen.

Heftig-deftig-preiswert – **Altes Brauhaus 6**: Braugasse 4, Tel. 0261 133 03 77, www.altesbrauhaus-koblenz.de, tgl., ab 8,50 € im Stammhaus der Königsbacher Brauerei seit 1689.

Authentisch – **Kaffeewirtschaft 7**: Münzplatz 14, s. Lieblingsort, S. 289.

Vegetarisch & vegan – **Pfefferminzje 8**: Mehlgasse 12, Tel. 0261 201 77 77. Koblenzer, ob Singles, Familien, Jung oder Alt, mögen das kleine Café, benannt nach einem Koblenzer Original (Denkmal in der Mehlgasse). Reiche Kaffee-Auswahl, freitags Raclette-Abend, sonntags »Tatort«-Gucken, lauschiger Minigarten.

Kultiviert – **Eiscafé Brustolon 9**: Jesuitenplatz, Tel. 0261 355 17, www.eiscafe-brustolon.de. Im 1934 gegründeten ersten Eiscafé von Koblenz schlecken Sie kühle Kreationen der 3. Generation italienischer Eis-Kultur.

Stylish gemütlich – **Café Miljöö 10**: Gemüsegasse 8, Tel. 0261 142 37, www.cafe-miljoeoe.de, viele vegane

Gerichte, Frühstück bis 17 Uhr, Fahrradverleih.

Einfach schön – **Biergärten:** Der Königsbacher Biergarten am Deutschen Eck mit Eiscafé ist wohl der schönste. Empfehlenswert ist auch das Weindorf in den Kaiserin-Augusta-Anlagen.

Einkaufen

Weinkultur – **Deinhard-Vinothek** 1 : Deinhardplatz 3, Tel. 0261 91 15 15 20, www.deinhard.de, Mo–Fr 10–12/13–17 Uhr. Ideal nach einer Kellerführung im Stammhaus.

Aktiv

Theater und Kulturzentrum – **Kulturfabrik (Kufa)** 1 : Mayer-Alberti-Str. 11, KO-Lützel, Tel. 0261 852 80, www.kufa-koblenz.de, Anfahrt: Buslinien 2/12, 5/15, 10, Haltestelle Balduinbrücke; Bahn: Bf. KO-Lützel. 1980 entstand im Gründerzeitgebäude einer ehem. Brief-Couvertierfabrik das erste freie Theater und Kulturzentrum am Mittelrhein. Neben dem Aushängeschild Koblenzer Jugendtheater überzeugt die Mischung aus eigenen Produktionen und Gastspielen in allen Sparten der Kleinkunst.

Moselanisch-›mediterran‹ – **Statt-Strand** 2 : www.strand-koblenz.de, tgl., Eintritt frei, am Moselstausee, unterhalb der Universität, trifft man sich hier an der Cocktailbar.

Für die ganze Familie – **Freibad Oberwerth** 3 : Haydnstr., Tel. 0261 97 33 50 88, solarbeheizte Becken.

Geschichte auf Schienen – **DB-Museum Koblenz** 4 : Schönbornsluster Str. 3, Tel. 0261 396 13 39, Feb.–Nov. Sa 10–16 Uhr, im Sommer verlängerte Öffnungszeiten, ehrenamtl. betriebenes Museum in KO-Lützel; Außenstandort des DB-Museums Nürnberg, www.db museum-koblenz.de.

Unser Tipp

Mundart-Führungen: für Gruppen nach dem Motto »Die Leit solle hiere, wo se senn«, auch Nachtführungen, bei Manfred Gniffke zu buchen (Tel. 0261 374 46) oder über Koblenz-Touristik, s. S. 274.
Wein- und Kirchenführung: Mit dem Kultur-, Weinbotschafter und Theologen Kalle Grundmann wird eine Weinprobe, Stadt- und Kirchenführung zum Erlebnis, auch mit biblischer Thematik. Frühzeitig buchen: Tel. 0261 80 50 34, www.kallegrundmann.de, auch bei Koblenz-Touristik, s. S. 274.

Voll im Trend – **Fahrradverleih** 5 : Zangmeister, Löhrstr. 87b, am Löhrrondell, Koblenz, Tel. 0261 323 63.
Über den Wipfeln – **Kletterwald Sayn** 6 : Bendorf-Sayn, Tel. 02622 986 92 60, www.kletterwald-sayn.de. Cooler Parcours im Wald hinter der Abtei Brexbachtal, ca. 15 km von Koblenz.

Abends & Nachts

Koblenzer Tausendsassa – **Café Hahn** 1 : s. S. 286
Stylish – **Palais** 2 : Firmungstr. 2, Tel. 0261 92 13 99 20, www.palais-kob lenz. de, Do–Sa ab 23 Uhr. Oben ist das Restaurant **addacio**, unten wird am Wochenende gefeiert – zum Beispiel jeden Donnerstag eine Studentenparty.
Burger & Events – **Circus Maximus** 3 : Stegemannstr. 30, Tel. 0261 300 23 58, www.circus-maximus.org, tgl., Mo–Fr ab 12, Sa ab 18 Uhr. Live-Musik-Zirkus mit Partys, DJs, Poetry Slam – Im American Diner speist man schon ab ca. 6 €.
Cool – **Zenit** 4 : Josef-Görres-Platz 18, Tel. 0261 92 17 99 02, www.ze

nit-koblenz.de, tgl. ab 18 Uhr, Open End. Beliebte Lounge in der Altstadt, kühl-flippige Location mit Liegen, Leder, riesigen Heineken-Kissen und einer Riesen-Cocktail-Auswahl.

Bretter der Welt – **Theater Koblenz** **5**: Tel. 0261 129 28 40, www.theater-koblenz.de. Dreispartentheater am Deinhardplatz mit drei Spielorten: Großes Haus, Probe-Bühne 2 und Probe-Bühne 4.

Live auf Deck – **Zum Schiffchen** **6**: Liebfrauenkirche 21, Tel. 0261 394 95 00, www.schiffchen-koblenz.de, Mo–Fr ab 17, Sa/So ab 16, im Winter ab 18 Uhr. Traditionsreiche Musikkneipe ohne Preispiraterie.

Intim und mit Flair – **Theater im Konradhaus** **7**: Kapuzinerplatz 135, KO-Ehrenbreitstein, Tel. 0261 973 05 51, www.konradhaus.de.

Klassisch – **Staatsorchester Rheinische Philharmonie**: Info/Karten: Tel. 0261 301 22 72, u. a. im Görreshaus **22** und der Rhein-Mosel-Halle **21**, s. S. 283.

Kulturelle Tradition – **Musik-Institut Koblenz**: www.musik-institut-koblenz.de, Karten: RZ-Reisebüro, Tel. 0261 100 04 66. 200 Jahre alte Kulturvereinigung, veranstaltet Orchesterkonzerte.

Infos & Termine

Veranstaltungen

Koblenzer Nacht der offenen Kirchen: www.koblenzer-nacht-der-offenen-kirchen.de, kurz vor oder nach Ostern, 19–23.30 Uhr, Eintritt frei, Initiative des Ökumenischen AK City-Pastoral. Raum der Stille und des Gebetes, Klangcollagen, Lichtinstallationen, geistliche Musik, Gespräch, Information.

Augusta-Fest: 1. So im Juni, zwischen Kaiserin-Augusta-Denkmal und Weindorf, klassische Musik, Weinproben, Führungen, Kinderspiel, Picknickwiese, Gastronomie zu Ehren der Kaiserin Augusta, Schöpferin der Rheinanlagen, www.augusta-fest.de.

Altstadtfest: Juni/Juli, www.koenigsbacher.de. Traditionsreiches Fest seit 1975 in stimmungsvoller Atmosphäre.

Internationales Gaukler- und Kleinkunstfestival: www.gauklerfest-koblenz.de, seit 1992 alljährlich Ende Juli/Anfang Aug. 3 Tage im Wechsel in der Innenstadt und auf der Festung Ehrenbreitstein.

Weltkulturfestival HORIZONTE: www.horizonte-festival.de, Juli/Aug. Festung Ehrenbreitstein, faszinierende Mixtur aus traditioneller und zeitgenössischer Weltmusik.

Rhein in Flammen: www.rhein-in-flammen.com, 2. Sa im Aug., mit Sommerfest.

Koblenzer Schängelmarkt: Sept. in der Innenstadt.

Koblenzer Mendelssohn-Tage: www.mendelssohn-koblenz.de, Sept./Okt., Karten: Koblenz-Touristik. An Felix und Fanny Mendelssohns verwandtschaftliche Beziehungen zu Koblenz anknüpfendes Festival an verschiedenen Spielorten.

Verkehr

Bahn: www.bahn.de, IC- und ICE-Strecke, Anschlüsse nach Frankfurt, Köln usw.

Flugzeug: Flughäfen Frankfurt/Main, Frankfurt-Hahn, Köln-Bonn.

Bus: Linienbusse und Stadtbuslinien (privates ›Sightseeing‹ mit Linie 1), vom Zentralplatz bzw. Hauptbahnhof in die Vororte und das Umland.

Nachtbus: www.evm.de, Fr/Sa-Nacht und vor Feiertagen um ca. 1 Uhr.

Schiff: Fahrplan bei Tourist-Information oder Moselland-Touristik (s. S. 18).

Fähre: Personenfähren Deutsches Eck – Koblenz–Lützel (Mosel) und Konrad-Adenauer-Ufer – Ehrenbreitstein (Rhein).

Taxi: Tel. 330 55.

Lieblingsort

Die rheinische Antwort auf den Wiener Kaffeehaus-Mythos
Kaffeewirtschaft 7 : Das authentische Kaffeehaus-Bistro mit Familien-
tradition seit 1911 ist zum Wohlfühlen gut. Bei Tee & Kaffee, regionalen
Weinen und international-rheinischer Küche ab 8 €, von vegetarisch
(Salate!) bis Steak. (Koblenz, Münzplatz 14, Tel. 0261 914 47 02, www.
kaffeewirtschaft.de, Mo–Do 9–24, Fr/Sa bis 2, So 10–24 Uhr).

Register

Autorinnen/Abbildungs- und Quellennachweis/Impressum

Die Autorinnen: Gisela Atteln (re.) kommt aus der Bierregion Frankens und lebt in der Weinregion der Pfalz. Als freie Journalistin und Autorin schreibt sie für die Tagespresse und publiziert belletristische Texte, nebenbei ist sie in der Kunst- und Kulturförderung tätig. Nicole Sperk (li.), geboren 1978, ist in der Pfalz aufgewachsen und dort nach 15 Jahren Großstadt (Mannheim) wieder zuhause. Nach einem Studium der Soziologie in Heidelberg ist sie inzwischen Lokalredakteurin bei einer Tageszeitung.

Abbildungsnachweis

akg-images, Berlin: S. 149, 240 (Lessing); 160 re., 170 (Bildarchiv Steffens); 242
Arnoldi Design, Veldenz: S. 7, 16/17, 38/39, 110 re., 116/117, 179
Buddhamuseum Traben-Trarbach: S. 8
Culinarium, Nittel: S. 64
DuMont-Bildarchiv, Ostfildern: S. 27, 30/31, 47, 57, 74, 111, 115, 126/127, 135, 138, 156, 189, 206/207, 270, 272 re., 281
Werner Dupuis, Hollnich: S. 262
fan travelstock, Hamburg: S. 24 (Lubenow)
f1-online, Frankfurt a. M.: S. 188 re., 191 (Otto/age)
Ralf Freyer, Freiburg: S. 84, 172, 239
Christian Gaier, Mannheim: S. 292
Rainer Hackenberg, Köln: S. 13 re. o., 70, 134 li., 145
Martin Hartmann, Dirmstein: S. 6
Huber-Images, Garmisch-Partenkirchen: S. 215 (Eiben); Titelbild (Fantuz); S. 54/55, 161, 186, 232 (2x), 235, 248 (Schmid)
IFA-Bilderteam, Ottobrunn: S. 174/175, (Eiben)
Kaffeewirtschaft, David Richard, Koblenz: S. 13 re. u., 273, 289
laif, Köln: S. 213, 216/217 (Bialobrzeski); 168 (Eisermann); 78/79 (Galli); 73 (Goedan); Umschlagklappe vorn (Kerber); 272 li., 278/279 (Kost); 21 (Zahn); 80 li., 88/89, 91, 110 li., 133 (Zenit/Boenig)

Look, München: S. 59 (age); 10 (Wohner)
Mauritius Images, Mittenwald: S. 11 (age); 13 li. u., 66, 80 re., 92, 94, 99, 134 re., 154, 254 li., 255, 264, 267 (Imagebroker); 123 (Merten); 160 li., 166/167 (O'Brien); 212 re., 228 (Rossenbach);
H. P. Merten, Kastel-Staadt: S. 12 re. o., 12 li. u., 13 li. o., 52, 68/69, 81 li., 109, 120, 128, 130, 140/141, 188 li., 198, 200, 205, 212 li., 218, 220, 233, 252, 254 re., 258/259, 260, 284
picture-alliance, Frankfurt a. M.: S. 49
Nicole Sperk, Bad Dürkheim: S. 222
StockFood, München: S. 62 (Shulevsky)
WDR, Köln: S. 77 (Rothe)
Weinstube Kesselstatt, Trier: S. 12 li. o., 104/105

Quellennachweis

S. 138 Stefan Andres: »Des Lebens tiefste Weisheit liegt im Wein«, Verlag Langen-Müller, München 1989;
S. 139 Stefan Andres: »Das Regulierungsprojekt«, in »Land um die Mosel«, Süddeutscher Verlag, München 1978;
S. 139 Stefan Andres: »Der Knabe im Brunnen«, dtv, München 2006

Kartografie

DuMont Reisekartografie, Fürstenfeldbruck,
© DuMont Reiseverlag, Ostfildern

Umschlagfotos: Blick auf Bremm (Titelbild); Altes Rathaus und Spitzhäuschen in Bernkastel-Kues (Umschlagklappe vorn)

Hinweis: Autorinnen und Verlag haben alle Informationen mit größtmöglicher Sorgfalt geprüft. Gleichwohl erfolgen alle Angaben ohne Gewähr. Bitte schreiben Sie uns! Über Ihre Rückmeldung und Verbesserungsvorschläge freuen wir uns: **DuMont Reiseverlag**, Postfach 3151, 73751 Ostfildern, info@dumontreise.de, www.dumontreise.de

4., aktualisierte Auflage 2016
© DuMont Reiseverlag, Ostfildern; Alle Rechte vorbehalten
Redaktion/Lektorat: Michael Konze, Nadja Gebhardt
Grafisches Konzept: Groschwitz/Blachnierek, Hamburg
Printed in China

MIX
Papier aus verantwortungsvollen Quellen
FSC® C020056